Webdesign
mit Photoshop 7

**Unser Online-Tipp
für noch mehr Wissen ...**

... aktuelles Fachwissen rund
um die Uhr – zum Probelesen,
Downloaden oder auch auf Papier.

www.InformIT.de

Michael Baumgardt

Webdesign mit Photoshop 7

Webgrafiken professionell gestalten mit Mac und PC

Ein Imprint der Pearson Education Deutschland GmbH
München · Boston · San Francisco · Harlow England
Don Mills · Ontario · Sydney · Mexico City · Madrid · Amsterdam

Bibliografische Information Der Deutschen Bibliothek. Die Deutsche Bibliothek verzeichnet diese Publikation in der Deutschen Nationalbibliografie; detaillierte bibliografische Daten sind im Internet über *http://dnb.ddb.de* abrufbar.

Die Informationen in diesem Produkt werden ohne Rücksicht auf einen eventuellen Patentschutz veröffentlicht. Warennamen werden ohne Gewährleistung der freien Verwendbarkeit benutzt. Bei der Zusammenstellung von Texten und Abbildungen wurde mit größter Sorgfalt vorgegangen. Trotzdem können Fehler nicht vollständig augeschlossen werden. Verlag, Herausgeber und Autoren können für fehlerhafte Angaben und deren Folgen weder eine juristische Verantwortung noch irgendeine Haftung übernehmen. Für Verbesserungsvorschläge und Hinweise auf Fehler sind Verlag und Herausgeber dankbar.

Alle Rechte vorbehalten, auch die der fotomechanischen Wiedergabe und der Speicherung in elektronischen Medien. Die gewerbliche Nutzung der in diesem Produkt gezeigten Modelle und Arbeiten ist nicht zulässig. Fast alle Hard- und Softwarebezeichnungen, die in diesem Buch erwähnt werden, sind gleichzeitig auch eingetragene Warenzeichen oder sollte als solche betrachtet werden.

Umwelthinweis: Dieses Produkt wurde auf chlorfrei gebleichtem Papier gedruckt.

Copyright © 2003 by Michael Baumgardt. All rights reserved. First published in English language under the title „Adobe Photoshop 7 Web Design" by Adobe Press, an imprint of Peachpit Press, Berkeley, CA 94710, USA

10 9 8 7 6 5 4 3 2 1

06 05 04 03

ISBN 3-8273-2033-X

© der deutschen Ausgabe 2003 Addison-Wesley Verlag, ein Imprint der Pearson Education Deutschland GmbH, Martin-Kollar-Str. 10-12, 81829 München/Germany.

Satz: Michael Baumgardt, New York
Übersetzung und satztechnische Bearbeitung: Maik-Felix Gomm, Güby
Einbandgestaltung: Marco Lindenbeck, Parsdorf bei München
Lektorat: Klaus Hofmann, khofmann@pearson.de
Korrektorat: Petra Heubach-Erdmann, Düsseldorf
Herstellung: Anna Plenk, aplenk@pearson.de
Druck und Verarbeitung: Kösel Druck, Kempten (www.KoeselBuch.de)

Printed in Germany

FÜR AUDREY ROCHESTER

*Von sich selber etwas geben
ist wirkliches Geben*

aus „The Prophet", Kalil Gibran

Ich möchte folgenden Personen
für ihre Hilfe und Unterstützung danken:

- Jill Merlin, Julieanne Kost **Adobe**
- JB Popplewell **Alien Skin Software**
- Christopher Stashuk **Aristotle** Little Rock, Arkansas
- Paul Ehrenreich **Blickpunkt Fotostudio** München
- Susan Ross **Logitech** - **Auto FX Software**

Dank an Becky für ihren unermüdlichen Einsatz selbst an Feiertagen, um den Job durchzuziehen. Ich danke ihr und auch David Van Ness für die viele Arbeit. Ein großes Dankeschön geht auch an Gary-Paul Prince und alle anderen bei Adobe/Peachpit Press, die für die Fertigstellung dieses Buches zuständig waren. Und nicht zuletzt bedanke ich mich bei Nancy Ruenzel für ihre permanente Unterstützung.

Vor einigen Jahren vollzog ich den Übergang vom Desktop Publishing zum Webdesign ohne irgend jemanden, der mir die Fallstricke zeigen konnte. Dieses Buch schrieb ich zuerst für Photoshop 5.0 und seitdem hat sich Photoshop zu einem wirklich unverzichtbaren Werkzeug entwickelt. Und so auch dieses Buch!

Ich sage das nicht ohne Stolz, doch dieses Buch hat in den letzten Jahren tausenden von Designern beim Sprung in das Webdesign geholfen. Die vielen E-Mails haben mir gezeigt, dass viele Leser die Art dieses Buches mögen. Das Buch ist in drei einfach nachvollziehbare Teile untergliedert. Hier erfahren Sie alles Notwendige und darüber hinaus noch viel mehr.

Webgrundlagen: Der erste Abschnitt handelt über Webdesign – jeder, der vom Desktop Publishing kommt, sollte diese Kapitel lesen.

Techniken: Der zweite Abschnitt dreht sich um die Photoshop-Befehle und Techniken, die ein Webdesigner beherrschen muß. Die Kapitel helfen Anfängern, zu Photoshop- und ImageReady-Profis zu werden. Außerdem lernen sie das Komprimieren und Optimieren von Bilddateien – eine der wichtigsten Aufgaben beim Webdesign. Selbst Profis finden hier noch viele neue Informationen. Ich glaube, dass kaum ein anderes Buch über Photoshop dieses Thema so ausführlich behandelt.

HTML Authoring: Der letzte Teil zeigt Ihnen, wie Sie Photoshop-Designs in GoLive für eine voll funktionierende Website einbringen. Die Kapitel liefern Tipps für das effizientere Einrichten Ihrer Site, was selbst für Leser mit GoLive-Erfahrung noch eine Hilfe ist.

Diejenigen, die bereits frühere Versionen dieses Buches kennen, erkennen sofort viele wichtige Veränderungen. Nach drei Ausgaben war die Zeit reif für einen neuen Look. Hoffentlich stimmen Sie mit mir darin überein, dass das aktuelle Design gegenüber den bisherigen Ausgaben erheblich gewonnen hat. Aber nicht nur das Layout wurde geändert. Neben neuen Inhalten in vielen der Kapitel, habe ich noch mehr Schritt-für-Schritt-Anweisungen hinzugefügt. Besonders wichtig ist jedoch, dass sich bestimmte Informationen jetzt noch einfacher finden lassen.

Ich hoffe, dass dieses Buch für Sie von Nutzen ist und Ihnen auch Spass bereitet. Falls Sie Fragen oder Anregungen haben, schreiben Sie mir unter:

Mbaumgardt@Mitomediabooks.com

Dank an ...

Sabine & Christopher Bach; Friedericke Baumgardt; Heike Baumgardt; Hermann und Renate Baumgardt, meine Eltern; Nina Bergengruen; Marion & Reimund Bienefeld-Zimanovsky; Karen Bihari; Tim & Jenn Bruhns; Hajo Carl; Angela Carpenter; Paul Ehrenreich; Ramsey Faragallah; Isabelle Girard und Allonzo; Alejandro und Christina Gjutierrez Viguera; Harry Greißinger; Silvia & Armin Günther; Tammi Haas; Juliet Hanlon; Peter Hoffmann; Nina Jakisch; Katja Lerch und Günther; Tom Nakat; Sabine & Joseph Plenk; Manfred Rürup; Marc Sheerin; Anja Schneider-Beck; Lisa Tran; Lars Wagner; Ilona & Vera Waldmann; Al Blanco, Jill Conway, Robert Duncan, Carla Elfeld, Jonathan Foragash, Nancy Fox, Graham Gardner, Catherine Ginter, Vernice Grant, Michelle Kinsey, Carmen Lentschig, Bill Manzulo, Tom Merrick, Vanessa Quiles, Nereida Quiles, Florence Quirici, Audrey Rochester, KC Rodriguez, Kristine Strachan Chiongban, Karen Yedvab und nicht zuletzt meinem Freund Steve Zierer.

Die erste Ausgabe dieses Buches wurde von Juni bis Oktober 1998 in New York, München, Verona und Istanbul geschrieben; die zweite Ausgabe (die erste englische Version) wurde in New York und Port Chester von Juli bis November 1999 übersetzt und aktualisiert. Die dritte Ausgabe entstand von September bis Dezember 2000 in New York, Roveretto und München und die vorliegende Ausgabe von März bis Mai 2002 in New York.

Inhaltsverzeichnis

Web-Grundlagen

Grundlagen des Webdesigns

- 4 **Das Backend**
- 6 **Das Frontend**
- 10 **Adobe LiveMotion**
- 12 **QuickTime VR**
- 14 Objekt-Movies
- 16 **HTML – Hypertext Markup Language**
- 16 Strukturelles Codieren
- 16 Absolutes Positionieren
- 16 **Gestaltungsgrenzen der Browser**
- 17 Tabellen
- 18 **HTML-Quellcode einer Seite**
- 20 Ebenen
- 20 Cascading Style Sheets
- 20 **Bilder**
- 21 **Bandbreiten-Probleme**
- 22 JPEG (Joint Photographic Experts Group)
- 22 GIF (Graphical Interchange Format)
- 22 PNG (Portable Network Graphic)
- 23 **Wie Browser fehlende Farben kompensieren**
- 24 Farbprobleme bei Bildern
- 25 **Nützliche Sites für Webdesigner**

Inhaltsverzeichnis **xi**

DESIGN-KONZEPT ENTWICKELN

- 28 Informationsarchitektur
- 29 Website-Struktur
- 30 Inhalt konsolidieren
- 30 Navigation
- 32 Web Usability
- 32 Häufige Fehler bei der Informationsarchitektur
- 33 Inhalt als Aufmacher
- 35 Design-Konzepte
- 36 Das Tunnelkonzept
- 37 Sidebars
- 38 Topbars
- 38 Topbars und Sidebars mit Frames
- 40 Interview mit Tom Nicholson
- 47 Dynamische Webseiten erstellen
- 48 Browser-Offset
- 49 Hyperlinks
- 50 Imagemaps und Imagetabellen
- 50 Popup-Menüs
- 50 Einfluss der Technologie auf das Design
- 51 Metapher
- 52 Interview mit Andreas Lindström
- 58 Die Web-Galerie

Techniken

PHOTOSHOP-TECHNIKEN

- 86 Der Interface-Entwurf
- 87 Das richtige Dokumentformat
- 87 Größe der Arbeitsfläche ändern
- 88 Bildgröße ändern
- *89 Bilder reparieren*
- 89 Störungen und Kratzer entfernen
- 91 Bilder scharfzeichnen
- 91 Bereiche reparieren und Probleme lösen
- *95 Farben manipulieren und korrigieren*
- 97 Tonwertbereich einstellen
- 99 Farben korrigieren
- 100 Schritt für Schritt: Lichter und Tiefen mit dem Befehl Gradationskurven einstellen
- 104 Schritt für Schritt: Digitale Fotos optimieren
- 106 Schritt für Schritt: Farbe von flächigen Farbbereichen ändern
- 107 Schritt für Schritt: Farbe eines Objekts ersetzen
- *108 Komponieren und Gestalten*
- 108 Mit der Ebenen-Palette arbeiten
- 110 Ebenen und Transparenz
- 111 Ebenen mischen
- 114 Formebenen
- 116 Illustrator zusammen mit Photoshop
- 118 Text gestalten
- *120 Effekte und Tricks*
- 120 Mit Ebenenstilen arbeiten

121 Chrom
124 Weiße Chrom-Schrift
126 Gebürstetes Metall
127 Lauflicht-Effekt
130 Effektfilter
130   Alien Skin Splat!
131   Alien Skin Eye Candy 4000
132   Alien Skin Xenofex
133   Auto FX DreamSuite
135 Tutorial: Eine Fotokomposition erstellen

WEBDESIGN-TECHNIKEN

140 Photoshop optimieren
140 Den Farbwähler optimieren
141 Die richtige Interpolation
142 Die Info-Palette
143 Interpolationsmethoden in Photoshop
144 Lineale in Pixel
144 Hilfslinien und Raster
144 Palette mit websicheren Farben laden
145 Gamma
146 Die Aktionen-Palette
147   Dialog aktivieren/deaktivieren
148   Unterbrechungen einfügen
148   Pfade in Aktionen aufnehmen
149   Stapelverarbeitung
150 Mit websicheren Farben arbeiten
150 Farbtiefen
150   Wie Computer Informationen speichern
150   Farbtiefe des Bildes
151 Web-Farbpalette
152 Die Web-Farbpalette als Würfel
153 Der Web-Farbwürfel in Schichten

Inhaltsverzeichnis **xiii**

156 Der MiB-Farbwürfel
162 Mit Webfarben arbeiten
162   Vor dem Export zu Webfarben umwandeln
163   Als Webfarbe konvertieren beim Export
164 Hintergründe
165 Große Hintergrundbilder
166   Randstreifen als Hintergrund
168 Musterhintergründe
169 Strukturen mit dem Mustergenerator
170 Transparenz
170 Transparenz mit einfarbigen Hintergründen
171 Transparenz mit mehrfarbigen Hintergründen
172 Tutorial: Eine Website in Photoshop gestalten
178 ImageReady

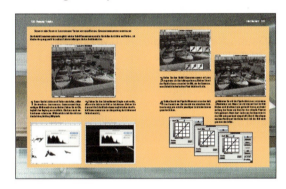

178 Photoshop versus ImageReady
180 Rollover-Buttons erstellen
183 Bilder mit ImageReady optimieren
182 Imagemaps erstellen
183   Ebenenbasierte Imagemaps
184 Tutorial: Slices und Rollover erstellen
188 GIF-Animation
190 Übertragungszeit sparen durch Skalieren
190 Methoden zum Entfernen von Frames
190 Schleifenanimation
192 Der Null-Sekunden-Trick
193 Animationen optimieren
194 Ein Logo rotieren
195 Rolloffekte

BILDER OPTIMIEREN

198 GIF – Graphics Interchange-Format
198 CLUT – Color Look Up Table
198 Wie GIF komprimiert
199   LZW-Mustererkennung
200 Balance zwischen Komprimierung und Qualität
202 LZW-Mustererkennung
206 GIF-Vergleichstabelle
210 Dithering-Vergleichstabelle
212 Die Lossy-Option
214 GIF in Photoshop erstellen
223 Farbtabelle optimieren
224 Schritt für Schritt: Ein GIF optimieren
228 Eigene Paletten erstellen
231 Optimierung über Alphakanäle
231 Partielles Lossy
233 Teile eines Bildes dithern
235 Alphakanäle optimieren
236 Mehrere Transparenzstufen simulieren

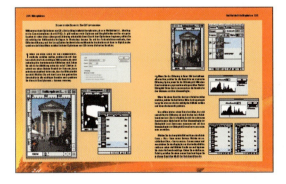

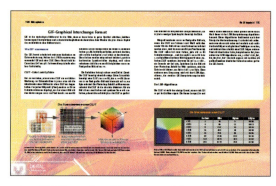

238 **JPEG – Joint Photographic Experts Group**
239 Wie gut komprimiert JPEG ein Bild?
240 Abhängigkeit der Kompression von den 8x8-Blöcken
241 Qualitätsunterschiede bei JPEG-Decodern
241 JPEG oder GIF?
242 Wie ein JPEG kodiert wird
244 Wie viel bringt die Weichzeichnung?
246 Dateioptimierung mittels Alphakanälen
248 JPEG-Vergleichstabellen
250 **PNG – Portable Network Graphics**
251 PNG, GIF und JPEG im Vergleich
252 **PNG-Bilder speichern**
252 Bild als PNG-24 speichern
252 Bild als PNG-8 speichern

HTML Authoring

GoLive-Grundlagen

258 Vorlagen, Komponenten und Musterseiten
260 HTML-Tabellen erzeugen
261 Tabellenbilder und HTML
262   Das Layout-Raster
263 Hintergründe in Tabellen und Rastern
263   Einschränkungen im Netscape Navigator
265 Bildexpansion

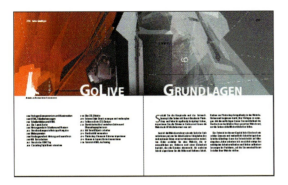

266 **Vordergrund mit Hintergrund ausrichten**
267 **Mit Text arbeiten**
267   Einsatz des FONT-Tags
268   Cascading Style Sheets einsetzen
270 **Die CSS-Palette**
270   Externe Style Sheets erzeugen und verknüpfen
272   Fehlersuche in CSS-Designs
273 **Den Arbeitsablauf zwischen GoLive und Photoshop optimieren**
273   Mit SmartObjects arbeiten
274   Strukturbild verwenden
274   Photoshop-Ebenen in Rahmen importieren
274   Ebenen in Layout-Raster konvertieren
276 **Tutorial: HTML-Authoring**

VIDEO UND AUDIO

292 **Aufnahmeformate**
292 **Ein Zwei-Bild-Poster-Movie in QuickTime Player Pro erzeugen**
295 **Filme komprimieren und einbetten**

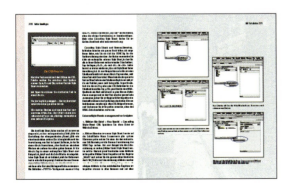

297   Welchen Video-Codec sollte ich einsetzen?
298   Video in HTML einbetten
298   QuickTime-Attribute
300   RealMedia einbetten
302 **Musik und Audio einbetten**

302   Eine Sound-Datei einfügen
302   MP3-Audio-Format
302   RealAudio

304 Anhang

306 Index

Dateien für die Übungen und Schritt-für-Schritt-Anleitungen finden Sie auf der beiliegenden CD-ROM.

GRUNDLAGEN

Illustration: **Otto Greenslade** von **Undercurrent**

4	Das Backend	20	Cascading Style Sheets
6	Das Frontend	20	**Bilder**
10	Adobe LiveMotion	21	**Bandbreiten-Probleme**
12	QuickTime VR	22	JPEG (Joint Photographic Experts Group)
14	Objekt-Movies	22	GIF (Graphical Interchange Format)
16	**HTML – Hypertext Markup Language**	22	PNG (Portable Network Graphic Format)
16	Strukturelles Codieren	23	**Wie Browser fehlende Farben kompensieren**
16	Absolutes Positionieren		
16	**Gestaltungsgrenzen der Browser**	24	Farbprobleme bei Bildern
17	Tabellen	25	**Nützliche Sites für Webdesigner**
18	**HTML-Quellcode einer Seite**		
20	Ebenen		

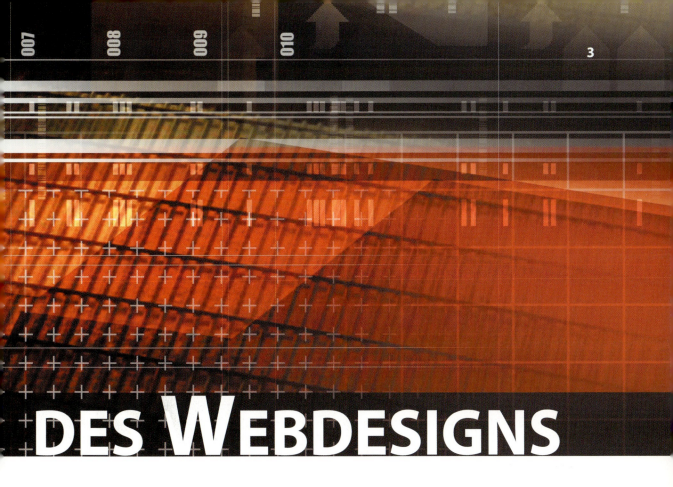

DES WEBDESIGNS

Noch 1997 war es ziemlich einfach, eine Karriere als Webdesigner zu starten. Es gab nur wenige professionelle Gestalter, die wussten, wie das Web funktioniert – und die Nachfrage nach solchen Leuten war groß. Viele, die bereits eine eigene Homepage gestaltet hatten, wurden über Nacht zum Designer und arbeiteten an großen Firmensites. Heute muss dagegen ein Designer mit allen Aspekten des Webs vertraut sein. Und da die Konkurrenz bei offenen Stellen groß ist, müssen Designer eigene Kunden acquirieren und/oder als Freelancer arbeiten. Deshalb ist es äußerst wichtig, sich mit allen Einzelheiten des Webdesigns vertraut zu machen. Obwohl sich das vorliegende Buch um Adobe Photoshop® dreht, möchte ich Ihnen auch das Wissen vermitteln, das für Konzeption, Management, Design und Erstellen von Websites notwendig ist.

Heutige Web-Projekte sind weitaus komplizierter und setzen sehr viel mehr Wissen als früher voraus.   Zu Beginn der Internet-Euphorie hatten viele Unternehmen nur vage Vorstellungen über die Einsatzmöglichkeiten dieses Mediums und den Stellenwert innerhalb der Marketingstrategie. Das Web war ein Werbemedium und die meisten Kunden wünschten nur eine optisch überzeugende Online-Präsentation. Solche Projekte sind im Web kaum mehr anzutreffen. Firmen benutzen das Web für E-Commerce und/oder für einen besseren Kundenservice. In den vergangenen fünf Jahren hat sich die Aufmerksamkeit vom Frontend (eine Site mit vielen Grafiken und Animationen) zum Backend (dem Besucher ein unterhaltsames und effizientes Website-Erlebnis verschaffen) verschoben.

Grundlagen des Webdesigns

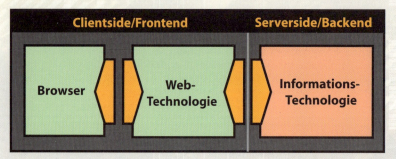

Der Inhalt einer Website befindet sich auf einem Server. Die Seiten werden übertragen, sobald man im Browser einen URL eingibt. Da der Browser auf dem Computer des Benutzers installiert ist, wird er als Client bezeichnet. Alle Aktivitäten des Benutzers bezeichnet man als Clientside- bzw. Frontend-Aktivität. Was auf dem Server passiert, ist dagegen die Serverside- bzw. Backend-Aktivität.

DAS BACKEND

Browser- und Server-Technologien haben in den vergangenen Jahren große Fortschritte gemacht. Die Entwick-lung einer Website für dynamisch erstellte Seiten ist einfacher denn je. HTML-Authoring-Programme wie Adobe GoLive® nutzen Anwendungs-Server-Technologien wie ASP (Active Server Pages), JSP (JavaServer Pages), PHP (Hypertext Preprocessor) und sogar Shop-Entwicklungen. Wann immer in der Vergangenheit eine Website ein Formular nutzte – beispielsweise eine E-Mail-Anforderung – musste der Webdesigner einen Programmierer beauftragen. Dieser schrieb dann ein Script, mit dem die Daten auf dem Server gespeichert wurden. Das alles lässt sich jetzt direkt in GoLive bewerkstelligen, ohne den HTML-Code direkt bearbeiten zu müssen. Ich empfehle Ihnen dringend, sich in GoLive die Möglichkeiten der Formularerzeugung anzusehen. Die folgenden Absätze beschreiben weitere Server-Technologien, mit denen Sie sich ebenfalls anfreunden sollten.

PERL: Nachdem Sie sich auf einer Webseite für einen E-Mail-Newsletter eingetragen haben, werden Ihre Informationen an einen Server geschickt. Das Klicken auf die Absenden-Schaltfläche für die Anforderung des E-Mail-Newsletters löst ein PERL-Script aus, um die von Ihnen abgesandten Daten in einer Datenbank oder Textdatei zu speichern. PERL (Practical Extraction and Report Language) und CGI (Common Gateway Interface) werden häufig in einem Atemzug genannt, sind aber völlig unterschiedlich. PERL ist eine Programmiersprache, während es sich bei CGI um ein Protokoll für den Datentransfer zwischen einem Browser und einem Server handelt. Da PERL frei verfügbar ist und auf jedem Server funktioniert, benutzen viele Web-Entwickler diese Sprache für den Zugriff auf ein CGI, um vom Benutzer abgeschickte Formulardaten zu speichern. Während PERL relativ leicht zu erlernen ist, kann das Debugging und Installieren eines PERL-Scripts ziemlich knifflig sein, da die vielen Variablen von Server zu Server häufig anders sind. Wenn Sie eines der vielen verfügbaren PERL-Scripts für Ihre eigene Site herunterladen, sollten Sie deshalb über Ihren Server genau Bescheid wissen. Trotz der Probleme lohnt es sich aber, die Grundlagen von PERL kennen zu lernen.

CGI: Das *Common Gateway Interface* wurde für die Interaktionen zwischen Browser und Server entwickelt. Sobald Sie z.B. auf einen Web-Link klicken, fordert der Browser die jeweilige Seite vom Server an. Der Server übermittelt anschließend die HTML-Seite. Ein CGI wird aber auch benutzt, wenn Informationen aus einem Formular über die POST- oder GET-Methode verschickt werden (beide Methoden informieren das CGI, wie die Informationen übermittelt wurden und wo sie sich befinden).

So gut PERL und CGI mit kleineren Websites funktionieren, so sehr sind sie eine Herausforderung bei größeren Projekten (PERL ist z.B. langsam, was zu Problemen auf dem Server führt). Entwickler kümmerten sich um neuere, schnellere Lösungen, was zum Application-Server führt. Dieser speichert eine HTML-Seite zusammen mit etwas Script-Code. Wird eine derartige Seite aufgerufen, verarbeitet der Server die im HTML-Dokument eingebetteten Scripts

Das Backend

Clientside/Frontend			Serverside/Backend
Browser	**Web-Design**	**Web-Technologie**	**Informationstechnologie**
Explorer, Netscape	KONZEPTIONELL • Informations-architektur • Web-Einsatz VISUELL • Bilder (Photosh./IR) • HTML (GoLive)	HTML, JAVA XML, Plug-Ins DHTML, JavaScript, CSS • Shockwave • Flash • QuickTime • RealPlayer • Acrobat • SVG	Application Server Technologie Perl — • Lasso • PHP • ASP • ColdFusion CGI MySQL SQL — WebObjects Datenbank (ODBC)
• Browser	EINSCHRÄNKUNG • Bandbreite • Monitor	• Web-Technologie (wie HTML/CSS)	

Die Grafik zeigt die Zusammenhänge aller Bereiche des Webdesigns. Ein Webdesigner muss die Lücke zwischen den Limitationen des Browsers und der Web-Technologie schließen.

und zeigt dann die Seite dem Benutzer an (als reinrassige HTML-Seite ohne den zuvor vorhandenen Code). Die Scripts greifen normalerweise auf eine Datenbank zu, in der alle Informationen gespeichert sind. Danach fließen die Informationen in das HTML-Dokument ein, so wie z.B. die Adresse aus einer Adress-Datenbank in eine Textdatei.

ASP, ColdFusion, PHP und Lasso: Das alles sind unterschiedliche Application-Server-Technologien. *Active Server Pages* (ASP) ist die Application-Server-Technologie von Microsoft (*www.microsoft.com*). Wenn ein Benutzer eine Active Server Page anfordert, erkennt der Application-Server das Dokument anhand der Erweiterung .asp und verarbeitet es vor der Anzeige auf dem Bildschirm. Die Firma Allaire entwickelte *ColdFusion* und wurde von Macromedia (*www.macromedia.com*) aufgekauft. ColdFusion funktioniert ähnlich wie ASP und lässt sich einfach identifizieren: Seiten mit ColdFusion haben die Erweiterung *.cfm*. PHP ist eine echte Alternative zu ASP und ColdFusion. Da es sich hierbei um Open Source handelt, ist PHP auf vielen Webservern installiert. Internet Service Provider (Internet-Diensteanbieter) berechnen weitaus weniger für PHP-Server als für ASP- und ColdFusion-Server. (Mehr über PHP finden Sie unter *www.php.net*.) Lasso wurde von Blueworld (*www.blueworld.com*) entwickelt und unterscheidet sich von anderen Application-Servern dadurch, dass auf File-Maker-Pro-Datenbanken zugegriffen wird – ideal für jeden, der einen Macintosh als Webserver einsetzen möchte.

WebObjects: Diese Technik hat Apple von NeXT gekauft. WebObjects erlaubt, die Funktionalität einer Website in ein auf dem Server befindliches Programm einzubringen anstatt mit vielen kleinen Scripts zu arbeiten. Das Programm lässt sich mit einer objektorientierten Sprache wie Java erstellen.

SQL und MySQL: Bei SQL handelt es sich um einen Standard für den Zugriff auf Informationen in einer Datenbank. SQL ist relativ einfach zu verstehen und zu erlernen. SQL-Befehle lassen sich bei dynamischen Webseiten in die HTML-Seite einbetten und mit einem der Application-Server verarbeiten. MySQL ist ein weit verbreitetes und preisgünstiges Datenbank-Management-System.

Grundlagen des Webdesigns

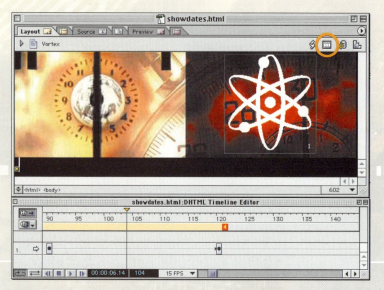

Wenn Sie in GoLive auf die Schaltfläche „DHTML-Zeitachsen-Editor öffnen" klicken, erscheint eine Zeitachse für die Animation von HTML-Ebenen. Ein Beispiel für eine DHTML-Website finden Sie unter der Adresse www.vortex4u.com. Diese Site benutzt DHTML zur Animation mehrerer Ebenen, die sich über den Bildschirm bewegen. Im Abschnitt „Show Dates" gleitet eine Grafik in einer Schleife von links nach rechts und auf der Seite „Press & Bio" schwebt ein Schmetterling über den Bildschirm.

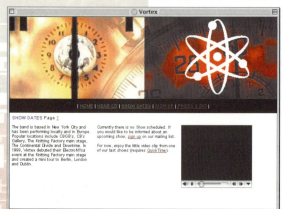

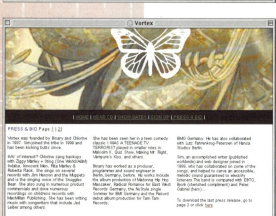

DAS FRONTEND

Der Webdesigner schließt die Lücke zwischen der Web-Technologie und dem Browser. Da Technologie und Browser die Gestaltung einschränken, muss der Designer diese Hindernisse überwinden. Vor fünf Jahren waren diese Einschränkungen noch ein ernsthaftes Problem, was jedoch heute nicht mehr der Fall ist. In den folgenden Abschnitten finden Sie die Technologien, die für die Arbeit an einer Website wichtig sind:

JavaScript: JavaScript ist eine Script-Sprache, die sich in den HTML-Code einfügen lässt und direkt vom Browser interpretiert wird. Viele interaktive Elemente (wie Rollover-Schaltflächen) werden mit JavaScript erzeugt. Deshalb sollte ein Webdesigner über einige JavaScript-Kenntnisse verfügen. Wie in vielen anderen Bereichen hat es Microsoft wieder einmal geschafft, alles komplizierter zu machen: Microsoft hat mit JScript eine eigene JavaScript-Version auf den Markt gebracht. Und Sie ahnen schon, dass JScript nicht völlig kompatibel mit JavaScript ist! Wenn Sie jedoch mit den fertigen JavaScript-Modulen in GoLive arbeiten, brauchen Sie sich keine Sorgen zu machen – diese Module funktionieren auf allen Plattformen.

Cascading Style Sheets: Die Idee von HTML war, eine Syntax für ein strukturelles Codieren zur Verfügung zu stellen, weshalb viele Formatierungsbefehle absichtlich fehlen (HTML erlaubt beispielsweise keinen Absatzeinzug). Designer wollten dagegen die Formatierung und die Gestaltung von Webtext kontrollieren. Anstatt die HTML-Syntax um weitere Befehle zu ergänzen, entschied sich das *World Wide Web Consortium* für eine Erweiterung mit der Bezeichnung *Cascading Style Sheets* (CSS). CSS bietet neben der Einflussnahme auf die Formatierung auch die Konrolle des Erscheinungsbilds einer kompletten Website über das einfache Ändern einer „Master"-CSS-Datei. Außerdem stellt CSS Ebenen zur Verfügung, mit denen sich jeder Webdesigner vertraut machen sollte. (Mehr über CSS finden Sie im GoLive-Kapitel.)

Dynamisches HTML: Diese HTML-Syntax unterscheidet sich nicht von der Syntax, mit der Sie Websites erstellen. Dynamisches HTML (DHTML) ist reguläres HTML, das zusammen mit Cascading Style Sheets und JavaScript eingesetzt wird. DHTML unterstützt das Erstellen animierter Webseiten. In GoLive klicken Sie dazu einfach auf das Film-Symbol oben rechts im Dokumentfenster („DHTML-Zeitachsen-Editor öffnen"). Um eine Animation zu erstellen, platzieren Sie Ihre Elemente in einer Ebene und zeichnen dann die Bewegung auf. (Nur bei Ebenen ist eine absolute Positionierung über X- und Y-Werte möglich.)

XML: Die *Extensible Markup Language* (XML) ermöglicht Auszeichnungen (Markers) mit der Beschreibung des Site-Inhaltes. Damit ein Browser die Auszeichnungen in HTML übersetzt, wird die Formatierung jeder Auszeichnung in einem externen Dokument gespeichert. Dieses Dokument ist mit der HTML-Seite verknüpft. Sie fügen z.B. einen Marker für den Preis und den Produktnamen auf einer E-Commerce-Website ein. Anschließend ändern Sie die Formatierung aller Preise und Produktnamen in der Website nur durch ein Ändern der XML-Marker-Datei. XML ist wichtig für alle dynamischen Websites, aber immer mehr auch im Desktop Publishing.

Die Website „Fourth of July" von Aristotle zeigt einige Flash-Möglichkeiten (*www.aristotle.net/july4th/*) und lässt Besucher zwischen Hintergrundmusik (MIDI-Dateien), dem Ort eines Feuerwerks und dem mehrfarbigen Feuerwerk selbst wählen.

8 Grundlagen des Webdesigns

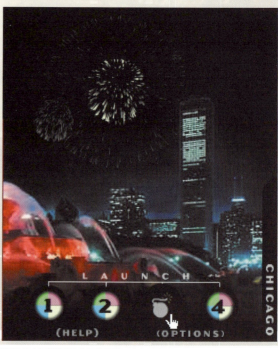

Macromedia Flash MX (siehe Abb.) oder Adobe LiveMotion sind Programme für Flash-Animationen.

Flash und Shockwave: Flash ist eine Technologie und gleichzeitig auch der Name der Software von Macromedia. Obwohl sich mit Flash auch Bilder und andere Medien wie z.B. QuickTime-Movies anzeigen lassen, liegt die Stärke in der Animation von Vektorgrafiken. Flash ist in den vergangenen Jahren immer mächtiger und scriptfähiger geworden. Außerdem wird Flash mehr und mehr für die Entwicklung kompletter Programme eingesetzt. Shockwave ist dagegen der Name einer Komprimierungs-Technologie, mit der sich u.a. in Macromedia Director entwickelte Programme einbetten lassen. Director hat sich seit vielen Jahren besonders für CD-ROM-Anwendungen bewährt. Das Programm arbeitet hauptsächlich mit Pixelbildern und erzeugt deshalb größere Dateien als Flash (bei allerdings größerer Funktionalität). Die Player für Shockwave und Flash sind zwei Plug-Ins, wobei das Flash-Plug-In eine abgespeckte Version des Shockwave-Plug-Ins ist. (Flash kann beispielsweise keine Shockwave-Programme abspielen, während Shockwave Flash-Inhalte anzeigt.) Der Unterschied zwischen Flash und Shockwave liegt hauptsächlich in der Komplexität und den Möglichkeiten der jeweiligen Programmiersprachen. Lingo als die Director-Programmiersprache ist mächtiger als die von Flash, aber auch schwieriger zu lernen.

Das Frontend 9

Die Website „4th of July" von Aristotle ist ein großartiges Beispiel für den Einsatz der Flash-Technologie: Klicken Sie auf eine der Launch-Schaltflächen und starten Sie eine Rakete, die dann in einer von vier Farben explodiert.

PDF: Wurde von Adobe bereits vor der allgemeinen Verbreitung des Webs entwickelt. PDF (Portable Document Format) war vorrangig für die plattformübergreifende Verteilung von Dokumenten gedacht. Wegen des großen Erfolgs des Webs entwickelte Adobe ein Plug-In für die Anzeige von PDF-Dateien auf Webseiten. PDF-Dokumente sind heute recht anspruchsvoll und beinhalten Hyperlinks, eingebettete Movies und sogar Formulare, die sich mit Servern verknüpfen lassen. Um PDF-Dateien zu erzeugen, benötigen Sie z.B. Adobe Acrobat®. Dieses Programm konvertiert zusammen mit dem zum Lieferumfang gehörenden Distiller jede PostScript-Datei in das PDF-Format. Mit dem kostenlosen Acrobat Reader (Download unter *www.adobe.de*) lassen sich PDF-Dateien plattformübergreifend anzeigen, lesen und drucken.

Java: Java, entwickelt von Sun Microsystems, hat wenig gemeinsam mit JavaScript. Java ist eine Sprache für plattformunabhängige Programme, die sich in eine Webseite einbetten lassen.

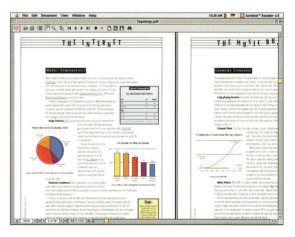

Adobe Acrobat speichert Layouts mit Text und Grafik in einem plattformübergreifenden Dateiformat (PDF), das sich anschließend im frei verfügbaren Acrobat Reader öffnen lässt. PDF-Dateien lassen sich auch in eine Webseite einbetten, da Adobe ein PDF-Plug-In für alle Browser anbietet.

Adobe LiveMotion

Die Flash-Technologie ist sehr beliebt und hat das Web – ob zum Vorteil oder zum Nachteil – zu einem animierten Ort gemacht. Bis vor kurzem noch war die Flash-Software von Macromedia das einzig nennenswerte Authoring-Werkzeug, um Flash-basierte Animationen und Interfaces zu erstellen. Das hat sich mit dem Erscheinen von Adobe LiveMotion geändert.

Beide Programme unterscheiden sich dadurch, dass Flash eine mächtigere Programmiersprache bietet. LiveMotion beinhaltet zwar Verhaltensweisen wie Stoppen und Starten eines Flash-Movies (Verhaltensweisen ähneln Aktionen in Flash), die aber nicht Flash-kompatibel sind. Das macht LiveMotion mit einer einfachen Bedienung wett: Rollover, GIF-Animationen und interaktive Flash-Projekte lassen sich viel einfacher als in Flash erzeugen. Die Bedienerschnittstelle ist Adobe-like und denjenigen vertraut, die bereits mit AfterEffects gearbeitet haben. Das ActionSript von Flash MX orientiert sich

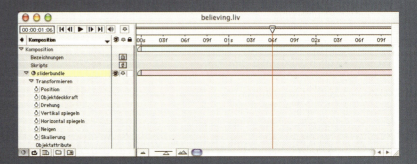

LiveMotion benutzt Formen, die Sie entweder direkt mit dem Rechteck-, dem Ellipse- oder dem Polygon-Werkzeug platzieren. Die Formen lassen sich aber auch aus Adobe Illustrator importieren. Anschließend füllen Sie diese Formen mit Bildern oder Mustern und fügen sogar Relief- oder Schlagschatten-Effekte hinzu. LiveMotion erzeugt dann eine HTML-Seite mit allen Bildern und JavaScript-Funktionen wie Rollover-Effekte.

am ECMA-Standard. LiveMotion enthält nur einen Teil des Befehlsumfangs.

Um ein Element in der Zeitachse zu animieren, klicken Sie auf eines der kleinen schwarzen Dreiecke vor einem Spurnamen. Das Dreieck dreht sich um 90° und gibt drei weitere Spuren frei: **Transformieren**, **Objektattribute** und **Ebene**. Mit der Spur **Transformieren** steuern Sie Position, Deckkraft, Drehung sowie Neigung und Skalierung eines Objekts. So einfach ändern Sie eine dieser Eigenschaften: Durch Klicken auf eine der Stoppuhren-Schaltflächen fügen Sie eine Marke (bzw. einen „Keyframe") in die Spur der entsprechenden Objektzeitachse ein. Dann können Sie die gegenwärtige Position an das Ende der Zeitachse verschieben und einen weiteren Keyframe durch Klicken auf die Stoppuhren-Schaltfläche erzeugen. Diese Einstellungen ändern Sie in der **Transformieren**-Palette. Um ein Objekt in Bezug auf seinen Ankerpunkt zu ändern, stellen Sie Objekt-Attribute wie Farbe oder Versatz in der **Ebene**-Spur ein. Mit LiveMotions Animationsfunktionen gehen Sie sogar noch weiter: Verschachteln Sie Animationsschleifen (Loops) in einer Zeitachse, um sie ineinander abzuspielen (platzieren Sie beispielsweise einen sich drehenden Erdball als Schleife und animieren Sie ihn in der Zeitachse). LiveMotion zeigt sogar die Länge der Schleife, damit Sie beim Ändern der Zeitachse gleich erkennen, wie viele Schleifen hinein passen.

LiveMotions Stärke liegt im einfachen Erstellen von Animationen und Erzeugen von Interaktivität: Weisen Sie Schaltflächen Mouse-Over-, Mouse-Down- und andere Rollover-Zustände zu und speichern Sie sie als Stile. Anschließend fügen Sie einen Stil – mit einem Verhalten – zu Navigationselementen wie Schaltflächen hinzu, um den Abspielkopf in der Zeitachse zu steuern. Außerdem unterstützt LiveMotion noch Photoshop-Filter, die Sie nicht-destruktiv zuweisen können. So können Sie sie einfach durch Ausschalten in der Photoshop-Filter-Palette wieder deaktivieren.

Das Exportieren und Einbetten eines LiveMotion-Projekts als SWF-Datei in eine HTML-Seite geschieht automatisch. Da LiveMotion außerdem eng mit GoLive zusammenarbeitet, fügen Sie zum Beispiel mühelos LiveMotion-generierte Elemente in vorhandenen HTML-Seiten ein. Flash dagegen ist eher eine Entwicklungsumgebung.

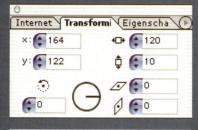

Transformieren- und Deckkraftattribute stellen Sie bequem in Paletten ein.

Mit Hilfe von Strukturen gestalten Sie Objekte ansprechender und halten trotzdem die Dateigröße schlank.

Durch das Speichern von Rollover-Zuständen in der Stile-Palette erstellen Sie Rollover-Schaltflächen einfach und bequem.

QUICKTIME VR

E-Commerce wird immer wichtiger und Kunden wollen ihre Produkte auf neue Art und Weise im Netz präsentieren. Software-Firmen bieten deshalb die unterschiedlichsten Plug-Ins für eine virtuelle Präsentation an und einige dieser Techniken sind äußerst vielversprechend. (Informieren Sie sich unter www.viewpoint.com.) Eine der besten Technologien gibt es schon seit geraumer Zeit und sie läuft auf über 50 Millionen Browsern: Apple QuickTime. Weitere Programme sind der Stitcher und auch Photoshop Elements (jeweils für Macintosh und Windows). Die QuickTime-VR-Movies – VR steht für Virtual Reality – ermöglichen die 360-Grad-Panorama-Ansicht eines Objekts. Es genügt, beim Klicken auf das Movie zu ziehen, um den Bildwinkel zu ändern, ein- und auszuzoomen und (falls verfügbar) Movies per Hotspot zu verlinken.

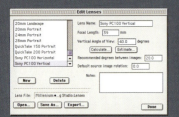

Sie erzeugen QuickTime-VR-Movies mit dem frei verfügbaren Apple QTVR Make Panorama 2 (www.apple.com/quicktime/developers/tools.html – nur für Mac). Das Tool hat jedoch einige Einschränkungen, da sich die Bilder nicht zusammenfügen lassen. Sie müssen deshalb bereits über eine Panoramaaufnahme verfügen (dazu sind einige Kameras von Haus aus in der Lage). Einzelbilder lassen sich aber auch in Photoshop zu einem Panorama zusammenfügen. Dieser Prozess ist mühsam, da Sie die Deckkraft der einzelnen Ebenen so einstellen müssen, dass sich die einzelnen Fotos nahtlos überlappen. Die professionellere Lösung ist das QuickTime VR Authoring Studio von Apple. Sollten Sie öfter eigene QuickTime-VR-Movies produzieren, lohnt sich der Kauf dieses

Der wichtigste Schritt beim Erstellen eines QuickTime-Panoramas im QTVR Authoring Studio sind die Angaben über das benutzte Objektiv und die Winkel zwischen den einzelnen Aufnahmen. Anschließend richtet das Programm die Bilder automatisch aus.

(englischsprachigen) Programms. Für ein QuickTime-VR-Panorama-Movie in Photoshop benötigen Sie zwei bis vier Stunden, während Sie diese Arbeit im QuickTime VR Authoring Studio in weniger als 20 Minuten erledigen.

Sie benötigen für ein QuickTime-VR-Panorama-Movie idealerweise eine Digitalkamera und ein Stativ. Wenn Sie die Kamera hochformatig auf dem Stativ befestigen, achten Sie darauf, dass sie parallel zum Horizont ausgerichtet ist und dass sich der Nodalpunkt direkt über dem Drehpunkt des Stativs befindet. Es ist ein verbreiteter Irrtum, dass der Nodalpunkt identisch mit der Filmebene ist, die bei 35-mm-Kameras häufig außen am Gehäuse markiert ist. Der Nodalpunkt ist ein imaginärer Punkt in der Kamera, an dem sich der Strahlengang bricht – bei den meisten 35-mm-Kameras und Objektiven befindet sich der Nodalpunkt ungefähr in der Mitte des Objektivkörpers. Sie müssen bei der Aufnahme eines QuickTime-VR-Panoramas um diesen Punkt drehen und so den Parallaxenfehler ausgleichen. Eine kleine Übung soll Ihnen den Parallaxenfehler verdeutlichen. Schließen Sie ein Auge und halten Sie den Zeigefinger etwa 15 cm vor das geöffnete Auge. Sobald Sie den Kopf zur Seite drehen, bewegt sich Ihr Finger zusammen mit dem Hintergrund. Grund: Sie drehen den Kopf nicht um den Nodalpunkt Ihrer Augen. Dieser Nodalpunkt befindet sich etwa in der Mitte des Augapfels. Stattdessen drehen Sie sich um die Wirbelsäule, die um einige Zentimeter nach hinten und seitlich versetzt ist. Diese relative Seite-zu-Seite-Bewegung gilt es beim Einrichten einer Kamera für VR-Panoramas zu verhindern.

KiWi+ von Kaidan ist ein tolles Zubehör für die Aufnahme von Panorama-Movies. Die Kamera lässt sich auf den Nodalpunkt des Objektivs justieren. Zum Lieferumfang gehören auswechselbare Scheiben mit gravierter Gradeinteilung für unterschiedliche Brennweiten. Informationen finden Sie unter www.kaidan.com.

Das Suchen und Einstellen des Nodalpunktes einer Kamera ist ziemlich kompliziert, da jede Kamera und jedes Objektiv einen individuellen Nodalpunkt haben. Mit einem Standardstativ ist das nahezu unmöglich, da sich die Kamera nicht korrekt ausrichten lässt. Deshalb gibt es spezielle Stativköpfe (z.B. KiWi+ von Kaidan) zur vertikalen Montage der Kamera und zum gleichzeitigen Einstellen des Nodalpunktes. KiWi+ wird mit vier auswechselbaren Indexscheiben für eine Vielzahl von Objektiv-Kombinationen geliefert. Informieren Sie sich unter *www.kaidan.com* – hier finden Sie Produktinformationen sowie Beispiele für QuickTime VR.

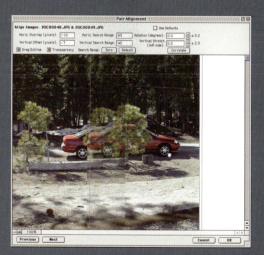

In unregelmäßigen Abständen angefertigte Aufnahmen werden im Fenster PAIR ALIGNEMENT manuell ausgerichtet. Ohne Einsatz von KiWi+ benötigen Sie bei dieser Prozedur pro Panorama mindestens 10 Minuten mehr.

Nach der Aufnahme einer Bilderserie müssen die Bilder zu einem großen Panoramabild kombiniert werden. Falls Sie mit QTVR Make Panorama 2 arbeiten, müssen Sie das Panorama in Photoshop erstellen. Dagegen ist QuickTime VR Authoring Studio äußerst komfortabel und stellt im Auto-Modus die Bilder sogar automatisch ein. Dazu brauchen Sie nur den Winkel und die Objektivbrennweite einzugeben – danach fügt das Programm die Bilder innerhalb von Sekunden

Einstellungen für die Darstellung des fertigen VR-Movies geben Sie vor dem Speichern ein.

Ein als QuickTime-VR-Panorama exportiertes Bild

zu einem Panaroma zusammen. Die Bilder lassen sich auch manuell zusammenfügen. Dazu müssen Sie ein Bild als QTVR-Movie exportieren. Anschließend beschneidet und schärft QTVR Authoring Studio das Panorama und stellt die richtige Helligkeit ein. Selbst die Übergänge an den Kanten werden für ein perfektes Panorama angepasst. Sofern alle Einstellungen korrekt sind, erfordert der komplette Vorgang nur einige Mausklicks – den Rest übernimmt die Software, während Sie in Ruhe Ihren Kaffee trinken.

Objekt-Movies

QuickTime VR erlaubt auch das Erstellen von Objekt-Movies, bei denen ein Objekt von jedem Betrachtungswinkel aus und selbst mit Animationen zu sehen ist. Wenn Sie mehrere Bilder aufgenommen haben, importieren Sie diese in den Object Maker von QTVR Authoring Studio. Dabei ist sogar die vertikale Drehung möglich, so dass sich das Objekt in alle Richtungen verschieben lässt.

1. Das Movie planen: Movies bestehen aus einer linearen Folge von Frames (Einzelbildern). Um die Arbeitsweise eines Objekt-Movies zu verstehen, müssen Sie umdenken. Stellen Sie sich ein QTVR-Objekt-Movie als ein Raster vor: Die Bilder sind als Sequenz angeordnet und lassen sich auf der horizontalen Achse nicht nur vor-

Dieses Objekt-Movie wurde in einem 3D-Animationsprogramm erstellt – jedes Bild zeigt das Objekt in einem anderen Winkel.

wärts bzw. rückwärts, sondern auch senkrecht bewegen. Diesen etwas komplexen Vorgang sollten Sie erst auf Papier skizzieren, um eine Vorstellung vom Projekt und den benötigten Frames zu erhalten (Sie müssen nicht alle Frames skizzieren, ein 3x3-Raster genügt).

Für ein VR-Objekt-Movie entlang der vertikalen und horizontalen Achse müssen Sie mehrere Zeilen und Spalten einrichten.

2. Aufnahmegerät wählen: Bilder für ein Objekt-Movie lassen sich am besten mit einer Digitalkamera aufnehmen. Sie verfügen sofort über die digitalen Bilder und das Ausrichten der Bilder beim Zusammenfügen ist einfacher. (Haben Sie jemals eine Vorlage gerade eingescannt?) Digitale Camcorder und Kameras ermöglichen eine Vorschau der Ergebnisse, d.h., Sie können jederzeit Licht, Ausrichtung und Position des Objekts überprüfen. Das ist enorm wichtig: Stellen Sie sich vor, dass ein Bild in einer Serie von 27 nicht perfekt ist. Im Nachhinein ist es nahezu unmöglich, einzelne Aufnahmen zu wiederholen. Ich arbeite mit dem Camcorder Sony PC-100, mit dem ich auch Standbilder aufnehme und auf einem Memory Stick speichere. Anschließend übertrage ich die Bilder per Lesegerät oder USB-Kabel auf den PC, was ganz einfach ist. Camcorder wie der Sony PC-100 haben meist auch eine Fernbedienung, keine Gefahr also, die Ausrichtung von Kamera und Objekt versehentlich zu verändern.

Das Resultat im QTVR Studio: Der Benutzer kann mit gedrückter Maustaste den Ball in jede Richtung drehen. Ein 3D-Programm eignet sich ideal zum Experimentieren mit Objekt-Movies. Viele Programme exportieren eine Animation auch als Bildsequenz.

3. Szene einrichten: Der schwierigste Teil bei der Aufnahme eines Objekt-Movies ist das Drehen des Objekts um eine Achse, was per Hand nahezu unmöglich ist. Für geringe Ansprüche mag der Drehteller eines Plattenspielers ausreichen, doch wenn Sie ein professionelles Gerät haben wollen, empfehle ich das PiXi von Kaidan. Dieser High-End-Drehteller wurde speziell für QuickTime-VR-Aufnahmen entwickelt und dreht selbst schwere Objekte in 15-Grad-Schritten.

4. Frames aufnehmen: Legen Sie fest, wie viele Aufnahmen Sie pro Zeile und Spalte in Ihrem Raster benötigen. Planen Sie nicht zu viele Frames ein, da der Film sonst zu „schwer" (Dateigröße) wird. Beispiel: Für das Drehen eines Objekts um 360 Grad in 15-Grad-Schritten benötigen Sie 24 Bilder pro Zeile. Soll das Objekt zusätzlich entlang der vertikalen Achse um 90 Grad in 15-Grad-Schritten gedreht werden, verfügen Sie am Ende über 144 Bilder (sechs Zeilen mit jeweils 24 Bildern). Da das Objekt-Movie für eine Webseite gedacht ist, sollten Sie in 30-Grad-Schritten für jeweils zwölf Bilder pro Zeile arbeiten. Bei nur drei Zeilen verfügen Sie dann über 36 Bilder, was bei geringer Bandbreite zwar viel, aber gerade noch akzeptabel ist.

PiXi von Kaidan ist ein professioneller, speziell für QTVR-Objekt-Movies geeigneter Drehteller.

HTML – Hypertext Markup Language

Wenn Sie im Ansicht-Menü im Internet Explorer oder im Netscape Navigator die Option Source (Quelle) wählen, zeigt ein Fenster den HTML-Code der jeweiligen Seite. HTML verwendet ausschließlich ASCII-Zeichen (ASCII = American Standard Code for Information Interchange), was den Einsatz auf unterschiedlichen Plattformen ermöglicht. Eine auf einem PC erstellte Webseite lässt sich deshalb von einem

HTML-Quellcode in einem Browser

Browser, der auf einer anderen Plattform wie z.B. einem Macintosh läuft, lesen und interpretieren. Ein HTML-Tag besitzt normalerweise eine Anfangs- und Endkomponente, die jeweils in spitzen Klammern platziert ist (<>) – die Endkomponente, das Ausschalt-Tag, ist durch einen vorangestellten Schrägstrich (/) gekennzeichnet. Abgesehen von der großen Anzahl an HTML-Tags, wie für Überschriften, Absätze, Ausrichtung usw., ist die Sprache relativ einfach zu erlernen. Mit HTML lassen sich Webseiten durch einfaches Eintippen des Codes in einem Textprogramm erzeugen.

Strukturelles Codieren

HTML ist eine strukturelle Sprache. Neben einigen Formatierungs-Tags für die Schriftart und -größe beinhaltet HTML hauptsächlich die Definition von Strukturen. Eine Überschrift wird beispielsweise in HTML wie folgt ausgezeichnet:

<H1>Überschrift</H1>

Der Browser erhält nur die Information, dass der Text eine Überschrift ist, nicht aber Informationen über Schriftart und Zeichengröße. Jeder Browser behandelt diese Parameter ausgehend von den Einstellungen des Benutzers. Deshalb zeigt der eine Browser dieselbe Überschrift in einer 16-Punkt-Arial und der andere in einer 14-Punkt-Times an – das schlimmste Szenario für Designer, die deshalb (es gab noch keine Cascading Style Sheets) das Problem lösten, indem sie statt struktureller Tags (wie <Hn>) das <FONT>-Tag und seine Formatierungsattribute für Schriftart und Schriftgröße benutzten.

Absolutes Positionieren

HTML bietet keinerlei Möglichkeiten für ein absolutes Positionieren. Ursprünglich sollten Informationen unabhängig vom Betriebssystem und/oder der Bildschirmgröße angezeigt werden. Deshalb machte es Sinn, den Text auf einem 14-Zoll-Monitor anders als auf einem 21-Zoll-Monitor fließen zu lassen. Die Textformatierung hatte dabei eine untergeordnete Bedeutung. Die Webdesigner waren alles andere als glücklich mit den Einschränkungen der HTML-Formatierung und entwickelten Workarounds, d.h. sie platzierten Text und Bilder in unsichtbaren Tabellen (Tabellen mit dem Rand-Attribut 0). Obwohl HTML und Browser heute Ebenen anbieten, sind Tabellen die sicherste Möglichkeit für das Layout einer Webseite. Die meisten HTML-Authoring-Programme arbeiten mit einem so genannten Layout-Raster – nichts anderes als eine unsichtbare HTML-Tabelle, die vom HTML-Programm speziell formatiert wird.

Gestaltungsgrenzen der Browser

Während des Browser-Kriegs zwischen Netscape und Microsoft in den 90er Jahren sehnte sich jeder Anwender und Webdesigner nach dem nächsten Browser-Update, denn jede neue Version verfügte über bessere Gestaltungsmöglichkeiten. Dabei war die Abwärtskompatibilität wichtig: Die Gestaltung einer Webseite auf Basis der aktuellsten Browser-Version bedeutete, dass viele Besucher mit älteren Versionen die Seite nicht betrachten konnten. Das ist heute anders – Navigator und Explorer sind relativ

Gestaltungsgrenzen der Browser

gleichwertig und seit geraumer Zeit verfügbar. Das heißt aber nicht, dass Einschränkungen beim Design der Vergangenheit angehören, sondern nur, dass sich Webdesigner nicht mehr zu sehr um die Abwärtskompatibilität kümmern müssen. Falls sich Ihre Website erfolgreich mit einem 4.x-Browser darstellen lässt, sieht sie auch auf anderen Browsern gut aus. In den folgenden Abschnitten finden Sie weitere Gestaltungshinweise, auf die Sie achten sollten.

Tabellen

Damit sich eine Tabelle im Internet Explorer und im Netscape Navigator gleich verhält, ist manchmal einiger Aufwand notwendig – Browser interpretieren bestimmte Tabellen-Attribute unterschiedlich:

- Ältere Netscape-Versionen zeigen Tabellen mit leeren Zellen nicht in der korrekten Breite an, selbst wenn sie definitiv festgelegt wurde.
  Dieses Problem ist jedoch lösbar.

- Navigator mag keine Hintergrundbilder in Tabellen. Ältere Netscape-Versionen (vor Version 6) zeigen ein Hintergrundbild in einer verschachtelten Tabelle an, selbst wenn das Attribut „background-image" (Hintergrundbild) nicht gesetzt wurde. Explorer hat dieses Problem nicht, doch es gibt genügend Anwender, die mit Netscape arbeiten. Wenn Sie als Webdesigner Hintergrundbilder in Tabellen verwenden, müssen Sie die Seiten in allen verbreiteten Browsern testen. Nur so stellen Sie sicher, dass Ihre Seiten korrekt zu sehen sind.

- Hintergrundbilder mit Transparenz lassen sich nicht verwenden. Navigator z.B. rendert transparente Pixel zu Weiß, sofern ein derartiges Bild als Tabellenhintergrund eingesetzt wird.

- Je mehr verschachtelte Tabellen ein Layout hat, desto weniger lässt sich vorhersehen, ob die Seite in allen Browsern korrekt angezeigt wird. Für ein komplizierteres Layout muss der Webdesigner u.U. Tabellen in andere Tabellen einbetten. Dabei gilt als Faustregel, nur maximal zwei Tabellen einzubetten (für insgesamt drei Tabellen). Natürlich

Eine Webseite sieht in einem Browser gut, in einem anderen dagegen völlig anders aus. Grund: Eine inkompatible HTML-Implementierung im Browser oder Voreinstellungen des Benutzers überschreiben die Einstellungen der Website. Dann entziehen sich Farbe und Textgröße Ihrer Kontrolle.

Die gleiche Seite im Navigator. Sobald die Browser-Einstellungen des Besuchers die Einstellungen der Website überschreiben, gehen alle Formatierungen Ihrer Schriften verloren und die Gestaltung sieht völlig anders aus.

HTML-Quellcode einer Seite

HTML-Dokumente sind ASCII-Dateien – sie lassen sich deshalb in jedem Textverarbeitungsprogramm öffnen und bearbeiten. HTML-Tags sind durch spitze Klammern gekennzeichnet. Jedes HTML-Dokument enthält mindestens die Tags <HTML>, <HEAD> und <BODY>. Die meisten Tags werden paarweise benutzt. Ein Tag öffnet z.B. einen Textblock (<HEAD>) und ein weiteres, identisches Tag mit vorangestelltem „/"schließt den Textblock (</HEAD>).

<HTML>: Dieses Tag kennzeichnet das Dokument als Webseite.

<TITLE>: Kennzeichnet den Text, der als Überschrift im Browserfenster angezeigt wird.

<BODY BGCOLOR="#ffffff">: Der „Behälter" BODY enthält Text und Grafik der Webseite zwischen dem Ein- und Ausschalt-Tag. Ein Tag hat häufig mehrere Attribute. Im Beispiel definiert BGCOLOR die Hintergrundfarbe des Browserfensters.

<P><CENTER>: Ist ein Absatz-Tag. Das eingebettete Tag CENTER zentriert den Absatz.

<MAP NAME="maintop">: MAPs sind Bilddateien, von denen Teile als Hot Links definiert sind. Per Klicken auf einen Hot Link gelangt man auf eine andere Webseite.

<IMG SRC="images/maintop.gif" WIDTH="301" HEIGHT="27">: Das IMG-Tag platziert ein Bild auf der Webseite. Die Attribute WIDTH und HEIGHT definieren die Bildgröße. Text und Layout lassen sich so bereits vor Abschluss des Downloads der Bildelemente korrekt anzeigen.

```
<HTML>
    <HEAD>
        <META NAME="GENERATOR" CONTENT="Adobe PageMill ">
        <TITLE>Eye2Eye Mainpage</TITLE>
    </HEAD>
<BODY BGCOLOR="#ffffff" LINK="#ff0000" ALINK="#0017ff">
<P><CENTER>
    <MAP NAME="maintop">
        <AREA SHAPE="rect" COORDS="211,2,300,26" HREF="press/ind-press.html">
        <AREA SHAPE="rect" COORDS="148,0,205,25" HREF="bio/bio-index.html">
        <AREA SHAPE="rect" COORDS="69,1,144,25" HREF="tour/tourindx.html">
        <AREA SHAPE="rect" COORDS="2,1,61,27" HREF="cd/cds.html">
    </MAP>
    <IMG SRC="images/maintop.gif" WIDTH="301" HEIGHT="27" ALIGN="BOTTOM"
    NATURALSIZEFLAG="3" USEMAP="#maintop" ISMAP BORDER="0">
</CENTER></P>

<P><CENTER>
    <IMG SRC="images/e2e_main.gif" WIDTH="301" HEIGHT="211" ALIGN="BOTTOM" NATURALSIZEFLAG="3">
</CENTER></P>

<P><CENTER>
    <MAP NAME="mainbttm">
        <AREA SHAPE="rect" COORDS="94,3,167,26" HREF="exit.html">
        <AREA SHAPE="rect" COORDS="12,2,68,26" HREF="map.html">
    </MAP>
    <IMG SRC="images/mainbttm.gif" WIDTH="176" HEIGHT="27" ALIGN="BOTTOM" NATURALSIZEFLAG="3" USEMAP="#mainbttm" ISMAP BORDER="0">
</CENTER></P>
```

HTML-Quellcode einer Seite 19

```
<PRE><CENTER>Click on CDs to listen to check out Eye2Eyes two available
records or ...To get on our mailing list, please send your address and te-
lephone number to
<A HREF="mailto:email@erols.com">email@erols.com</A>
</PRE>

<H6><CENTER>
   <A HREF="cd/cds.html">CDs</A> | <A
   HREF="tour/tourindx.html">TOUR</A> | <A
   HREF="bio/bioindex.html">BIO</A> | <A
   HREF="press/indpress.html">PRESS</A><BR>
   <A HREF="map.html" TARGET="_top">MAP</A> | <A
   HREF="exit.html">EXIT</A>
</CENTER></H6>

</BODY>
</HTML>
```

<A HREF="mailto: email@erols.com">: Ein Link ist die Verbindung zu einer anderen Webseite und wird durch das „A" gekennzeichnet. Links beziehen sich nicht nur auf andere Seiten oder Dateien – im Beispiel öffnet der Link Ihr E-Mail-Programm, um eine Mitteilung an eine bestimmte Adresse zu schicken.

<H6>: Es gibt sechs verschiedene Größen und Kategorien für Überschriften – nummeriert von H1 bis H6. H6 ist die kleinste Größe und häufig auch kleiner als der Fließtext. H6-Überschriften werden meist für Text-Links am Seitenende verwendet.

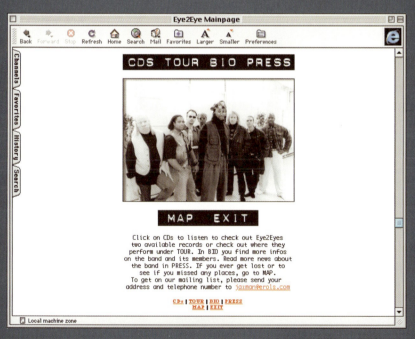

Der aufgelistete HTML-Code erzeugt diese Seite.

GESTALTUNGSGRENZEN ÄLTERER BROWSER

	Hintergrund	Vordergrund	Tabellen	Frames
Navigator 2	Farbe + Bild	Bild	keine Farbe	keine Frames
Navigator 3	Farbe + Bild	Bild	Farbe	(nur sichtbare Rahmen)
Explorer 3	Farbe + Bild	Bild	Farbe + Hintergrundbild	unsichtbar + Farbe
Navigator 4	Farbe + Bild	Ebenen	Farbe + Hintergrundbild	unsichtbar
Explorer 4	Farbe + Bild	Ebenen	Farbe + Hintergrundbild	unsichtbar + Farbe

Geschichtlicher Hintergrund: Während Internet Explorer und Netscape Navigator 4.x realativ gleiche Features boten, unterschieden sich die 3.x-Versionen deutlich. Beispielsweise konnte der Explorer eine Hintergrundfarbe und ein Bild für eine Tabelle darstellen und sogar einen Frame unsichtbar machen. Sie müssen bei der Gestaltung von Webseiten die älteren Browser-Versionen berücksichtigen, wobei eine Abwärtskompatibilität mit den 4.x-Browsern ausreicht.

ist es möglich, mehr als zwei Tabellen zu verschachteln, doch das Risiko einer falschen Darstellung z.B. in älteren Netscape-Browsern ist relativ groß.

Ebenen

Auf den ersten Blick erscheint die Möglichkeit, Elemente bei voller Kontrolle der Platzierung übereinander zu stapeln, äußerst verlockend zu sein. Die Wirklichkeit zeigt jedoch, dass Ebenen kein passendes Werkzeug für Web-Layouts sind. Da der Text von Computer zu Computer unterschiedlich dargestellt werden kann, lässt sich die Länge einer Textebene nicht vorhersehen – es ist also schwierig, Elemente in richtiger Relation zueinander anzuordnen. Ältere Netscape-Versionen haben einen weiteren Nachteil: Falls der Anwender die Größe des Browserfensters nach dem Laden der Seite verändert, geraten sämtliche Ebenen durcheinander. Ebenen lassen sich nur für Animationen (mit DHTML) sicher verwenden. Es gibt noch andere Einsatzmöglichkeiten, aber ich empfehle, Ebenen nur dann zu benutzen, wenn sie tatsächlich erforderlich sind.

Cascading Style Sheets

Für die CSS-Implementierung gibt es keine Konsistenz zwischen den Browser-Plattformen. Zum Glück sind die grundlegenden Möglichkeiten der Textformatierung vorhanden und Sie sollten auch mit ihnen arbeiten.

BILDER

Wenn Sie aus dem Desktop Publishing kommen, kennen Sie sich mit Bildern und Grafikformaten wie TIFF und EPS aus. Im Web zählen diese Formate jedoch nicht, sondern nur JPEG, GIF und PNG. Da die Bandbreite eine der größten Restriktionen des Webs ist (selbst ein 56-K-Modem bringt in der Wirklichkeit nur eine Übertragungsrate von 45 Kbyte), stehen große Datenmengen außerhalb jeder Diskussion. Da Bilder meist 60 bis 80 Prozent der Daten auf einer Webseite ausmachen, ist die Datenkomprimierung wichtig. JPEG und GIF sind die Web-Dateiformate, da mit ihnen Grafiken als relativ kleine Dateien komprimiert werden. Natürlich geschieht das zu Lasten der Bildqualität.

JPEG, GIF und PNG haben Vor- und Nachteile – in erster Linie durch einen unterschiedlichen Komprimierungsalgorithmus. Generell wird JPEG für Fotos und GIF für Grafiken mit flächigen Bereichen benutzt. PNG bewegt sich dazwischen. Obwohl jedes Bildformat in einem eigenen Kapitel erklärt wird, möchte ich Ihnen mit den folgenden Abschnitten den sofortigen Start ins Webdesign vereinfachen.

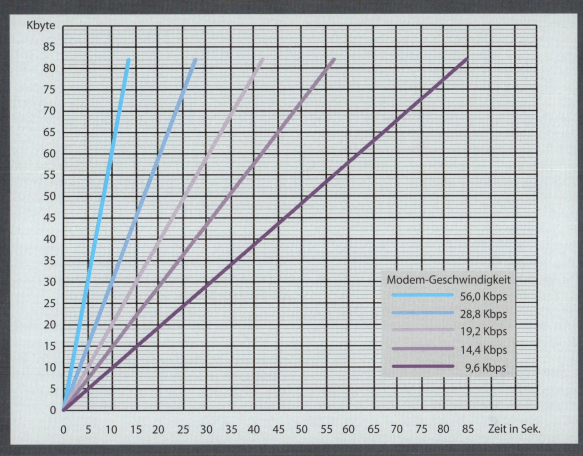

Die Übertragungsgeschwindigkeit ist selten so linear wie in dieser Grafik. Sie sollten bei der Gestaltung Ihrer Seite nie vom optimalen Szenario ausgehen. Selbst bei einem 56-K-Modem beträgt die Übertragungsrate meist nur 46 Kbyte.

Die Übertragungsgeschwindigkeit ist eine der Einschränkungen im Web. Es gibt noch viele Anwender, die mit einem 56-Kbps-Modem surfen. (Denken Sie nur an die Geschäftsleute, die in ihren Laptops ausschließlich über ein Modem verfügen!) Für Designer bedeutet das Problem mit der Bandbreite, dass die maximale Datenmenge einer Seite zwischen 40 und 60 Kbyte liegen sollte. Neu übertragene Daten beziehen sich auf die Tatsache, dass Browser heruntergeladenen Text und Bilder in einem lokalen Cache auf der Festplatte des Benutzers speichern. Diese Daten lassen sich aus dem Cache viel schneller aufrufen als neue Daten direkt aus dem Web. Sobald der Browser auf einer Seite ein bereits heruntergeladenes Bild entdeckt, lädt er dieses Bild aus dem Cache.

Sie sollten bei der Entwicklung eines Gestaltungskonzepts für eine Webseite möglichst oft die gleichen Bildelemente verwenden. Beispielsweise wird das auf mehreren Seiten platzierte Firmenlogo nur einmal beim Besuch der ersten Seite heruntergeladen und dann im Cache des Benutzers gespeichert. Das erhöht die Geschwindigkeit beim Browsen durch die anderen Seiten. Die Wiederverwendung von Grafiken ermöglicht das Hinzufügen neuer Grafiken auf anderen Seiten bei insgesamt kurzen Ladezeiten.

JPEG (Joint Photographic Experts Group)

JPEG speichert bis zu 16,78 Millionen Farben, eignet sich aber nur schlecht für Text oder Grafiken. Grund: Der blockige Komprimierungsalgorithmus erzeugt einen Weichzeichnungseffekt. Die Helligkeit innerhalb der einzelnen Blöcke wird zwar beibehalten, doch subtile Farbveränderungen gehen verloren. Dennoch überrascht die gute Bildqualität selbst bei maximaler Komprimierung. Der Komprimierungsfaktor reicht von 10:1 bis 100:1, d.h., ein 1 Mbyte großes Bild lässt sich bei höchster Komprimierung als 10 Kbyte große JPEG-Datei speichern – ideal fürs Web. Da die JPEG-Komprimierung nicht ohne Verluste erfolgt, sollten Sie immer eine Kopie der Originaldatei aufbewahren. JPEG unterstützt im Gegensatz zu GIF und PNG keine Transparenz.

GIF (Graphics Interchange Format)

GIF benutzt einen Komprimierungsalgorithmus auf Basis der Mustererkennung, der zeilenweise arbeitet: Benachbarte Pixel mit gleicher Farbe komprimiert GIF besser, was auch oft erklärt, warum GIF vorrangig für Grafiken eingesetzt wird. GIF komprimiert Fotos weniger erfolgreich als JPEG – die Stärke sind große, durchgängige Farbflächen und Text. Der GIF-Komprimierungsfaktor für Fotos liegt nur bei 4:1, allerdings mit verlustloser Komprimierung. Verlustlos heißt, dass ein Bild nach der Dekomprimierung genau so wie vorher aussieht und dass ein wiederholtes Speichern das Bild nicht verändert (anders dagegen bei JPEG). GIF-Bilder enthalten jedoch nur bis zu 256 Farben.

GIF unterstützt Transparenz und Animation. Dafür definieren Sie beim Speichern eine Farbe als Chromakey-Farbe. Der Browser schaltet dann diese Farbe aus und ersetzt sie durch das Hintergrundbild. Sie bestimmen die Dauer der einzelnen Bilder für eine GIF-Animation und ob die Animation als Schleife laufen soll. (Mehr darüber erfahren Sie im Kapitel über die GIF-Animation.) Gerade die Transparenz und die Möglichkeit der Animation haben stark zur Verbreitung des GIF-Formates beigetragen.

PNG (Portable Network Graphics)

PNG als universelles Web-Bildformat ist die Antwort auf die Einschränkungen bei JPEG und GIF und die Lizenskosten. PNG kombiniert die verlustlose Komprimierung mit bis zu 16,77 Millionen Farben und 256 Transparenzstufen – was semitransparente Farbbereiche ermöglicht. Semitransparenz ist dann wichtig, wenn Bildkanten weich in den Browser-Hintergrund übergehen sollen.

PNG beinhaltet zudem die Funktion der Gamma-Korrektur, um Bilder auf allen Plattformen gleich hell erscheinen zu lassen. (Da Windows-Monitore deutlich dunkler als Macintosh-Monitore sind, erscheinen auf dem Mac erstellte Webseiten im Windows-Browser zu dunkel, während auf einem PC erstellte Seiten auf einem Mac zu hell sind. Die Gamma-Korrektur in PNG löst dieses Problem, d.h., PNG-Bilder werden immer gleich hell angezeigt.)

Leider wird PNG von älteren Browsern nur schlecht unterstützt, die ein Plug-In benötigen bzw. Transparenz ignorieren. PNG hat weitere Nachteile: Die Dateien sind oft viel größer als vergleichbare GIFs oder JPEGs und es gibt keine Unterstützung für Animation.

Mit PNG lassen sich problemlos Objekte mit Schlagschatten harmonisch in die Gesamtgestaltung einbinden. Die Bilder zeigen, wie der Schlagschatten nahtlos in das vom Browser geladene Hintergrundbild übergeht.

WIE BROWSER FEHLENDE FARBEN KOMPENSIEREN

Dithering ist eine Technik, die ausgehend von zwei Hauptfarben eine dazwischen befindliche Farbe als optische Täuschung darstellt. Das ist vom Ansatz her das gleiche Verfahren wie der Druck mit Prozessfarben. Sämtliche Farben des Spektrums lassen sich durch Mischen unterschiedlicher Anteile (oder Punktgrößen) der vier Grundfarben (Zyan, Magenta, Gelb und Schwarz) erzeugen. Die Punkte werden in verschiedenen Winkeln nebeneinander gedruckt und sind so klein, dass sie mit bloßem Auge nicht wahrzunehmen sind.

Browser arbeiten mit einem ähnlichen Verfahren – falls sich die gewünschte Farbe außerhalb der verfügbaren Farbtiefe befindet, versucht der Browser, sie durch Mischen vorhandener Farben zu erzeugen. Dafür gibt es als Techniken Muster- und Diffusion-Dithering. Beim Muster-Dithering wird die Zwischenfarbe über ein regelmäßiges Muster erzeugt, was jedoch häufig zu unschönen Effekten führt. Das Diffusion-Dithering simuliert die Zwischenfarbe durch eine zufällige Pixelanordnung. Das Ganze scheint nur zufällig zu sein, denn tatsächlich basiert dieses Dithering auf einem mathematischen Modell, das von Programm zu Programm unterschiedlich ist.

Falls ein Programm eine Farbe nicht per Dithering simuliert, wird die Farbe nur quantisiert, d.h. auf die nächste verfügbare Farbe gerundet. Ergebnis: Farbverschiebungen sind offensichtlicher. 99 Prozent Rot wird z.B. 100 Prozent Rot, während 84 Prozent Rot zu 80 Prozent Rot verschoben wird.

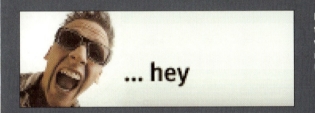

Das Originalbild wurde als 256-Farben-GIF mit einer adaptiven Farbpalette und auch als JPEG gespeichert. Beide Bilder wurden anschließend in einem Browser auf einem Monitor mit 256 Farben angezeigt. Die Abbildungen verdeutlichen die Unterschiede.

Explorer (oben) dithert das GIF mit Diffusion-Dithering, während Navigator nur die Farbwerte quantisiert (unteres Bild). *Die Bilder wurden auf 120 Prozent vergrößert.*

Das gleiche Bild als JPEG (beste Qualität) wird in beiden Browsern mit Diffusion-Dithering angezeigt. Explorer (oben) erzielt meiner Meinung nach ein besseres Ergebnis.

Farbprobleme bei Bildern

Farben lassen sich beim Desktop Publishing viel einfacher handhaben als beim Webdesign. Die Farbverschiebung, mit der es die DTP-Gestalter zu tun haben, ist nichts im Vergleich zu den Farbproblemen im Web: Monitore für die Darstellung von 256 bis Millionen Farben haben je nach Plattform andere Gamma-Werte und auch die Browser zeigen Bilder unterschiedlich an. Sie können diese Faktoren nicht beeinflussen, Sie müssen einfach mit ihnen leben: Wenn Sie z.B. ein JPEG speichern, können Sie nur die Helligkeit zum Ausgleich der Gamma-Unterschiede justieren. GIF-Bilder sind etwas besser zu kontrollieren, besonders wenn Sie mit websicheren Farben für die übereinstimmende Anzeige in allen Browsern und auf allen Plattformen arbeiten.

Die Bildoptimierung für beide Computer-Plattformen bedarf eines Mittelwegs, da sonst die für den Macintosh optimierten Bilder in Windows zu dunkel sind, was dieses Beispiel verdeutlicht. Das obere Bild ist die Macintosh-Version, die (unten) unverändert unter Windows zu sehen ist.

Oben ein typisches GIF mit 16 adaptiven Farben. Das untere Bild zeigt die Browseranzeige des Bildes auf einem Monitor mit 256 Farben. Sie erkennen deutlich ein zusätzliches Dithering, das dann entsteht, wenn in der adaptiven GIF-Palette mit nicht websicheren Farben gearbeitet wird.

Die Verwendung websicherer Farben beschränkt sich allerdings nur auf den kleinsten gemeinsamen Nenner: Besucher mit besseren Bildschirmen sehen ebenfalls nur die maximal 256 websicheren Farben. Schon deshalb speichern viele Designer ihre GIF-Bilder ausgehend von einer adaptiven oder selektiven Farbpalette und prüfen das Ergebis dann in allen aktuellen Browsern auf allen Plattformen bei 256 Farben. Falls dann die Farben zufrieden stellend sind, können die Bilder auf Monitoren mit Tausenden oder Millionen von Farben nur noch besser aussehen (mehr darüber im Kapitel über GIF).

NÜTZLICHE SITES FÜR WEBDESIGNER

Möchten Sie wissen, was gerade in Silicon Alley, dem Herz der New Yorker Internet-Szene, passiert oder wollen Sie nur mehr über HTML oder JavaScript erfahren? Auf diesen Websites werden sie bestimmt fündig:

www.wwwac.org
Diese Site des *World Wide Web Artists' Consortium* (WWWAC) ist der beste Platz, um Webdesigner, Programmierer und Internet-Fans in New York City zu finden. Das WWWAC veranstaltet monatliche Treffen und umfasst Gruppen, die sich mit bestimmten Themen wie Interface-Design und Datenbank-Integration beschäftigen.

www.nynma.org
Die *New York New Media Association* mit regelmäßigen Meetings und speziellen User-Groups bietet auf ihrer Website außerdem einen großen Stellenmarkt. Falls Sie nach einer Stelle als Webdesigner in New York City suchen, ist das die richtige Adresse.

www.searchenginewatch.com
Eine Site mit ausgezeichneten Informationen für gute Suchmaschinen-Ergebnisse.

www.webposition.com
WebPositionGold optimiert Ihre Site für bessere Ergebnisse in den Suchmaschinen. Die generierten HTML-Seiten sollen Ihre Seiten ganz oben in den Suchergebnissen platzieren. Die Seiten werden automatisch an die wichtigsten Suchmaschinen übermittelt.

www.virtual-stampede.com
Als eines der ersten Programme für die Stapelregistrierung von Websites wurde Spider Software inzwischen neu geschrieben und als NetSubmitter Professional veröffentlicht. Ein starkes (und preiswertes) Tool zur Registrierung Ihrer Site bei den Suchmaschinen – ich kann es nur empfehlen.

http://dreamcatchersweb.com/scripts/
Eine Site mit nützlichen PERL-Scripts, die sich relativ einfach installieren lassen. (Frei verfügbare PERL-Scripts finden Sie auch über die einschlägigen Suchmaschinen.)

www.w3.org
Das *World Wide Web Consortium* entwickelt und verabschiedet neue HTML-Versionen. Suchen Sie hier auch nach Abkürzungen, die Sie noch nicht kennen. Häufig handelt es sich um einen Begriff, an dem das W3C gerade arbeitet.

developer.netscape.com
Unsicher, welches HTML-Tag in welchem Netscape-Browser unterstützt wird? Die Antwort finden Sie auf dieser Site. Falls Sie mehr über HTML wissen möchten, finden Sie hier eine besonders gute Quelle.

msdn.microsoft.com/workshop/entry.asp
Das *Microsoft Developer Network* und der *Web Workshop* sind zusammengegangen. In dieser Online-Quelle erhalten Sie viele Informationen über die HTML-Implementierung im Explorer und außerdem eine gute Einführung in HTML.

www.coolhomepages.com
Unter dieser Adresse finden Sie Links zu den weltweit am besten gestalteten Websites. Die erwähnten Sites sind nach Kategorien geordnet – ideal für Anregungen oder für eine Promotion der eigenen Website.

www.selfhtml.de
In der Site des Initiators Stefan Münz finden Sie Links zu den Themen HTML, Java, CGI und PHP, Buchtipps zu HTML, Java und JavaScript, CGI und Perl oder PHP sowie eine Referenz über die HTML-Befehle (Tags).

Design-Konzept

Illustration: **Bradley Grosh/Antony Kyriazis** von **Fuse**

28 **Informationsarchitektur**	40 **Interview mit Tom Nicholson**
29 Website-Struktur	47 **Dynamische Webseiten erstellen**
30 Inhalt konsolidieren	48 **Browser-Offset**
30 Navigation	49 **Hyperlinks**
32 **Web Usability**	50 Imagemaps und Imagetabellen
32 Häufige Fehler bei der Informationsarchitektur	50 **Popup-Menüs**
33 **Inhalt als Aufmacher**	50 **Einfluss der Technologie auf das Design**
35 **Design-Konzepte**	51 **Metapher**
36 **Das Tunnelkonzept**	52 **Interview mit Andreas Lindström**
37 Sidebars	58 **Die Web-Galerie**
38 Topbars	
38 Topbars und Sidebars mit Frames	

ENTWICKELN

Webseiten in Photoshop zu gestalten ist relativ einfach. Selbst wenn Sie noch kein Photoshop-Experte sind, eignen Sie sich die wichtigsten Techniken in wenigen Tagen an. Arbeiten Sie jedoch in einem kleinen Grafikstudio und können dort nicht auf ein großes Team von Spezialisten zugreifen, müssen Sie sich um spezielle Gegebenheiten des Webs wie z.B. die Informationsarchitektur selber kümmern. Und das ist genau so wichtig für den Erfolg einer Website wie ein gelungenes Design.

Größere Webdesign-Agenturen erarbeiten die beste Lösung gemeinsam mit den Kunden in mehreren Phasen. Normalerweise ist der „Informationsarchitekt" die erste Person, die an einem Webprojekt arbeitet (abgesehen vom Account Manager bzw. der Kontaktperson zum Kunden). Der Informationsarchitekt versucht, sich einen Überblick über die Ziele des Kunden zu verschaffen – bei einer E-Commerce-Website sind das z.B. die Produkte, die der Kunde verkaufen will. Bei einer inhaltsorientierten Website (Content-Website) prüft der Informationsarchitekt die Art der vorhandenen Informationen. Das Ergebnis führt schließlich zu einer Konzeption mit einer Zusammenfassung aller Informationen, was sich direkt auf die Navigationsstruktur auswirkt. Der Informationsarchitekt liefert letztlich die Vorgaben für die gestalterische Umsetzung und kann in diesem frühen Stadium auch mit einem Spezialisten für Web-Ergonomie (Web Usability) zusammenarbeiten bzw. übernimmt zusätzlich diesen Job.

Nachdem der Designer die Vorgaben des Informationsarchitekten erhalten hat, entstehen erste Skizzen der Startseite sowie einiger Folgeseiten. Mit Skizzen meine ich tatsächlich Zeichnungen per Hand auf Papier. Viele Webdesigner arbeiten mit dieser traditionellen Technik, nicht um Zeit oder Geld zu sparen, sondern nur, damit der Kunde erste Ideenskizzen nicht bereits als das Endprodukt ansieht. Die Skizze per Bleistift oder Pentelpen soll eindeutig den Entwicklungsprozess unterstreichen.

Hat der Kunde sein grundsätzliches OK gegeben, entsteht das finale Gestaltungskonzept in Photoshop und wird in dieser Form schließlich dem Kunden präsentiert. Sind Etatmittel für Web Usability vorhanden, entsteht im nächsten Schritt eine Probesite, die anschließend von Testpersonen aus der vorgesehenen Zielgruppe getestet wird. Nur in diesem Stadium erhält man eine gewisse Sicherheit darüber, ob die Website ihren Sinn erfüllt. Danach geht die Gestaltung normalerweise in die zweite Runde, in der der Informationsarchitekt und die Designer eventuell vorhandene Probleme beheben.

Arbeiten Sie dagegen in einer One-Man-Show und haben gerade erst mit dem Webdesign begonnen, hilft Ihnen dieses Kapitel mit vielen Hinweisen über Informationsarchitektur, Web Usability und Gestaltungskonzeption weiter.

INFORMATIONSARCHITEKTUR

„Informationsarchitektur" (Information Architecture) war noch vor wenigen Jahren das Modewort der Webdesigner. Clement Mok, Gründer von Studio Archetype in San Francisco, ging sogar so weit, dass er seine Firma mit dem Zusatz „Idendity & Information Architects" (Identitäts- und Informationsarchitekten) versah. Bevor die Interneteuphorie wie eine Seifenblase platzte, waren gerade Informationsarchitekten sehr gefragt, da sie den Unterschied zwischen schlechten und guten Websites ausmachten. Nicht, dass die Informationsarchitektur heute weniger wichtig ist, doch viele Unternehmen haben ihre Etats inzwischen eingeschränkt und es wird gespart. Das Gleiche gilt auch für die Web Usability. Diese Situation könnte jedoch für eine kleinere Web-Agentur ein Vorteil sein – sie muss nur genügend Zeit investieren und sich das erforderliche Wissen aneignen.

Was also heißt „Informationsarchitektur" wirklich? Ich versuche, das in einem Satz zusammenzufassen: „Informationsarchitektur bezieht sich auf die Strukturierung von Information und Inhalt ausgehend von einem logischen und durchgängigen Navigationskonzept." Die Beschreibung scheint auf den ersten Blick recht simpel zu sein, ist aber in Wirklichkeit eine große Herausforderung für das Webdesign.

Designer aus dem Druckbereich haben es anfangs ziemlich schwer. Denn im Gegensatz zum Web gibt es beim Druck seit langem feste Regeln und Konzepte, die allen, die in diesem Bereich arbeiten, in Fleisch und Blut übergegangen sind. Ein Buch hat beispielsweise ein Inhaltsverzeichnis sowie einen Index, wobei die Informationen des Buches in Kapitel untergliedert sind. Den Macher eines Buches und den Lesern ist dieses Navigationskonzept so vertraut, dass niemand auch nur einen Gedanken an die Struktur und den Gebrauch eines Buches verschwendet. Im Web sind Infomationen und entsprechende Zugriffsmöglichkeiten nicht so linear strukturiert, d.h., es gibt viele weitere Optionen für die Strukturierung von Inhalt und Navigation.

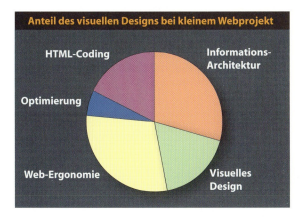

Ungefähre Zeitaufteilung für die Entwicklung einer Website

Ziehen Sie doch einfach eine Parallele zur Entwicklung der Computer-Benutzerschnittstelle. Standardfunktionen für Computer und die jeweiligen Programme gab es anfangs nicht – auch nicht für selbstverständliche Befehle wie Ausschneiden, Kopieren und Einfügen. Heute ist es die normalste Sache der Welt, etwas in die Zwischenablage zu kopieren und in ein anderes Programm wieder einzufügen. Sollten Sie jemals die ersten Schritte eines Computeranfängers beobachtet haben, wissen Sie, wie schwierig das anfängliche Umdenken in diesen Begriffen sein kann.

Beachten Sie bei der Entwicklung einer Website, dass nicht alles, was für Sie logisch erscheint, auch logisch für die Besucher ist. Immer häufiger arbeiten große Webdesign-Agenturen mit Testgruppen, um herauszufinden, wie Anwender auf einzelne Sites reagieren. Um ein Feedback zu erhalten, müssen Testpersonen bestimmte Aufgaben lösen, wie beispielsweise ein bestimmtes Dokument oder einen Service finden.

Noch vor wenigen Jahren, das Web begann gerade sich durchzusetzen, waren viele Sites hinsichtlich Navigation und Inhalt wie gedruckte Broschüren angelegt. Grund: Die Designer waren Desktop Publisher, die mit den ihnen vertrauten Konzepten des Druckbereichs arbeiteten. Zum Glück hat sich das Webdesign als eigenständige Disziplin fortentwickelt

und inzwischen gibt es etablierte Standards, die sich in vielen erfolgreichen Sites wiederfinden. Das intensive Studium derartiger Sites vereinfacht dem Print-Designer den Übergang zum Web. Allerdings vertritt Mark Crumpacker, früherer Kreativdirektor von Studio Archetype, die Ansicht, dass für Multimedia-Designer der Wechsel zum Web viel einfacher ist, da Multimedia interaktiv ist und deshalb dem Web ähnelt.

Die meisten Informationsarchitekten haben viel Zeit mit der Analyse aktueller Trends und der Untersuchung von Website-Strukturen verbracht. Ich mache Sie jetzt mit den grundlegenden Konzepten vertraut und werde die Fragen formulieren, auf die Sie – wie der Informationsarchitekt – zur eigenen Sicherheit vor Beginn eines Design-Projekts entsprechende Antworten finden müssen.

Website-Struktur

Viele Websites sind so konfus, dass sich der Besucher verläuft, nicht das findet, wonach er sucht, oder – im schlechtesten Fall – einfach nicht weiß, worum es in der Site überhaupt geht. Selbst Websites mit einer klaren und durchgängigen Navigationsstruktur können schlecht strukturierte Inhalte haben. Große Firmen-Websites erschlagen häufig den Besucher mit Hunderten von Produkten und/oder konfrontieren ihn mit zusammenhanglosen Inhalten. Um das zu vermeiden, sollten Sie immer einen Schritt zurückgehen und die Ziele der Site überdenken. Nur so vermeiden Sie die Entwicklung einer Site, die von einer bereits vorhandenen (schlechten) Struktur ausgeht. Beispielsweise hatte Motorola die erste Site entsprechend der Gliederung des Unternehmens strukturiert. Crumpacker (früher Informationsarchitekt bei Archetype) kritisiert, dass diese Strukturen vielleicht für Leute im Unternehmen, nicht aber für Besucher der Site wichtig sind. Die Informationsarchitektur versagt dann, wenn sie die Bedürfnisse der Zielgruppe übergeht. Und genau das ist der kritische Punkt für den Erfolg einer Website.

Die UPS Website zeigt die Arbeit von Studio Archetype und ist ein gutes Beispiel dafür, was eine

Christopher Stashuk von Aristotle erstellt mit Java-Script Rollover, die nicht nur trendy sind, sondern die sich auch optimal in das Design integrieren lassen. Die Links bestehen aus unscharfem Text, doch sobald sich die Maus über dem Text befindet, wird der Text durch eine scharfe Version ersetzt.

sorgfältige Analyse der Zielgruppe und deren Bedürfnisse bringt. Als UPS die Agentur Archetype mit der Neugestaltung der Website beauftragte, waren viele vorhandene Inhalte zu berücksichtigen. Gleichzeitig musste aber auch dafür gesorgt werden, dass sich die Besucher in der Site zurechtfinden. Das Problem war die Struktur und speziell hier die Gliederung des Inhalts in Kategorien.

Um dieses Problem zu lösen, studierte man zuerst die Besucher der Site. Den typischen Kunden interessierten der Ort seines Paketes (Tracking), die Versandkosten und Informationen darüber, wo sich Pakete aufgeben oder abholen lassen. Auf Basis dieser vier zentralen Punkte ordnete Studio Archetype die Informationen und den Inhalt einfach neu an. Nachdem die überarbeitete Version der Site ins Netz gestellt wurde, gingen nach Aussage von Crumpacker die Anrufe bei UPS um 20 Prozent zurück, was zeigt, welch positiven Einfluss eine gut strukturierte Website auf den Kundensupport haben kann.

Inhalt konsolidieren

Der Verzicht auf zu viele Information und die Zusammenfassung ähnlicher Themen ist die Grundlage einer guten Website. Rikus Hillmann von Pixelpark in Berlin, der auch am Online-Magazin Wildpark gearbeitet hat, kennt diese Probleme. Wildpark startete als eine komplexe Site, doch später wurde entschieden, die Anzahl der Kategorien von zehn auf vier zu verringern. Plötzlich war die Magazinstruktur viel deutlicher und die Redakteure konnten den Besucher viel einfacher auf neue Inhalte stoßen. Doch das war nur ein Anfang, da auch die Informationen selbst überarbeitet werden mussten. Viele Storys waren einfach zu lang, ein Problem, was schon im frühen Stadium offensichtlich war. Grund: Viele Redakteure kamen aus traditionellen (Druck-) Verlagshäusern.

Als Studio Archetype mit der Überarbeitung der Adobe-Site begann, setzte man sich zum Ziel, die vorhandenen vierzehn Bereiche auf sechs zu reduzieren. Mit Adobes Hilfe wurden die Informationen neu gruppiert, um die Navigation für den Besucher zu vereinfachen. Beispielsweise gab es in der ursprünglichen Site die Unterscheidung zwischen Grafik- und Prepress-Produkten, was den Besucher irritierte – für ihn gehörten die beiden Bereiche zusammen. „Wir haben nicht ganz das Ziel erreicht, alles auf sechs Bereiche zu reduzieren", so Crumpacker, „aber wir waren dicht dran" – die Website hatte am Ende acht Bereiche.

Navigation

Einige Webdesigner gestalten ein fantasievolles Interface und erwarten, dass die Besucher über diese Schnittstelle navigieren können. Das ist häufig nicht der Fall und benötigte Informationen sind nur schwer zu finden. Vermeiden Sie solche Fehler, indem Sie eine klare und durchgängige Navigation verwenden.

- Globale Navigation erlaubt dem Besucher, sich zwischen den Hauptabschnitten der Site zu bewe-

Informationsarchitektur **31**

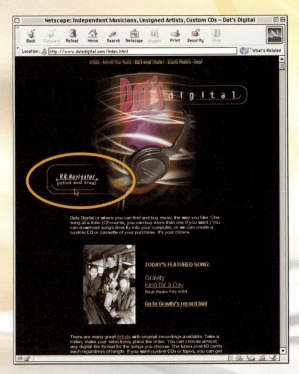

Die Hauptseite von DAT Digital mit einem QuickTime-VR-Navigationselement (rechts vergrößert) von Christopher Stashuk.

gen. Diese Navigation sollte auf jeder Seite präsent sein.

- Parallele Navigation versieht jeden Abschnitt mit Unterkategorien bzw. Unterabschnitten, und zwar in den Bereichen, die eine durchgängige Navigationsstruktur benötigen. Die parallele Navigation sollte auf jeder Seite innerhalb eines Abschnitts vorhanden sein.

- Lokale Navigation dient dem Auffinden von Informationen auf einer Seite und funktioniert wie ein Inhaltsverzeichnis. Dieses Inhaltsverzeichnis kann am Seitenbeginn stehen oder aber eine Linkliste in einer Sidebar sein.

Christopher Stashuk arbeitet in der Website von DAT Digital mit QuickTime VR als Navigationshilfe. Da QTVR eine 360-Grad-Ansicht einer Szene ermöglicht, verwendete der Designer diese Technik, um Textlinks auf einer imaginären „Mauer" anzuordnen. QTVR kann auch Hyperlinks einbetten, was zu innovativen Navigationselementen führt. Da dieses Konzept nicht immer auf Anhieb verstanden wird, hat Christopher zusätzlich auch traditionelle Textlinks verwendet.

Für die meisten Websites ist dieses Navigationssystem (mit globaler, paralleler und lokaler Navigation) die beste Vorgehensweise

In dem Maße, wie das Webdesign durch neue Technologien mehr zum Multimedia-Design wird, muss die Informationsarchitektur viel komplexere Probleme lösen. Die Information wird durch die Erweiterungen für HTML dynamischer und die konventionelle Seitenmetapher (hier klicken sich Besucher von Seite zu Seite) ist dann nur noch eine Lösung unter vielen. Vielleicht erlauben zukünftige Web-Interfaces dem Besucher, sich in einer virtuellen Welt mit Sound und dreidimensional präsentierten Informationen zu bewegen – zumindest ist das die Vision von Clement Mok. Ich bin von der Idee, per Sprachsteuerung zu navigieren, begeistert – doch das ist noch Lichtjahre entfernt. Doch – zählen Internet-Jahre nicht wie Hundejahre? Sicherlich erleben wir diese neuen Techniken viel eher, als wir vermuten.

WEB USABILITY

Neben „Informationsarchitektur" war „Web Usability" (Web-Ergonomie) auf Grund des vorhandenen Wettbewerbs ein weiterer In-Begriff. Immer mehr Webseiten boten ähnliche, wenn nicht gar identische Services. Ein gutes Beispiel dafür waren die Suchmaschinen und unter den Blinden war der Einäugige König. Die Benutzer wählten unter den vielen Suchmaschinen diejenige, die am einfachsten zu benutzen war. Webdesigner und Informationsarchitekten mussten herausfinden, wie sich die Ergonomie einer Website verbessern ließ, um dem Benutzer ein besseres Produkt liefern zu können. Ein überwältigendes Design reicht nicht aus. Kunden und hier speziell diejenigen, die Dienstleistungen oder Inhalte anbieten, erwarten von einer Webdesign-Agentur, dass ihre Website anwenderfreundlicher als die des Mitbewerbers ist.

Das größte Problem mit Web Usability ist, dass jeder um die Wichtigkeit weiß, doch niemand viel Zeit damit verbringen will. Deshalb beschäftigen sich auch nur wenige Leute professionell mit diesem Thema,

---

HÄUFIGE FEHLER BEI DER INFORMATIONSARCHITEKTUR

Wie erstellen Sie das Konzept einer Website und wie erzielen Sie eine effektive Informationsarchitektur? Die einfachste Antwort ergibt sich aus der Auflistung möglicher Fehler:

Zu viele Kategorien
Reduktion ist der Schlüssel zum Erfolg. Kombinieren Sie Informationen und vermeiden Sie zu viele Kategorien. Als Faustregel gilt, nie mehr als sieben Kategorien zu haben. Wissenschaftliche Studien haben ergeben, dass die meisten Besucher mehr einfach nicht behalten können.

Gefangen in verankerten Strukturen
Macht die Struktur der Website einen Sinn oder baut die Site nur auf der Abteilungsstruktur des Unternehmens auf? Stellen Sie sich immer die Frage, ob die Strukturen aus Sicht des Besuchers logisch sind.

Keine durchgängige Navigation
Ist Ihr Navigationskonzept einfach und direkt? Falls nicht, überarbeiten Sie die Struktur. Das Konzept sollte eindeutige globale, parallele und lokale Navigationsstrukturen beinhalten.

Informationen in zu vielen Ebenen
Viele Websites sind zu weit verzweigt. Sobald die Baumstruktur mehr als vier hierarchische Ebenen enthält, sind die Sites meist zu komplex. Zeichnungen oder Charts helfen beim Überprüfen der Site-Hierarchie.

INHALT ALS AUFMACHER

Aufmacher (Content Surfacing) sind ist übliche Technik der Informationsarchitektur und weisen den Besucher sofort auf neue Site-Inhalte hin, ohne ihn danach suchen zu lassen. Wie bei einer Tageszeitung können Sie den Leser in Ihre Site ziehen, indem Sie bereits auf der ersten Seite auf Neuigkeiten hinweisen.

Dazu reichen ein Foto oder eine Überschrift oder eine kleine Zusammenfassung der einführenden Sätze einer Story. Nur so bekommen Sie die Aufmerksamkeit der Besucher und binden sie an Ihre Site. Die Site von Studio Archetype war dafür ein gutes Beispiel (leider seit dem Zusammenschluss mit Sapient nicht mehr im Netz). Die Hauptseite benutzte eine modulare Struktur, d.h., die Bilder in der Mitte des Interfaces konnten schnell ausgetauscht werden. Ein Klick auf das Bild brachte den Besucher direkt zur Story innerhalb der Site. Diese Technik bietet sich für Websites mit häufigen Aktualisierungen an und motiviert die Besucher, täglich neu in die Site zu schauen.

Die frühere Website von Studio Archetype war eine der bekannteren Promotion-Sites. Das Design von Mark Crumpacker verdeutlichte hier die Philosophie der Informationsarchitektur von Studio Archetype und war ein gutes Beispiel eines eindeutigen und duchgängigen Navigationskonzepts. Die Abbildung zeigt außerdem das Content Surfacing, mit dem Bilder regelmäßig aktualisiert und mit neuen Inhalten in der Site verlinkt werden.

was allerdings für Sie ein Vorteil sein kann. Hier einige Grundlagen über Web Usability, mit denen Sie Ihre eigenen Projekte verbessern können:

Inhalte verfassen: Vor Jahren führte ich für die Zeitschrift PAGE ein Interview mit Jason Pearson, dem Gründer und Designer des CD-ROM-Magazins Blender. Das war noch vor dem Boom des Internets und es gab den Begriff „Web Usability" überhaupt noch nicht. Als ich Jason Pearson nach seinen Erfahrungen aus der Produktion eines CD-ROM-Magazins fragte, antwortete er, dass es für ihn die größte Herausforderung war, Inhalte für den Bildschirm zu schreiben. Grund: Die kleine Fläche und die Erwartungshaltung des Lesers. Schreiben für das Web hat das gleiche Problem – sobald Sie Inhalte für eine Website erstellen, können Sie nicht mehr mit dem linearen Stil des Print-Mediums arbeiten.

Gestalten Sie den Inhalt übersichtlicher, indem Sie weniger wichtige Informationen mit Hyperlinks verknüpfen. Hyperlinks ermöglichen dem Benutzer, den Text zu durchsuchen – deshalb sollten Sie nur die wichtigsten Wörter als Links verwenden. Ein Hyperlink sollte maximal fünf Wörter umfassen und nie ganze Sätze. Richten Sie auch nie den Hinweis „Hier klicken" als Link ein – das ist keine Information. Dazu sollten Sie wissen, dass viele Suchmaschinen im Seitenkopf vorhandene Schlüsselwörter, die gleichzeitig Hyperlinks sind, deutlich höher einstufen.

Verwenden Sie zur Verbesserung der Usability so genannte „Link-Überschriften" – befindet sich die Maus über einem Link, wird zusätzlicher Text an der Mausposition eingeblendet. Um dieses Feature zu verwenden, arbeiten Sie mit dem Attribut Title im HTML-Code für Hyperlinks. Der Code könnte so aussehen:

```
<A HREF="..." TITLE="Was soll dieser Link?">hyperlink</A>.
```

Bildschirminhalt: Als Faustregel gilt, dass der Inhalt mindestens 50 % einer Seite ausmachen sollte. Optimal wäre ein Anteil von 80 % Inhalt zu 20 % weiterer Bildschirmelemente wie Navigation oder Banner. Um die in einer Site verwendeten Elemente zu analysieren, machen Sie einfach ein Bildschirmfoto einer Seite und ermitteln Sie das Verhältnis vom Inhalt zu den restlichen Elementen. Kennzeichnen Sie dazu einfach die Hauptbereiche der Webseite und zählen Sie mit Hilfe des Messwerkzeugs in Photoshop die Pixel in den einzelnen Bereichen (Breite x Höhe in Pixel). Prüfen Sie auch, wie viel leerer (ungenutzter) Weißraum vorhanden ist. Sie fragen bestimmt nach dem Warum, zumal zusätzlicher Raum auf einer Webseite nichts kostet. Tipp: Besucher sollten nicht scrollen müssen, um Inhalte auf der Seite zu finden.

Informationsarchitektur: Die Informationsarchitektur kann als Teil der Usability betrachtet werden. Ich möchte nochmals daran erinnern, dass eine konsistente Navigation der Schlüssel für eine gute Web-Ergonomie (Usability) ist. Testen Sie die Navigation mit einer kleinen Testgruppe und finden Sie heraus, ob Symbole und Textlinks wirklich unmissverständlich sind.

Reaktionszeit: Studien zur Web-Usability zeigen, dass kurze Download-Zeiten für den Benutzer höchste Priorität hat. Ideal sind Antwortzeiten unter einer Sekunde, was sich jedoch nur selten, auch nicht mit Kabelmodem oder DSL erzielen lässt. Wenn Besucher länger als zehn Sekunden warten müssen, werden sie ungeduldig und verlassen nur zu oft wieder die Site. Adobe GoLive berechnet die ungefähre Ladezeit einer Seite für unterschiedliche Verbindungsgeschwindigkeiten. Stellen Sie mit dieser Möglichkeit sicher, dass der Download einer Seite mit einem 56-Kbps-Modem unter drei bis fünf Sekunden liegt.

Usability-Tests: Die Gestaltung einer Website ohne Usability-Test ist ein ziemlich großes Risiko. Jared Spool und seine Kollegen fanden in einer Studie mit 15 großen kommerziellen US-Sites heraus, dass Anwender in nur 42 % aller Fälle rechtzeitig eine Aufgabe erledigten oder eine Information fanden. Das ist inakzeptabel und verdeutlicht die Bedeutung von Usability-Tests vor Freigabe einer Website. Interessant an derartigen Tests ist, dass bereits eine kleine Gruppe mit fünf Testpersonen 80 % der Usability-Probleme in einer Site und 50 % auf einer Seite aufdecken.

- Site-Usability prüft die Haupt- bzw. Startseite (Homepage), die Informationsarchitektur, Navigation und Suche, die Link-Strategie, den Schreibstil, Seitenvorlagen und Layout, Site-Design-Standards sowie den Grafikstil und verwendete Icons.

- Seiten-Usability prüft einzelne Seiten, wie die Verständlichkeit von Überschriften, Links und Erklärungen, Formularen und Fehlermeldungen sowie Grafiken und Icons.

Bei eigenen Usability-Tests sollten Sie ein Benutzermodell erstellen. Dabei handelt es sich um die Beschreibung des typischen Besuchers Ihrer Site und eine Liste seiner Bedürfnisse. Ermitteln Sie das, was diese Besucher am häufigsten ausführen, und lassen Sie das von Ihrem Testteam nachvollziehen. Zur Auswertung des Usability-Tests sollten Sie sich mit Jacob Nielsens Ideen beschäftigen (mehr über derartige Tests finden Sie auf der Website www.useit.com/ papers/ heuristic/ heuristic_evaluation.html).

DESIGN-KONZEPTE

Webdesign ist eine Kombination aus konzeptionellen Design (Informationsarchitektur und Web-Usability) und visuellem Design. Nach dem Ausflug in das konzeptionelle Design ist es an der Zeit, uns mit einigen spezifischen Design-Konzepten und Konventionen zu beschäftigen. Ich habe Sie bereits im ersten Kapitel mit einigen Gestaltungshinweisen und Einschränkungen in Bezug auf HTML und Webbrowser bekannt gemacht. Die Einschränkungen haben Einfluss auf Ihr Webdesign, doch Designer haben über die Jahre diverse Workarounds entwickelt. Heute finden wir im Web etablierte Standards, die allgemein akzeptiert und benutzt werden.

In diesem Screenshot sind die Navigationselemente rot, der Weißraum hellblau und der Inhalt grün markiert. Bedenken Sie den Raum für den Bildschirminhalt.

Entscheiden Sie sich bei Ihrem Design-Konzepts zwischen einer oberen oder einer seitlichen Navigationsleiste. Die Übersicht zeigt, welches Navigationskonzept am besten mit Frames, Tabellen oder Hintergrundbildern funktioniert.

Design-Konzept entwickeln

DAS TUNNELKONZEPT

Gedruckte Broschüren haben häufig ein aufwendig gestaltetes Cover, um die Aufmerksamkeit des Lesers zu wecken. Ebenso verhält es sich mit dem Tunnelkonzept, das mit einem Splash-Screen arbeitet. Dieser enthält ein interessantes, kurz eingeblendetes Bild, das anschließend den Weg zur Startseite mit dem Inhalt und den Navigationselemente freimacht. Eine Webseite mit Tunnelkonzept kann auch eine eindrucksvolle Ausgangsseite enthalten – was allerdings relativ selten zu sehen ist.

Zu Beginn der Web-Ära sorgten sich viele Anbieter in erster Linie um das Aussehen ihrer Websites – meist um zu zeigen, dass man mit der aktuellsten Web-Technologie arbeitet. Heute interessieren sich die Firmen mehr für E-Commerce oder wie sie mit ihren Sites den Kundenservice verbessern können. Das Klicken durch eine Serie von Seiten um die Hauptseite zu erreichen, ist völlig überholt – besonders in einer Zeit der Reizüberflutung. Deshalb bin ich gegen ein Tunnelkonzept und auch Splash-Screens, was damals auf Grund der geringen Übertragungsgeschwindigkeiten gerade noch vertretbar war. Der Splash-Screen präsentierte dem Besucher eine schnell ladende Seite und während sich der Besucher noch dem Inhalt beschäftigte, wurde eine weitere Seite im Hintergrund geladen. Da jedoch heute mindestens von Modems mit 56 Kbps ausgegangen werden kann, wollen Besucher ohne Unterbrechungen auf den Inhalt zugreifen. Dennoch gibt es einige seltene Fälle, in denen sich das Tunnelkonzept oder ein Splash-Screen noch anbieten. Generell sollten Sie jedoch von diesem Konzept absehen.

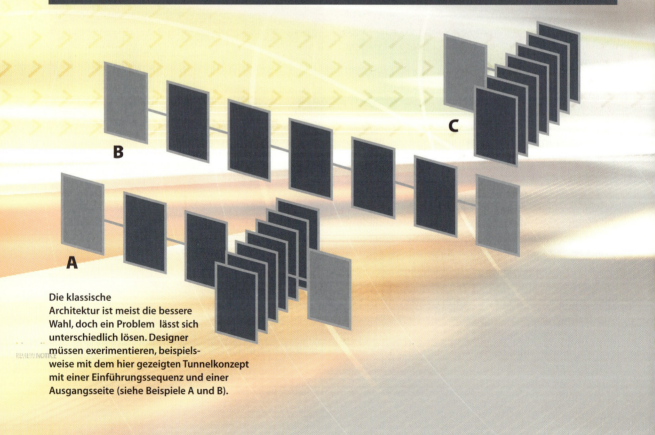

Die klassische Architektur ist meist die bessere Wahl, doch ein Problem lässt sich unterschiedlich lösen. Designer müssen experimentieren, beispielsweise mit dem hier gezeigten Tunnelkonzept mit einer Einführungssequenz und einer Ausgangsseite (siehe Beispiele A und B).

Sidebars

Sidebars (Leisten) gehören zu den beliebtesten Webdesign-Konzepten. Eine Sidebar enthält Navigationselemente. Die Einbindung kann über Frames geschehen, die jedoch einige Nachteile haben – ich werde noch darauf eingehen. Die meisten Sidebar-Designs basieren auf einem gekachelten Bild, das als Hintergrund benutzt wird. Sidebars lassen sich aber auch mit Hilfe einer HTML-Tabelle erzeugen. Die Tabelle zieht sich über die gesamte Seitenlänge (siehe auch die Erklärungen im nächsten Abschnitt).

Webdesigner verwenden jedoch meist ein Hintergrundbild, schon auf Grund der Thematik von Tabellen und Hintergrundbildern – wegen der Abwärtskompatibilität. Noch etwas: Sie haben bestimmt festgestellt, dass sich die Sidebar überwiegend links auf der Seite befindet, selbst wenn es aus Sicht der Ergonomie und der Benutzerschnittstelle sinnvoller wäre, die Navigationsleiste an der rechten Seite zu haben. Schließlich ist auch der Rollbalken rechts im Fenster angeordnet. Damit die Navigationsleiste jedoch auch auf kleinen Monitoren zu sehen ist, gibt es einiges zu bedenken – darauf komme ich noch zurück. Hier einige Richtlinien für Navigationsleisten:

Wenn Sie die Navigationsleiste an der rechten Seite haben wollen, verwenden Sie ein Hintergrundbild, das der Browser dann lädt. Wie ein solches Bild erzeugt wird, erkläre ich Ihnen in einem späteren Kapitel.

Möchten Sie die Navigationsleiste an der rechten Seite platzieren, müssen Sie mit Tabellen arbeiten. Tabellen haben den Vorteil, dass Sie der Zelle mit dem Navigationselement eine feste und der Zelle mit dem Inhalt eine flexible Breite zuweisen können. Egal wie die Besucher ihre Browserfenster einstellen – die Navigationsleiste ist selbst auf kleinen Monitoren immer zu sehen, die Breite der Zelle mit dem Inhalt wird jedoch reduziert. Sie müssen deshalb mit Inhalten arbeiten, die sich einfach wieder neu aufbauen, wie beispielsweise Text mit wenigen eingebetteten Bildern. Inhalt mit einer bestimmten Breite kann die Navigationsleiste zum Verschwinden bringen.

Die Apple-Website diverse Websites beeinflusst – weniger durch die im Seitenkopf befindliche Navigationsleiste, sondern mehr durch die 3D-Registerschaltflächen.

Die Adobe-Website arbeiten ebenfalls mit einer Navigationsleiste (sie besteht aus einer HTML-Tabelle) im Seitenkopf. Die Site verwendet zusätzliche Navigationselemente in einer Sidebar.

38 Design-Konzept entwickeln

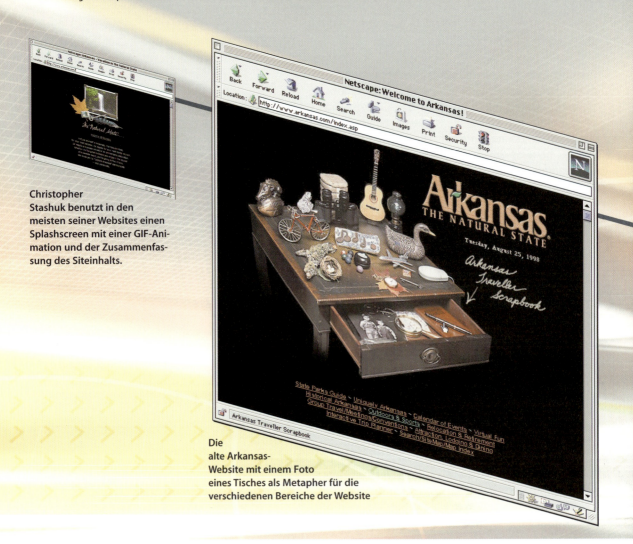

Christopher Stashuk benutzt in den meisten seiner Websites einen Splashscreen mit einer GIF-Animation und der Zusammenfassung des Siteinhalts.

Die alte Arkansas-Website mit einem Foto eines Tisches als Metapher für die verschiedenen Bereiche der Website

Topbars

Die Navigation über eine Sidebar ist immer seltener anzutreffen, da Designer die Navigationselemente in einer Kopfleiste anordnen. Grund: Sidebars benötigen einfach zu viel Platz auf dem Bildschirm. Inzwischen sind viele Websites anzutreffen, bei denen die Navigationsleiste im Seitenkopf angeordnet ist. So wie die Sidebar kann auch die Topbar über ein gekacheltes Hintergrundbild erzeugt werden, allerdings manchmal mit dem Problem, dass sich das Bild entlang der vertikalen Achse wiederholt und so die maximale Seitenlänge limitiert.

Topbars und Sidebars mit Frames

Ein Problem mit den Leisten ist, dass Navigationselemente aus der Ansicht scrollen, sobald für die Bildschirmdarstellung keine Seitenelemente mehr vorhanden sind. Um das zu kompensieren, wurden mit HTML 2.0 die Frames eingeführt. Frames teilen das Browserfenster in zwei oder mehr voneinander unabhängige Bereiche. So kann der Designer eine Sidebar oder eine Topbar einrichten, indem er in die Frames Schaltflächen oder Navigationselemente platziert. Egal was mit dem Hauptframe geschieht – die Navigationsleisten sind immer zu sehen.

Design-Konzepte **39**

Die Architektur dieser Site ist einfach und direkt. Doch ob die Besucher ihren Weg finden, hängt davon ab, wie klar die Abteilungen gekennzeichnet und wie gut die Informationen gruppiert sind.

INTERVIEW MIT TOM NICHOLSON

Tom Nicholson fällt nicht weiter auf – er ist einer unter vielen, wenn er gelegentlich nach Feierabend mit seinen Mitarbeitern zusammen ist. Aber wenn er auf das Thema Informationsarchitektur kommt, ist er in seinem Element. Er ist ohne Frage ein Mann mit viel Erfahrung, der immer für äußerst wertvolle Informationen gut ist.

Nicholson NY startete 1987 im Bereich der interaktiven Medien. Zu dieser Zeit war der Web-Boom noch weit entfernt und Nicholson konzentrierte sich auf Multimedia. Heute beschäftigt sein Unternehmen über 100 Mitarbeiter und nimmt einigen Raum im Puck Building in der Lafayette Street in New York Soho ein.

Sie haben bereits 1987, als Computer noch relativ neu waren, mit interaktiven Medien gearbeitet. Wie war das?

Wir sind nun seit 1987 im Geschäft und wir starteten mit interaktiven Medien, die mit der heutigen Situation nicht zu vergleichen sind. Damals war der Einsatz von Computern noch wenig verbreitet und ich musste viel Zeit für so grundsätzliche Dinge wie die Balance zwischen Anwender und Herausgeber aufwenden, um überhaupt etwas mit diesem neuen Medium zu kommunizieren.

Erinnern Sie sich noch an ein Projekt aus der damaligen Zeit? Es interessiert mich, was Sie vor zehn Jahren über interaktive Medien im Gegensatz zu heute gedacht habe.

Das erste Projekt, das ich damals anging und das meine Karriere in dem Bereich wirklich gefördert hat, war ziemlich groß und war für die World's Fair in Knoxville. Hier sollten sich sechs Millionen Besucher aus aller Welt über Energie informieren können. Ich entwickelte sechs oder sieben interaktive Programme mit Touchscreens und Computergrafiken und vermischte das Ganze zu einem interaktiven Erlebnis wie einem Energie-Glossar mit über 500 Begriffen. Das Ganze wurde auf

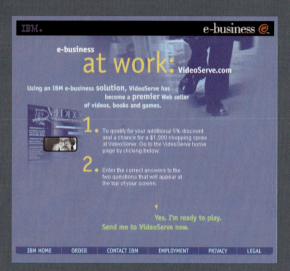

IBM wollte von Nicholson eine spezielle Webseite für eine E-Commerce-Kampagne.

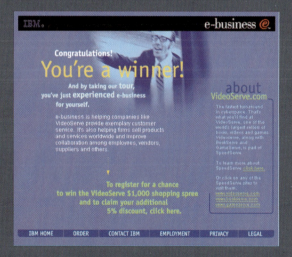

Diese IBM-Site zeigt ebenfalls den optischen Stil von Andreas Lindström (siehe Interview am Ende dieses Kapitels), der Artdirector für diese Site war.

Splash-Screen der Sony-Website

Für ein großes Unternehmen ist die Sony-Website überraschend modern und cool – eine weitere Kreation von Andreas Lindström. Tom Nicholson und sein Team haben möglichst viele Informationen so gruppiert, dass Produkte und Informationen leicht zu finden sind.

dem Bildschirm dynamisch animiert. Dazu gehörten natürlich auch Videos und einiges an weiterer Technik. Damals entwickelten wir auch Projekte für IBM und Citibank.

Wann kamen Sie zum Webdesign?

Es war einige Jahre später … ungefähr im Jahr 1991, als wir für Newscorp einen AOL-Killer entwickeln sollten. Das war unser erster Online-Ausflug mit Website-Designs – und unsere Firma wuchs von 50 auf 100 Mitarbeiter.

Haben Sie den Aufstieg von Silicon Alley miterlebt?

Wir waren die erste interaktive Agentur in Silicon Alley. Als wir hier starteten, war praktisch noch nicht vorhanden. Außer CKS Modem, ein

Unternehmen, das hier ebenfalls in 1987 gegründet wurde.

Wo liegen die Stärken Ihrer Agentur? Ist es der Background der interaktiven Medien?

Ja, so ist es. Wir suchten nach den Möglichkeiten der interaktiven Medien und das in einer Zeit, in denen sich niemand damit beschäftigte. Aber wir waren nicht nur ein Gestaltungsunternehmen. Es wurde im Internet-Geschäft immer wichtiger, sich mit allen Aspekten des Webdesigns und des Internets auseinander zu setzen und dem Kunden eine Rundumlösung anzubieten. Neben der Arbeit mit interaktivem Inhalt und dem Informations-Design bzw. der Informationsarchitektur, entwickelten wir für unsere Kunden E-Commerce-Lösungen – von Internet-Geschäftsstrategien bis zur kreativen Umsetzung und bis zur Entwicklung neuer Technologien.

Informationsarchitektur ist ein In-Begriff des Internets. Was bedeutet das für Sie?

Informationsarchitektur ist nichts anderes als eine Aufbereitung von Informationen für eine optimale Kommunikation. Es handelt sich um eine Art mentales Modell, d.h., Sie wollen dieses Modell mit Hilfe von Wörtern, Bildern usw. mit einer anderen Person teilen. Die Benutzerschnittstelle spielt dabei eine große Rolle. Beispielsweise ist die Informationsarchitektur im Druckbereich etabliert und eindeutig umrissen. Sie können in einem Buch über drei verschiedene Wege auf Informationen zugreifen: Von vorne über das Inhaltsverzeichnis, von hinten über den Index oder indem Sie im Buch blättern. Doch in der flexiblen Umgebung des Webdesigns gibt es unzählige Varianten für die Präsentation von Informationen.

Können Sie ein Beispiel nennen?

Ja – es handelt sich um ein zurückliegendes Projekt, ein Kiosk-System für ein Museum. Das Projekt könnte ebenso eine Website sein, sofern es keine Probleme mit der Bandbreite gäbe. Ein Archäologe hatte in einem

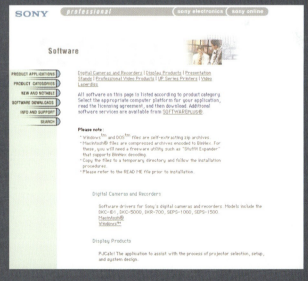

Die Website nutzt eine konventionelle Sidebar – dennoch haben die farbigen Abschnitte ihre eigene Identität.

Indianerreservat etwas entdeckt, das er als Überreste eines Forts aus dem siebzehnten Jahrhundert einschätzte. Er begann mit Grabungen und seine Vermutung bestätigte sich – er fand viele Dinge, die zum Leben in einem Dorf gehörten.

Diese Website hat einen speziellen News-Bereich.

Wenn also jemand zu Ihnen sagt „Das muss an die Öffentlichkeit", könnte man z.B. einen Reporter beauftragen, die Facts zu ermitteln – nach dem Motto „Nennen Sie uns alle Einzelheiten über das Fort. Wer lebte dort und warum waren die Leute dort?" Diese Informationen könnten Sie dann interaktiv im Internet präsentieren. Jemand anderes würde nach weiteren Einzelheiten suchen: Waffen und Verteidigungsmechanismen, das tägliche Leben, Nahrung, soziales Gefüge usw. Die Website würde bestimmt Buttons wie „Leben im Dorf", „Nahrung", „Waffen" usw. enthalten.

Ein anderer Ansatz wäre die selbst gestellte Frage „Welches mentale Modell entspricht am ehesten diesem Thema?" Im vorliegenden Fall ist es das Fort selbst, da es alle benötigten Informationen liefert. Warum geben Sie also nicht das komplette Fort an die Besucher, damit diese sich darin bewegen und mit ihm auseinander setzen können? Der Schlüssel für das Design einer interaktiven Umgebung ist, dass man mit unterschiedlichen Interfaces arbeiten und sich so den jeweiligen Lernstilen der Leute anpassen kann. Je mehr Sie diese Unterschiede berücksichtigen, desto besser ist es.

Das Beispiel zeigt tatsächlich die Möglichkeiten der interaktiven Medien. Statt Informationen nur linear zu kommunizieren, versetzen Sie uns in eine quasi reale Welt. Haben Sie noch weitere Beispiele? Oder können Sie eine eindeutige Aussage über gute und schlechte Informationsarchitektur treffen?

Es gibt viele zutreffende Grundprinzipien. Sie fangen mit dem Job an und machen sich Gedanken über grundlegende Dinge wie die Bedienerschnittstelle, das Design und die hierarchische Informationsstruktur.

Und dann gibt es noch die Siebener-Regel: Menschen können nur sieben unterschiedliche Dinge in ihrem Kurzzeitgedächtnis speichern. Bei einigen Leuten mögen das auch acht oder neun sein, doch die sind in der Minderzahl. Wenn es also zur Gestaltung einer Website kommt, sollten Sie sich auf sieben Gruppen beschränken und dann eine Hierarchie mit einem durchgängigen Interface erarbeiten.

Leider passiert es zu häufig, dass eine Firma aus unterschiedlichen Bereichen und Abteilungen besteht und diese jeweils eigene Websites haben – und diesem Konglomerat wird manchmal noch eine Umbrella-Site übergestülpt. Wo aber bleibt jetzt die Konsistenz? Denn je tiefer der Besucher in derartige Sites eindringt, desto konfuser wird das Ganze.

Viele Sites haben eine solche „schlechte" Informationsarchitektur, auch weil das Web permanenten Änderungen unterliegt. Unser Sony-Projekt ist dafür ein gutes Beispiel. Das Unternehmen hat im Bereich der professionellen Produkte mehrere unterschiedliche Marketinggruppen, alle unabhängig und mit eigenem gedruckten Werbematerial – im Grunde genommen unwichtig, da es bei den Kunden keine Überschneidungen gab. Doch plötzlich sollte sich die komplette Sony Gruppe eine einzige Website teilen. Wir als Web-Agentur wurden damit konfrontiert, sämtliche Inhalte neu zu organisieren. Dabei mussten wir vermeiden, uns in der Unternehmensstruktur zu verlieren.

Sony hatte verschiedene Abteilungen, was für die Geschäftstätigkeit wichtig, den Kunden aber egal war. Die Kunden wollten z.B. einen Monitor kaufen und es war ihnen egal, zu welcher Produktgruppe die Monitorabteilung gehörte. Wir mussten uns deshalb zuerst durch die Gruppen arbeiten und eine Konsistenz sicherstellen, was einfach die Voraussetzung für den Erfolg der Website war.

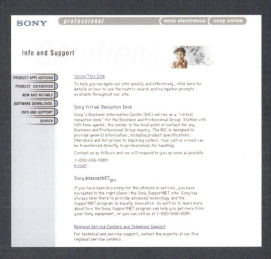

Eine E-Commerce-Site sollte immer eine Seite für den Kontakt zum Kunden haben.

Design-Konzept entwickeln

In dieser alten Baldor-Website (www.baldor.com) sind die Navigationselemente (ein Popup-Menü) in einem Frame platziert, der jederzeit sichtbar ist.

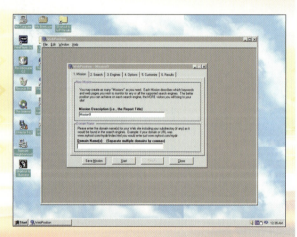

WebPosition ist ein großartiges Werkzeug, um Ratings und Position einer Website bei den wichtigsten Suchmaschinen zu prüfen. Weitere Informationen finden Sie unter www.web-position.com. Wenn gute Suchergebnisse für Sie wichtig sind, sollten Sie auf Frames verzichten.

Frames erfordern als zusätzliches Dokument ein Frameset mit Informationen über die Abmessungen der Frames und darüber, welche HTML-Seite in welchem Frame dargestellt werden soll. Frames adressiert man über das Target-Attribut – wichtig für das Erstellen von Navigationsleisten. Frames waren eine großartige Verbesserung gegenüber Noframes, wurden in der ersten HTML-Version allerdings mit Rändern angezeigt. Die Attribute Target und Noframes gab es bei Einführung der Frames noch nicht. Als dann später Explorer und Navigator diese wichtigen Attribute bereit stellten, arbeiteten bereits immer weniger Webdesigner mit Frames

Webdesigner entdeckten schnell einige Nachteile beim Einsatz von Frames. Websites mit Frames wurden häufig von Suchmaschinen niedriger eingestuft. Grund: Die Suchmaschinen indizieren den Text in einem HTML-Dokument und zählen, wie oft ein bestimmtes Schlüsselwort in der Seite auftaucht. Arbeitet man mit Frames, kann die Suchmaschine den tatsächlichen Inhalt einer Webseite weder sehen noch indizieren. Die Suchmaschinen erkennen nur das Frameset-Dokument, das jedoch nur wenige Zeilen HTML-Code enthält. Hinzu kommt, dass sich Seiten mit Inhalt gegenseitig innerhalb der Frames ersetzen – hier eine bestimmte Seite anzuführen, ist für Suchmaschinen wirklich nicht möglich.

Frames sind dann kontraproduktiv, sobald Sie eine Website mit Inhalten erstellen. Es gibt dennoch Möglichkeiten für den Einsatz von Frames bei gleichzeitig hohen Rankings in den Suchmaschinen, was jedoch ein relativ komplexes Unterfangen ist. Falls Sie mehr über diese Möglichkeiten erfahren wollen, suchen Sie einfach in einer Suchmaschine nach dem Begriff „suchmaschine strategie". Als Ergebnis erhalten Sie diverse Sites mit Ratschlägen und Tipps zum Thema Suchmaschinen. Die effektive Suchmaschinen-Optimierung einer Site erfordert die permanente Beobachtung der Suchmaschinen-Szene – beispielsweise ändert sich häufig die Art des Indizierens, da die Betreiber immer genauere Ergebnisse erzielen wollen. Aktuelle Informationen darüber finden Sie beispielsweise unter *www.searchenginewatch.com*.

DYNAMISCHE WEBSEITEN ERSTELLEN

Statische Webseiten gehören der Vergangenheit an. Die meisten der heutigen Websites sind dynamisch, d.h., Informationen aus einer Datenbank werden mit den Seiten-Templates auf einem Server vermengt. Lorin Unger gehört zu Citysoft (New York/Boston), einer Firma, die sich auf datenbankorientierte Weblösungen auf Basis von ASP und ColdFusion spezialisiert hat.

Citysoft hat ein Programm für die gleichzeitige Verwaltung mehrerer Schulen in Florida, Arizona und Pennsylvania entwickelt. Die Auftraggeber suchten ein Tool, mit dem sich unter anderem Studenten bei der jeweiligen Schule einschreiben konnten. Obwohl alle Schulen von einem Träger verwaltet wurden, gab es individuelle Anforderungen, die bei der Lösung berücksichtigt werden mussten.

Lorin erinnert sich: „Die spezielle Problematik bei diesem Projekt war die große Anzahl der Beteiligten. Der Träger achtete in erster Linie auf die Effizienz der zu erfassenden Daten und die Sicherheit des Systems. Außerdem kümmerte man sich um die Berichterstellung auf Basis dieser Daten. Dann war da noch ein für alle Schulen zuständiges Callcenter, das in erster Linie schnell auf diese Informationen zugreifen wollte. Auf der untersten Ebene gab es dann noch die Repräsentanten der einzelnen Schulen, die verschiedene Funktionen für die Ein- und Ausgabe der Informationen benötigten, und zwar angepasst an die jeweilige Schule." Nach Aussage von Lorin Unger lag die Herausforderung mehr im Erstellen des Anforderungsprofils als in der aktuellen Website-Entwicklung.

Weiter mit Lorin. „Wir mussten sicherstellen, dass alle Beteiligten involviert wurden. Wir konnten einfach nicht von Stückwerk ausgehen und/oder uns etwas zusammenreimen. Jeder, der über bestimmte Funktionen etwas wissen musste, wurde entsprechend informiert. Wir taten das, um ein für alle Belange einsetzbares robustes Programm zu erhalten, aber auch, um uns selber gegenüber dem Auftraggeber abzusichern. Egal auf welcher Seite eventuelle Missverständnisse entstanden wären – die Schuld wäre auf uns gefallen."

Für diese Aufgabe wurde eine Sitemap erstellt, die nur aus diversen Feldern bestand und die Relationen zwischen den einzelnen Seiten aufzeigte. „Keine Details, keine Interface-Referenzen – nichts davon. Als die Sitemap verabschiedet war, erstellte ich das Site-Diagramm für die Screens – wieder ohne Gestaltungsattribute wie Farben oder Schriften – nur mit der Funktionalität. Der Kunde genehmigte dann dieses Design und nun wurde das Grafik-Design für das Interface in Angriff genommen. Erst nachdem diese Arbeiten abgeschlossen waren, begann der HTML-Programmierer, das Design in HTML umzusetzen."

Die meisten Webdesigner wissen um die Bedeutung guter Suchmaschinen-Rankings und verzichten deshalb auf Frames. Wenn Ihre Website jedoch auf eine Datenbank aufsetzt, machen Frames keinen Unterschied (eine Suchmaschine kann den Inhalt einer Datenbank nicht indizieren, deshalb können Sie auch mit Frames arbeiten).

Frames beeinflussen aber auch die Gestaltung einer Seite. Wenn beispielsweise mehr Inhalt in einem Frame vorhanden ist, als dieser anzeigen kann, erscheint ein Scrollbalken. (Der Balken bleibt immer ausgeblendet, wenn Sie das Scrolling-Attribut auf No setzen. Das ist aber dann ein Nachteil, wenn der Frame zu klein für die Darstellung des Inhalts ist.) Während der Scrollbalken in einem Frame mit Inhalt kein Thema

BROWSER-OFFSET

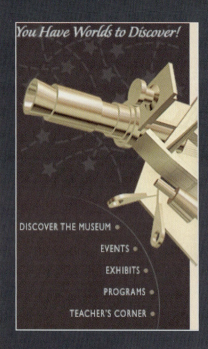
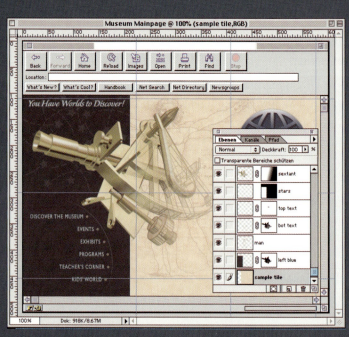

Sobald Sie Elemente über der Kante einer Sidebar platzieren, kann das zu Problemen auf Grund des Browser-Offsets führen (das Beispiel zeigt eine ältere Version des Arkansas Museums. Browser-Offset ist der Anteil in Pixel, um den der Inhalt einer Seite von der oberen linken Ecke aus versetzt wird. Das geschah automatisch, um sicherzustellen, dass der Text geringfügig versetzt wird. Der Anteil des Versatzes war jedoch in den einzelnen Browsern unterschiedlich und die Designer hatten es schwer, einfache Dinge wie das Platzieren eines größeren Bildes über der Kante einer Sidebar vorzunehmen (siehe Beispiel). Sie erkennen im kleineren Bild, dass der Sextant und die Navigationslinks als transparente GIFs mit genügend Abstand zwischen den Navigationselementen und der Sidebar-Kante versehen sind. Diese Kompensation des Versatzes um einige Pixel in jede Richtung war natürlich nicht die beste Lösung. Doch dann kamen die 4.x-Browser, die eine beliebige Einstellung des Browser-Offsets boten. Da fast alle Benutzer inzwischen mit 5.x- bzw. 6.x-Browsern arbeiten, müssen Sie sich um den Browser-Offset keine Gedanken mehr machen. Bevor Sie jedoch ein Projekt in GoLive starten, sollten Sie in diesem HTML-Authoring-Programm den Offset einstellen.

ist, ist der Balken in einer Navigationsleiste ein Problem. Denken Sie daran, sobald Sie eine Seite mit Frames gestalten.

HYPERLINKS

Das Web benutzt Hyperlinks, um unterschiedliche Informationen und Seiten miteinander zu verknüpfen. Da Hyperlinks für dieses Medium so wichtig sind, müssen Sie als Designer einige Zeit für deren Gestaltung aufwenden. Die häufigste Art dieser Navigationssteuerung sind Text- und Bild-Links. Die Buttons (Schaltflächen) in Websites sind nichts anderes als Bilder, die als Hyperlinks definiert sind.

Viele machen es sich einfach, indem sie dreidimensionale Navigationslinks einsetzen, um die klickbaren Bereiche zu verdeutlichen. Leider gibt es nur wenige Websites, in denen derartige Buttons gut integriert sind und die zudem noch gut aussehen. Eine dieser Sites war die von Studio Archetype. Die Buttons verwendeten Icons sowie Text und strahlten, sobald der Benutzer den Mauszeiger über sie bewegte. Diese Interaktivität mit den sich per Maus ändernden Navigationselementen wird als Rollover bezeichnet (erzeugt über die Programmiersprache JavaScript, die von den meisten Browsern entsprechend interpretiert wird). Die Rollover-Buttons haben jedoch den (einzigen) Nachteil, dass doppelt so viele Daten zu übertragen sind (jeweils ein Bild für die Button-Zustände ON und OFF).

Die Website von Studio Archetyp gehörte zu den wenigen Beispielen, in denen Relief-Buttons tatsächlich gut aussahen. Ansonsten machen 3D-Buttons eine Webseite meist zu technisch. Andreas Lindström, Artdirector bekannter Sites wie Carnegie Hall (*carnegiehall.org*) und Viagra (*www.viagra.com*), vermeidet derartige Buttons und bevorzugt subtilere Lösungen für die nahtlose Integration seiner Imagelinks bzw. Verknüpfungen per Bild in das Design.

Die alte Website von David Bowie wurde von Ben Clemens und Marlene Stoffers gestaltet. Die Navigationselemente in dieser Site waren sowohl grafisch interessant als auch integraler Bestandteil des Designs. Um den Besucher über das Ziel des jeweiligen Links zu informieren, erschien ein Textlabel, sobald der Mauszeiger über dem Navigationselement war.

Rollover sind unkompliziert. Sie müssen nur darauf achten, dass eventuell bei GIFs vorhandene transparente Bereiche für die ON- und OFF-Bilder gleich groß sind. Der Browser aktualisiert beim Auslösen eines Rollovers nicht die komplette Seitenanzeige, sondern nur die sich ändernden Teile. Deshalb bleiben in einigen Browsern eventuell einige Pixel der transparenten Bereiche weiterhin sichtbar.

Sie sollten außerdem wissen, dass ein Rollover nicht nur eine Änderung im gleichen Bild auslösen muss – er kann auch ein anderes Bild irgendwo auf der Seite verändern. Tatsächlich lassen sich durch das Auslösen nur eines Ereignisses viele Bilder ändern. Falls Sie diese Funktion in GoLive „programmieren" möchten, benötigen Sie gute JavaScript-Kenntnisse. Das Rollover-Element im Smart-Register hilft da leider nicht weiter. (Anders dagegen ImageReady. Wenn Sie einen Rollover-Zustand für einen Button erzeugen, die Änderungen jedoch ein anderes Slice betreffen, speichert ImageReady das entsprechende JavaScript.)

Eine weitere Navigationshilfe ist der Einsatz von Text-Hyperlinks: Wählen Sie den Text in Ihrem HTML-Authoring-Tool (in GoLive mit dem Befehl SPEZIAL > NEUER LINK) und wandeln Sie den Text in einen Hyperlink um. Textlinks lassen sich mit drei Farben versehen: eine für den nicht geklickten Link (LINK), eine für jeden bereits besuchten Link (VISITED LINK) und eine für den Moment, in dem der Besucher auf den Link klickt (ACTIVE LINK). Wenn Sie Ihre Webseite in Photoshop gestalten und das Aussehen von Hyperlinks simulieren möchten, platzieren Sie einfach etwas Text in Helvetica oder Arial und wählen den Schriftstil UNTERSTRICHEN. Um einen Eindruck zu erhalten, wie die drei Linkfarben mit den anderen Elementen auf der Seite harmonieren, sollten Sie einen Teil des Linktextes mit der entsprechenden Farbe versehen.

Ein Standard für das Webdesign ist die zusätzliche Navigationsleiste am Ende jeder Seite. Diese Leiste besteht meist aus Text-Hyperlinks, die den Links in der Haupt-Navigationsleiste entsprechen. Besucher, die bis ans Seitenende gescrollt haben, brauchen so nicht mehr an den Seitenanfang zurückzuscrollen, um zu einer anderen Seite zu wechseln.

Imagemaps und Imagetabellen

Imagemaps sind eine weitere Navigationsmöglichkeit in HTML. Es handelt sich dabei um Bilder, in denen bestimmte Bereiche als Hotspots bzw. Hyperlinks definiert sind. Hotspots können eine beliebige Form haben (Rechteck, Ellipse oder Polygon). ImageReady und GoLive unterstützen Imagemaps. In ImageReady erstelen Sie Imagemaps mit dem Imagemap-Werkzeug. Imagemaps sollten Sie aber generell in GoLive erzeugen, es sei denn, die Imagemaps müssen besonders präzise sein.

Imagemaps sind dann von Vorteil, wenn Sie klickbare polygone Bereiche benötigen. Imagemaps unterstützen jedoch keine Rollover, und da letztere heute so populär sind, arbeiten Webdesigner lieber mit Imagetabellen. Dazu wird ein Bild in Slices zerlegt. Die einzelnen Slices werden anschließend in Zellen einer unsichtbaren Tabelle platziert – die Tabelle mit den Einzelteilen wird später im Browser als ein großes, zusammenhängendes Bild angezeigt. Jedes Slice kann ein Link sein und lässt sich einzeln in der Tabelle optimieren. Imagetabellen haben noch weitere Vorteile: Wenn Sie Teile eines Bildes animieren wollen, slicen Sie einfach das Bild und setzen es dann in einer Imagetabelle wieder zusammen.

POPUP-MENÜS

Popup-Menüs sind das letzte Navigationselement, das ich Ihnen vorstellen möchte. Es nimmt den geringsten Platz ein und lässt sich jederzeit erweitern, ohne dabei das Design zu verändern. Die erste Version der Viagra-Website verwendete das Popup-Menü zur Site-Navigation.

Damit habe ich Ihnen die wichtigsten Elemente des Webdesigns vorgestellt. Im nächsten Abschnitt erfahren Sie, wie Sie diese Elemente in Photoshop erzeugen. Anschließend zeige ich Ihnen im letzten Teil des Buches, wie Sie ein Design in Ihrem HTML-Authoring-Programm fertig stellen.

EINFLUSS DER TECHNOLOGIE AUF DAS DESIGN

Aufgrund meiner Erfahrung im Desktop-Publishing und im Webdesign faszinieren mich deren Parallelen und der direkte Einfluss der Technologie auf diese beiden Bereiche. Ich erinnere mich noch daran, als QuarkXPress (ein Seitenlayout-Programm) mit einem der Updates die Verläufe einführte. Einen Monat später konnten Sie am Zeitungskiosk genau sehen, welche Zeitschriften in XPress gesetzt wurden. Die Gestalter waren natürlich von dieser neuen Möglichkeit begeistert und benutzten die Verläufe umgehend als Hintergrund. Einige Monate später war das Ganze wieder vorbei und auch heute sehen Sie nur noch selten Verläufe. Man erkannte recht schnell, dass eine Gestaltung durch Verläufe nicht besser wird, und konzentrierte sich wieder auf die grundlegenden Gestaltungstechniken. Ein ähnlicher Trend ist auch im Web zu erkennen. Die Designer haben mit Strukturhintergründen, Animationen und anderen Features gearbeitet und sich danach wieder auf die wirkliche Grundlage zurückbesonnen: gutes Design. Deshalb empfehle ich auch immer, die so genannten Spezialeffekte außen vor zu lassen. Was Sie tatsächlich für eine gute Website benötigen, ist eine einzigartige visuelle Idee.

METAPHER

Eine Metapher soll einer Site ein zentrales und optisch erkennbares Thema geben. Die Suche nach einer Metapher und deren Gestaltung ist nicht einfach, da sich nicht jede Website für eine Metapher eignet. Häufig sehen Sie navigatorische Metaphern wie z.B. den Briefkasten für E-Mails. Nur macht ein Icon noch keine Metapher-Website aus, in der sämtliche Grafiken zusammen mit dem Text ein figuratives Konzept vermitteln. Ein Beispiel für eine Website mit geschmackvollen und effektiven Metaphern war die Arkansas-Website. Diese Site benutzte eine Tabelle mit verschiedenen Objekten, die unterschiedliche Bereiche der Website repräsentierten.

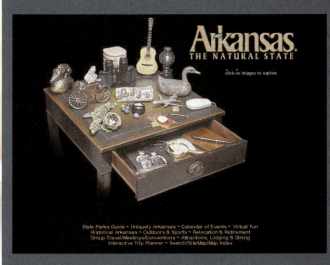

Auf der alten Arkansas-Website repräsentieren die Objekte auf dem Tisch jeweils einen Bereich der Site. Sobald sich die Maus über einem der Elemente befand, erläuterte Text, wohin der jeweilige Link führte.

Websites mit Metaphern sind sicherlich optisch interessanter als solche, die ausschließlich Links oder Buttons verwenden. Wenn Sie des Guten zu viel tun oder eine unpassende Metapher benutzen, überschreiten Sie schnell die Grenze zwischen gutem und schlechtem Design. Metaphern für das Interface-Design sind meiner Meinung nach ein wenig überholt. Es gab eine Zeit in der noch kurzen Geschichte des Webdesigns, als optische Aspekte mehr zählten als die Funktionalität bzw. Usability einer Website. Damals bekam eine optisch überragende Website schnell eine gute Presse, was natürlich zusätzlichen Traffic auf der Site erzeugte. Heute sehen Sie kaum die damals aktuellen Metaphern.

INTERVIEW MIT ANDREAS LINDSTRÖM

A ndreas Lindström kommt aus Schweden und lebt seit einigen Jahren in New York. Inzwischen hat er das erreicht, was nur wenigen Designern gelingt: Lindström hat einen völlig einzigartigen Gestaltungsstil für Websites entwickelt. Die Arbeiten für die Carnegie Hall und Viagra tragen seine Handschrift. Heute ist Andreas Lindström einer der meistgefragten Webdesigner in New York.

Wie kamen Sie zum Webdesign??

Nachdem ich meine Ausbildung an einer Fachschule für Gestaltung abgeschlossen hatte, bekam ich einen Job in einer Werbeagentur in Malmö. Ich arbeitete also, statt weiter zu studieren – für mich war das ein Vorteil. Ich lernte in dieser bei Avalanche lernte ich alles über das neue Medium.

Sie habe Lost Highway gestaltet – wieder Ihr Web-Stil mit großen, in den Hintergrund eingeblendeten Bildern kombiniert mit kleineren im Vordergrund. Was können Sie mir zu dieser Site sagen?

© **Copyright Pfizer 1998.**
All rights reserved. Reprinted with permission. PFIZER, PFIZER Logo and VIAGRA are all trademarks of Pfizer Inc.

Pfizer, der Hersteller von Viagra, beauftragte Nicholson NY mit der Gestaltung der Kunden-Website. Andreas Lindström war Artdirector für diese Site: „Die Farbgebung der Website basierte zwar auf der gedruckten Broschüre, ansonsten war die Site aber völlig anders. Ich benutzte zur Navigation ein Popup-Menü, in dem der Besucher die für ihn interessanten Informationen wählen konnte. Ein weiterer Vorteil des Popup-Menüs ist die einfache Erweiterung einer Site unter Beibehalten des vorhandenen Designs. Um die Elemente auf der ersten Seite auf das Hintergrundmuster auszurichten und den Browser-Offset auszugleichen, benutzten wir JavaScript."

Zeit sehr viel und nach fünf Jahren wurde Malmö dann für mich zu klein. Ich wollte einfach mehr und bewarb mich an der Parson School of Design in New York – und wurde angenommen. Nach meinen Abschlüssen begann ich im Bereich der Printmedien zu arbeiten. Als dann das Web ans Laufen kam, wechselte ich zu Avalanche, einem Unternehmen, das gerade in New York startete. Sie machten einiges im Internet und in meinen zwei Jahren

Die Kombination aus großen und kleinen Bildern gibt der Seite reale Dimensionen und Tiefe. Ich verwendete z.B. für Lost Highway eine große, in den Hintergrund eingeblendete Schrift und im Vordergrund platzierte ich mehrere kleinere Bilder der Schauspieler. Das erzeugte gleichzeitig Aufmerksamkeit und Tiefe.

Was diese Site wirklich interessant machte, waren unsere Navigations-

© Copyright Pfizer 1998. All rights reserved. Reprinted with permission. PFIZER, PFIZER Logo and VIAGRA are all trademarks of Pfizer Inc.

Ja – und das war genau die zuerst von mir erstellte Website. Ich benutzte Elemente aus der Filmwelt, um eine Stimmung für die Site zu erhalten, und wir versuchten, die Objekte unterschiedlichen Bereichen zuzuordnen. Es ist eine der wenigen Sites, für die wir ein richtiges Foto-Shooting hatten und nicht irgendwelche Archivfotos verwenden mussten. So konnten wir unsere Design-Vorstellungen viel besser realisieren. Das Gleiche trifft für die Carnegie-Hall-Site zu, für die wir ebenfalls einen Fotografen einsetzten. Und auch hier konnten wir die Gestaltungsqualität erheblich verbessern.

Sie haben auch für Nicholson in New York gearbeitet – an welchen Projekten?

Sony war meine erste Site als Artdirector bei Nicholson. Wir mussten eine Site für über 50.000 Produkte realisieren und dabei immer die klar profilierte Marke Sony berücksichtigen. Unser Ziel war es, über das Navigationssystem alle Informationen zusammenzufügen – egal, welches Suchergebnis ausgegeben wurde, es musste in das von uns gestaltete Template passen. Ein weiteres Projekt war eine Website als Teil der E-Business-Kampagne von IBM. Hier arbeiteten wir mit Video Surf zusammen, ein Unternehmen, das Videobänder online verkauft. Es war eine Demonstration für reales E-Business. Die

elemente. Statt einer traditionellen Navigation über Buttons oder andere visuelle Klickhinweise hielten wir uns mit der Navigation an die Film-Story. Wir verlinkten die Seiten so, dass beim Klicken auf ein Bild weitere Bilder angezeigt wurden. Und beim Klicken auf Textlinks gab es mehr Text. Da jeder Besucher eigene Vorlieben hat, entwickelte ich diese Wahlmöglichkeiten.

Es gibt diverse Websites für Filmhersteller in Ihrem Portfolio – z.B. die Website Polygram Filmed Entertainment.

Zeit spiegelte die gerade aktuelle Werbekampagne wider und führte den Besucher außerdem zu einigen IBM-Seiten und zu einem Wettbewerb.

Ein weiteres großes Projekt war die offizielle Website von Viagra. Ich denke, sie hatte einen außergewöhnlichen und ansprechenden Charme. Wir arbeiteten mit einem einfachen User Interface und mit einem ziemlich unkonventionellen Navigationssystem. Ein Popup-Menü war das zentrale Navigationssystem und nicht die traditionellen Buttons und Textlinks. Ich war ziemlich überrascht, dass ein Kunde wie Pfizer diesem Konzept zustimmte, da große Unternehmen meist zur Navigation über die standardmäßige Sidebar neigen.

Ein Trend, der begeistert. Wann entwickeln Sie eine Website und mit welcher Navigation?

Persönlich wünsche ich mir, dass Kunden mehr mit den Navigationsmöglichkeiten experimentieren. Ich versuche möglichst oft, mich vom normalen Sidebar-Konzept zu lösen, und bringe die Navigationselemente an anderen Stellen unter. Oder ich entwickle andere Seitenlayouts. Normalerweise bevorzugen Kunden das Standardmodell, da es ihnen vertraut ist – es ist halt viel Überzeugungsarbeit notwendig. Ich will eine sehr klare Navigation und vermeide dabei nach Möglichkeit jede Art von Buttons. Nur in seltenen Fällen muss ich wieder auf diesen Standard zurückgreifen. Buttons sind an sich nicht die schlechteste Wahl und ich verwende sie gelegentlich als subtiles Unterelement.

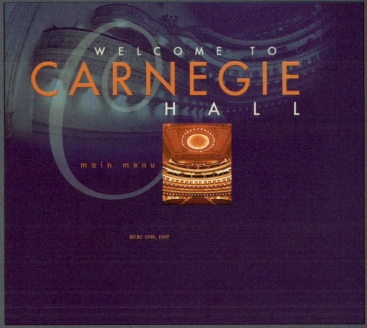

© Copyright Carnegie Hall
All rights reserved

Wenn Sie mit einem Projekt beginnen und die Struktur vorliegt – wie entwickeln Sie das Konzept und ein Site-Design?

Ich sitze generell mit dem Kunden zusammen und zeige ihm verschiedene Designs. Ich will einfach herausfinden, in welche Richtung der Kunde tendiert. Sobald Einigkeit über die Gestaltungsrichtung besteht, experimentiere ich mit verschiedenen Bildideen. Normalerweise skizziere ich das per Hand und versuche, zwei oder drei Lösungen zu entwickeln – Lösungen, die vielleicht auch zusammen benutzt werden können, da sich einige Ideen überschneiden bzw. ergänzen.

Wenn Sie eine Site für einen Ort entwickeln, ist es besonders wichtig, den Ort auch zu kennen. Genau das tat Avalanche, als die Site für die Carnegie Hall entstand. Ich schaute mir jeden Winkel und die Hallen an, nahm die Geräusche auf und versuchte, Sound mit Farbe zu visualisieren. Farben und Bilder sind meine Stärke und ich versuche, diese Elemente für meine Designs einzusetzen.

Die Geschichte der Carnegie Hall auf einer eigenen Seite

Glauben Sie, dass neue Technologien das Webdesign verändern?

Obwohl meine Kunden meist Unternehmen sind, halte ich mir immer den „Normalverbraucher" vor Augen. Ich werde weiterhin meine Designs so anlegen, dass sie auch mit älteren Browsern kompatibel sind – denn nur die wenigsten Besucher verfügen über die aktuellste Version. Natürlich möchte ich im High-End-Bereich experimentieren, doch da ich mich vorrangig mit Firmensites beschäftige, verzichte ich auf ausgefallene Effekte.

Wie sieht die Zukunft des Webs aus?

Das Web wird sich mit dem Fernsehen vermischen. Interaktives Web ist die Zukunft, da die dann vorhandene größere Bandbreite ganz andere Designs und Funktionalität ermöglicht.

Interview mit Andreas Lindström   **57**

Andreas Lindström über die Site der Carnegie Hall: „Für uns war wichtig, die Stimmung der Halle einzufangen und online zu vermitteln. Dazu verwendeten wir gedämpfte Bilder und eine Farbkombination aus Blau und Orange. Ich setzte die Schrift Monterey ein, die für mich eine musikalische Anmutung hat."

© Copyright Carnegie Hall
All rights reserved

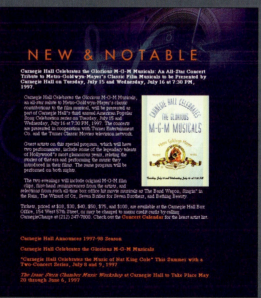

Wie sieht für Sie eine Website ohne Einschränkungen aus?

Das würde so etwas wie interaktives Video sein, wo alles – fast wie in einem Computerspiel – in Bewegung ist. Ich könnte mir dann äußerst interessante Anwendungen in Firmensites vorstellen.

Das Web ist heuzutage erwachsen und es wird nicht mehr so viel experimentiert wie früher. Ich erwarte sehnsüchtig die nächsten Schritte, da im Augenblick alles irgendwie gleich aussieht.

WEB-GALERIE

Als Webdesigner hat man einen Vorteil: Die Quelle für Informationen ist rund um die Uhr erreichbar. Will man ein erfolgreicher Webdesigner sein, muss man von anderen lernen. Diese kleine Web-Galerie zeigt einige Websites, die ich aus unterschiedlichen Gründen bemerkenswert finde. Leider hat das Web keinen Speicher – viele der hier gezeigten Seiten können sich geändert haben oder sind einfach nicht mehr online.

Alle Websites unterliegen dem Copyright und wurden mit Erlaubnis der jeweiligen Inhaber in die Galerie aufgenommen. Soll auch Ihre Website in einem meiner Bücher erscheinen, schicken Sie mir eine E-Mail: MBaumgardt@Mitomediabooks.com

Die Site Arkansas Arts Center wurder von Christopher Stashuk gestaltet und ist ein herrliches Beispiel dafür, wie richtige Farbkombinationen eine Stimmung erzeugen. Das Konzept ist minimalistisch, um nicht mit den Ausstellungen zu konkurrieren – dennoch erscheint die Website reichhaltig. Oben sehen Sie die Hauptseite für die Ausstellungen, die man über die Miniaturen erreicht (siehe linke Seite). Die Abbildung rechts zeigt den Online-Store des Museums. Das Design dieser Site ist wohltuend klar und direkt.

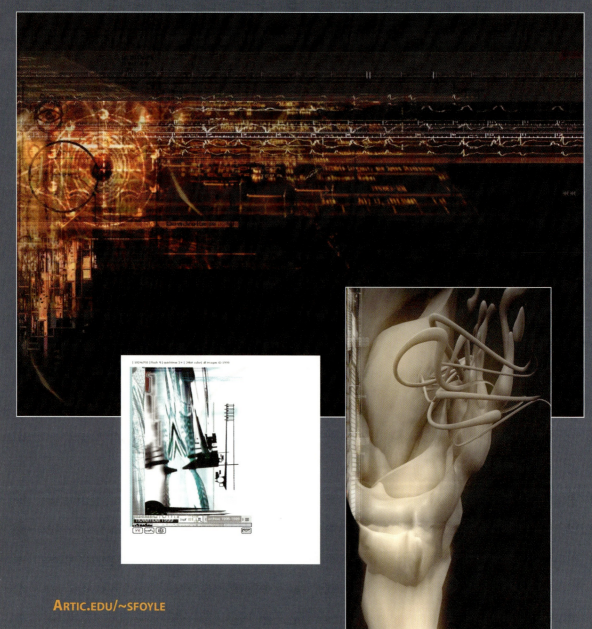

Artic.edu/~sfoyle

Die Arbeit von Sean Patrick Foyle kann man nur bewundern. Seine Online-Grafiken, entwickelt in Flash und 3D-Programmen, muss man einfach gesehen haben. Mehrere animierte Ebenen erzeugen eine animierte Textur, die den Besucher fesselt. Die Site überzeugt weniger durch ein klares Konzept und sichere Navigation als durch erstaunliche Effekte.

CIA.COM.AU/DFM/TINTIN

Noch mehr zur Inspiration? Justin Fox beschäftigt sich seit Jahren mit Webdesign und zeigt in einem Unterverzeichnis seiner Website einige Arbeiten. Seine Ansichten und Konzepte heben sich wohltuend von der Masse ab.

CONTEMPT.NET

„Werbung lässt sich als Kunst beschreiben, die menschliche Intelligenz so lange in Anspruch zu nehmen, bis man mit ihr Geld gemacht hat", steht auf der Website der Design-Firma Contempt. Dieses Motto spiegelt sich in der Website wider: Permanent erscheinen neue Bilder und Sprüche, um so die Aufmerksamkeit des Besuchers zu fesseln.

DIGITALWHIPLASH.COM

Ein weiteres Design-Studio mit einem unverwechselbaren Stil (besonders auf der eigenen Homepage). Die Farbgebung ist ungewöhnlich: Helle, fast neonartige Farben auf schwarzem Hintergrund.

E3DIREKTIV.COM

Oft erzielt man einen Eindruck mit wenig Aufwand: Die Website der Gestaltungsfirma E3 Direktiv besticht mit einer einfachen Startseite. Eine schwarze Kugel rollt in das Bild, öffnet sich und drei Minikugeln fallen heraus. Diese bilden dann vier Punkte für die Haupt-Navigationselemente. Die Flash-Animation nimmt die Aufmerksamkeit des Besuchers voll in Anspruch.

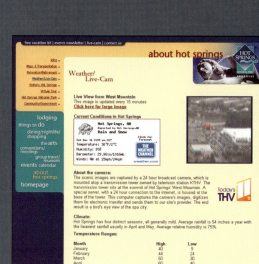

HOTSPRINGS.ORG

Die Site fällt auf, da sie geschmackvolle Farbkombinationen und abgerundete Tabellenecken verwendet. Da HTML keine runden Tabellenecken ermöglicht, handelt es sich bei allen Ecken um Bilder, die innerhalb der Tabellenzellen platziert wurden – ein überzeugender Effekt.

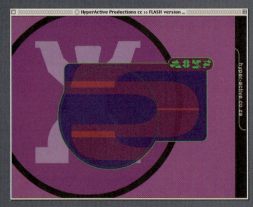

Hyper-active.co.za

Man muss das ausgefallene Design der Gestaltungsagentur Hyper-Active in Kapstadt, Südafrika einfach mögen. Die Site unterstützt Flash- und HTML-Versionen mit jeweils reichhaltiger Farbgebung. Die HTML-Version zeigt wieder einmal, dass ein gutes Design keinen Super-HTML-Spezialisten erfordert. Die Navigations-Buttons sind ein transparentes GIF-Bild mit den jeweiligen Imagemaps.

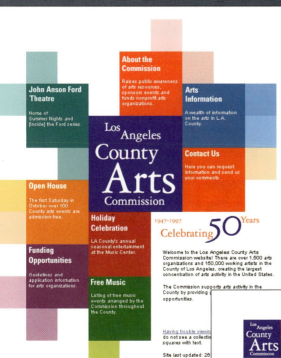

LACOUNTYARTS.ORG

Farbe und Einfachheit sind Gestaltungselemente dieser Website. Die Designerin Linda Chiavaroli hat den HTML-Code manuell erzeugt und kein HTML-Authoring-Tool benutzt. Text und Bilder entstanden in Photoshop.

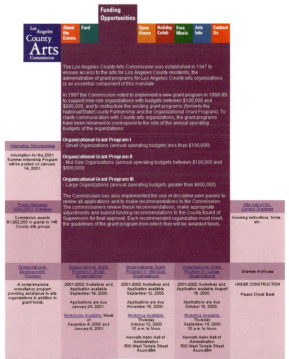

Falls Mondrian jemals eine Website gestaltet hätte, würde sie ziemlich ähnlich aussehen. Die Hauptseite besteht aus einer großen Tabelle mit vielen Zellen, von denen einige wiederum gemeinsam die größeren Quadrate bilden.

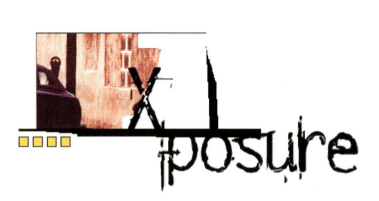

JIONG.COM

Statt ein Portfolio zusammenzustellen, benutzte der Designer Jiong Li eine Website. Sobald Sie im Splash-Screen klicken, öffnet sich ein neues Browserfenster mit einem einfachen horizontalen Frameset. Die Icons am unteren Rand führen den Betrachter durch die fünf Bereiche der Website. Die Hintergrundfarbe des Frames für diese Bereiche geht immer in die Grafik des darüber befindlichen Frames über.

IDEO.COM

„Es ist unmöglich, ein Problem zu lösen, wenn man weiter so denkt wie vor dem Problem", so ein Zitat von Albert Einstein in der IDEO-Website. Wie sehr die Designer von IDEO nach neuen Ideen und Lösungen suchen, erkennen Sie beim Besuch der IDEO-Homepage.

Die Abbildungen oben und rechts zeigen, wie die Designer die Bildschirmmitte zur lokalen Navigation nutzen. Das Portfolio (unten) erweitert das Design nach rechts.

Web-Galerie **71**

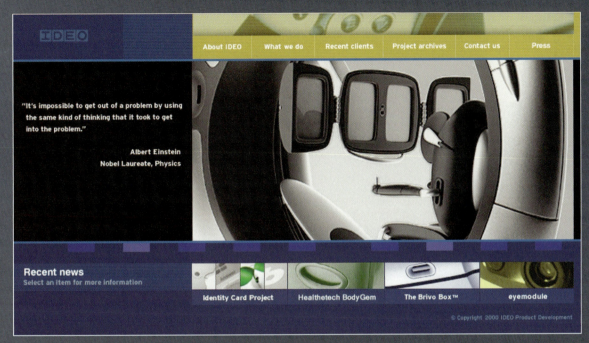

Die Hauptseite zeigt ein beeindruckendes, „grenzenloses" Webdesign: Die Gestaltung arbeitet mit Bildern in Tabellen und nutzt den zur Verfügung stehenden Raum optimal.

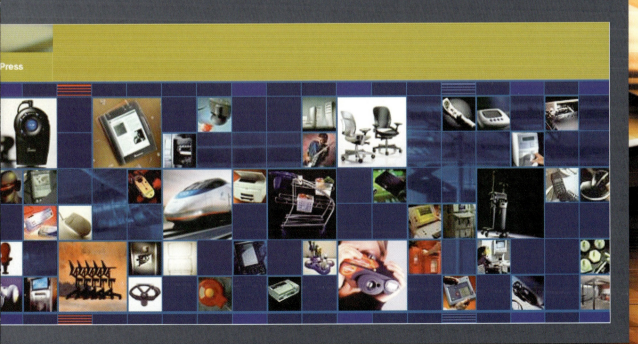

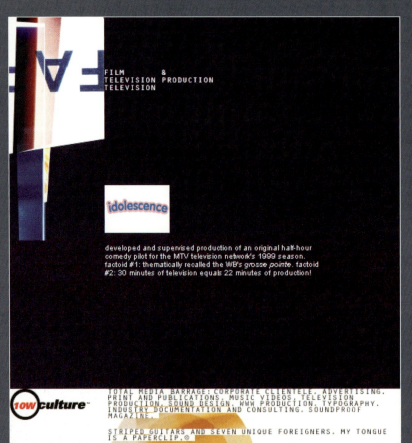

LOWCULTURE.COM

LowCulture.com ist eine weitere Promotion-Site einer Design-Firma Die Navigation befindet sich innerhalb eines Framesets im unteren Frame und ist einzigartig: Die Links bestehen aus Text, der als Bild gerendert wurde. Da sich diese Links nicht in einer Tabelle befinden, werden sie bei jeder Änderung des Browserfensters neu aufgebaut (siehe www.lowculture.com/site).

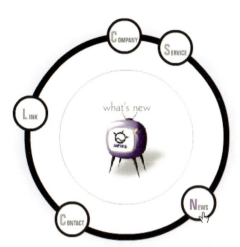

NEOSTREAM.COM

Neostream ist eine Agentur für interaktives Multimedia in Sydney, Australien. Die Site arbeitet mit Flash und HTML und ist bereits mehrfach preisgekrönt.

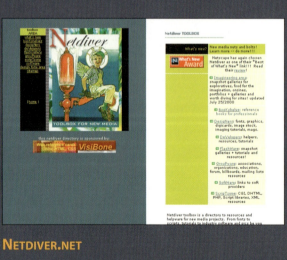

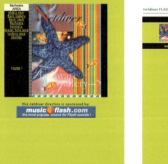

NETDIVER.NET

Netdiver (*http://netdiver.net*) ist eine Fundgrube für alle, die mit New Media arbeiten. Bemerkenswert bei dieser Site sind – was die Gestaltung angeht – die Illustrationen für die einzelnen Bereiche.

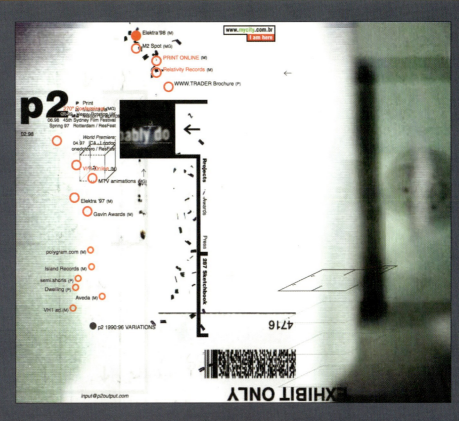

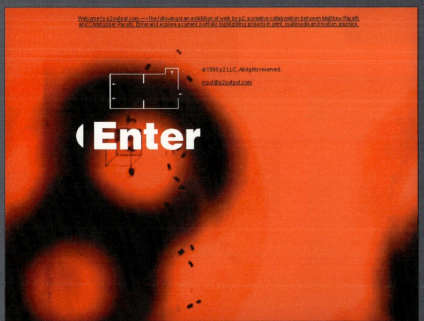

P2OUTPUT.COM

Diese Website sieht vor allem wegen der Hintergrundbilder sehr grafisch aus. Die Bilder sind leicht verschwommen und geben dem Design einige Tiefe. Die Site verliert jedoch an Eigenständigkeit, sobald Sie zu den Portfolio-Beispielen gelangen.

ANTIDOT.DE/EYESAW

Der deutsche Designer Dirk Uhlenbrock ist nicht nur sehr talentiert, sondern auch sehr freizügig: Alle drei Monate veröffentlicht er eine neue Ausgabe von Eyesaw, in der er seine Schriften frei zur Verfügung stellt (ein Muss für jeden Designer, der nach ausgefallenen Schriften sucht). Die Website überzeugt zudem mit einem ungewöhnlichen Gestaltungskonzept: Die Navigationsleiste befindet sich mitten auf der Seite (in einem Frameset). Sobald man auf einen der Buttons klickt (sie stehen für die Ausgaben), ändert sich die Seite im oberen Frame – die Links hier steuern dann die Seite unten. Wie in einem Kinderbuch ergeben sich so die unterschiedlichsten Kombinationen. Es überrascht daher nicht, dass der Art Directors Club 1999 dieser Site in der Kategorie „Interaktiv" die Silbermedaille zugesprochen hat.

Schritt zurück in die Vergangenheit: Jede Ausgabe von Eyesaw ist über die Navigationsleiste in der Mitte der Seite verfügbar. Die Ausgaben werden im oberen Frame angezeigt und der jeweilige Inhalt im unteren Frame.

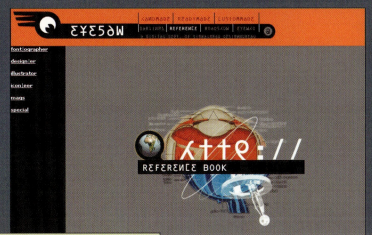

Sie finden in der Site auch noch die alten Ausgaben (mit dem alten Design). Obwohl diese Seiten nicht so anregend wie die neuen sind, sind sie immer noch sehenswert.

THEVOID.CO.UK

Mit der nahezu vollständig in Flash angelegten Wesite hat The Void New Media in Großbritannien viel Anerkennung gefunden (Cool Site of the Year, Shocked Site of the Day, Cool Homepage Site of the Week). Das Design basiert auf einer Tablettenpackung als Metapher und ist nicht verschreibungspflichtig.

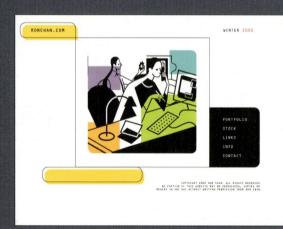 

RONCHAN.COM

Vielleicht haben Sie diese Illustrationen schon irgendwo gesehen, vielleicht in einer Zeitschrift oder auf einem Buchumschlag. Das Design dieser Site reflektiert ihren Stil. Speziell die Flash-Intro ist sehenswert (die Animation ähnelt dem Vorspann eines Films aus den Sechzigern).

XONETIK.COM

Obwohl die Navigation nicht besonders intuitiv ist (um alles zu verstehen, muss man die Hilfe lesen), steckt die Site voller interessanter Ideen.

UMBRA.COM

Dieser Online-Shop für Design-Artikel hat zwei interessante Features: Die Navigation auf der linken Seite zeigt über ein kleines Quadrat, in welchem Bereich sich der Besucher gerade befindet. Die Maus öffnet über die sechs Abschnitte Untermenüs und über ein Popup-Menü lassen sich die Farben ändern (die danach sofort angezeigt werden).

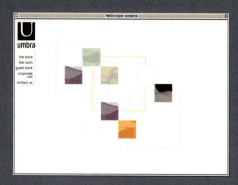

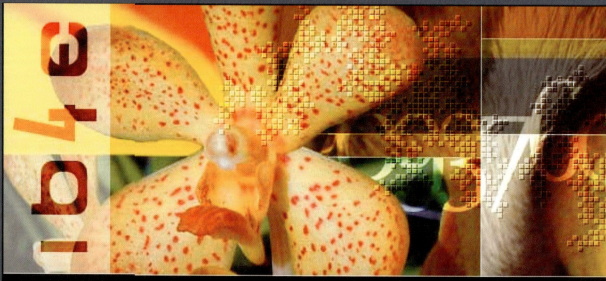

Wideshot.com

Nomen est Omen: wideshot.com setzt beim Besucher mindestens einen 21-Zoll-Monitor für die Darstellung voraus.

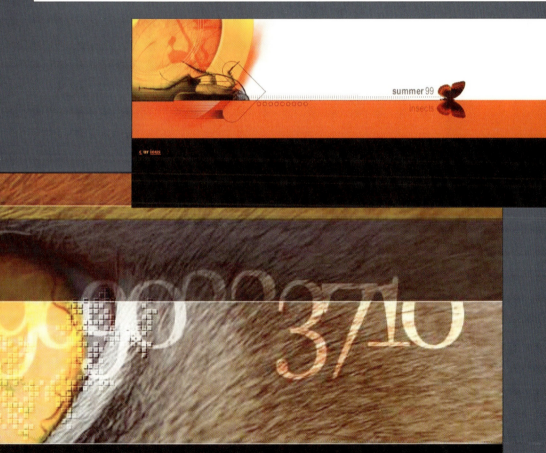

PHOTOSHOP

020

Illustration: **Antony Kyriazis** von der CD **OnyFrax**

- 86 Der Interface-Entwurf
- 87 Das richtige Dokumentformat
- 87 Größe der Arbeitsfläche ändern
- 88 Bildgröße ändern
- 89 **Bilder reparieren**
- 89 Störungen und Kratzer entfernen
- 91 Bilder scharfzeichnen
- 91 Bereiche reparieren und Probleme lösen
- 95 **Farben manipulieren und korrigieren**
- 97 Tonwertbereich einstellen
- 99 Farben korrigieren
- 100 Schritt für Schritt: Lichter und Tiefen mit dem Befehl Gradationskurven einstellen
- 104 Schritt für Schritt: Digitale Fotos optimieren
- 106 Schritt für Schritt: Farbe von flächigen Farbbereichen ändern
- 107 Schritt für Schritt: Farbe eines Objekts ersetzen
- 108 **Komponieren und Gestalten**
- 108 Mit der Ebenen-Palette arbeiten
- 110 Ebenen und Transparenz
- 111 Ebenen mischen
- 114 Formebenen
- 116 Illustrator zusammen mit Photoshop
- 118 Text gestalten
- 120 **Effekte und Tricks**
- 120 Mit Ebenenstilen arbeiten
- 121 Chrom
- 124 Weiße Chrom-Schrift
- 126 Gebürstetes Metall
- 127 Lauflicht-Effekt
- 130 Effektfilter
- 130 Alien Skin Splat!
- 131 Alien Skin Eye Candy 4000
- 132 Alien Skin Xenofex
- 133 Auto FX DreamSuite
- 135 Tutorial: Eine Fotokomposition erstellen

TECHNIKEN

Früher erstellten die meisten Webdesigner ihre Gestaltungsrichtungen direkt in einem HTML-Authoring-Programm. Dieser Ansatz schien für alle Gestalter logisch zu sein, die vom Desktop Publishing zum Webdesgin gekommen waren – schließlich waren sie es gewohnt, in Layout-Programmen zu gestalten. Doch schon bald erkannten die Grafiker, dass dieser Prozess viel zu aufwendig war und sie verlagerten die Grundgestaltung vollständig in Photoshop. Jetzt war es viel einfacher, Änderungen vorzunehmen und verschiedene Versionen einer Gestaltungsrichtung zu erstellen. Doch oft sahen diese Photoshop-Präsentationen so realistisch aus, dass Kunden die Gestaltung als Endprodukt ansahen, was wiederum den Gestaltungsprozess komplizierte. Es überrascht nicht, dass viele Designer sich heute wieder auf die Ursprünge besinnen und in den Brainstormings mit dem Kunden die Ideen auf Papier skizzieren. Mit diesen Scribbles lassen sich Konzeptionen viel schneller realisieren. Stimmt der Kunde dann einer Richtung zu, wird in Photoshop weitergearbeitet. In diesem Kapitel finden Sie die grundlegenden Techniken, um eine Website in Photoshop zu erstellen.

Der Interface-Entwurf

Bevor Sie mit der Gestaltung anfangen, gibt es noch einige andere Dinge zu bedenken, besonders dann, wenn Sie mit mehreren Designern im Team arbeiten. Andreas Lindström, Artdirector bei Qwest, der bereits viele preisgekrönte Websites erstellt hat, arbeitet mit einem so genannten *Interface Blueprint Layer* (IBL) bzw. Interface-Entwurf-Ebene. Damit vermeidet er die üblichen Inkonsistenzen, die meist dann entstehen, wenn mehrere Designer gleichzeitig an einer Website arbeiten. Die IBL besteht aus einer Bilddatei mit einer Ebene und steht für eine solide, gut gestaltete Bedienerschnittstelle (Interface). Natürlich ist diese Idee nicht neu, denn alle Zeitungen und Zeitschriften werden nach einem (unsichtbaren) Rastersystem gestaltet. Mit diesem Raster wird sichergestellt, dass in der jeweiligen Publikation mit durchgängigem Design und Layout gearbeitet wird. Die Interface-Entwurf-Ebene ist eine einfache Adaption dieser Technik für das Webdesign.

Die IBL-Funktionen sind sowohl die „Messlatte" für den gesamten Produktionsablauf als auch die Grundlage für den Style Guide. Andreas Lindström benutzt heute IBLs für sämtliche Interface-Entwicklungen. Der IBL wird in der obersten Ebene einer Photoshop-Datei platziert und auf 80 % Deckkraft eingestellt, so dass das darunter befindliche Design mit den IBL-Maßen übereinstimmt. Sobald der Kunde die visuelle Richtung ei-

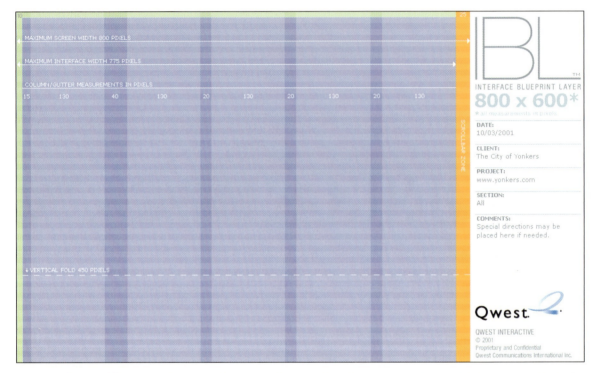

Andreas Lindström, Artdirector bei Qwest, entwickelte das Konzept der Interface Blueprint Layer (IBL). Das hier gezeigte Beispiel wurde für das Projekt Yonkers.com entwickelt.

ner Website genehmigt und der Artdirector der IBL zugestimmt hat, wird sie an das Produktionsteam weitergegeben, das jetzt dafür zuständig ist, dass die Anordnungen im Interface der IBL entsprechen. Ist das Design fertig gestellt, wird die IBL per E-Mail an alle Beteiligten geschickt. Sobald dann die Photoshop-Datei gesliced und im Code eingebettet ist, ist die IBL die verbindliche Referenz für die Integrität und die Konsistenz des jeweiligen Webdesigns.

Größe der Arbeitsfläche ändern **87**

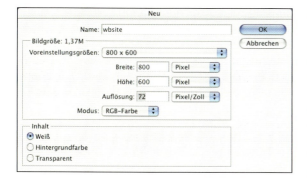

GRÖSSE DER ARBEITSFLÄCHE ÄNDERN

Ein Ändern der Größe der Arbeitsfläche erlaubt Ihnen, ein Bild mit zusätzlicher Fläche zu versehen. Geben Sie einfach die neue Breite oder Höhe im Dialogfeld »Arbeitsfläche« ein (BILD > ARBEITSFLÄCHE). Bestimmen Sie dann, an welcher Stelle die Fläche hinzugefügt werden soll, d.h., Sie klicken auf eines der Quadrate im Feld POSITION und legen damit fest, wo Sie das Bild auf der vergrößerten Arbeitsfläche platzieren wollen. Ändern Sie z.B. die Breite der Arbeitsfläche und wählen das Quadrat links, rutscht das Bild nach links, während die zusätzlichen Pixel rechts vom Bild hinzugefügt werden.

DAS RICHTIGE DOKUMENTFORMAT

Zu Beginn müssen Sie die maximale Größe des Photoshop-Dokuments bestimmen. Ich empfehle Ihnen, sich auf 1024 x 768 Pixel festzulegen, da dieses Format einer verbreiteten Monitorgröße und -auflösung entspricht. Wenn Sie ganz sichergehen wollen, können Sie auch das Format 540 x 480 Pixel verwenden. Der Vorteil eines kleineren Dokumentformates ist, dass die Seite nicht den kompletten Bildschirm ausfüllt. Außerdem lässt sich Text einfacher lesen, sofern die Seitenbreite nicht mehr als 640 Pixel beträgt. Das Dokumentformat bzw. die Dokumentgröße lässt sich jederzeit mit den Befehlen BILDGRÖSSE und ARBEITSFLÄCHE ändern.

Mit der gleichen Technik beschneiden Sie die Arbeitsflächengröße: Reduzieren Sie die Pixelanzahl in den Feldern BREITE oder HÖHE und klicken Sie auf OK. Der Befehl ARBEITSFLÄCHE hat gegenüber dem Freistellungswerkzeug den großen Vorteil, dass Sie das Bild über Zahlenwerte in einer bestimmten Größe freistellen können. Das funktioniert zwar auch beim Freistellungswerkzeug, ist jedoch umständlich. Hier müssen Sie die Maße in der Optionsleiste eingeben und dann den Bereich in Ihrem Dokument auswählen. Das Freistellungswerkzeug ist dann nützlich, wenn der freizustellende Bereich asymmetrisch ist. Da Sie jedoch meist nur wenig Raum an der einen oder anderen Seite entfernen müssen, ist meiner Meinung nach der Befehl ARBEITSFLÄCHE die einfachste Alternative.

Mit dem Befehl ARBEITSFLÄCHE vergrößern oder verkleinern Sie die Gestaltungsfläche in Photoshop.

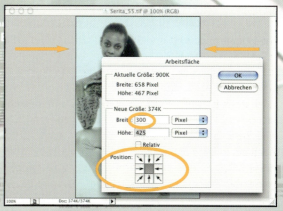

Über die POSITION weiß Photoshop, wo auf der Arbeitsfläche die Pixel addiert oder subtrahiert werden sollen.

BILDGRÖSSE ÄNDERN

Während des Designs müssen Sie häufig Bilder (oder auch komplette Gestaltungsvorlagen) skalieren und/oder beschneiden. Um die Bildgröße zu ändern, wählen Sie den Befehl BILD > BILDGRÖSSE. Danach erscheint das Dialogfeld mit der Breite und Höhe des Arbeitsbereichs. Sie ändern diese Maße, indem Sie neue Werte in die jeweiligen Felder eingeben. Achten Sie darauf, dass die Maßeinheiten auf Pixel eingestellt sind. In der rechten Abbildung sehen Sie das Kettenglied-Symbol. Es zeigt an, welche Parameter verknüpft sind – abhängig davon, ob Sie unten im Dialogfeld die Optionen PROPORTIONEN ERHALTEN und/oder BILD NEU BERECHNEN MIT gewählt haben.

Die Option PROPORTIONEN ERHALTEN sorgt dafür, dass sich die Breite entsprechend der Höhe ändert (und umgekehrt). So lange Sie ein Bild für einen bestimmten Effekt nicht absichtlich verzerren wollen, sollte diese Option immer aktiviert sein. Die Option BILD NEU BERECHNEN MIT stellt sicher, dass Photoshop das Bild nach jeder Änderung der Auflösung neu berechnet. Die Neuberechnung lässt sich auf PIXELWIEDERHOLUNG, BILINEAR und BIKUBISCH einstellen.

Das Dialogfeld BILDGRÖSSE enthält auch einen Wert für die Auflösung, der idealerweise entsprechend der Bildschirmauflösung auf 72 dpi eingestellt sein sollte. Allerdings ist das eine mehr kosmetische Operation, da für Browser oder HTML-Authoring-Programme ein Pixel immer ein Pixel ist und die tatsächliche Größe eines Bildes angezeigt wird.

Die Bildgröße wird oft nur prozentual verändert. Wählen Sie dazu aus dem Popup-Menü EINHEITEN die Maßeinheit PROZENT. Jetzt müssen Sie nur noch den gewünschten Prozentwert für die Verkleinerung bzw. Vergrößerung eingeben. Die besten Ergebnisse erzielen Sie mit geraden Teilen von Hundert, also 25 %, 50 % 200 % usw.

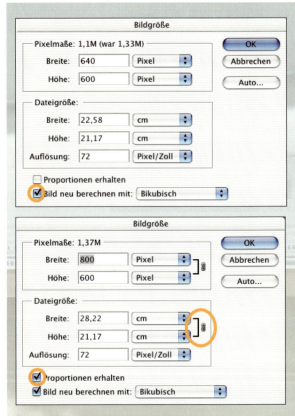

Im Dialogfeld BILDGRÖSSE verkleinern oder vergrößern Sie ein Bild. Die Neuberechnung des Bildes bestimmt die Qualität und die Option PROPORTIONEN sorgt für die richtige Relation zwischen Bildhöhe und Bildbreite.

Bilder reparieren

Die meisten Bilder im Web sind Fotos – ausgenommen Navigationselemente wie z.B. Schaltflächen. Leider wird nur bei wenigen Website-Projekten mit professionellen Fotografen gearbeitet. Ein Webdesigner muss deshalb mit vorhandenen Bildern aus einer Bilddatenbank oder mit den vom Kunden bereitgestellten Fotos arbeiten. Dieses Bildmaterial muss meist noch bearbeitet werden. Da jedoch die für das Web benötigten Bilder größenmäßig klein sind, lassen sie sich einfach reparieren bzw. modifizieren, wobei die notwendige Verkleinerung bereits viele Fehler von ganz alleine behebt. Um ein perfektes Foto zu erhalten, müssen Sie eventuell noch vorhandene Punkte, Flecken und Kratzer mit den folgenden Techniken entfernen.

STÖRUNGEN UND KRATZER ENTFERNEN

Kleine Mängel (auf Pixel-Ebene) verzeiht der Druck viel eher als ein Monitor. Deshalb sollten Sie beim Aufbereiten eines Fotos für das Web zuerst eventuell vorhandene Störungen (Rauschen) und Kratzer entfernen, egal, ob Sie das Bild als GIF oder JPEG speichern wollen. Die Ursache für Bildstörungen kann im Film selbst (Korn) liegen, ein schlechter Scanner oder eine Unterbelichtung der digitalen Kamera sein. Dieses Rauschen wirkt sich auf die Dateigröße aus, sobald Sie das Bild als GIF (abhänig von den Einstellungen) oder als JPEG speichern. Nur bei wenig oder keinem Rauschen in einem Bild lässt sich eine optimale Komprimierung erzielen. Photoshop stellt für das Verringern dieser Bildstörungen nicht nur einen, sondern gleich drei Filter zur Verfügung. Jeder Filter arbeitet dabei etwas unterschiedlich.

Der Filter STÖRUNGEN ENTFERNEN verringert das Rauschen, indem er das Bild mit einer leichten Weichzeichnung versieht, dabei aber die Bereiche mit starken Kontrasten erhält. Der Filter zeichnet also nur die Pixel mit geringen Farbunterschieden und keine Kanten weich. Im Gegensatz zum WEICHZEICHNEN-Filter, der das komplette Foto verändert und es unscharf aussehen lässt, sorgt der Filter STÖRUNGEN ENTFERNEN dafür, dass das Foto möglichst wenig an Qualität verliert. Bei weichen Farbübergängen und gleichzeitig starken Kontrasten in einem Bild sollten Sie immer mit dem Filter STÖRUNGEN ENTFERNEN arbeiten. Wenden Sie dabei den Filter so oft an, bis Sie den gewünschten Weichzeichnungseffekt erzielt haben. Der Filter eignet sich hervorragend für geringe Störungs- bzw. Rauschanteile. Wenn dagegen der Kontrast im Rauschen sehr hoch ist (das Foto wurde beispielsweise mit Staub gescannt) und ein vernünftiges Ergebnis nicht zu erreichen ist, sollten Sie den Filter HELLIGKEIT INTERPOLIEREN ausprobieren.

Der Filter HELLIGKEIT INTERPOLIEREN verändert die Helligkeit angrenzender Pixel, indem er deren Farbwerte interpoliert und dabei alle Werte unterhalb einer bestimmten Grenze ignoriert. Dieser Filter funktioniert ähnlich wie STÖRUNGEN ENTFERNEN, nur dass HELLIGKEIT INTERPOLIEREN interpoliert und STÖRUNGEN ENTFERNEN weichzeichnet. Sie wählen mit einem Regler den Pixelbereich, den Photoshop interpolieren soll – am besten bewegen Sie sich zwischen einem und drei Pixeln. Da ein GIF besser komprimiert, sobald mehrere Pixel in einer Zeile den gleichen Farbwert haben, eignet sich dieser Filter besonders für die Aufbereitung von GIF-Bildern.

Der Filter STAUB UND KRATZER ENTFERNEN ermöglicht Ihnen, mit Hilfe des Radius-Reglers die Größe des Staubs und der Kratzer zu bestimmen, die Photoshop entfernen soll. Steht der Regler auf dem Wert 1 Pixel, korrigiert das Programm nur 1 Pixel große Kratzer – alle größeren bleiben bestehen. Definieren Sie mit dem SCHWELLENWERT-Regler die Kontraststärke, mit der Photoshop zwischen Bild und Kratzer unterscheiden soll.

Die folgenden Abbildungen zeigen, wie sich ein Foto mit Staub und Kratzern reparieren lässt. Das Originalfoto (links) hat sehr starke Kratzer, die wir mit dem Filter STÖRUNGEN ENTFERNEN behandelt haben. Obwohl die Kratzer nicht mehr da zu sein scheinen, sieht man noch immer Reste von ihnen (rechts). In derartigen Fällen sollten Sie einfach einen anderen Filter anwenden.

Mit dem Filter HELLIGKEIT INTERPOLIEREN lassen sich eindrucksvolle Ergebnisse erzielen. Sie sehen in diesem Beispiel, dass sämtliche Kratzer ohne jegliche Spuren entfernt wurden.

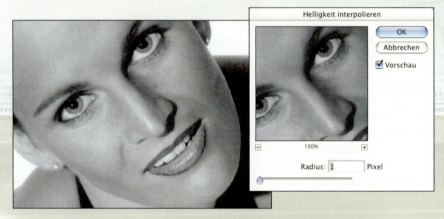

Beim Filter STAUB UND KRATZER bestimmen Sie mit dem RADIUS-Regler, was als Staub behandelt werden soll. Der SCHWELLENWERT-Regler regelt die Empfindlichkeit des Filters in Bezug auf Kontrast und Sättigung. Ein Nebeneffekt ist die Weichzeichnung von Bildern. Um Qualitätsverluste zu vermeiden, sollten Sie den Filter nur auf ausgewählte Bildbereiche anwenden.

BILDER SCHARFZEICHNEN

Oft fehlt auch die letzte Schärfe im Bild. Oder das Foto ist völlig unscharf. Auch hier verfügt Photoshop über Filter, um die Schärfe zu verbessern (im FILTER-Menü unter SCHARFZEICHNUNGSFILTER). UNSCHARF MASKIEREN ist der nützlichste Filter in dieser Sammlung, da Sie mit ihm Stärke, Radius und Schwellenwert für mehr Schärfe einstellen. Sobald Sie das Kontrollkästchen VORSCHAU aktivieren, zeigt Phoshop die Änderungen umgehend im Originalbild an. Wenn Sie das Bild als JPEG speichern wollen, sollten Sie diesen Filter nur behutsam anwenden, da die JPEG-Komprimierung auf leicht weichgezeichnete Bilder optimiert ist.

BEREICHE REPARIEREN UND PROBLEME LÖSEN

Nicht immer sind Filter die letzte Lösung – manchmal müssen Sie ein Bild auch manuell bearbeiten. Zu den besten Werkzeugen für diese Aufgabe zählt das KOPIERSTEMPEL-WERKZEUG, mit dem Sie Pixel aus einem Bildbereich einem anderen zuweisen. Bevor Sie dieses Werkzeug verwenden, muss Photoshop wissen, welche Bereiche des Bildes die Quelle sind. Dazu halten Sie die Wahl- (Macintosh) bzw. Alt-Taste (Window) gedrückt, so dass sich der Zeiger in ein Fadenkreuz ändert. Mit diesem klicken Sie dann im Bild. Lassen Sie nun die Wahl-/Alt-Taste los und malen Sie in einem anderen Bildbereich – in diesen kopiert Photoshop jetzt die Pixel des Quellbereichs.

Mit dem KOPIERSTEMPEL-WERKZEUG lassen sich große Bereiche eines Bildes (selbst Personen) löschen bzw. andere Probleme lösen. Das Werkzeug verfügt über einige wichtige Optionen. Wenn Sie einen größeren Bildbereich mit einer bestimmten Struktur versehen wol-

020

Um den Schappschuss des Bimps für eine Website zu verwenden, soll die Werbebeschriftung entfernt werden. Mit dem KOPIERSTEMPEL-WERKZEUG wäre diese Aufgabe kompliziert, da zu wenig Quellmaterial vorhanden ist. Benutzen Sie deshalb den Reparatur-Pinsel, mit dem Sie die Pixel des Untergrunds aufnehmen.

len, deaktivieren Sie die Option AUSGER. (Ausgerichtet) oben in der Optionsleiste. Bewegen Sie nun das KOPIER-STEMPEL-WERKZEUG nach dem Loslassen der Maustaste an eine neue Position und klicken Sie im Bildbereich, um immer die Pixel der gleichen Quelle zu kopieren. Ist dagegen die Option AUSGER. aktiviert, ist der Abstand zwischen Quelle und Ziel immer gleich. Wählen Sie die Option AUSGER. immer dann, wenn Sie ein Element in einem Bild kopieren. Zusätzlich bestimmen Sie in der Optionsleiste den Modus bzw. die Füllmethode, die Deckkraft und den Fluss. Wenn Sie in Ihrem Dokument mit mehreren Ebenen arbeiten, wählen Sie die Option ALLE EBENEN EINBEZIEHEN. Deaktivieren Sie diese Option, wenn Sie nur in der gewählten Ebene arbeiten wollen.

Das KOPIERSTEMPEL-WERKZEUG hat den Nachteil, dass es die Quellpixel ganz exakt kopiert. Das wird zu einem Problem, sobald Sie einen Bildbereich korrigieren, für den Sie über keine übereinstimmende Struktur hinsichtlich Helligkeit und/oder Farbe verfügen (Sie wollen z.B. die Haut einer Person reparieren, dieser Bereich liegt aber im Schatten) – eine ideale Situation für den REPARATUR-PINSEL. Stellen Sie sich dieses Werkzeug als KOPIERSTEMPEL mit Einstellungen für Struktur und Beleuchtung vor. Jedes aufgetragene Pixel adaptiert die Pixel, auf denen Sie malen. Die Pixel vermischen sich also mit denen des Untergrunds. Wie schon beim KOPIERSTEMPEL-WERKZEUG lassen sich auch hier der Modus und die Ausrichtung wählen. Der REPARATUR-PINSEL kann auch ein Muster als Quelle verwenden – ideal, um Muster mit dem Untergrund zu vermischen.

Bei der Reparatur größerer Bereiche sollten Sie weder das KOPIERSTEMPEL-WERKZEUG noch den REPARATUR-

Bereiche reparieren und Probleme lösen

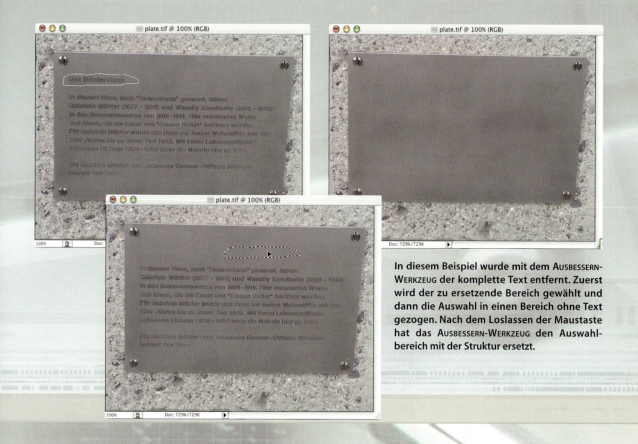

In diesem Beispiel wurde mit dem Ausbessern-Werkzeug der komplette Text entfernt. Zuerst wird der zu ersetzende Bereich gewählt und dann die Auswahl in einen Bereich ohne Text gezogen. Nach dem Loslassen der Maustaste hat das Ausbessern-Werkzeug den Auswahlbereich mit der Struktur ersetzt.

Pinsel, sondern eher das Ausbessern-Werkzeug benutzen. Dieses Werkzeug ist eine Kombination aus einem Auswahlwerkzeug und dem Reparatur-Pinsel. Nachdem Sie das Ausbessern-Werkzeug gewählt haben, zeichnen Sie zuerst eine Auswahl um den Bereich, den Sie reparieren wollen. Ziehen Sie die Auswahl dann auf einen Bildteil mit ähnlicher Struktur. Photoshop kopiert diesen Bildteil in den Zielbereich und stellt ihn gleichzeitig so ein, dass er übergangslos mit dem Untergrund vermischt wird (sofern Sie in der Optionsleiste die Option Ausbessern: Quelle aktiviert haben). Beim Ausbessern-Werkzeug bleibt die ursprüngliche Auswahl aktiv, d.h., sie lässt sich innerhalb des Bildes so lange auf verschiedene Quellbereiche ziehen, bis der Teil vollständig repariert ist. Außerdem können Sie mit dem Ausbessern-Werkzeug

(wie schon mit dem Reparatur-Pinsel) den Bereich mit einer Struktur oder einem Muster versehen.

Und jetzt noch ein Tipp, wie Sie für die Reparatur ein Muster erstellen: Erzeugen Sie die rechteckige Auswahl einer Struktur. Wählen Sie dann den Befehl Filter > Mustergenerator. Klicken Sie im Dialogfeld Mustergenerator auf Generieren und dann im Bereich Musterelementspeicher (rechts im Dialogfeld) auf das Diskettensymbol, um das voreingestellte Muster zu sichern. Schließen Sie das Dialogfeld und arbeiten Sie wieder mit dem Ausbessern-Werkzeug. Wählen Sie einen Bereich im Bild und dann das Muster aus dem Popup-Menü in der Optionsleiste. Klicken Sie auf die Schaltfläche Muster verwenden – Photoshop kachelt das Muster übergangslos.

94   Photoshop-Techniken

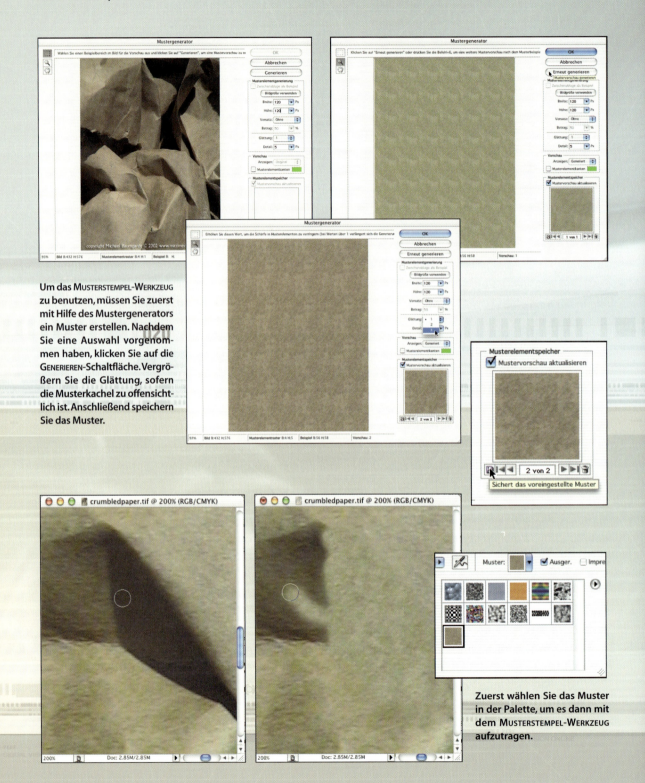

Um das MUSTERSTEMPEL-WERKZEUG zu benutzen, müssen Sie zuerst mit Hilfe des Mustergenerators ein Muster erstellen. Nachdem Sie eine Auswahl vorgenommen haben, klicken Sie auf die GENERIEREN-Schaltfläche. Vergrößern Sie die Glättung, sofern die Musterkachel zu offensichtlich ist. Anschließend speichern Sie das Muster.

Zuerst wählen Sie das Muster in der Palette, um es dann mit dem MUSTERSTEMPEL-WERKZEUG aufzutragen.

Farben manipulieren und korrigieren

Die meisten Werkzeuge zum Manipulieren und Korrigieren von Farben finden Sie im Menü BILD > EINSTELLUNGEN. Mit vielen dieser Korrekturwerkzeuge lassen sich Farben auch völlig verändern. Obwohl nicht alle Befehle gleich wichtig sind, möchte ich Ihnen dennoch einen Überblick über das EINSTELLUNGEN-Menü hinsichtlich der hier vorhandenen Befehle und deren Verwendung verschaffen.

Bild > Einstellungen >	Manipulation	Korrektur
Tonwertkorrektur	-	Per Einstellung der Lichter und Tiefen in einem Bild maximieren Sie den dynamischen Tonwertbereich des Bildes.
Auto-Tonwertkorrektur	Stellt für jeden Farbkanal die maximale Dynamik ein, d.h., die Farben werden verschoben. Kann zu interessanten Farbänderungen führen.	Stellt Lichter und Tiefen automatisch ein. Funktioniert als Korrekturwerkzeug nur mit Graustufenbildern. Bei RGB-Bildern ergibt sich normalerweise eine Farbverschiebung.
Auto-Kontrast	-	Erhöht automatisch den Kontrast in Graustufen- und RGB-Bildern.
Auto-Farbe	-	Stellt Lichter und Tiefen ausgehend von den aktuellen Bildpixeln ein (nicht das Histogramm oder die Kanäle).
Gradationskurven	Kann für kräftige Farbveränderung genutzt werden. Viele Effekte (z.B. der Chrom-Effekt) basieren auf entsprechenden Einstellungen der Gradationskurven.	Genauere Einstellung des Tonwertbereichs als nur über die Lichter, Mitteltöne und Tiefen. Profis bevorzugen die Gradationskurven zusammen mit dem Histogramm als wichtigstes Werkzeug für Farbkorrekturen.
Farbbalance	-	Ändert die Gesamtfarbe durch individuelles Verschieben der Rot-, Grün- und Blau-Werte.
Helligkeit/Kontrast	-	Stellt Helligkeit und Kontrast mit gleichen Werten ein. Ist leider nicht die beste Wahl für Korrekturen, da häufig Bilddetails verloren gehen.
Farbton/Sättigung	Stellt das komplette Bild oder einen einzelnen Kanal ein. Ein tolles Werkzeug, um die Farbe eines Objekts zu ändern oder um blasse Fotos stärker zu sättigen.	Wird für Farbänderungen normalerweise nicht verwendet.
Sättigung verringern	Erzeugt aus einem RGB-Bild ein Graustufenbild, ohne den Graustufen-Modus aktivieren zu müssen.	–

Alle Befehle im Menü BILD > EINSTELLUNGEN und deren Verwendung (Fortsetzung nächste Seite).

Farbe ersetzen	Ersetzt eine bestimmte Farbe. Das perfekte Werkzeug, um einzelne Bildelemente farblich zu ändern.	–
Selektive Farbkorrektur	–	Farbeinstellung über Wahl eines Teils des Spektrums und Ändern der Farbmischung.
Kanalmixer	–	Zum Erstellen von Graustufenbildern bei präziser Kontrolle der Farben in jedem Kanal. Im CMYK-Modus ein ideales Tool für bestimmte Farbkorrekturen.
Verlaufsumsetzung	Für Farbeffekte. Ersetzt die Pixel im Spektrum durch die Farben eines Verlaufs. Sehr nützlich für zusammengesetzte Bilder.	–
Umkehren	Funktioniert am besten mit Graustufenbildern. Die Umkehr von RGB-Bildern erzeugt meist recht unattraktive Farben.	–
Tonwertangleichung	–	Ein Befehl zur Angleichung zu dunkler Scans.
Schwellenwert	Erstellt eine Schwarzweiß-Version eines Bildes. Lässt sich als Basis für andere Effekte oder Kompositionen verwenden.	–
Tontrennung	Erzeugt interessante Farbverschiebungen und reduziert ein Bild auf flächige Farbbereiche.	–
Variation	–	Einfaches Werkzeug für die Farbkorrektur über Miniaturen. Für eine präzise Farbkorrektur jedoch nicht die beste Wahl.
Füllmethoden	Bestimmt die Interaktion der Farbwerte von zwei Ebenen. Ideal für jede Fotokomposition.	–

Füllmethoden bzw. Ebenen-Modi sind nicht Bestandteil des Menüs BILD > EINSTELLUNGEN, sind jedoch hier angeführt, weil sie für Fotokompositionen und einige andere Gestaltungstechniken sehr wichtig sind.

TONWERTBEREICH EINSTELLEN

Perfekte Scans von CD-Sammlungen wären ideal, doch die Realität sieht anders aus: Selbst diese Stock-Fotos haben nicht immer die beste Qualität und müssen meist angeglichen werden. Photoshop stellt dazu die unterschiedlichsten Befehle bereit. Mit diesen Befehlen werden die Farbwerte permanent verändert. Zudem erzeugen diese Befehle einen Rundungsfehler, der

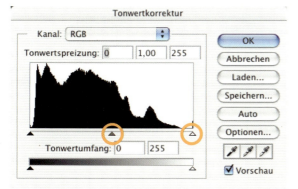

Bild vor und nach Einstellung der Ebenen

sich auf Farbkorrekturen auswirkt. Deshalb sollten Sie bei Farbkorrekturen mit Einstellungsebenen arbeiten. Die mathematischen Algorithmen der Einstellungsebenen werden kombiniert und dann nur einmal den Bildpixeln zugewiesen, was den Rundungsfehler reduziert.

Tonwertkorrektur: Mit dem Befehl BILD > EINSTELLUNGEN > TONWERTKORREKTUR erstellt Photoshop ein Histogramm des Bildes, d.h., der Helligkeitswert der einzelnen Pixel wird als Grafik angezeigt. Sie erkennen in dieser Grafik die Art der Bildinformationen und – noch wichtiger – können den Tonwertbereich des Bildes erweitern. Wenn sich die Tonwerte hauptsächlich im Bereich zwischen 20 und 80 Prozent befinden, lassen sich diese Werte über den Bereich von 0 bis 100 Prozent erwei-

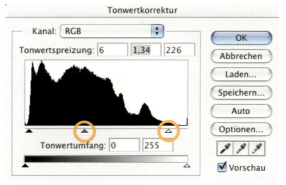

tern, was dem Bild mehr Details und Kontast gibt. Um das Histogramm auf den maximalen Betrag zu erweitern, ziehen Sie nur das schwarze und weiße Eingabe-Dreieck nach links bzw. rechts im Histogramm. Nachdem Sie auf OK geklickt haben, sind die Tiefen und Lichter optimal eingestellt. Das mittlere Dreieck stellt den Wert auf 50 Prozent ein, d.h., es zeigt die Mitte des Tonwertbereichs. Sie erkennen bei aktivierter Vorschau sofort die Auswirkungen der Regler in Ihrem Bilddokument. Wenn Sie auf OK geklickt haben und erneut die TONWERTKORREKTUR aufrufen, sehen Sie im Histogramm den auseinander gezogenen Tonwertbereich.

Auto-Tonwertkorrektur: Der Befehl AUTO-TONWERTKORREKTUR stellt die Lichter und Tiefen individuell für jeden Farbkanal ein. Das unterscheidet sich von der Einstellung der Lichter und Tiefen für den RGB-Kanal und führt meist zu einer Farbverschiebung – ein netter Effekt speziell für Fotokompositionen.

Auto-Kontrast: Sie stellen mit diesem Befehl den Gesamtkontrast und die Mischung der Farben in einem RGB-Bild ein. Die hellsten Pixel erscheinen heller und die Tiefen dunkler. AUTO-KONTRAST stellt die Kanäle nicht einzeln ein (alle Kanäle werden identisch eingestellt), d.h., Farbstiche werden weder erzeugt noch entfernt.

Auto-Farbe: Photoshop stellt mit dem Befehl AUTO-FARBE den Kontrast und die Farbe eines Bildes ein. Das geschieht nicht durch Analyse des Kanäle-Histogramms, sondern durch Überprüfen des Bildes, Einstellen der Lichter und Tiefen und Neutralisieren der Mitteltöne.

Helligkeit/Kontrast: Der Befehl bietet jeweils einen Regler für Helligkeit und Kontrast. Im Gegensatz zur Tonwertkorrektur und den Gradationskurven stellt dieser Befehl jedes Pixel gleich ein, was schnell zu einem Verlust der Bilddetails führen kann.

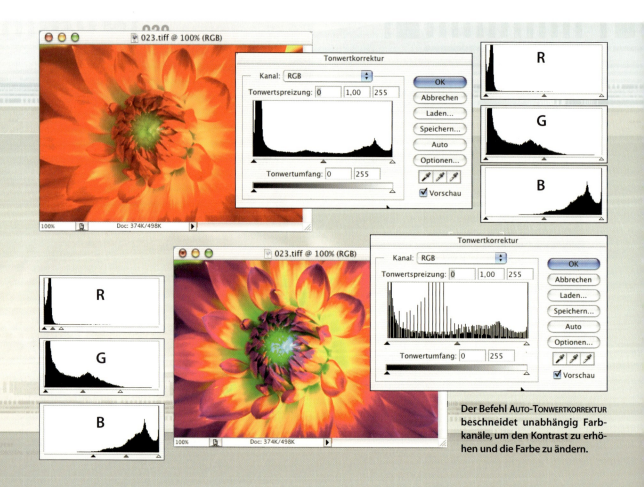

Der Befehl AUTO-TONWERTKORREKTUR beschneidet unabhängig Farbkanäle, um den Kontrast zu erhöhen und die Farbe zu ändern.

FARBEN KORRIGIEREN

Die Farbkorrektur von Fotos ist eine der typischen Aufgaben in Photoshop. Sofern das Foto nicht in einem professionellen Studio aufgenommen wurde, haben die Aufnahmen häufig einen Farbstich aufgrund der wechselnden Lichtbedingungen. Tageslicht hat beispielsweise eine andere Farbtemperatur als Neonlicht – und diese Farbunterschiede müssen in Photoshop korrigiert werden.

Photoshop bietet mehrere Befehle für die Farbkorrektur, einschließlich FARBBALANCE und VARIATIONEN. Beide Befehle bewirken das Gleiche, obwohl Vorgehensweise und Interface unterschiedlich sind. Der Befehl für die Farbbalance (BILD > EINSTELLUNGEN> FARBBALANCE) ändert die Farbe über drei Regler, während Sie über den Befehl für die Farbvariationen (BILD > EINSTELLUNGEN > VARIATIONEN) unter verschiedenen Variationen eines Bildes wählen können. Beide Funktionen verschieben die Bildfarbe zum entgegengesetzten Wert im Farbkreis. Um beispielsweise einen Rotton im Bild zu korrigieren, müssen Sie mehr Cyan hinzufügen. Um zu viel Grün zu kompensieren, müssen Sie die Farbe nach Magenta verschieben und zu viel Blau korrigieren Sie durch Hinzufügen von Gelb.

Obwohl der Befehl VARIATIONEN intuitiver zu sein scheint, erhalten Sie über FARBBALANCE präzisere Ergebnisse, da Sie den Wert jeder Farbe zwischen 0 und 100 einstellen können. Dagegen haben Sie im Dialogfeld VARIATIONEN nur sechs Alternativen. Allerdings müssen Sie beim Farbbalance-Befehl wissen, welche Farbe verschoben werden soll – danach ist wieder alles einfach:

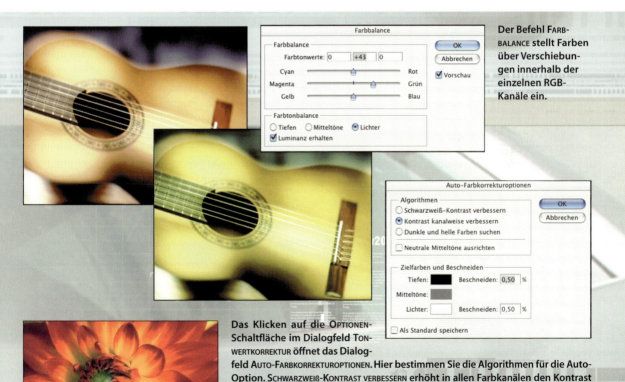

Der Befehl FARB-BALANCE stellt Farben über Verschiebungen innerhalb der einzelnen RGB-Kanäle ein.

Das Klicken auf die OPTIONEN-Schaltfläche im Dialogfeld TON-WERTKORREKTUR öffnet das Dialogfeld AUTO-FARBKORREKTUROPTIONEN. Hier bestimmen Sie die Algorithmen für die Auto-Option. SCHWARZWEISS-KONTRAST VERBESSERN erhöht in allen Farbkanälen den Kontrast gleichermaßen unter Beibehaltung der Farbe (AUTO-FARBE). KONTRAST KANALWEISE VERBESSERN erhöht in den Kanälen unabhängig den Kontrast und reduziert vorhandene Farbstiche (AUTO-TONWERTKORREKTUR). DUNKLE UND HELLE FARBEN SUCHEN findet die Farben für die Lichter und Tiefen (AUTO-FARBE). Das Bild zeigt das Ergebnis von AUTO-KONTRAST.

Schritt für Schritt: Lichter und Tiefen mit dem Befehl Gradationskurven einstellen

Der Befehl GRADATIONSKURVEN ermöglicht wie der Befehl TONWERTKORREKTUR das Einstellen der Lichter und Tiefen – als idealer Ausgangspunkt für andere Farbeinstellungen. Und so funktioniert es:

1 Bevor Sie die Lichter und Tiefen einstellen, sollten Sie über den Befehl BILD > EINSTELLUNGEN > SCHWELLENWERT die jeweiligen Bildbereiche herausfinden. Ziehen Sie im Dialogfeld den Regler ganz nach links. Die dann noch vorhandenen schwarzen Bildbereiche sind die mit den dunkelsten (tiefsten) Bildpixeln.

2 Ziehen Sie den Schwellenwert-Regler nach rechts, um die Lichter im Bild zu lokalisieren. Klicken Sie dann auf die Schaltfläche ABBRECHEN (Sie haben den Befehl SCHWELLENWERT nur zur Überprüfung der Lichter und Tiefen benutzt).

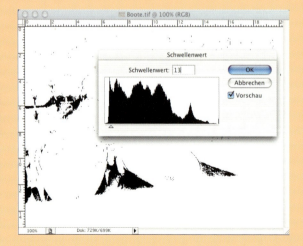
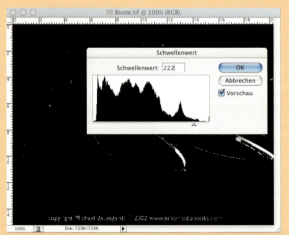

Schritt für Schritt **101**

3 Rufen Sie den Befehl GRADATIONSKURVEN auf (vorzugsweise als Einstellungsebene). Klicken Sie mit der Pipette TIEFEN SETZEN dort im Bild, wo der SCHWELLENWERT-Befehl die dunkelsten Pixel lokalisiert hatte.

4 Stellen Sie mit der Pipette WEIßPUNKT SETZEN den hellsten Bereich ein. Die Ansicht der einzelnen Farbkanäle zeigt, wie sich die jeweiligen Gradationskurven geändert haben.

5 Nehmen Sie mit der Pipette MITTELTÖNE SETZEN einen Mittelton auf. Wenn Sie mit diesem Tool im Bild klicken und die Maustaste gedrückt lassen, erscheint entlang der Kurve ein Kreis für das aktuelle Pixel im Farbspektrum. Nach dem Loslassen der Maustaste ist das Bild entsprechend eingestellt. Durch Hinzufügen weiterer Punkte auf der Kurve lässt sich das Bild noch genauer einstellen.

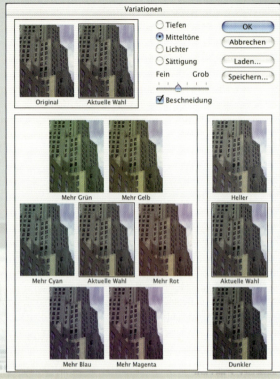

Sie müssen den entsprechenden Farbregler nur in die richtige Richtung ziehen. (Hat das Bild z.B. zu viel Gelb, ziehen Sie den Gelb/Blau-Regler nach Blau.)

Wenn Sie mit dem Befehl VARIATIONEN für die Korrektur von Farben arbeiten, ziehen Sie den Fein/Grob-Regler, bis eine der Miniaturen die richtige Farbe hat. Sobald Sie dann auf diese Miniatur klicken, wird sie die aktuelle Wahl mit weiteren neuen Variationen.

Ein weiteres Tool für die Farbkorrektur ist der Befehl FARBTON/SÄTTIGUNG (BILD > EINSTELLUNGEN > FARBTON/SÄTTIGUNG). Die beiden Farbbalken unten im Dialogfeld zeigen das Farbspektrum mit den jeweiligen Änderungen. Über den FARBTON-Regler lässt sich der Farbkreis drehen, was zu einer dramatischen Farbverschiebung im Bild führt – häufig die Ausgangsbasis für Fotokompositionen. Wenn Sie dagegen das Bild nur optimieren und Farben kräftiger machen wollen, nutzen Sie den SÄTTIGUNG-Regler. Und wenn Ihr Bild zu dunkel ist, hellen Sie es mit dem LAB-HELLIGKEIT-Regler auf. Allerdings liegt die wirkliche Stärke des Befehls HELLIGKEIT/KONTRAST in der Änderung individueller Farbbereiche. Sobald Sie über das Popup-Menü BEARBEITEN in einen der Farbbereiche wechseln, können Sie Farbton, Sättigung und Lab-Helligkeit für diesen bestimmten Bereich einstellen. Falls der Bereich noch unklar ist, klicken Sie mit der Pipette im Bild. Im Dialogfeld FARBTON/SÄTTIGUNG erscheint unten ein weiterer Regler. Wenn Sie mit der Pipette in weitere Bildbereiche klicken, verschiebt sich dieser Regler entsprechend der aufgenommenen Farbe (das BEARBEITEN-Popup-Menü ändert sich ebenfalls). Falls ein größerer Farbbereich zu ändern ist, benutzen Sie die Pipette mit dem Pluszeichen oder ziehen Sie die Bereichsregler (die senkrechten Leisten neben dem dunkelgrauen Bereich). Sie können auch über das Verschieben der Dreiecke Farben bestimmen und diese dann mit den Reglern FARBTON, SÄTTIGUNG und LAB-HELLIGKEIT ändern.

Falls Ihnen der Befehl FARBTON/SÄTTIGUNG nicht besonders zusagt, sollten Sie die Farben mit dem Befehl SELEKTIVE FARBKORREKTUR korrigieren. Auch mit diesem Befehl lässt sich ein bestimmter Farbbereich festlegen. Der Hauptvorteil gegenüber dem Befehl FARBTON/SÄT-

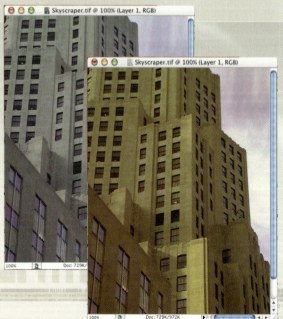

Der VARIATIONEN-Befehl und die Vorher-/Nachher-Bilder

Farben korrigieren **103**

TIGUNG liegt darin, dass Sie das Bild mit Hilfe der Prozessfarben Cyan, Magenta, Gelb und Schwarz korrigieren können. Designer aus dem Desktop-Publishing-Bereich kennen sich mit diesen Farben genau aus und die Farbkorrektur wird damit einfacher.

Das sicherlich beste Werkzeug für Farbkorrekturen ist der Befehl GRADATIONSKURVEN. Sie stellen so wie mit dem Befehl TONWERTKORREKTUR den kompletten Tonwertbereich eines Bildes ein. Statt der nur drei Variablen (Lichter, Tiefen, Mitteltöne) lassen sich mit dem Befehl GRADATIONSKURVEN bis zu 15 Punkte entlang einer Skala von 0 bis 255 bestimmen. Da der Befehl auch auf individuelle Farbkanäle angewendet werden kann, verfügen Sie mit diesem Tool über das genaueste aller Korrekturwerkzeuge. Um einen Punkt auf einer Kurve zu setzen, klicken Sie einfach auf der Kurve und ziehen den Punkt an die gewünschte Stelle. Um einen Punkt zu entfernen, ziehen Sie ihn einfach von der Kurve fort.

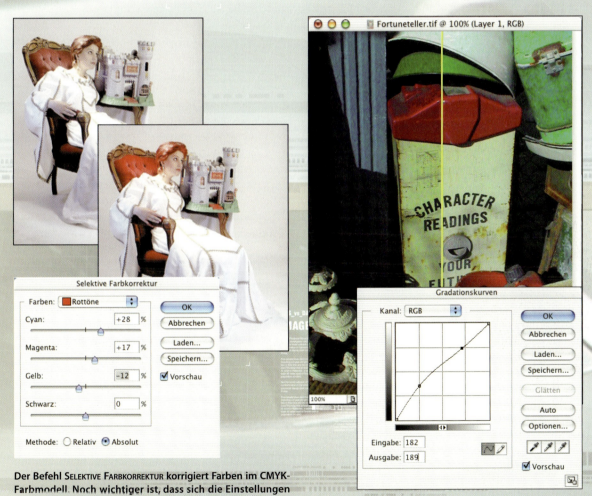

Der Befehl SELEKTIVE FARBKORREKTUR korrigiert Farben im CMYK-Farbmodell. Noch wichtiger ist, dass sich die Einstellungen einem bestimmten Spektrum zuweisen lassen. Das Rot des Sessels wurde geändert und mit dem Befehl SELEKTIVE FARBKORREKTUR aufgehellt.

Das Bild vor (links) und nach (rechts) Anwendung des Befehls GRADATIONSKURVEN

SCHRITT FÜR SCHRITT: DIGITALE FOTOS OPTIMIEREN

Mit einer Digitalkamera aufgenommene Fotos erfüllen normalerweise nicht die Anforderungen für den professionellen, hoch auflösenden Druck, sind aber mehr als ausreichend für das Webdesign. Geradezu unverzichtbar sind Digitalkameras für die Webdesigner, die ihre Fotos (meist aus Kostengründen) selber schießen müssen. Außerdem entfallen die Copyright-Probleme mit Stockfoto-CDs, deren Fotos nicht immer linzenzfrei sind. Kein Wunder also, dass der Boom mit Digitalkamers voll im Gange ist und die Geräte immer preiswerter werden.

Digitale Kameras haben das Problem, dass das CCD (Aufnahmesensor, entspricht dem Film in konventionellen Kameras) bei nicht ganz exakter Belichtung ein Rauschen erzeugt. Wenn Sie das Bild verkleinern und es als JPEG speichern, reichen meist schon die Befehle HELLIGKEIT/KONTRAST und GRADATIONSKURVEN, um das Bild zu korrigieren. Wollen Sie das Bild jedoch als Hintergrund einsetzen, sollten Sie es mit Unschärfe, Schärfe und Mixen optimieren – ein Trick von Deke McClelland, den ich nachfolgend kurz beschreibe.

1 Tonwertkorrektur einstellen: Fast jedes mit einer Digitalkamera aufgenommene Bild muss korrigiert werden. Die Anpassung von Helligkeit und Kontrast geschieht am besten mit dem TONWERTKORREKTUR-Befehl. Das entsprechende Dialogfeld zeigt ein Histogramm mit den Lichtern und Tiefen im Bild, die Sie mit dem schwarzen und weißen Dreieck manuell einstellen. Der mittlere Regler ist besonders wichtig, da Sie mit ihm die Mitteltöne anpassen.

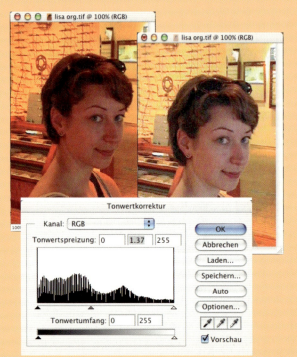

2 Kopieren Sie die Ebene, indem Sie diese auf die Schaltfläche NEUE EBENE ERSTELLEN unten in der Ebenenpalette ziehen. (Sie können auch alles auswählen, kopieren und in eine neue Ebene einfügen.) Wählen Sie FARBTON/SÄTTIGUNG und erhöhen Sie die SÄTTIGUNG, bis das Rauschen zu sehen ist (schieben Sie den Regler zwischen 60 und 80 Prozent).

3 Zeichnen Sie das Rauschen weich mit einer Kombination der Filter HELLIGKEIT INTERPOLIEREN und GAUSSSCHER WEICHZEICHNER. Verstärken Sie die Kanten mit dem Filter UNSCHARF MASKIEREN. Beginnen Sie mit FILTER > STÖRUNGSFILTER > HELLIGKEIT INTERPOLIEREN mit einem Radius von 3 Pixel. Erhöhen Sie diesen Wert und weisen Sie den Filter so oft zu, bis die Störungen weichgezeichnet sind. (Das Bild sieht verschwommen aus, was aber erst einmal in Ordnung ist.) Benutzen Sie aber erst den Befehl FILTER > WEICHZEICHNUNGSFILTER > GAUSSSCHER WEICHZEICHNER mit einem Wert von 1 Pixel. Sobald alle Kanten weich sind, müssen sie mit FILTER > SCHARFZEICHNUNGSFILTER > UNSCHARF MASKIEREN wieder hervorgehoben werden. Übernehmen Sie für RADIUS den Wert von GAUSSSCHER WEICHZEICHNER und setzen Sie den Betrag auf 500. Dieser Wert kompensiert die vorher zugewiesene Weichzeichnung. Das Ergebnis ändert sich noch, sobald Sie später beide Ebenen vermischen.

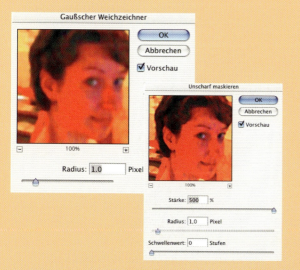

4 Mischen Sie die Ebenen und führen Sie letzte Korrekturen aus. Sie mischen zwei Ebenen, indem Sie die DECKKRAFT in der Ebenenpalette ändern. Die Deckkraft kann bei einem guten Originalfoto fünf Prozent oder weniger betragen. Problematische Bilder benötigen eine höhere Deckkraft, jedoch nicht mehr als 50 Prozent – das Bild könnte sonst zu künstlich aussehen. Reduzieren Sie anschließend die Ebenen und korrigieren Sie Farbe und Schärfe so, als wäre das Bild als Film eingescannt worden.

Schritt für Schritt: Farbe von flächigen Farbbereichen ändern

Bei der Gestaltung von Webseiten müssen Sie häufig Farben ändern. Sie wollen beispielsweise die Farbe einer Formebene ändern. Doppelklicken Sie dazu einfach in der Miniatur der Formebene und wählen Sie eine neue Farbe im Farbwähler. Farbänderungen in einer gerasterten Ebene sind dagegen etwas schwieriger.

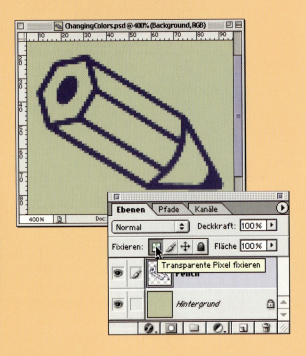

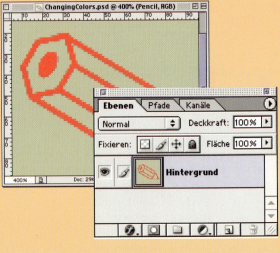

1 Falls es sich um eine Farbfläche in einer eigenen Ebene handelt, aktivieren Sie die Ebene mit dem zu ändernden Objekt. In der Ebenenpalette ist die Option Transparente Pixel fixieren aktiviert.

2 Doppelklicken Sie im Farbfeld in der Toolbox, um den Farbwähler zu öffnen. Bestimmen Sie eine Farbe. Wählen Sie die Option Nur Webfarben anzeigen, wenn Sie mit Webfarben arbeiten wollen. Wenn Sie mit der Farbe Ihres Objekts beginnen wollen, klicken Sie mit der Pipette im Bild (diese Farbe wird in der Toolbox zur Vordergrundfarbe). Am wichtigsten: Deaktivieren Sie die Optionen Glätten und Benachbart.

3 Klicken Sie mit dem Füllwerkzeug in die Grafik, um sie mit der neuen Farbe zu füllen. Falls sich die Grafik auf derselben Ebene befindet, müssen Sie etwas anders vorgehen. Reduzieren Sie mit Hilfe der Optionen im Menü der Ebenenpalette alle Ebenen. Aktivieren Sie die Option Glätten, um auch die Pixelkanten zu füllen. Doch selbst mit der Glätten-Option könnte das Ergebnis schlechter als vorher ausfallen.

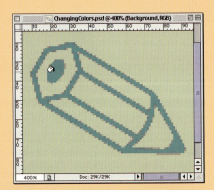

Schritt für Schritt: Farbe eines Objekts ersetzen

Wenn Sie aus dem Desktop-Publishing-Bereich kommen, könnte diese Technik völlig neu für Sie sein. Als Webdesigner erspart Ihnen dieser Trick einige Fotokosten, da Sie ein Element eines Fotos mehrfach verwenden können. Sie wollen beispielsweise Büroklammern in verschiedenen Farben als Navigationselemente benutzen. Sie könnten nun die Büroklammern kaufen und sie einzeln fotografieren lassen (natürlich lassen sich die Büroklammern auch einscannen, aber es soll ja nur ein Beispiel sein). Preiswerter wird es dagegen, wenn Sie eine Büroklammer von einer CD mit freien Stockfotos bzw. Grafiken kopieren und nur die Farbe ändern.

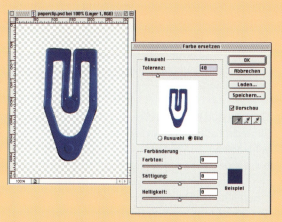

1 Um die Farbe eines Objekts zu ändern, wählen Sie BILD > EINSTELLUNGEN > FARBE ERSETZEN. Aktivieren Sie im Dialogfeld FARBE ERSETZEN die Option VORSCHAU.

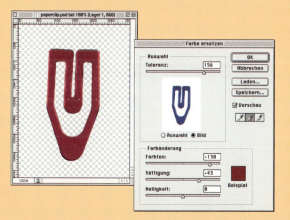

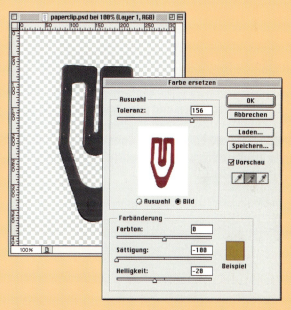

2 Wählen Sie mit der Pipette einen Farbton zwischen dem hellsten und dunkelsten Farbwert des Objektes. Stellen Sie dann mit dem TOLERANZ-Regler die Toleranz ein (im Beispiel 156). Wählen Sie anschließend mit der HINZUFÜGEN-Palette so lange weitere Farben, bis das komplette Objekt gewählt ist.

3 Nachdem alle Farben in der Büroklammer gewählt sind, verschieben Sie mit dem FARBTON-Regler das Farbspektrum. Falls die Vorschau aktiviert ist, sehen Sie die Änderungen sofort im Originalbild. Um Schwarz, Weiß und Grauwerte zu erhalten, stellen Sie den SÄTTIGUNG-Regler auf -100 ein. Mit dem HELLIGKEIT-Regler können Sie anschließend die Helligkeit von Schwarz in Richtung Grau einstellen.

Komponieren und Gestalten

Viele Websites haben Fotokompositionen als Eye-Catcher. Dazu kommen dann noch Grafiken, Farbflächen und Text. Sie erstellen in Photoshop eine Fotokomposition, indem Sie Ebenen übereinander stapeln und sie dann überblenden bzw. deren Farben mischen. Für diese Techniken müssen Sie kein Photoshop-Profi sein, sondern Sie sollten nur mit den grundlegenden Funktionen der Ebenen-Palette vertraut sein.

MIT DER EBENEN-PALETTE ARBEITEN

Sie öffnen die Ebenen-Palette mit dem Befehl FENSTER > EBENEN. Wenn Sie mit einem neuen Dokument beginnen, sehen Sie normalerweise nur die Hintergrund-Ebene, doch sobald Sie etwas aus der Zwischenablage in das neue Dokument einfügen, erzeugt Photoshop eine weitere Ebene. Die Miniatur in der EBENEN-Palette zeigt den Inhalt der Ebene. Eine neue Ebene lässt sich auch mit Hilfe des Paletten-Menüs erstellen. Öffnen Sie das Menü oder klicken Sie unten in der Ebenen-Palette auf die Schaltfläche NEUE EBENE ERSTELLEN. Mit dem Augensymbol links neben der Ebene lassen sich Ebenen ein- bzw. ausblenden.

Ebenen verschieben und positionieren: Mit dem VERSCHIEBEN-Werkzeug ordnen Sie Ebenen an. Zuerst aktivieren Sie die Ebene in der Ebenen-Palette, klicken dann mit dem VERSCHIEBEN-Werkzeug im Bild und ziehen die Ebene an die gewünschte Position. Um mehrere Ebenen gleichzeitig unter Beibehaltung ihrer relativen Positionen zu verschieben, klicken Sie in der Ebenen-Palette rechts neben dem Augensymbol – das VERBINDEN-Symbol wird angezeigt. Die Ebene ist nun mit der aktuellen Ebene verknüpft, d.h., die Ebenen werden als Gruppe behandelt.

Ist eine neue Ebene größer als die Hintergrund-Ebene, wird sie aus dem Dokumentbereich bewegt, bleibt aber als solche erhalten. Selbst wenn Sie mehrere Ebenen auf eine Ebene reduzieren, geschieht das mit den Abmessungen der größten Ebene. Da diese verborgenen Bereiche die Dateigröße beeinflussen, sollten Sie einige Ebenen beschneiden, um Arbeitsspeicher und Festplattenkapazität zu sparen. Wählen Sie dazu mit dem FREISTELLUNGSWERKZEUG das komplette Bild und doppelklicken Sie anschließend innerhalb des Rechtecks, um alle Ebenen zu beschneiden.

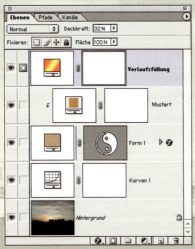

Die Ebenen-Palette mit unterschiedlichen Ebenenarten: Verlauf, Muster und Farbe (mit einer Formebenenmaske). Darunter befinden sich eine Einstellungsebene und der Hintergrund (Bild).

In der Ebenen-Palette (PALETTEN-OPTIONEN im Palettenmenü wählen) lassen sich verschiedene Größen für die Miniaturen bzw. überhaupt keine Miniatur einstellen.

Mit der Ebenen-Palette arbeiten **109**

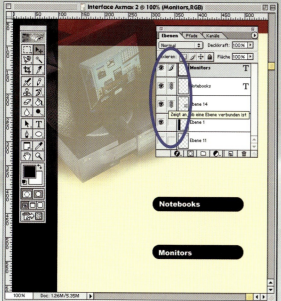

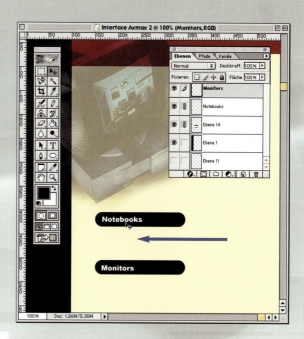

Ebenen schnell wählen: Bei einer häufigen Nutzung der Ebenen-Palette ist es lästig, immer erst eine Ebene zu aktivieren (auszuwählen), um sie zu verschieben oder zu ziehen. Im Zeichenprogramm Adobe Illustrator genügt das Klicken auf ein Objekt, um es zu aktivieren. Diese Technik kommt dem ziemlich nahe: Wählen Sie das VERSCHIEBEN-WERKZEUG und klicken Sie mit gedrückter Befehlstaste (Mac) bzw. Strg-Taste (Windows) auf das Objekt, das Sie bewegen wollen. Jetzt aktiviert Photoshop automatisch die dazugehörige Ebene. Der jeweilige Ebenenname erscheint in der Titelleiste des Dokumentfensters.

Zu viele übereinander gestapelte Ebenen machen es Ihnen (und Photoshop) schwer, die gewünschte Ebene zu finden. In diesem Fall wählen Sie das VERSCHIEBEN-WERKZEUG und klicken mit gedrückter Control-Taste (Mac) bzw. mit der rechten Maustaste (Windows) im Bild, um aus dem dann eingeblendeten Kontextmenü die Ebene zu wählen. Das Kontextmenü zeigt alle Ebenen mit Pixeln unter der aktuellen Position des Mauszeigers. Kontextmenüs sind für fast alle Photoshop-Werkzeuge verfügbar. Wenn Sie z.B. mit dem BUNTSTIFT- oder WERKZEUGSPITZEN-WERKZEUG arbeiten, wählen Sie im Kontextmenü die Form und Größe der Werkzeugspitze.

Um mehrere Ebenen gleichzeitig zu verschieben, klicken Sie auf das VERBINDEN-Symbol in der Ebenen-Palette.

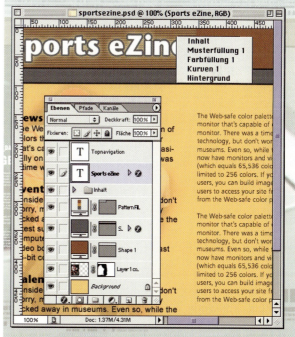

Klicken Sie mit gedrückter Control-Taste (Mac) bzw. mit der rechten Maustaste (Windows) im Bild und wählen Sie die gewünschte Ebene im Kontextmenü.

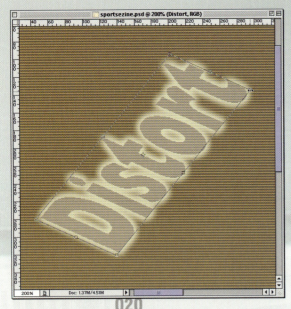

Eine Ebene lässt sich mit dem Befehl FREI TRANSFORMIEREN beliebig skalieren, drehen und/oder verzerren.

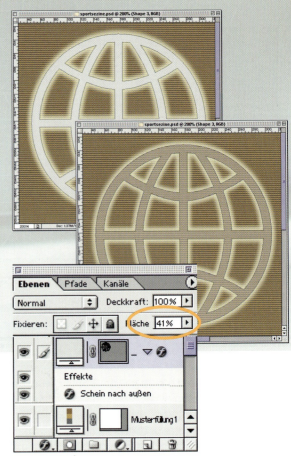

Um eine Ebene unter Beibehalten der Ebeneneffekte transparent zu machen, benutzen Sie den FLÄCHE-Regler.

Ebene skalieren, drehen und verzerren: Um nur die Größe einer Ebene zu ändern, wählen Sie BEARBEITEN > FREI TRANSFORMIEREN. Mit diesem Befehl lässt sich eine Ebene nicht nur skalieren, sondern auch drehen und verzerren. Um eine Ebene zu skalieren, verschieben Sie einen der Eck- bzw. Seitengriffe (drücken Sie die Umschalttaste, um proportional zu skalieren). Setzen Sie den Zeiger dicht an den Rahmen (nicht an die Griffe). Sobald der Zeiger zu einem gebogenen Pfeil wird, klicken Sie und drehen die Ebene. Verzerren Sie eine Ebene, indem Sie mit gedrückter Befehls- (Mac) bzw. Strg-Taste (Windows) einen Eckgriff ziehen. Sobald Sie innerhalb des Rahmens doppelklicken, weisen Sie die Änderung zu.

Ebenen und Transparenz

Ebenen lassen sich mit einem Deckkraft-Wert von 1 % bis 100 % versehen. Dazu dient der DECKKRAFT-Regler in der Ebenen-Palette.

Teilweise Transparenz mit Ebenenmasken: Manchmal soll eine Ebene nur teilweise transparent sein – und dazu verwenden Sie Ebenenmasken. Um eine Ebene mit einer Ebenenmaske zu versehen, wählen Sie diese Ebene und dann EBENE > EBENENMASKE HINZUFÜGEN > NICHTS MASKIERT. Oder klicken Sie unten in der Ebenen-Palette auf die Schaltfläche EBENENMASKE HINZUFÜGEN (zweite Schaltfläche von links). Ein weißer Bereich erscheint neben der Ebenen-Miniatur in der Ebenen-Palette. Außerdem erkennen Sie zwischen den beiden Symbolen ein VERBINDEN-Symbol. Klicken Sie auf das Symbol, um die Ebenenmaske und die Ebene zu gruppieren bzw. eine Gruppierung aufzuheben. Eine nicht gruppierte Ebenenmaske lässt sich unabhängig von der Ebene verschieben.

Photoshop bietet zwei Maskenarten an: Die Ebenenmaske, die mit Graustufenbildern arbeitet, und die Vektormaske. Im Beispiel definiert die Vektorform die äußeren Konturen und beschneidet zusätzlich die Ebenenmaske.

Um Teile einer Ebene transparent zu machen, wählen Sie das WERKZEUGSPITZEN-WERKZEUG (oder ein anderes passendes Werkzeug) und klicken in der Palette auf das Symbol der Ebenenmaske (die Farbfelder in der Toolbox schalten auf Graustufen um). Um den Effekt zu erkennen, müssen Sie die richtige Farbe wählen: Schwarz steht für 100 % Transparenz – malen Sie mit Schwarz, um Bildteile transparent zu machen, und mit Weiß, um Bildteile sichtbar zu machen. Sie können die Ebenenmaske anzeigen, indem Sie mit gedrückter Befehlstaste (Mac) bzw. Alt-Taste (Windows) auf das Symbol in der Ebenen-Palette klicken. Das ist besonders nützlich, sobald Sie Text in der Ebenenmaske platzieren.

Fläche-Deckkraft: Mit den Ebeneneffekten in Photoshop lassen sich einfach Standardeffekte wie Schlagschatten oder Schein nach außen bzw. nach innen erzeugen. Da sich der Deckkraft-Befehl jedoch auf die komplette Ebene einschließlich der Ebeneneffekte bezieht, gibt es einen weiteren Deckkraft-Befehl: Mit dem Fläche Befehl machen Sie den Ebeneninhalt ohne Beeinflussung der Ebeneneffekte transparent. Das ist z.B. wichtig für Glaseffekte, bei denen die Ebene zwar halbtransparent ist, die Schatten dieses Objekts jedoch ihre volle Deckkraft behalten sollen.

Transparente Bereiche einer Ebene bewahren: Bei Gestaltungsaufgaben im Zusammenhang mit Ebenen wollen Sie die transparenten Bereiche erhalten. Damit transparente Bereiche weder durch einen Filter noch durch einen Befehl beeinflusst werden, aktivieren Sie in der Ebenen-Palette das Kontrollkästchen TRANSPARENTE PIXEL FIXIEREN – alle transparenten Bereiche sind jetzt geschützt. Sie wollen z.B. die Farbe eines Bereichs mit dem FÜLLEN-Befehl ändern. Sind die transparenten Pixel nicht fixiert, wird die komplette Ebene gefüllt. Mit aktivierter Option dagegen füllt die Farbe nur den Teil der Ebene, in dem sich Pixel befinden (einschließlich geglätteter Kanten).

Ebenen mischen
Die Füllmethoden sind für Fotokompositionen enorm wichtig. Fullmethoden bzw. Ebenenmodi sind nichts anderes als Algorithmen, die festlegen, wie die Farb-

112 Photoshop-Techniken

werte einer Ebene mit den Farbwerten der darunter befindlichen Ebene vermischt werden. Wenn Sie Ebenen nur mit Hilfe der Transparenz (Deckkraft) mischen bzw. kombinieren, sind die Ergebnisse mehr oder weniger vorhersehbar. Bei den Füllmethoden wissen Sie dagegen nie, was am Schluss dabei herauskommt. Selbst nach jahrelanger Arbeit mit den Füllmethoden probiere ich noch immer die einzelnen Optionen aus, um zum gewünschten Ergebnis zu gelangen.

Dennoch gibt es einige Füllmethoden, die relativ gut vorhersehbar sind. Wenn Sie beispielsweise MULTIPLIZIEREN bei einer Ebene mit weißen Bereichen benutzen, zeigen die weißen Bereiche exakt die Farben der darunter liegenden Ebene.

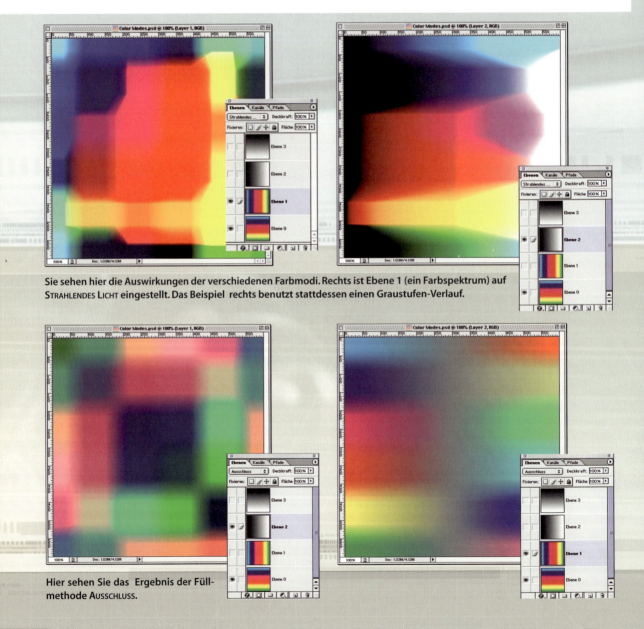

Sie sehen hier die Auswirkungen der verschiedenen Farbmodi. Rechts ist Ebene 1 (ein Farbspektrum) auf STRAHLENDES LICHT eingestellt. Das Beispiel rechts benutzt stattdessen einen Graustufen-Verlauf.

Hier sehen Sie das Ergebnis der Füllmethode AUSSCHLUSS.

Füllmethode	Effekt	Arbeitsweise
Normal Sprenkeln	Unabhängig vom Bild darunter	
Abdunkeln Multiplizieren Farbig nachb. Linear nachb.	Dunkelt das Bild darunter ab	Malen mit Weiß wirkt sich auf das Bild darunter nicht aus. Farben dunkler als Weiß dunkeln das Bild ab. Der Abdunkeln-Modus wirkt sich nur dann auf das Bild darunter aus, wenn die Farbe in der aktiven Ebene dunkler als im Bild darunter ist. LINEAR NACHBELICHTEN funktioniert wie FARBIG NACHBELICHTEN, nur tendiert letztere Methode dazu, das Bild völlig zu schwärzen.
Aufhellen Neg. multipl. Farbig abwed. Linear abwed.	Hellt das Bild darunter auf	Malen mit Schwarz auf der aktiven Ebene mit dem AUFHELLEN-Modus ändert das Bild darunter nicht. Farben heller als Schwarz hellen das Bild darunter auf. Ausnahme ist der AUFHELLEN-Modus, der sich nur dann auf das Bild darunter auswirkt, wenn die Farbe in der aktiven Ebene heller als die Farbe im Bild darunter ist. LINEAR ABWEDELN funktioniert ähnlich, FARBIG ABWEDELN tendiert jedoch eher dazu, das Bild darunter komplett weiß zu machen.
Ineinander- kopieren Weiches Licht Hartes Licht Strahlendes Licht Lineares Licht Lichtpunkte	Fügt dem Bild darunter Kontrast hinzu	Malen mit einer größeren Helligkeit als 50 % Grau hellt das Bild darunter auf; alles unter 50 % Grau dunkelt das Bild darunter ab. HARTES LICHT ist z.B. eine Kombination aus MULTIPLIZIEREN und NEGATIV MULTIPLIZIEREN (alles heller als 50 % Grau arbeitet wie NEGATIV MULTIPLIZIEREN, alles dunkler als 50 % Grau wie MULTIPLIZIEREN). LICHTPUNKTE ist eine Kombination aus ABDUNKELN und AUFHELLEN. STRAHLENDES LICHT kombiniert FARBIG ABWEDELN und LINEAR ABWEDELN - Farben werden so stark wie die Helligkeit beeinflusst. LINEARES LICHT kombiniert LINEAR ABWEDELN und LINEAR NACHBELICHTEN, d.h., Sie erhalten einen höheren Kontrast als mit HARTES LICHT oder WEICHES LICHT.
Differenz Ausschluss	Vergleicht die aktive Ebene mit dem Bild darunter	Subtrahiert die Ausgangs- oder Füllfarbe mit dem niedrigsten Helligkeitswert von der mit dem höchsten Helligkeitswert. Das Füllen mit Weiß kehrt die Farben im Bild darunter um; Schwarz hat dagegen keine Auswirkung. AUSSCHLUSS funktioniert ähnlich, allerdings mit weniger Kontrast. Die Verwendung von Schwarz und Weiß bringt den gleichen Effekt wie DIFFERENZ.
Farbton Sättigung Farbe Luminanz	Weist Farbton, Sättigung, Farbe oder Luminanz der aktiven Ebene den darunter befindlichen Ebenen zu	FARBTON nutzt den Farbton der aktiven Ebene und mischt ihn mit der Luminanz und der Sättigung des Bildes darunter. Das Gleiche gilt für SÄTTIGUNG. Die Sättigungswerte der aktiven Ebene werden mit der Luminanz und dem Farbton des Bildes darunter vermischt. FARBE verwendet die Luminanz des Bildes darunter und kombiniert sie mit dem Farbton und der Sättigung der aktiven Ebene. Ideal, um monochrome Bilder einzufärben, da die Graustufen im Bild beibehalten werden. LUMINANZ bewahrt die Luminanz der aktiven Ebene und mischt sie mit dem Farbton und der Sättigung des darunter befindlichen Bildes. Der Effekt hat die umgekehrte Wirkung der Füllmethode FARBE.

Alles, was schwarz oder sehr dunkel ist, wird nicht beeinflusst. Das ist dann nützlich, wenn Sie z.B. einen schwarzweißen Scan mit dem Hintergrund mischen wollen. Das Gegenteil ist NEGATIV MULTIPLIZIEREN, d.h., die dunklen Farben verschwinden und der Hintergrund ist sichtbar, wobei die weißen und hellen Bereiche unbeeinflusst bleiben.

DIFFERENZ ist eine weitere häufig eingesetzte Füllmethode. Wird diese Füllmethode auf eine mit Weiß gefüllte Ebene angewandt, kehren sich die Farben in der Ebene darunter um. Schwarze (und dunklere) Bereiche bewirken jedoch nicht das Gegenteil – sie dunkeln das Bild ab, bewahren aber meist die Farben. DIFFERENZ kann interessante Farbeffekte erzeugen: Ziehen Sie den DECKKRAFT-Regler und beobachten Sie die Auswirkungen (im Gegensatz zu den anderen Füllmethoden besitzt die DECKKRAFT in Verbindung mit DIFFERENZ eine erhebliche Wirkung).

Wenn die Wirkung von Füllmethoden so schwer einschätzbar sind, wie arbeitet man dann mit ihnen? Hier einige Vorschläge: Nachdem Sie eine neue Ebene hinzugefügt haben, wählen Sie die Füllmethode, die ein interessantes Ergebnis verspricht. Erstellen Sie verschiedene Kopien der Ebene und weisen Sie diesen eine jeweils andere Füllmethode zu. Anschließend blende Sie nur noch die Ebene ein, mit der Sie arbeiten möchten. Für diese Ebene erstellen Sie eine Ebenenmaske, mit der Sie alle unerwünschten Teile maskieren. Danach maskieren Sie die nächste Ebene und arbeiten wieder mit einer Maske, um festzulegen, welche Teile Sie behalten möchten. Schließlich verfügen Sie über mehrere Ebenen, die sich mischen und so eine Struktur oder einen Hintergrund ergeben, den Sie als Ausgangspunkt nutzen können.

FORMEBENEN

Als es die Formebenen in Photoshop noch nicht gab, musste man Rechtecke, Kreise oder Polygone entweder mit dem Zeichenstift zeichnen (und zum Füllen in eine Auswahl konvertieren) oder aus einem Grafikprogramm wie Illustrator importieren. Ziemlich kompliziert, zumal der Designer wenig Möglichkeiten hatte, schnell mal etwas in Photoshop auszuprobieren. Mit den heute verfügbaren Formebenen arbeiten Sie fast so wie in Illustrator.

Sie erstellen eine Formebene mit dem EIGENE-FORM-WERKZEUG oder dem ZEICHENSTIFT. Sie können aber auch mehrere Formen auf einer Ebene zeichnen und bestimmen, was mit den sich überlappenden Formbereichen geschehen soll. Wählen Sie eine Ebene für die Form(en) und dann in der Optionsleiste die Optionen DEM FORMBEREICH HINZUFÜGEN, VOM FORMBEREICH SUBTRAHIEREN, SCHNITTMENGE VON FORMBEREICHEN oder ÜBERLAPPENDE FORMBEREICHE AUSSCHLIESSEN. Wenn Sie aus mehreren Formen auf einer Ebene eine einzige Form erzeugen wollen, wählen Sie mit dem PFADAUSWAHL-WERKZEUG die gewünschten Formen. Anschließend verfügen Sie über die zusätzliche Schaltfläche KOMBINIEREN.

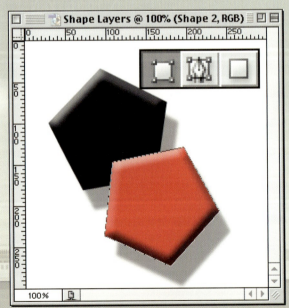

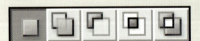

Photoshop erstellt standardmäßig immer dann eine neue Formebene, wenn Sie eine neue Form zeichnen. Um der aktiven Ebene eine weitere Form hinzuzufügen, müssen Sie in der Optionsleiste die Option DEM FORMBEREICH HINZUFÜGEN wählen.

Eine Form wird automatisch mit der aktuellen Vordergrundfarbe gefüllt. Da eine Formebene eine mit einer Vektormaske verbundene Fläche-Ebene ist, lässt sie sich einfach mit einer anderen Farbe, einem Verlauf oder einem Muster füllen. Um die Farbe einer Form zu ändern, klicken Sie einfach auf die Ebenen-Miniatur in der Ebenen-Palette und wählen Sie eine andere Farbe. Soll die Formebene mit einem Verlauf oder einem Muster gefüllt werden, wählen Sie den jeweiligen Befehl unter EBENE > INHALT DER EBENE ÄNDERN.

Die Kontur der Form lässt sich bearbeiten und der Ebene lässt sich auch ein Stil zuweisen. Um die Kontur zu modifizieren, klicken Sie auf die Miniatur der Vektormaske (innerhalb der Formebene) in der Ebenen- oder Pfade-Palette. Die Pfade bearbeiten Sie dann mit dem EIGENE-FORM-WERKZEUG und den ZEICHENSTIFT-WERKZEUGEN – ähnlich wie in Illustrator und anderen Grafikprogrammen.

Rastern Sie eine Ebene zur Verwendung von Filtern, indem Sie EBENE > RASTERN wählen. Wenn Sie alle Ebenen auf einmal rastern wollen, wählen Sie EBENE > RASTERN > ALLE EBENEN.

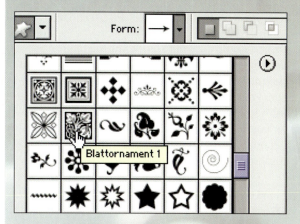

Photoshop enthält eine Bibliothek mit eigenen Formen.

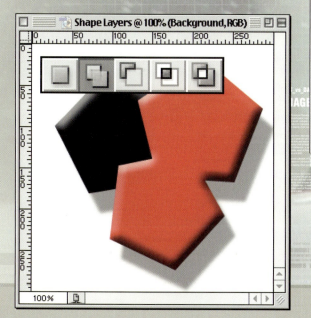

Der Vorgaben-Manager ermöglicht, favorisierte Formen als Vorgabe festzulegen.

Illustrator zusammen mit Photoshop

Da Photoshop auch mit Pfaden und Vektoren arbeitet, benötigen Sie Illustrator eigentlich nicht mehr – ausgenommen für bestimmte Effekte wie Text entlang einem Pfad (obwohl das Tool VERKRÜMMTEN TEXT ERSTELLEN in Photoshop auch recht stark ist). Wie auch immer – für komplexere Grafiken wird Illustrator noch immer benötigt, zumal Photoshop und Illustrator großartig zusammenarbeiten.

Für den Import von Vektorgrafiken aus Illustrator gibt es Wahlmöglichkeiten: Sie lassen sich als Pixel, Pfade oder Formebenen importieren. Diese Möglichkeiten sind jedoch nur verfügbar, wenn Sie das Element über die Zwischenablage kopieren und einfügen – Illustrator muss also auf Ihrem Computer installiert sein. Ist das nicht der Fall, lässt sich ein Illustrator-Dokument per Öffnen in Photoshop konvertieren. Öffnen Sie einfach die Original-Illustrator-Datei mit dem normalen ÖFFNEN-Befehl in Photoshop. Danach erscheint das Dialogfeld GENERISCHES PDF FORMAT WIRD GERASTERT, in dem Sie Auflösung und Abmessungen festlegen. (Standardmäßig übernimmt Photoshop die Werte der Originaldatei. Die Werte lassen sich jedoch individuell ändern.) Rastern einer Illustrator-Datei in Photoshop – anders als Rastern und Exportieren aus Illustrator – hat den Vorteil, dass transparente Bereiche erhalten bleiben (bei der Konvertierung in Illustrator werden transparente Bereiche in Weiß umgewandelt).

Mit dem EXPORTIEREN-Befehl in Illustrator lässt sich eine Illustrator-Datei einschließlich aller Ebenen als Photoshop-Datei exportieren. Wählen Sie dazu im EXPORTIEREN-Dialogfeld aus dem Popup-Menü das Photoshop-Format und benennen Sie die Datei. Wählen Sie dann im Dialogfeld PHOTOSHOP-OPTIONEN die Auflösung „Bildschirm (72 dpi)" und aktivieren Sie das Kontrollkästchen EBENEN MIT EXPORTIEREN.

Eine EPS-Datei rastern: Bilddateien lassen sich in den meisten Grafikprogrammen als bearbeitbare EPS-Datei speichern, um Illustrationen einfach in ein anderes Programm zu übertragen. Meist findet sich diese Option im SPEICHERN-Dialogfeld oder als EXPORTIEREN-Befehl.

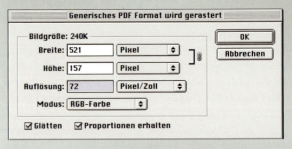

Wenn Sie eine Illustrator-Datei öffnen, rastert Photoshop die Datei. Das Ändern der Auflösung hat keinen Einfluss auf die Größe der später angezeigten Illustration. Um während des Imports zu skalieren, ändern Sie einfach die Abmessungen.

Benutzen Sie in Illustrator das Punkt-Maß – Punkte werden in Pixel übersetzt, sobald Sie Objekte in Photoshop importieren.

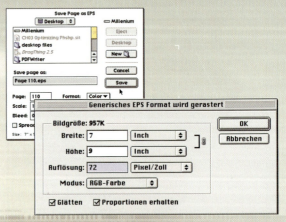

Sie können sogar Elemente und Designs aus Layoutprogrammen wie QuarkXPress oder Adobe InDesign verwenden und in Photoshop importieren. Speichern Sie die Seite als EPS und öffnen Sie dann die Datei in Photoshop.

Illustrator zusammen mit Photoshop   117

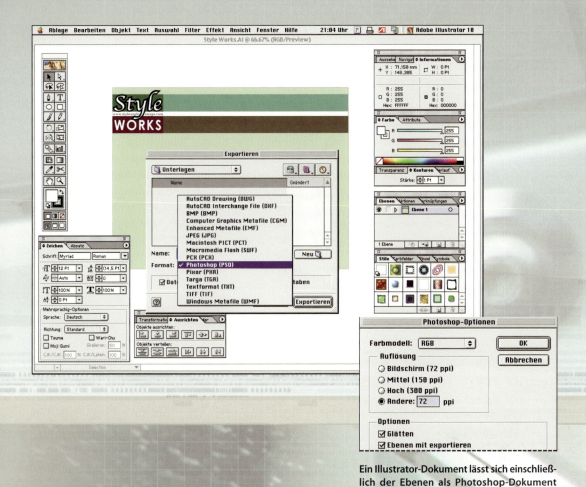

Ein Illustrator-Dokument lässt sich einschließlich der Ebenen als Photoshop-Dokument speichern.

Photoshop kann sogar eine in QuarkXPress erzeugte EPS-Datei interpretieren. Allerdings funktioniert das nicht immer, besonders dann nicht, wenn im Layout Bilder und Text vorhanden sind. Wollen Sie eine Illustrator-Grafik rastern, sollten Sie die Grafik bereits in Illustrator mit den später in Photoshop benötigten Abmessungen skalieren (Größenänderungen in Photoshop führen zu einem Qualitätsverlust). Da ein Punkt einem Pixel in Photoshop entspricht, sollten Sie in Illustrator (oder in anderen Grafikprogrammen) mit der Maßeinheit Punkt arbeiten. Diese Einstellungen finden Sie in Illustrator mit dem Befehl BEARBEITEN > VOREINSTELLUNGEN > EINHEITEN UND WIDERRUFEN. Wenn Sie etwas in Punkt festlegen wollen, geben Sie einfach „pt" ein, sobald Sie ein Objekt mit Hilfe eines Dialogfelds erstellen. (Drücken Sie die Wahl- (Mac) bzw. Alt-Taste (Windows) und klicken Sie mit dem Werkzeug im Arbeitsbereich. So erhalten Sie ein Dialogfeld für die numerische Eingabe.) Ein Objekt, das mit der Maßeinheit Punkt in Illustrator erstellt wurde, hat die gleiche Größe in Pixel in Photoshop.

Text gestalten

Beim TEXT-WERKZEUG erspare ich Ihnen die letzten Details. Sie benötigen das TEXT-WERKZEUG zum Beschriften von Schaltflächen und Überschriften, die Sie als Bild speichern wollen. Oder Sie wollen HTML-Text für Seitenlayouts simulieren. Um HTML-Text zu simulieren, ziehen Sie mit dem TEXT-WERKZEUG einen Textrahmen auf und stellen die Glättung auf OHNE ein. Weitere Informationen zum TEXT-WERKZEUG finden Sie im Photoshop-Handbuch.

Text mit einem Bild füllen: Die Beschnittgruppen in Photoshop ermöglichen, den Inhalt einer Ebene mit dem Inhalt einer anderen Ebene zu maskieren. So können Sie Text erzeugen, der mit einem Muster bzw. Foto gefüllt ist. Die Textebene braucht nicht in eine Bitmap-Ebene umgewandelt zu werden, d.h., der Text lässt sich weiterhin bearbeiten.

Um eine Textebene mit dem Inhalt einer Fotoebene zu füllen, muss sich die Fotoebene über der Textebene befinden. Um die Textebene in eine BESCHNITTGRUPPE umzuwandeln, setzen Sie den Zeiger auf die Trennlinie zwischen den beiden Ebenen und drücken Sie die Wahl- (Mac) bzw. Alt-Taste (Windows). Wenn Sie jetzt klicken, erzeugen Sie eine BESCHNITTGRUPPE.

Das Ergebnis ist sofort zu sehen. Beide Ebenen lassen sich mit dem VERSCHIEBEN-WERKZEUG voneinander unabhängig bewegen. Verbinden Sie die beiden Ebenen (in die Spalte neben dem Augensymbol klicken), um sie gemeinsam zu verschieben.

In Photoshop lässt sich eine Textebene als Maske benutzen (Beschnittgruppe). Um ein Bild mit einer Textebene zu beschneiden, muss sich die Bildebene über der Textebene befinden. Klicken Sie dann mit gedrückter Wahl-/Alt-Taste auf die Linie zwischen den beiden Ebenen.

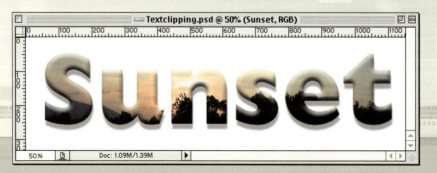

Texte in Photoshop lassen sich auch verkrümmen, beispielsweise als Bogen oder Wölbung. Das Schöne an diesem Feature ist, dass sich der Verkrümmungsstil problemlos ändern lässt. Einziger Nachteil: Textverkrümmung funktioniert nicht mit Schriften, die keine Outline-Daten enthalten (z.B. Bitmap-Fonts). Um Text auf einer Textebene zu verkrümmen, aktivieren Sie die Ebenen und klicken Sie dann in der Optionsleiste auf die Schaltfläche VERKRÜMMTEN TEXT ERSTELLEN. Oder wählen Sie EBENE > TEXT > TEXT VERKRÜMMEN. Bestimmen Sie die Ausrichtung (Horizontal oder Vertikal) und die Stärke der Biegung und Verzerrung. Wenn Sie den ursprünglichen Text wiederherstellen möchten, wählen Sie im Dialogfeld TEXT VERKRÜMMEN aus dem Popup-Menü STIL die Option OHNE.

Die Textverkrümmung in Photoshop bietet Texteffekte, die sich in speziellen Grafikprogrammen nur schwer erzeugen lassen. Ideal auch, dass Sie den Text jederzeit bearbeiten können.

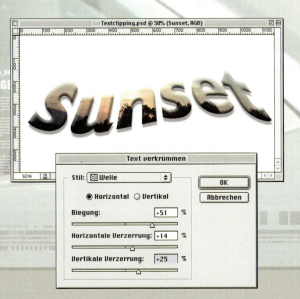

Effekte und Tricks

Viele Websites arbeiten mit Fotokompositionen, Farbflächen und einfachen Effekten wie Schlagschatten oder Reliefs. Bei diesen Effekten müssen Sie sich mit den Kanälen und anderen anspruchsvollen Features in Photoshop auskennen. Mit den Ebenenstilen sind selbst Spezialeffekte wie Chrom, Glas und Plastik nur noch eine Angelegenheit weniger Mausklicks. Ich möchte Ihnen in diesem Abschnitt einige beliebte Effekte zeigen, die Sie – entsprechend modifiziert – für Ihre eigene Website verwenden können.

MIT EBENENSTILEN ARBEITEN

Um einen Ebenenstil hinzuzufügen, wählen Sie eine Ebene und dann einen Stil aus dem Popup-Menü EBENENEFFEKT HINZUFÜGEN unten in der Ebenen-Palette. Oder Sie wählen EBENE > EBENENSTIL. Im Dialogfeld EBENENSTIL finden Sie links eine Liste mit den verfügbaren Effekten. Sobald Sie einen Stil aus dieser Liste wählen, zeigt das Dialogfeld die entsprechenden Optionen für diesen Effekt bzw. Stil. Ebenenstile haben den großen Vorteil, dass sie nicht permanent zugewiesen werden – sie lassen sich jederzeit ändern bzw. entfernen. Das folgende Beispiel zeigt, wie Sie reliefartige Schaltflächen mit Hilfe der Ebeneneffekte erzeugen:

1. Erstellen Sie eine neue Ebene in der Ebenen-Palette und zeichnen Sie dann eine Form mit dem RECHTECK-WERKZEUG (oder einem anderen Form-Werkzeug). Wählen Sie EBENE > EBENENSTIL > ABGEFLACHTE KANTE UND RELIEF, um das Dialogfeld EBENENSTIL zu öffnen.

2. Mit Hilfe des Popup-Menüs LICHTERMODUS bestimmen Sie die Kombination der Lichtreflexionen mit der Ebene. Sie kennen bereits einige der Modi aus der Ebenen-Palette. Um die Lichtreflexionen deutlich zu machen, wählen Sie NORMAL oder NEGATIV MULTIPLIZIEREN. Klicken Sie rechts neben dem Popup-Menü LICHTERMODUS, um die Farbe für das Spitzlicht einzustellen. Ebenso lässt sich auch für die Deckkraft ein eigener Wert festlegen.

3. Wählen Sie den Tiefenmodus NORMAL oder MULTIPLIZIEREN und die Farbe für Schatten.

4. Die Optionen FARBTIEFE und GRÖSSE bestimmen die Intensität und die Breite des Reliefs. Wenn Sie mehrere Objekte mit Ebeneneffekten verwenden, aktivieren Sie die Option GLOBALEN LICHTEINFALL VERWENDEN. Jetzt lässt sich der Effektwinkel für alle Objekte gemeinsam einstellen.

5. Die wichtigsten Einstellungen für ABGEFLACHTE KANTE UND RELIEF finden Sie im Popup-Menü STIL: ABGEFLACHTE

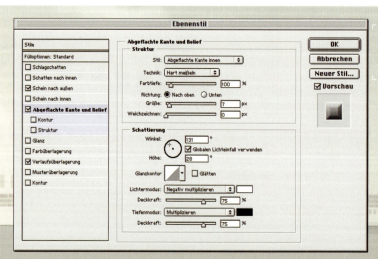

Das Dialogfeld EBENENSTIL zeigt im linken Teil alle verfügbaren Effekte. Um einen Effekt zu aktivieren, klicken Sie im Kontrollkästchen. Wählen Sie einen Effekt in der Liste, um ihn zu bearbeiten.

Kante aussen, Abgeflachte Kante innen, Relief, Relief an allen Kanten und Reliefkontur. Die beiden ersten Optionen eignen sich für standardmäßige Schaltflächen, während Relief die Kanten so bearbeitet, dass sich die Schaltfläche vom Hintergrund hervorhebt – ein interessanter Effekt in Verbindung mit Schrift. Mit der Option Glanzkontur im Dialogfeld Schattierung, bestimmen Sie die Form des Reliefs.

Wenn Sie eine bestimmte Kombination von Stilen häufiger anwenden wollen, speichern Sie die Kombination als Stil. Klicken Sie dazu auf die Schaltfläche Neuer Stil im Dialogfeld Ebenenstil. Die verfügbaren Stile finden Sie in der Stile-Palette (Fenster > Stile). Durch einfaches Klicken auf einen Stil weisen Sie diesen zu. Nachdem ein Stil einer Ebene zugewiesen wurde, lässt er sich mit dem Befehl Ebene > Ebenenstil > Effekte skalieren größenmäßig ändern. Jeder Stil verändert sein Aussehen, je nachdem, ob Sie ihn einer dünnen oder dicken Grafik, einer fetten oder mageren Schrift oder einem kleinen oder großen Foto zuweisen.

Um einen individuellen Stil zu deaktivieren, klicken Sie in der Ebenen-Palette auf das Augensymbol neben dem Stilnamen. Oder doppelklicken Sie auf den Ebeneneffekt in der Ebenen-Palette. Danach öffnet sich das Dialogfeld Ebenenstil, in dem Sie dann den Effekt deaktivieren. Wenn Sie nur einen Stil entfernen wollen, klicken Sie mit gedrückter Wahltaste (Mac) bzw. Alt-Taste (Windows) auf den Effekt im Menü.

Um einen Ebenenstil anzupassen, können Sie ihn in eine reguläre Bildebene umwandeln. Weisen Sie dieser Ebene dann Filter zu oder malen Sie auf der Ebene. Da sich die Bildebene jedoch zum Ändern der Ebenenstile nicht wieder zurückwandeln lässt, müssen Sie vorher eine Kopie der jeweiligen Ebene anlegen. Wählen Sie Ebene > Ebenenstil > Ebenen erstellen, um die Effekte in einzelne Ebenen umzuwandeln. Die ursprüngliche Ebene wird danach zur Beschnittebene einer Beschnittgruppe.

Chrom

Sie können mit Ebenenstilen noch viel mehr anfangen. Mit etwas Know-how lassen sich Effekte wie Chrom, Metall und Plastik erzeugen. Zwar sind das keine Effekte, die Sie als Webdesigner täglich benötigen, aber sie eignen sich hervorragend, um die Möglichkeiten eigener Effekte kennen zu lernen. Erstellen Sie für das folgende Beispiel ein neues Dokument und platzieren Sie eine fette Schrift (z.B. 48 Punkt Gill Sans oder Helvetica) auf einer Ebene. Versehen Sie die Schrift mit einem Schlagschatten.

Reliefs wie dieses wären ohne den Kontur-Effekt nicht möglich: Eine Kontur lässt sich mit einer separaten Reliefform versehen.

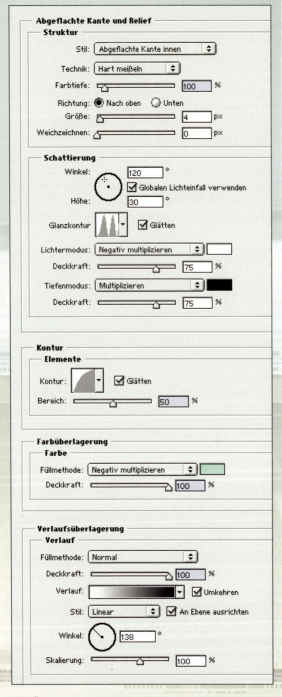

Eine Übersicht aller Stile für den Chromeffekt.

Als Nächstes müssen Sie der Ebene ein Relief zuweisen (EBENE > EBENENSTIL > ABGEFLACHTE KANTE UND RELIEF). Wählen Sie HART MEISSELN mit einer sinusförmigen GLANZKONTUR als Anfang für die Metallstruktur. Danach folgt ein Graustufenverlauf. Wählen Sie aus der Liste den Stil VERLAUFSÜBERLAGERUNG und doppelklicken Sie auf den Verlauf, um das Dialogfeld VERLÄUFE BEARBEITEN zu öffnen. Ändern Sie den Verlaufstyp in STÖRUNG (übernehmen Sie für KANTENUNSCHÄRFE den Vorgabewert 50 %). Da der Verlauf noch immer farbig ist, müssen Sie ihn in Graustufen umwandeln. Wählen Sie die Option FARBE BESCHRÄNKEN und FARBMODELL: HSB. Verschieben Sie das weiße Dreieck des SÄTTIGUNG-Reglers (S) nach links, um die Farbe aus dem Verlauf zu entfernen. Wenn der Verlauf heller sein soll, ziehen Sie das schwarz Dreieck des HELLIGKEIT-Reglers (B) nach rechts. Der Verlauf sieht mit einem Winkel von 140 Grad am besten aus. Da Chrom meist etwas bläulich ist, benutzen Sie den Stil FARBÜBERLAGERUNG mit einem ganz hellen Blau. An dieser Stelle ist es wichtig, dass Sie die Füllmethode NEGATIV MULTIPLIZIEREN wählen. Jetzt ist das Blau nur noch in den dunklen Bereichen des Effekts zu sehen.

Damit der Chromeffekt noch realistischer wird, arbeiten Sie mit einer Struktur für die Reflexion: Füllen Sie ein neues 200 x 200 Pixel großes Dokument (Graustufenmodus) mit dem Befehl FILTER > STÖRUNGSFILTER > STÖRUNGEN HINZUFÜGEN. Wählen Sie die Optionen GLEICHMÄSSIG und MONOCHROM. Die Stärke sollte ziemlich hoch sein. Nach dem Klicken müssen Sie das Bild noch weichzeichnen. Wählen Sie FILTER > WEICHZEICHNUNGSFILTER > GAUSSSCHER WEICHZEICHNER (der RADIUS sollte über 5 Pixel groß sein). Da nur wenig Kontrast vorhanden ist, wählen Sie BILD > EINSTELLUNGEN > AUTO-TONWERTKORREKTUR. Speichern Sie das Ergebnis dann als Muster mit dem Befehl BEARBEITEN > MUSTER FESTLEGEN. Das Muster lässt sich nun bei den Ebenenstilen über die Option STRUKTUR (Teil von ABGEFLACHTE KANTE UND RELIEF) verwenden. Stellen Sie eine geringe Tiefe (Regler TIEFE) und die Größe der Struktur (Regler SKALIERUNG) ein.

Ein weiterer Stil für Chromeffekte ist der GLANZ-Effekt. Experimentieren Sie mit weißer Farbe und der Füllmethode NEGATIV MULTIPLIZIEREN. Wählen Sie als GLANZ-

Chrom **123**

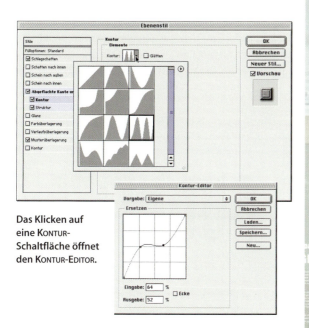

Das Klicken auf eine KONTUR-Schaltfläche öffnet den KONTUR-EDITOR.

KONTUR die Form RUNDE STUFEN. Das wichtigste Element für Chromeffekte ist jedoch die GLANZKONTUR im Dialogfeld ABGEFLACHTE KANTE UND RELIEF. Falls Sie das Ergebnis nicht überzeugt, erzeugen Sie eine eigene Glanzkontur, indem Sie auf die Miniatur klicken. Danach erscheint der KONTUR-EDITOR. Klicken Sie auf der Kurve, um weitere Punkte hinzuzufügen. Ziehen Sie anschließend die Punkte, um mehrere Wellen zu erzeugen.

Die Abbildung zeigt die vielfältigen Möglichkeiten der Ebenenstile. Sämtliche Effekte entstammen dem Buch Adobe Photoshop Elements One-Click-Wow von Jack Davis und Linnea Dayton.

WEISSE CHROM-SCHRIFT

Es folgt eine Schritt-für-Schritt-Anleitung für das Erstellen eines weißen Chromeffekts, der sich besonders gut für große Schriften und Logos (z.B. für einen Splash-Screen) einsetzen lässt. Ich habe diese Technik in einer Ausgabe der Zeitschrift Photoshop User gefunden.

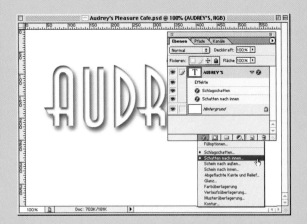

2 Wählen Sie nun aus dem Popup-Menü EBENENEFFEKT EINFÜGEN die Option SCHATTEN NACH INNEN. Nehmen Sie noch keine Änderungen vor und klicken Sie auch nicht auf OK. Wählen Sie links im Dialogfeld EBENENSTIL den Effekt GLANZ. Stellen Sie den ABSTAND auf 2 und die GRÖSSE auf 5 ein. Klicken Sie nun auf den nach unten weisenden Pfeil im KONTUR-Feld. Wählen Sie aus der Liste die Kontur DOPPELTER RING. Die Schrift sieht bereits gut aus, ist aber noch mit zu dunklem Chrom versehen. Ändern Sie den Chrom-Effekt in Weiß, indem Sie die GLÄTTEN-Option aktivieren und die UMKEHREN-Option deaktivieren. Klicken Sie auf OK.

1 Erstellen Sie ein neues RGB-Dokument (z.B. 600 x 400 Pixel mit 72 ppi). Im Beispiel habe ich mit der Schrift ITC Anna in 200 Punkt gearbeitet. Wählen Sie unten in der Ebenen-Palette aus dem Popup-Menü EBENENEFFEKT EINFÜGEN die Option SCHLAGSCHATTEN. Stellen Sie die DISTANZ auf 9 und die GRÖSSE auf 13 ein. Klicken Sie auf OK, um den Stil zuzuweisen. Wählen Sie Weiß als Vordergrundfarbe und füllen Sie damit die Schrift, indem Sie die Tasten Wahl-Rückschritt (Mac) bzw. Alt-Rückschritt (Windows) drücken. Der Text hat jetzt die Vordergrundfarbe Weiß. Dieser nette Trick lässt sich vielfältig verwenden.

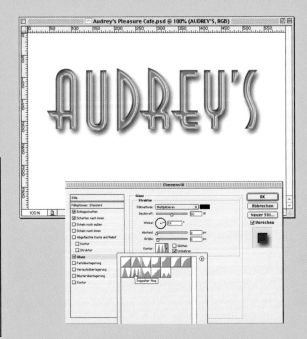

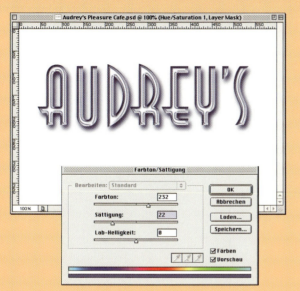

3 Sie verfügen bereits über einen gut aussehenden weißen Chromeffekt. Doch warum nicht noch etwas Farbe hinzufügen? Klicken Sie unten in der Ebenen-Palette auf die Schaltfläche NEUE FÜLLEBENE ODER EINSTELLUNGSEBENE ERSTELLEN und wählen Sie FARBTON/SÄTTIGUNG. Aktivieren Sie im Dialogfeld die Option FÄRBEN und stellen Sie für FARBTON den Wert 232 und für SÄTTIGUNG den Wert 22 ein. Der Chromeffekt hat jetzt einen bläulichen Schimmer. Klicken Sie auf OK, um das Dialogfeld zu schließen. Sie können jederzeit in der Ebenen-Palette auf die Einstellungsebene doppelklicken, um Einstellungen im Dialogfeld FARBTON/SÄTTIGUNG wieder zu ändern.

4 Gehen Sie nun zurück in die Ebenen-Palette und klicken Sie auf die Schaltfläche NEUE FÜLLEBENE ODER EINSTELLUNGSEBENE ERSTELLEN. Klicken Sie diesmal auf die Option GRADATIONSKURVEN. Stellen Sie die Kurve wie im Beispiel unten links ein. Klicken Sie links in der Grafik für einen Schwarzpunkt. Ziehen Sie diesen Punkt nach oben, um die erste „Neigung" zu erhalten. Klicken Sie dann oben in der Kurve für einen weiteren Punkt. Ziehen Sie den Punkt nach unten (siehe Abbildung). Fügen Sie rechts noch einen Punkt hinzu und ziehen Sie diesen nach oben. Klicken Sie dann auf OK. Reduzieren Sie jetzt alle Ebenen auf eine Ebene. Klicken Sie auf das Augensymbol der Hintergrundebene, um sie auszublenden. Jetzt sind nur noch die Textebene und die Einstellungsebenen zu sehen. Wählen Sie aus dem Popup-Menü der Ebenen-Palette die Option SICHTBARE AUF EINE EBENE REDUZIEREN, um alle Ebenen auf eine zu reduzieren. Blenden Sie abschließend wieder die Hintergrundebene ein.

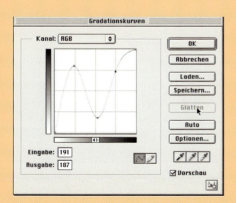

Gebürstetes Metall

Es ist nicht ganz einfach, eine Struktur zu finden, die zum Text passt und gleichzeitig das Design verbessert. In solchen Fällen bietet es sich an, eine Struktur wie gebürstetes Metall direkt in Photoshop zu erzeugen.

1 Richten Sie eine neue Datei mit den Maßen 100 x 100 Pixel ein. Füllen Sie dieses Dokument mit einem neutralen Grau. Wenden Sie nun den Befehl FILTER > STÖRUNGSFILTER > STÖRUNGEN HINZUFÜGEN an. Aktivieren Sie die Option MONOCHROM und stellen Sie die STÄRKE auf etwa 10 % ein.

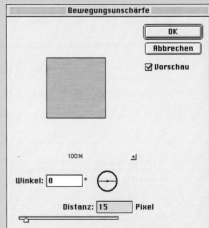

2 Mit dem Befehl FILTER > WEICHZEICHNUNGSFILTER > BEWEGUNGSUNSCHÄRFE erhalten Sie Fasern bei einer Distanz zwischen 5 und 20 Pixel (ein Winkel zwischen 0 und 20 Grad ergibt die realistischsten Effekte). Wählen Sie FILTER > SCHARFZEICHNUNGSFILTER > SCHARFZEICHNEN, um die Fasern zu betonen. Weisen Sie den Filter FILTER > SONSTIGE FILTER > VERSCHIEBUNGSEFFEKT zu, um die Struktur um 50 Pixel horizontal und vertikal zu verschieben (mit der Option DURCH VERSCHOBENEN TEIL ERSETZEN). Entfernen Sie mit dem KOPIERSTEMPEL-WERKZEUG die Kanten.

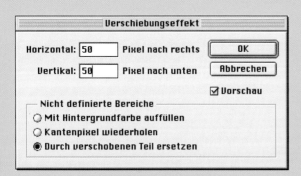

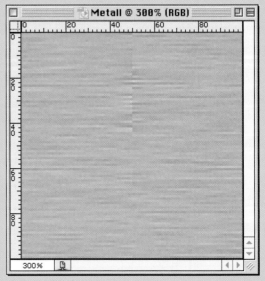

So wie bei jeder anderen Struktur müssen Sie auch die Kanten dieser Metallstruktur bearbeiten.

LAUFLICHT-EFFEKT

Was New York auch so aufregend macht, ist die Leuchtreklame am Broadway. Derartige Lauflichter können auch Sie erzeugen (eine weitere Anregung aus der Zeitschrift *Photoshop User*). Zu dieser Technik gehören einige Dinge, um ein überzeugendes Resultat zu erhalten – unter anderem auch etwas Mathematik. Doch keine Sorge – Sie müssen nur zwei Werte dividieren.

1 Erstellen Sie ein neues Dokument (DATEI > NEU) und wählen Sie eine Abmessung, die durch 10 Pixel teilbar ist – beispielsweise 400 x 200 Pixel. Füllen Sie das Dokument mit Schwarz, indem Sie eine schwarze Vordergrundfarbe wählen und mit dem FÜLLWERKZEUG im Dokument klicken.

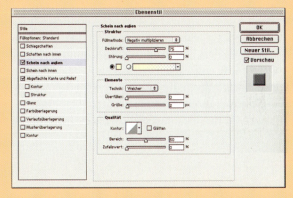

2 Jetzt gestalten Sie die Glühbirne, die Sie später als Füllmuster verwenden. Erstellen Sie ein weiteres Dokument mit den Maßen 10 x 10 Pixel. Füllen Sie den Hintergrund nicht, er soll transparent sein. Platzieren Sie die Glühbirne auf einer neuen Ebene. Wählen Sie die Vordergrundfarbe Weiß. Zeichnen Sie mit dem FORMWERKZEUG einen Kreis in der Mitte dieses Dokuments. Der Kreis sollte kleiner als die Gesamtfläche sein (siehe Abbildung), um später noch einen SCHEIN NACH AUSSEN hinzufügen zu können.

3 Um aus der Glühbirne ein Muster zu erzeugen, müssen Sie die Formebene erst mit dem Befehl EBENE > RASTERN > FORM rastern, da sonst der Befehl MUSTER FESTLEGEN nicht verfügar ist. Blenden Sie die Hintergrundebene aus (auf Augensymbol klicken). Nur so lassen sich später Ebeneneffekte auf die Glühbirnen anwenden. Mit einem Trick erhalten Sie die Formebene und können dennoch ein Muster festlegen: Wählen Sie die Hintergrundebene (Pixelebene) und weisen Sie den Befehl BEARBEITEN > MUSTER FESTLEGEN zu.

4 Wenn Sie das Muster benannt haben, aktivieren Sie das Hauptdokument und erstellen eine neue leere Ebene. Füllen Sie diese Ebene mit der Glühbirne, indem Sie BEARBEITEN > FLÄCHE FÜLLEN und dann unter FÜLLEN MIT die Option MUSTER wählen. Wählen Sie aus dem Popup-Menü EIGENES MUSTER Ihr zuvor gespeichertes Muster. Das Dokument sollte jetzt mit weißen Glühbirnen gefüllt sein. Weisen Sie nun die Effekte SCHEIN NACH AUSSEN und ABGEFLACHTE KANTE UND RELIEF zu.

5 Jetzt müssen Sie den Text eingeben, der einen Teil der Lichter maskieren soll. Dazu erstellen Sie wieder ein neues Dokument, doch diesmal in Abmessungen, die durch das Zieldokument und das Muster-Dokument festgelegt sind. Die Formel lautet „Fertiges Dokument" geteilt durch „Mustergröße". In unserem Fall sind das 200 x 400 Pixel geteilt durch 10 Pixel, d.h., das Textdokument ist 20 x 40 Pixel groß.

6 Beginnen Sie nun im Dokument mit der Texteingabe (Schwarz auf Weiß). Da das Dokument so winzig ist, müssen Sie eine kleine Schriftgröße wählen. Wichtig ist, dass Sie für GLÄTTEN die Option OHNE wählen – also keine weichen Kanten, sondern klare Konturen. Probieren Sie verschiedene Schriften aus. Ich habe für dieses Beispiel die Arial benutzt, obwohl die Technik auch bei schmaleren Schriften zu guten Ergebnissen führt.

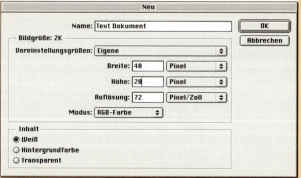

Lauflicht-Effekt **129**

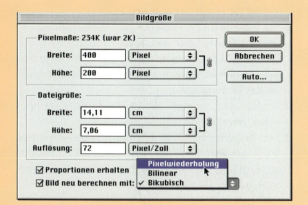

7 Nachdem der Text platziert ist, müssen Sie die Ebenen reduzieren, um die Textebene zu rastern. Skalieren Sie das Bild auf die Größe des anderen Dokuments mit den Glühbirnen. Wählen Sie BILD > BILDGRÖSSE, geben Sie die neuen Maße ein und wählen Sie aus dem Popup-Menü BILD NEU BERECHNEN die Option PIXELWIEDERHOLUNG – so werden die harten Kanten nach der Bildvergrößerung wieder aufgehoben. Bevor Sie dann dieses Dokument über das andere kopieren, müssen Sie es noch umkehren, um weißen Text vor schwarzem Hintergrund zu erhalten (BILD > EINSTELLUNGEN > UMKEHREN).

Wenn Sie jetzt noch die Lichter animieren wollen, ist das Arbeiten mit einer Ebenenmaske keine besonders gute Lösung. Fügen Sie stattdessen den Inhalt der Zwischenablage als normale Ebene in das Dokument ein. Mit der Füllmethode MULTIPLIZIEREN lassen sich dann alle unerwünschten Lichter ausblenden. Um die Lichter zu animieren, könnten Sie einfach verschiedene Ebenen in das Dokument einfügen und in ImageReady zwischen diesen Ebenen umschalten.

Effektfilter

Das Zuweisen von Spezialeffekten in Photoshop ist mit Hilfe der Ebenenstile so einfach wie nie zuvor. Dennoch gibt es eine Vielzahl von Fremdhersteller-Photoshop-Zusatzmodulen für weitere Effekte.

Alien Skin Splat!

Splat! ist das aktuelle Photoshop-Zusatzmodul von Alien Skin. Das Interface ähnelt Eye Candy 4000 (ebenfalls von Alien Skin), obwohl die Funktionsweise von Splat! anders ist. Das Zusatzmodul umfasst 200 Mbyte u.a. mit Rahmen, Strukturen, Kanten und Rändern, die Sie Ihrem Bild zuweisen können. Hier einige der Effekte:

- FRAME versieht jedes Foto oder Rechteck mit Rahmen. Im Lieferumfang sind 100 Rahmen einschließlich Holzrahmen und geometrischer Umrandungen enthalten.
- RESURFACE bietet Ihnen 100 hoch auflösende Texturen einschließlich Papier, Beton, Leder, Stein, Metall und Holz.
- EDGES versieht ein Bild mit dekorativen Kanteneffekten wie gerissenes Papier und Pixel. Dieser Effekt eignet sich auch hervorragend für Text.
- FILL STAMP füllt eine Auswahl mit Objekten. Beispielsweise lässt sich ein Text mit Blättern füllen. Diese „Stempel" können einer beliebigen Form zugewiesen werden, lassen sich einfach kacheln und farblich an das Bild anpassen.
- BORDER STAMP ähnelt FILL STAMP, nur dass der Stempel einer Umrahmung zugewiesen wird.
- PATCHWORK macht aus einem Bild ein Mosaik mit vier Varianten: ASCII-Text-Art, Lichtpunkte z.B. für Leuchtschrifteffekte, keramische Kacheln und Kreuzstich für gewebte Stoffe.

Splat! versieht einen Text mit Strukturen und Rahmen wie den Leoparden-Rahmen oder die Kaffeebohnen.

Unten: Der PATCHWORK-Filter für Bilder

Je nach Verzerrung wird das S an die Struktur des Untergrunds angeglichen.

Alien Skin Eye Candy 4000

Eye Candy von Alien Skin verfügt über die unterschiedlichsten Effekte, hat eine einfache Benutzerschnittstelle und gehört zu den populärsten Filtersammlungen für Photoshop. Unter den 23 Filtern finden sich einige, die auch in Photoshop von Haus aus enthalten sind. Hier einige der speziellen Filter von Eye Candy 4000:

- ANTIMATTER ähnelt der Umkehrung eines Bildes mit dem Unterschied, dass die Helligkeit ohne Auswirkungen auf die Farbton- und Sättigungswerte invertiert wird. Ein idealer Effekt für die Umkehrung eines Bildes für einen JavaScript-Rollover.
- Die CHROME-Filter von Eye Candy erzeugen realistischere Effekte als die in Photoshop enthaltenen Filter. Grund: Eye Candy arbeitet mit Reflexionsmaps, d.h. mit Bildern, die auf die Auswahl gemapt werden.
- Der CORONA-Filter erstellt Sonnenstrahlen, gasförmige Wolken und andere astronomische Effekte.
- Der DRIP-Filter verwandelt Text und Bilder in tropfende Objekte.
- Mit dem FIRE-Filter erzeugen Sie Effekte mit Flammen mit individueller Farbgebung.
- Der FUR-Filter erzeugt haarige Effekte: Faserige Strukturen, gewellte Locken und lange Strähnen, die wie Haar aussehen.
- Mit dem GLASS-Filter erzeugen Sie klares und farbiges Glas. Dabei simuliert Eye Candy u.a. Lichteffekte wie Brechung, Filterung und Reflexion.
- Der MARBLE-Filter wird für marmorartige Strukturen verwendet, die sich dann nahtlos kacheln lassen.
- Der JIGGLE-Filter erstellt zufällig Blasen und verzerrt das Bild entsprechend.

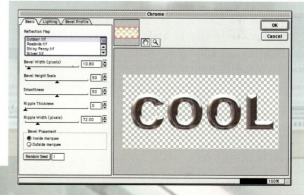

Mit dem Fire-Filter erstellen Sie Flammeneffekte, während der Drip-Filter Text und Bilder in tropfende Objekte verwandelt. Die anderen Beispiele zeigen den Smoke- und den Jiggle-Filter für Blasen.

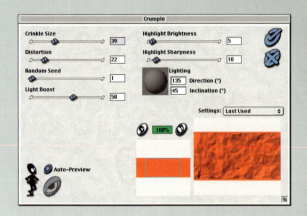

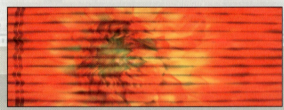

Einige mit Xenofex gelieferte Filter: CRUMBLE, ELECTRIFY, DISTRESS und TELEVISION.

Alien Skin Xenofex

Xenofex von Alien Skin besteht aus 16 Filtern für Photoshop. Einige Effekte umfassen CRUMBLE, was eine Ebene wie zerknittertes Papier aussehen lässt, und TELEVISION, mit dem ein Bild wie auf dem Ferseher aussieht. Viele Filter erzeugen interessante Hintergrundbilder oder Logos. Andere Effekte (wie der ELECTRIFY-Filter) sind ideal für Animationen. Es gibt sogar einen Filter, der den Fleckenrand eines Kaffeebechers simuliert.

Hier die Liste mit den Xenofex-Filtern:

- BAKED EARTH erzeugt das Aussehen von ausgetrockneter und aufgebrochener Erde.
- CONSTELLATION wandelt ein Bild in kleine Lichtpunkte um (wie Sternzeichen) und bietet zusätzlich kaleidoskopische Strukturen und Effekte.
- CRUMPLE simuliert zerknülltes Papier, das wieder glattgestrichen wurde.
- DISTRESS lässt Auswahlkanten ausgeblichen und zerknittert aussehen.
- ELECTRIFY erzeugt elektrische Spannungsfunken an einer Auswahlkante.
- FLAG ermöglicht, Grafiken auf flatternde Flaggen und Banner zu übertragen.
- LIGHTNING erzeugt Gewitterblitze, deren Länge, Verzweigung, Ausbreitung und Farbe individuell einstellbar ist.
- LITTLE FLUFFY CLOUDS erstellt Wolkenformen und wolkenähnliche Effekte.
- ORIGAMI zerlegt eine Auswahl in kleine Dreiecke, die anschließend gefaltet werden.
- PUZZLE zerlegt Bilder in Puzzleteile.
- SHATTER zerlegt ein Bild so, als würde man es in einem gebrochenen Spiegel sehen.
- SHOWER DOOR ist ein Verzerrungsfilter, der ein Bild wie hinter einer Duschtür zeigt.
- TELEVISION lässt ein Bild wie auf einem alten Fernseher aussehen.

Effektfilter **133**

Neben vielen anderen Filtern überzeugt DreamSuite mit den unterschiedlichsten Weichzeichnungsfiltern. Beispielsweise erzeugt Soft Blur einen Tiefenschärfe-Effekt, der besonders für Fotografen mit Digitalkameras interessant ist.

Auto FX DreamSuite

Ich habe schon viele Photoshop-Zusatzmodule gesehen, aber kaum eines hat mich so beeindruckt wie DreamSuite von Auto FX Software. Sicher gehörte DreamSuite zu den teueren Plug-Ins, aber dafür handelt es sich um ein in Photoshop autarkes Programm, denn es nimmt den kompletten Bildschirm ein. Das Interface ermuntert gerade dazu, mit den Bilder zu experimentieren, selbst wenn es manchmal schwierig ist, alle relevanten Werte zu finden. Doch wenn Sie sich erst einmal mit DreamSuite vertraut gemacht haben, wollen Sie dieses Plug-In nicht mehr missen.

Hier einige der Filter in DreamSuite:

- 35 MM FRAMES macht Ihre Fotos zu 35-mm-Dias, mit denen sich eine Collage mit Ihren Arbeiten erstellen lässt – nützlich für Foto-Websites oder Bildgalerien.
- INSTAMATIC setzt Ihr Foto in einen fotorealistischen (Kodak-)Instamatic-Rahmen.
- CHISEL ist ein Relief-Effekt, der weit über den entsprechenden Ebenenstil in Photoshop hinausgeht: Chisel erzeugt gehämmerte, angeschlagene und zerbeulte Strukturen.

Beispiele für die Filter LIQUID METAL (Gold) und DIMENSION X für unterschiedliche Relief-Effekte mit glasartigen Reflexionen.

- LIQUID METAL umfasst Metalle wie Chrom, Quecksilber und geschmolzenes Gold.
- CRACKLE simuliert alte Foto mit Rissen und Knicken.
- METAL MIXER vermischt metallische Oberflächen.
- CREASE ermöglicht das Binden und Falten von Fotos. DreamSuite faltet das Bild entlang einer Linie, die Sie im Bild zeichnen.
- PHOTO BORDER versieht Ihre Fotos mit Rahmen.
- CUBISM erzeugt kubische Formen und fügt sie Fotos und Hintergründen hinzu.
- PHOTO DEPTH bringt Tiefe in Fotos durch Ausfransen, Risse und Knicke.
- DECKLE versieht Ihre Fotos mit einem nostalgischen Büttenrand.
- PHOTO TONE erstellt Sepiatöne, Glühen und gefleckte Hintergründe.

- DIMENSION X bietet unendlich viele Reliefs, Schattierungen und Glasreflexionen.
- PUTTY ermöglicht, ein Bild mit Hilfe von Bézier-Tools beliebig zu verzerren.
- FOCUS simuliert Weichzeichnung, Zoom und andere Fotoeffekte. Der Filter eignet sich hervorragend, um die Tiefenschärfe digitaler Bilder zu verändern.
- RIPPLE erzeugt fotorealistische Kräuselungen, Wellen und Wasseroberflächen.
- HOT STAMP versieht Text und Grafiken mit Glüheffekten.
- TAPE enthält unterschiedliche Maskierungen wie beispielsweise transparent oder gedehnt.

Tutorial: Eine Fotokomposition erstellen

Viele Website-Designs sind Kombinationen aus Fotos und grafischen Elementen. Ich zeige Ihnen jetzt einige Basistechniken für das Erstellen derartiger Fotokompositionen mit Hilfe von Ebenen und Ebenenmasken.

1 Erstellen Sie ein neues Dokument mit den Abmessungen 630 x 440 Pixel. Das Design ist kompakt, da die Website nur wenig Inhalt zu präsentieren hat – und der vorhandene Inhalt soll später in einem Frame gezeigt werden.

Sobald Sie die Bilder in das neue Dokument einfügen, befinden sie sich automatisch auf einer neuen Ebene. Mit dem Befehl FREI TRANSFORMIEREN skalieren und arrangieren Sie die Ebenen.

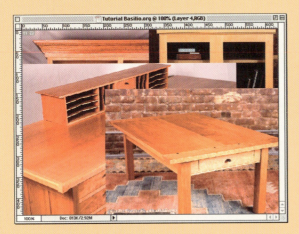

Die Fotokomposition besteht aus vier Bildern (Aufnahmen von Rom Barrens).

2 Der Hintergrund setzt sich aus vier Bildern zusammen. Sie importieren die Bilder für die Fotokomposition, indem Sie die Bilder öffnen und mit dem Verschieben-Werkzeug über das andere Dokument ziehen. Sie können auch alles auswählen (Auswahl > Alles auswählen) und in die Zwischenablage kopieren. Sobald die Bilder in das neue Dokument eingefügt sind, erscheinen sie automatisch auf einer neuen Ebene. Sie sind allerdings noch zu groß, deshalb müssen sie mit dem Befehl Bearbeiten > Frei transformieren skaliert und platziert werden.

3 Sie benötigen Ebenenmasken, um die vier Ebenen zu mischen. Um eine Ebenenmaske für eine aktive Ebene zu erzeugen, wählen Sie Ebene > Ebenenmaske hinzufügen > Nichts maskiert. Malen Sie dann mit der Werkzeugspitze und aktivierter Airbrush-Option (Vordergrundfarbe Schwarz) die Bereiche der Ebenenmaske, die mit der Ebene darunter vermischt werden sollen.

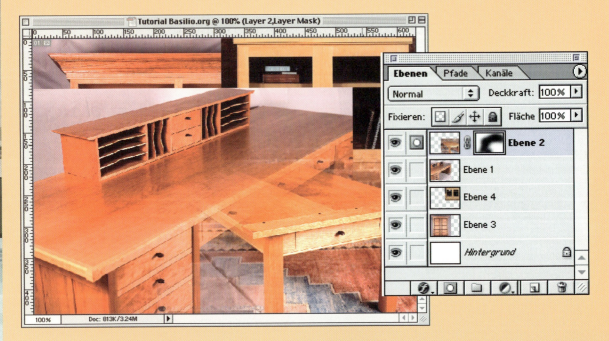

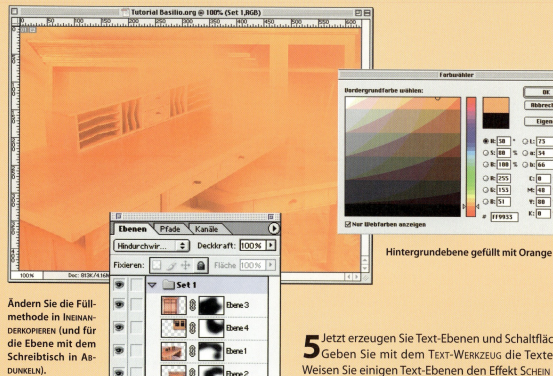

Hintergrundebene gefüllt mit Orange

Ändern Sie die Füllmethode in INEINANDERKOPIEREN (und für die Ebene mit dem Schreibtisch in ABDUNKELN).

4 Füllen Sie die Hintergrundebene mit einer Farbe (#FF9933 als helles Orange), indem Sie in der Toolbox im VORDERGRUNDFARBE-Feld klicken und im FARBWÄHLER die Farbe wählen. Aktivieren Sie die Hintergrundebene und füllen Sie sie mit dem FÜLLWERKZEUG. Wählen Sie alle anderen Ebenen und ändern Sie die Füllmethode in INEINANDERKOPIEREN (nur die Ebene mit dem Schreibtisch ist auf ABDUNKELN eingestellt). Jetzt gehen alle Ebenen in den Hintergrund über. Stellen Sie mit dem DECKKRAFT-Regler in der Ebenen-Palette die Gesamtdeckkraft ein. Wenn von der darüber befindlichen Ebene verdeckte Bereiche sichtbar sind, überarbeiten Sie die entsprechenden Ebenenmasken.

Damit steht der Hintergrund. Um die Ebenen zu organisieren, erstellen Sie ein neues Ebenenset, indem Sie auf das ORDNER-Icon unten in der Ebenen-Palette klicken und alle Ebenen in diesen Ordner ziehen.

5 Jetzt erzeugen Sie Text-Ebenen und Schaltflächen. Geben Sie mit dem TEXT-WERKZEUG die Texte ein. Weisen Sie einigen Text-Ebenen den Effekt SCHEIN NACH AUßEN zu. Erstellen Sie im oberen und unteren Bereich die Navigationsschaltflächen, indem Sie auf eigenen Ebenen die Formen mit dem RECHTECK-WERKZEUG ziehen (für Blau habe ich #333366 und für Braun #660000 gewählt).

In der fertigen Website wurde der Text mit dem DHTML-ZEITACHSEN-EDITOR in GoLive animiert. Wenn Sie mit dieser Möglichkeit experimentieren wollen, wenden Sie den neuen GoLive-Befehl PHOTOSHOP-EBENEN IN RAHMEN an. Speichern Sie dazu eine Kopie der Datei, löschen Sie alle überflüssigen Ebenen (beispielsweise die Schaltflächen) und reduzieren Sie das Bild auf die Hintergrundfarbe. GoLive platziert anschließend jede Text-Ebene automatisch in einer neuen Ebene, so dass einer Animation nichts mehr im Wege steht.

Die Dateien für dieses Tutorial (und andere in diesem Buch) finden Sie auf der beigefügten CD-ROM.

Falls Sie am fertigen Ergebnis interessiert sind, besuchen Sie einfach www.basilio.org.

Illustration: **Bradley Grosh/Antony Kyriazis** von der CD **Fuse**

140 **Photoshop optimieren**
140 Den Farbwähler optimieren
141 Die richtige Interpolation
142 Die Info-Palette
143 Interpolationsmethoden in Photoshop
144 Lineale in Pixel
144 Hilfslinien und Raster
144 Palette mit websicheren Farben laden
145 Gamma
146 **Die Aktionen-Palette**
147 Dialog aktivieren/deaktivieren
148 Unterbrechungen einfügen
148 Pfade in Aktionen aufnehmen
149 Stapelverarbeitung
150 **Mit websicheren Farben arbeiten**
150 **Farbtiefe**
150 Wie Computer Informationen speichern
150 Farbtiefe des Bildes

151 Web-Farbpalette
152 Die Web-Farbpalette als Würfel
153 Der Web-Farbwürfel in Schichten
156 Der MiB-Farbwürfel
162 Mit Webfarben arbeiten
162 Vor dem Export zu Webfarben umwandeln
163 Als Webfarbe konvertieren beim Export
164 **Hintergründe**
165 Große Hintergründe
166 Randstreifen als Hintergrund
168 Musterhintergründe
169 Strukturen mit dem Mustergenerator
170 **Transparenz**
170 Transparenz mit einfarbigen Hintergründen
171 Transparenz mit mehrfarbigen Hintergründen
172 **Tutorial: Eine Website in Photoshop gestalten**
178 **ImageReady**
178 **Photoshop versus ImageReady**

DESIGN-TECHNIKEN

180 Rollover-Buttons erstellen
182 Imagemaps erstellen
183 Ebenenbasierte Imagemaps
183 Bilder mit ImageReady optimieren
184 Tutorial: Slices und Rollover erstellen
188 GIF-Animationen
190 Schleifenanimation
190 Übertragungszeit sparen durch Skalieren
190 Methoden zum Entfernen von Frames
192 Der Null-Sekunden-Trick
193 Animationen optimieren
194 Ein Logo rotieren
195 Rolleffekte

Ich erinnere mich noch, als ich zum ersten Mal eine Website mit einem Randstreifen (Sidebar) für die Navigation sah. Höchst interessiert kam ich schließlich dahinter, dass dafür ein Hintergrundbild benutzt wurde. Kurze Zeit später schien nahezu jeder mit derartigen Randstreifen im Internet zu arbeiten. Über die Jahre haben sich dann unterschiedliche Techniken entwickelt und das Beste aus den Einschränkungen durch HTML herausgeholt. In folgenden Teil mache ich Sie mit diesen Tricks vertraut. Sie erfahren alles, um nahtlose Hintergrundkacheln als GIF-Animation mit websicheren Farben für Ihre eigene Website zu erzeugen.

Photoshop optimieren

Photoshop hat eine aufregende Entwicklung hinter sich: Viele Jahre war es das Bildbearbeitungsprogramm überhaupt für den Druckbereich, ist inzwischen aber auch das wichtigste Tool für viele Multimedia- und Webdesigner geworden. Aufgrund der „Druck"-Geschichte von Photoshop müssen Sie jedoch einige Voreinstellungen für den Einsatz als Web-Tool verändern. Vielleicht erlaubt Photoshop bald das Speichern unterschiedlicher Voreinstellungen, die sich per Mausklick aktivieren lassen – doch noch ist alles manuell.

DEN FARBWÄHLER OPTIMIEREN

Natürlich kennen Sie bereits den PHOTOSHOP-FARB-WÄHLER, den Sie durch Klicken in den Farbfeldern der Toolbox öffnen. Der FARBWÄHLER zeigt Ihnen gleichzeitig die Farbwerte verschiedener Farbmodelle. Da die Auswahl websicherer Farben normalerweise die umständliche Eingabe numerischer RGB-Werte erfordert, verfügt Photoshop seit Version 5.5 im Farbwähler über die Option NUR WEBFARBEN ANZEIGEN. Bei aktivierter

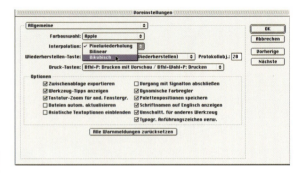

Im Dialogfeld VOREINSTELLUNGEN schalten Sie zwischen dem Apple- und Windows-Farbwähler um.

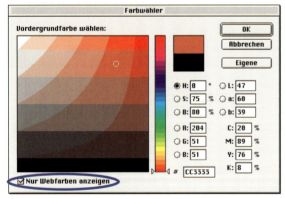

Der Adobe-Farbwähler mit der Option NUR WEBFARBEN ANZEIGEN vereinfacht die Auswahl websicherer Farben.

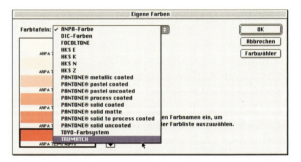

Wählen Sie Pantone-Farben im Farbwähler für eigene Farben.

Option zeigt das Dialogfeld nur noch die 256 Farben aus der Palette der websicheren Farben an. Falls Sie mit einem anderen Farbwähler arbeiten möchten, wählen Sie in den Voreinstellungen (BEARBEITEN > VOREINSTELLUNGEN > ALLGEMEIN) je nach Betriebssystem aus dem Farbauswahl-Popup-Menü die Option APPLE bzw. WINDOWS.

Sie können die Darstellung des Farbspektrums im Farbwähler ändern. Klicken Sie dazu einfach in die Kontrollkästchen neben den Farbwertefeldern. Soll

eine Farbe in Ihrer Website z.B. mit der Sonderfarbe des gedruckten Firmenlogos übereinstimmen, klicken Sie im Farbwähler auf die Schaltfläche EIGENE.

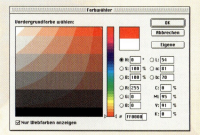 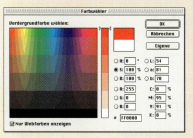 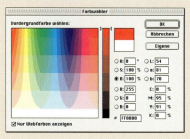
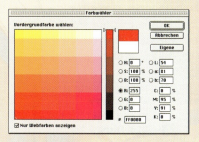 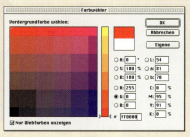 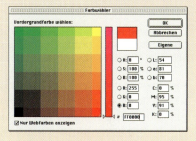
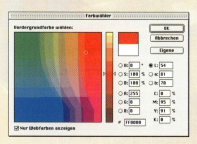 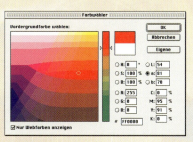 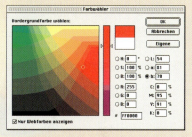

Der Adobe-Farbwähler zeigt die verfügbaren Farben in unterschiedlichen Darstellungen. In diesem Beispiel zeigt der Farbwähler immer die Farbe Rot, jedoch jedes Mal anders: In der oberen Reihe (von links nach rechts) sehen Sie Rot mit aktivierter Farbton-Option und dann bezogen auf Sättigung und auf Helligkeit (rechts). Die mittlere Reihe zeigt die Farbe als Teil des Farbwürfels. Der Regler neben der senkrechten Farbleiste repräsentiert die Kante des Würfels. Die untere Reihe zeigt schließlich Rot im LAB-Farbmodell. Die unterschiedlichen Darstellungen sind hilfreich beim Festlegen von Farbkombinationen.

Die richtige Interpolation

Sobald Sie in Photoshop ein Bild skalieren, ändern sich Pixel und Farben ausgehend von einer dieser Methoden: BIKUBISCH, BILINEAR oder PIXELWIEDERHOLUNG.

Photoshop verwendet standardmäßig die Methode BIKUBISCH, d.h., das Programm analysiert die Werte benachbarter Pixel und berechnet den Mittelwert (beim Herunterrechnen) bzw. erzeugt Farbzwischenwerte (beim Heraufrechnen).

Die Methode BIKUBISCH ist dann problematisch, wenn Sie mit GIFs oder websicheren Farben arbeiten. Sie haben z.B. eine Illustration ausschließlich mit websicheren Farben erstellt. Sobald Sie dann die Größe ändern, erhalten Sie an den Kanten viele nicht websichere Farben, die auf einem 256-Farben-Monitor

142 Webdesign-Techniken

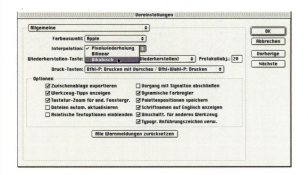

Es gibt verschiedene Interpolationsmethoden in Photoshop. Obwohl BIKUBISCH die Standardeinstellung ist, sollten Sie für GIF-Bilder die Methode PIXELWIEDERHOLUNG verwenden.

aktualisiert. Wählen Sie den Befehl FENSTER > INFORMATIONEN, klicken Sie auf das Fadenkreuz unten links in der Palette und wählen Sie aus dem Popup-Menü die Option PIXEL. Die beiden Pipetten im unteren Teil der Palette ermöglichen die Darstellung zweier unterschiedlicher Farbmodi wie z.B. RGB und CMYK. Sie bestimmen diese Farbmodi, indem Sie auf die jeweilige Pipette klicken und im Popup-Menü den Modus wählen. Sie sollten immer den Modus WEBFARBE wählen und so die hexadezimalen Farbwerte (HTML) und (sofern das Bild indiziert ist) die Position innerhalb der Farbtabelle anzeigen. Weitere Informationen finden Sie in den Kapiteln über Optimieren und GIF.

zudem noch gedithert sind. Diese zusätzlichen Farben wirken sich außerdem negativ auf die Bildkomprimierung aus. BIKUBISCH eignet sich deshalb nur für Fotos, die als JPEG-Bilder gespeichert werden sollen. Jede als GIF geplante Illustration ändern Sie größenmäßig besser mit der Methode PIXELWIEDERHOLUNG. Beim Befehl BILDGRÖßE lässt sich die Berechnungsmethode im Dialogfeld wählen; der TRANSFORMIEREN-Befehl nutzt dagegen die voreingestellte Methode.

Die Methode BILINEAR ähnelt der Methode BIKUBISCH, benutzt jedoch einen einfacheren Algorithmus und ist deshalb weniger genau. Ich habe jedoch die Erfahrung gemacht, dass sich BILINEAR besser für Bilder mit hohen Kontrasten eignet. Bei BIKUBISCH erhält man als Nebeneffekt ein weicheres Bild mit einer Aura (siehe Buchstabe T auf gegenüberliegender Seite), während BILINEAR die Kanten in den Untergrund überblendet. Wenn Sie also eine Grafik für ein späteres GIF-Format in der Größe ändern, benutzen Sie die Interpolationsmethode PIXELWIEDERHOLUNG, um zusätzliche Farben im Bild zu vermeiden. Treffen Sie also bereits zu Anfang die richtige Entscheidung, um mögliche Probleme beim späteren Indizieren zu vermeiden.

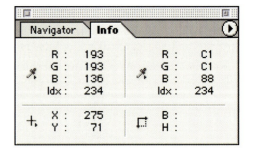

INFO-PALETTE

Die INFO-Palette zeigt die Farbwerte eines Pixels an der jeweiligen Cursorposition. Informationen über Farbwerte und Position werden bei jeder Mausbewegung

Interpolationsmethoden in Photoshop

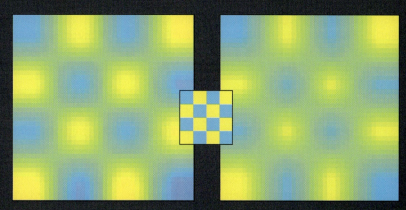

Das im Original 2 x 2 Pixel große Bild (links) wurde um 1000 Prozent mit den drei Photoshop-Interpolationsmethoden vergrößert. Die drei Bilder unten zeigen die Ergebnisse: Bei BIKUBISCH und BILINEAR fügt Photoshop zusätzliche Farben hinzu, um das Bild weicher zu machen. Nur mit der Methode PIXELWIEDERHOLUNG sieht die Vergrößerung wie das Original aus.

Normalerweise erzielen Sie mit BIKUBISCH die besten Ergebnisse – doch es gibt Ausnahmen. Die oberen zwei Bilder wurden bilinear (links) und bikubisch (rechts) interpoliert. Der Weichzeichnungseffekt ist im bikubisch vergrößerten Bild stärker, die Methode BILINEAR versieht das Bild dagegen mit Halo-Effekten und starken Kontrasten. Während BILINEAR (unten links) einen Übergang zwischen nur zwei Farben erzeugt, entstehen mit der Methode BIKUBISCH mehr Farben (unten rechts). Wenn Sie ein Bild stark vergrößern, sollten Sie bei Bildern mit zwei angrenzenden flächigen Farben die bilineare Interpolationsmethode benutzen. Wenn Sie dagegen mit einem kleinen Prozentwert vergrößern, sind Unterschiede zwischen den beiden Interpolationsmethoden kaum erkennbar.

Bikubisch

Bilinear

Pixelwiederholung

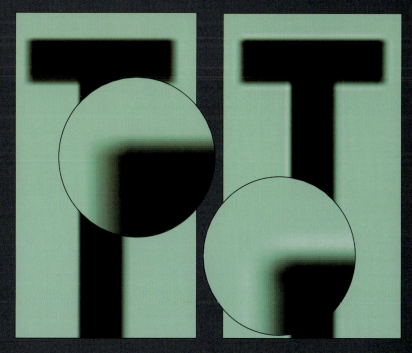

LINEALE IN PIXEL

Pixel ist die wichtigste Maßeinheit für das Web- und Multimedia-Design. Deshalb macht es Sinn, die Voreinstellungen für MASSEINHEITEN UND LINEALE auf PIXEL einzustellen. Falls die Lineale nicht in Ihrem Dokument zu sehen sind, wählen Sie ANSICHT > LINEALE.

HILFSLINIEN UND RASTER

Mit Hilflinien und Rastern lässt sich ein Bild viel einfacher slicen. Slicing ist eine verbreitete Technik, um Bildteile zu exportieren und sie mit Hilfe einer Tabelle in einem HTML-Authoring-Tool wieder zusammenzufügen. Je nach Bildfarbe müssen Sie die Farbe der Hilfslinien und der Raster so einstellen, dass diese gut zu erkennen sind (BEARBEITEN > VOREINSTELLUNGEN > HILFSLINIEN, RASTER UND SLICES).

PALETTE MIT WEBSICHEREN FARBEN LADEN

Sie möchten möglichst viele websichere Farben in Ihren Illustrationen benutzen, damit die Farben auf Monitoren mit nur 256 Farben nicht gedithert werden. Und Sie möchten bequem Farbfelder wählen und Farbwerte nicht manuell eingeben.

Sie öffnen die websicheren Farbfelder, indem Sie den Befehl FENSTER > FARBFELDER aufrufen und dann im Palettenmenü die Option FARBFELDER ERSETZEN wählen. Im jetzt angezeigten Dialogfeld laden Sie aus dem Ordner VORGABEN/FARBFELDER das Set WEBSICHERE FARBEN.

Um eine Farbe aus der FARBFELDER-Palette zu wählen, klicken Sie einfach auf das gewünschte Farbfeld. Sobald Sie hinter der letzten Farbe in der Palette in ein leeres Farbfeld klicken, wird die aktuelle Vordergrundfarbe als weiteres Feld gespeichert (in der Palette erscheint ein FÜLLWERKZEUG).

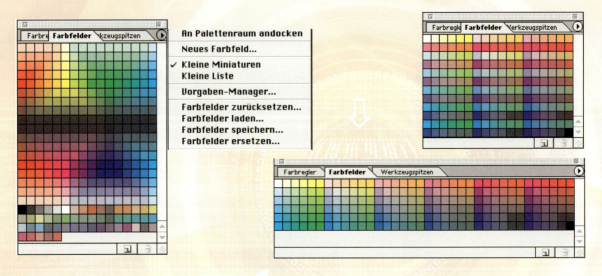

Mit websicheren Farben lässt sich viel einfacher arbeiten, wenn Sie diese mit dem Befehl FARBFELDER LADEN in die FARBFELDER-Palette laden. Die Palette lässt sich mit unterschiedlichen Versionen von websicheren Farben erweitern bzw. auf diese reduzieren. WEB-SPEKTRUM (linke Abbildung) ist eine der Versionen. Da sich die Farben in der FARBFELDER-Palette immer an die Palettenbreite anpassen, müssen Sie eventuell etwas experimentieren. Um beispielsweise die WEB-SPEKTRUM-Palette so wie hier anzuzeigen, stellen Sie die Palettenbreite auf 16 Felder ein. Rechts ist die Palettenversion WEBSICHERE FARBEN auf 36 Farbfelder und oben rechts auf 18 Farbfelder eingestellt. Das untere Beispiel überzeugt am ehesten, da es intuitiver ist. Jedes Feld ist 6 x 6 Pixel groß und repräsentiert einen Teil des Farbwürfels mit websicheren Farben.

Gamma

Wie Sie wahrscheinlich wissen, wird die Helligkeit des Monitors in Gamma gemessen. Für Desktop-Publisher ist dieser Umstand kaum von Bedeutung, da das Ausgabemedium Papier ist und es hier nur auf die Kalibrierung des Monitors ankommt. Im Webdesign ist dies allerdings anders; Ausgabemedium ist der Monitor, der unglücklicherweise in seinem Gamma variiert, abhängig vom Betriebssystem. Dies bedeutet, dass Bilder, die für eine Plattform optimiert sind, auf einem anderen Rechner zu hell oder zu dunkel erscheinen können. Der Unterschied beispielsweise zwischen Windows und Macintosh beträgt um die 15 % (Macintosh-Gamma ist 1,8, das von Windows 2,2). Arbeiten Sie also auf einem Macintosh, dann machen Sie einfach die Bilder etwas heller über BILD > EINSTELLEN > HELLIGKEIT/KONTRAST; auf einem PC korrigieren Sie die Bilder und machen diese etwas dunkler.

Wenn Sie etwas mehr Kontrolle haben wollen, dann können Sie das Gamma umschalten. ImageReady und Photoshop emulieren das Gamma auf Windows- und Macintosh-Systemen. In Photoshop wechseln Sie von ANSICHT > PROOF EINRICHTEN > WINDOWS RGB auf MACINTOSH RGB (oder umgekehrt). In ImageReady benutzen Sie hierfür ANSICHT > VORSCHAU > WINDOWS/ MACINTOSH-STANDARDFARBE. Eine weitere Alternative ist, das Gamma im GAMMA-KONTROLLFELD des Computers auf 2,0 zu setzen. Um den Gamma-Wert zurückzusetzen, genügt es, MACINTOSH-STANDARD oder WINDOWS-STANDARD zu wählen. Starten Sie auf einem Windows-Rechner, klicken Sie auf ADOBE GAMMA in der Systemsteuerung. Klicken Sie dann auf die Schaltfläche ASSISTENT, um den ADOBE GAMMA-ASSISTENTEN zu starten. Danach führt Sie das Programm durch die Monitorkalibrierung.

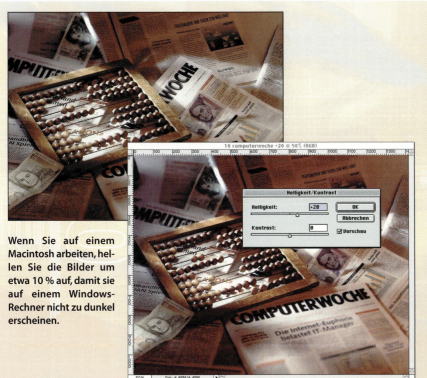

Wenn Sie auf einem Macintosh arbeiten, hellen Sie die Bilder um etwa 10 % auf, damit sie auf einem Windows-Rechner nicht zu dunkel erscheinen.

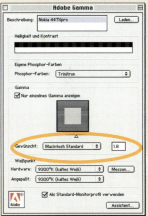

Das eigene Gamma-Kontrollfeld von Adobe: Sie werden in dem Kontrollfeld schrittweise durch den Kalibrierungsprozess geführt. Wenn Sie Bilder für das Web optimieren möchten, benötigen Sie eine Ansicht mit einem Windows- bzw. Macintosh-Gamma. Hier sollten Sie den eigenen Gamma-Wert 2,0 benutzen.

Die Aktionen-Palette

Die AKTIONEN-Palette ist nützlich für umfangreiche Webdesign-Projekte. Mit der AKTIONEN-Palette lassen sich mehrere Arbeitsschritte aufzeichnen und später abspielen. Sie können auch eine Tastenkombination mit einer Aktion verknüpfen und so diese Aktion über die Tastatur aufrufen. Aktionen sind eine große Zeitersparnis, wenn Sie z.B. viele Bilder in GIFs umwandeln oder mehrere Bilder auf eine bestimmte Größe skalieren müssen. Die AKTIONEN-Palette in ImageReady hat einige Unterschiede. Die Funktion DROPLET ERSTELLEN und STAPELVERARBEITUNGSOPTIONEN befinden sich im Menü der AKTIONEN-Palette, in Photoshop dagegen im Menü DATEI > AUTOMATISIEREN.

Droplets sind kleine Scripts, die sich als eigenständiges Modul auf dem Desktop sichern lassen und automatisch ihre Aktionen ausführen, wenn ein Bild darauf gezogen wird. Die Droplets setzen voraus, dass das Originalprogramm installiert ist, und starten zumindest ImageReady automatisch, auch wenn das Programm noch nicht geladen ist. Aber abgesehen davon laufen die Droplets von alleine ab – ideal, um eintönige und repetitive Arbeitsabläufe an jemand anderes zu deligieren. Droplets sind eine gute Alternative zur Stapelverarbeitung, insbesondere, wenn sich die Bilder auf verschiedene Ordner verteilen. Wenn Sie z.B. Bilder verkleinern wollen, die sich jedoch in diversen Ordnern auf einem PC oder Macintosh befinden, öffnen Sie die Ordner in der Listendarstellung, wählen alle zu konvertierenden Bilder aus und ziehen sie auf das Droplet-Symbol. Die Bilder werden daraufhin automatisch geöffnet und in den ursprünglichen Ordnern gesichert. Eine Stapelverarbeitung arbeitet nur einen Ordner gleichzeitig ab.

Die AKTIONEN-Palette in Photoshop hat dafür im Gegensatz zu ImageReady den SCHALTER-MODUS. Wählen dazu Sie im Menü der AKTIONEN-Palette die

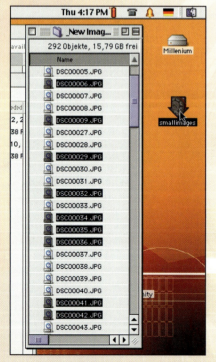

Hier ist zu sehen, wie verschiedene Bilder aus einem Ordner auf ein Droplet auf der Schreibtischoberfläche gezogen werden. Diese Möglichkeit hat einige Vorteile gegenüber dem Stapelverarbeitungsbefehl.

Die Aktionen-Palette in ImageReady (links) ist in ihrer Funktionalität fast identisch mit der in Photoshop (rechts). Es gibt aber kleine Unterschiede: Die Photoshop-Befehle für Droplet und Stapelverarbeitung befinden sich im DATEI-Menü und nicht im Menü der AKTIONEN-Palette.

Option SCHALTER-MODUS. Wenn Sie allerdings nachträglich eine Tastaturkombination eingeben wollen, müssen Sie erst den SCHALTER-MODUS deaktivieren und dann auf die Schaltfläche NEUE AKTION klicken, um das Dialogfeld AKTIONS-OPTIONEN zu öffnen. Hier können Sie die Farbe und die Tastenkombination für die Aktion einstellen, was dann nützlich ist, wenn Sie mit der AKTIONEN-Palette im SCHALTER-MODUS arbeiten.

Um eine Aktion aufzuzeichnen, besitzt die Palette am unteren Rand eine Reihe von Schaltflächen. Die Schaltflächen ähneln denen eines Kassettenrecorders (aktivieren Sie dazu in Windows den SCHALTER-MODUS). Der rote Kreis startet eine Aufnahme, das Quadrat stoppt sie und mit dem Dreieck wird abgespielt. Bevor Sie mit einer Aufnahme beginnen, klicken Sie auf die Schaltfläche, die wie ein Blatt Papier aussieht, um eine neue Aktion zu erstellen – ansonsten überschreiben Sie eine bereits vorhandene Aktion.

Dialog aktivieren/deaktivieren

Wenn Sie eine Aktion aufnehmen, werden auch Einstellungen in Dialogfelder aufgezeichnet. Um eine Aktion flexibel einsetzen zu können, ist es wichtig, dass sich diese Werte anpassen lassen.

Ein Beispiel: Sobald der Filter GAUSSSCHER WEICHZEICHNER in einer Aktion verwendet wird, muss meist der Wert für jedes Bild individuell angepasst werden. Dazu öffnen Sie die Aktion durch Klicken auf das Dreieck links neben der Aktion in der AKTIONEN-Palette. Dann aktivieren Sie das Dialogfeld (in die Spalte links neben der Aktion klicken). Oder Sie wollen eine Auswahl in die Zwischenablage kopieren und anschließend in ein neues Dokument einfügen. Photoshop übernimmt normalerweise exakt die Maße des Bildes in der Zwischenablage, sobald das neue Dokument erzeugt wird – und das ist gut. Wenn diese Prozedur jedoch Teil einer aufgezeichneten Aktion ist, werden die Maße des bei der Aufzeichnung vorhandenen Dokuments verwendet – und das ist nicht so gut.

Die AKTIONEN-Palette im SCHALTER-MODUS. Die Aktionen werden als Schaltflächen und nicht als Ordner dargestellt. Der Hauptunterschied liegt darin, dass die vollständigen Aktionen mit einem einzigen Klick gestartet werden. Zudem sehen Sie die Tastenkombination, über die sich eine Aktion auslösen lässt.

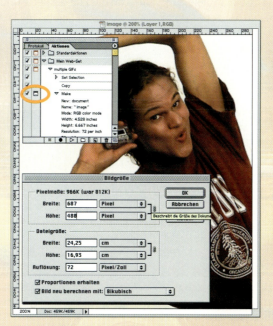

Wenn Dialogfelder in einer Aktion eingebunden sind, die eine Anpassung von Werten erfordern, verwenden Sie die Option SCHALTER-MODUS. Diese Aktion stoppt beispielsweise beim Abspielen beim NEU-Befehl und öffnet das Dialogfeld für die individuelle Eingabe der Bildgröße. Würde das Dialogfeld nicht eingeschaltet sein, würde Photoshop immer die bei der Aufzeichnung der Aktion vorhandenen Bildmaße verwenden. Aktivieren Sie die DIALOG-Option in der AKTIONEN-Palette immer dann, wenn Sie flexibel mit unterschiedlichen Bildgrößen arbeiten wollen.

Sie können das vermeiden, indem Sie in der Aktion den Neu-Befehl suchen und an dieser Stelle das Dialogfeld einschalten. Sobald Sie die Aktion erneut ausführen, öffnet Photoshop das Dialogfeld Bildgrösse, setzt die aktuellen Maße ein und wartet auf Ihre Bestätigung. Übrigens lassen sich auch alle Dialogfelder einer Aktion ein-/ausschalten, indem Sie einfach auf die Dialogsteuerung links neben dem Aktionsnamen klicken.

Unterbrechungen einfügen

Für Arbeitsschritte mit Werkzeugen wie das manuelle Festlegen einer Auswahl mit dem Lasso-Werkzeug müssen Sie eine Aktion unterbrechen. Den entsprechenden Befehl wählen Sie aus dem Menü der Aktionen-Palette. Wählen Sie den Arbeitsschritt, hinter dem die Unterbrechung eingefügt werden soll, und dann die Option Unterbrechung einfügen. Geben Sie im Dialogfeld einen Kommentar ein, der Sie zukünftig daran erinnert, was zu tun ist. Später erscheint beim Abspielen der Aktion ein Dialogfeld mit dieser Meldung und der Anhalten-Schaltfläche. Klicken Sie auf die Schaltfläche, nehmen Sie die manuelle Auswahl vor und setzen Sie dann in der Aktionen-Palette die Aktion fort. Die Aktion wird an derselben Stelle fortgeführt, wo die Unterbrechung stattfand.

Da eine Bearbeitung mit einem Werkzeug nicht immer zwingend notwendig ist, lässt sich die Option Fortfahren zulassen im Dialogfeld Aufzeichnung beenden aktivieren. Danach erhalten Sie zusätzlich zur Anhalten-Schaltfläche die Schaltfläche Weiter – das Klicken auf Auswahl ausführen in der Aktionen-Palette entfällt.

Pfade in Aktionen aufnehmen

Pfade stellen eine Alternative zu Alpha-Kanälen für Auswahlen dar. Pfade lassen sich zudem als Beschneidungspfade verwenden oder auch füllen. Wenn Sie eine Aktion erstellen, die einen bestimmten Pfad voraussetzt und mit unterschiedlichen Dokumenten funktionieren soll, müssen Sie den Pfad vor Aufzeichnung der Aktion in die Zwischenablage kopieren. Sie wollen z.B. eine Aktion für eine abgerundete Schaltfläche innerhalb eines Dokuments erstellen. Starten Sie die Aufzeichnung der Aktion, wählen Sie den Pfad in der Pfade-Palette und wählen Sie aus dem Menü der Aktionen-Palette die Option Pfad einfügen.

Manchmal müssen Sie in einer Aktion eine Unterbrechung einfügen, um z.B. eine Auswahl mit dem Lasso vorzunehmen. Geben Sie in das entsprechende Dialogfeld zur Erinnerung einen Hinweis ein.

Benötigt eine Aktion einen Pfad, müssen Sie den Pfad wählen und dann aus dem Paletten-Menü der Aktionen-Palette die Option Pfad einfügen aktivieren.

Stapelverarbeitung

Die AKTIONEN-Palette bietet auch die Möglichkeit, automatisch eine Aktion auf mehrere Bilder anzuwenden. Diese Stapelverarbeitung ist besonders für Webdesigner nützlich, die häufig mehrere Bilder mit gleichen Einstellungen konvertieren müssen. Um die Stapelverarbeitung zu aktivieren, wählen Sie DATEI > AUTOMATISIEREN > STAPELVERARBEITUNG. Im Dialogfeld sind alle Sätze und Aktionen aus der AKTIONEN-Palette aufgelistet. Wählen Sie den benötigten Satz, die Aktion und im Popup-Menü QUELLE die Option ORDNER. Über die Schaltfläche WÄHLEN bestimmen Sie den Quellordner mit den zu verarbeitenden Bildern.

Die Option „ÖFFNEN" in AKTIONEN ÜBERSCHREIBEN ist nur dann von Bedeutung, wenn die Aktion einen ÖFFNEN-Befehl enthält. Falls die Aktion keinen ÖFFNEN-Befehl enthält, ist es ganz wichtig, dass diese Option deaktiviert ist. Man übersieht dies leicht und Photoshop meldet daraufhin einen Fehler. Dasselbe gilt auch für die Aktion „SPEICHERN UNTER" in AKTIONEN ÜBERSCHREIBEN. Ist kein SPEICHERN UNTER-Befehl in der Aktion gespeichert, muss diese Option deaktiviert sein.

Sollte es Probleme geben, wählen Sie aus dem Popup-Menü FEHLER die Option FEHLER IN PROTOKOLLDATEI. Diese Textdatei lässt sich in jedem Textprogramm öffnen und enthält die Fehlerursachen, die während der Stapelverarbeitung auftraten. Normalerweise sind diese Informationen ausreichend, um den Fehler zu lokalisieren.

Photoshop besitzt außerdem eine Reihe fertiger Automatisierungen, die ebenfalls unter DATEI > AUTOMATISIEREN zu finden sind. Dazu gehört auch die WEB-FOTOGALERIE. Wählen Sie einfach einen Bildordner und danach generiert Photoshop eine Hauptseite mit allen Bildern als Miniaturen. Sobald Sie auf eine Miniatur klicken, öffnet der Browser eine HTML-Seite mit der vergrößerten Bildversion. Außerdem enthalten alle Seiten bereits Navigationselemente, um sich zwischen den Seiten zu bewegen. Und da es sich um HTML-Code handelt, lässt sich das Design den eigenen Wünschen anpassen.

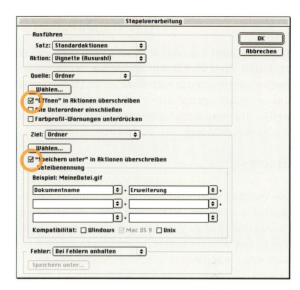

Mancher glaubt, dass es nicht schadet, die ÜBERSCHREIBEN-Option in der Stapelverarbeitung zu aktivieren, auch wenn ÖFFNEN- oder SPEICHERN-Befehle in der Aktion enthalten sind. Doch das führt zu einer Fehlermeldung in Photoshop. Aktivieren Sie die Option nur bei vorhandenen ÖFFNEN- oder SPEICHERN-Befehlen. Ansonsten finden Sie eventuelle Fehler im Fehlerprotokoll.

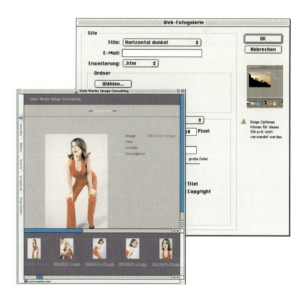

WEB-FOTOGALERIE ist ein spezieller Stapelverarbeitungsbefehl für eine Bilderpräsentation im Internet.

Mit websicheren Farben arbeiten

Farbe ist für jede Gestaltung wichtig. Aber während der Umgang mit Farbe im Print-Design relativ unkompliziert ist, treten beim Webdesign vielfältige Probleme auf, wie z.B. unterschiedliche Farbtiefe bei Monitoren und Farbverschiebungen je nach Browser und/oder Betriebssystem. Derartige Probleme sind auch eine Herausforderung, eine Website auf allen Plattformen gleich gut aussehen zu lassen. Warum Farbe nicht gleich Farbe ist oder warum Ihre Website auf unterschiedlichen Rechnern verschieden aussieht – dieses Wissen ist essenziell für eine qualitativ gute Arbeit.

FARBTIEFE

Die meisten Probleme beim Webdesign entstehen durch die unterschiedlichen Farbtiefen der Monitore. Was versteckt sich aber hinter diesem Begriff? Die Frage lässt sich am besten beantworten, wenn man weiß, wie ein Bild im Computer gespeichert wird.

Wie Computer Informationen speichern

Jeder Computer speichert Informationen in Bits. Diese kleinste Einheit einer Speichermöglichkeit kennt nur die Zustände „An" oder „Aus" bzw. das Äquivalent „1" und „0". Alle Informationen, ob Software oder Bilder, sind so im Speicher des Rechners, auf der Festplatte oder im Arbeitsspeicher (RAM) abgelegt. Da sich hiermit keine komplexeren Aufgaben lösen lassen, werden mehrere Bits zu einem Byte zusammengefasst. Acht Bits sind ein Byte und so können durch die unterschiedlichen Kombinationen von „1" und „0" bis zu 16 Zahlen repräsentiert werden. Dieses Hexadezimalsystem wird durch die Zahlen 0 bis 9 und die Buchstaben A bis F dargestellt.

Farbtiefe des Bildes

Damit ein Bild gespeichert werden kann, müssen die Informationen über die Anzahl der vertikalen und horizontalen Pixel sowie deren Farbe vorliegen. Die meisten Bildformate verwenden dabei eine Farbtiefe von 24 Bit (oder in Hexadezimal FFFFFF), die es erlauben, 16.777.216 Farben darzustellen (256 Stufen für jeden Farbkanal).

Da aber nicht alle Monitore und Grafikkarten so viele Farben darstellen können, müssen Zwischentöne auf die nächstliegenden Farben aufgerundet werden, wodurch sich die Farben verschieben. Manche Grafikprogramme versuchen, dieses Problem durch ein Dithern (siehe Kapitel über GIF) zu kompensieren – die Qualitätsminderung bleibt aber trotzdem erhalten und die Bilder sehen von Monitor zu Monitor anders aus. Der Dithering-Effekt ist reversibel, denn die Information ist im Bild weiterhin mit 24 Bit gespeichert. Sobald die Grafikkarte alle im Bild vorhandenen Farben anzeigen kann, wird das Foto auch in der Originalqualität dargestellt.

Wert	Binär-Code	Hexadezimal-Code
1	0000	0
2	0001	1
3	0010	2
4	0011	3
5	0100	4
6	0101	5
7	0110	6
8	0111	7
9	1000	8
10	1001	9
11	1010	A
12	1011	B
13	1100	C
14	1101	D
15	1110	E
16	1111	F

Web-Farbpalette

Die Palette mit websicheren Farben besteht aus Farben, die auf jedem Monitor gleich aussehen, sofern dieser 256 Farben darstellen kann – und dazu zählt jeder Monitor. Es gab eine Zeit, in der Monitore mit 16 Farben als neueste Technologie angesehen wurden, doch diese Maschinen sind längst im Museum. Die meisten Heimcomputer-Anwender verfügen heute über Monitore und Grafikkarten, mit denen sich mindestens 16-Bit-Farben (entspricht 65.536 Farben) darstellen lassen. Nur in einigen Firmen existieren noch 256-Farben-Monitore. Wenn die Besucher Ihrer Website vorrangig Heimanwender sind, dürfen Bilder Tausende von Farben haben. Sollten sich unter den Besuchern jedoch auch Geschäftskunden befinden, sollten Sie mit möglichst vielen Farben aus der Palette mit den websicheren Farben arbeiten.

Die Web-Palette setzt sich im Grunde genommen aus nur 216 Farben zusammen; die restlichen 40 Farben sind für das Betriebssystem reserviert (Windows). Die verbleibenden 216 Farben teilten die Programmierer einfach linear auf die drei Grundfarben Rot, Grün und Blau auf. Die Palette verwendet ein lineares System, in dem jeder Farbwert um 20 Prozent zu- oder abnimmt. Das geschah aus Bequemlichkeit, da sich die Werte 00, 33, 66, 99 und FF leicht merken und programmieren lassen. Wenn Sie also ein Element in GoLive mit einer websicheren Farbe erstellen möchten, arbeiten Sie einfach mit diesen hexadezimalen Farbwerten (in beliebiger Kombination). So sind Sie immer auf der sicheren Seite, dass auch 256-Farben-Monitore die Farbe ohne Dithering darstellen.

Die lineare Unterteilung des Farbraums bedeutet, dass die Web-Farbpalette sehr schlecht Braun- oder Hauttöne wiedergeben kann. Die Palette wäre sehr viel sinnvoller gewesen, wenn sie nach der Wahrnehmungsmöglichkeit des menschlichen Auges angelegt worden wäre.

Farbtiefe des Monitors

Ein Monitor kann mehr als 16 Millionen Farben darstellen, je nachdem wie groß der VRAM (Video-RAM) ist. Außerdem muss die Videokarte mehr als 24 Bit adressieren. Da das Auge so feine Farbunterschiede nicht erkennen kann, werden bei 32-Bit-Karten die zusätzlichen 8 Bit dazu verwendet, einen Transparenzkanal, auch Alpha-Kanal genannt, zu adressieren.

Bit	Farben
1 Bit	2
2 Bit	4
4 Bit	16
8 Bit	256
16 Bit	65.536
24 Bit	16.777.216
32 Bit	4.294.967.296

DIE WEB-FARBPALETTE ALS WÜRFEL

Häufig wird die Web-Palette als Würfel dargestellt, bei dem die drei Grundfarben Rot, Grün und Blau an den gegenüberliegenden Ecken liegen. Die Mischtöne Cyan, Magenta und Gelb (Yellow) belegen die verbleibenden Ecken zusammen mit Schwarz und Weiß. Der Würfel wird meist in Scheiben geschnitten dargestellt, doch bei dieser Darstellung lassen sie sich nur schwer untereinander in Bezug setzen, da die benachbarte Scheibe in einer anderen Scheibe lokalisiert werden muss. Auch wenn dies nicht die größte Schwierigkeit ist, so kommt es unserem Farbverständnis nicht sehr nahe.

Auf der Suche nach Darstellungsalternativen der Web-Palette bin ich auf eine Variante gestoßen, die mehrere Vorteile vereint: Zum einen zeigt sie das gesamte Farbspektrum im Verlauf, zum anderen ist dies in Abhängigkeit von Hell und Dunkel zu sehen. Die Farben sind also zusätzlich danach sortiert, ob sie pastellfarben oder kräftig sind. Ich kam zu der Lösung, den Würfel abzuwickeln statt ihn in Scheiben zu zerlegen: Man sieht das komplette Farbspektrum und die Abhängigkeiten der Farben untereinander. Diesen Würfel bezeichne ich mit „nicht verpackte Farbwürfel-Übersicht".

Die Web-Palette als Würfel dargestellt: An den acht Ecken des Würfels befinden sich die Grundfarben Rot, Grün und Blau. Diesen gegenüber liegen die Komplementärfarben Cyan, Magenta und Gelb (Yellow). An den verbleibenden zwei Ecken befinden sich Schwarz und Weiß. Meine Betrachtungsweise des Würfels (sie beginnt auf Seite 156) entpackt den traditionellen Web-Würfel. Jede Doppelseite repräsentiert eine Schicht des Würfels. Um die verwandte Farbe einer anderen Ebene zu finden, müssen Sie nur eine Seite weiterblättern und die Farbe an der gleichen Position suchen. Jedes Farbfeld gibt Ihnen neben dem hexadezimalen Wert noch den RGB-Wert und die Farbnummer (0 bis 215) an. Da diese Übersichten in CMYK gedruckt sind, weichen sie leider etwas von der Bildschirmdarstellung ab.

Web-Farbpalette

00 FF 00	33 FF 00	66 FF 00	99 FF 00	CC FF 00	FF FF 00
00 CC 00	33 CC 00	66 CC 00	99 CC 00	CC CC 00	FF CC 00
00 99 00	33 99 00	66 99 00	99 99 00	CC 99 00	FF 99 00
00 66 00	33 66 00	66 66 00	99 66 00	CC 66 00	FF 66 00
00 33 00	33 33 00	66 33 00	99 33 00	CC 33 00	FF 33 00
00 00 00	33 00 00	66 00 00	99 00 00	CC 00 00	FF 00 00
00 FF 33	33 FF 33	66 FF 33	99 FF 33	CC FF 33	FF FF 33
00 CC 33	33 CC 33	66 CC 33	99 CC 33	CC CC 33	FF CC 33
00 99 33	33 99 33	66 99 33	99 99 33	CC 99 33	FF 99 33
00 66 33	33 66 33	66 66 33	99 66 33	CC 66 33	FF 66 33
00 33 33	33 33 33	66 33 33	99 33 33	CC 33 33	FF 33 33
00 00 33	33 00 33	66 00 33	99 00 33	CC 00 33	FF 00 33

Der Web-Farbwürfel in Schichten

Wählen Sie die Farben für Ihre Arbeit aus und geben Sie die Farbwerte ins Programm ein. In Photoshop wählen Sie im Farbwähler die Option Nur Webfarben anzeigen. Sie können auch die folgende Tabelle benutzen:

Hexadezimal		in %	in RGB
00	=	0 %	0
33	=	20 %	51
66	=	40 %	102
99	=	60 %	153
CC	=	80 %	204
FF	=	100 %	255

Der hexadezimale Farbwert „CC FF 33" bedeutet Rot = 80 %, Grün = 100 % und Blau = 20 %. In einem RGB-Farbwähler sind die Werte in 256 Schritte pro Kanal aufgeteilt. Entsprechend geben Sie für Rot = 204, Grün = 255 und Blau = 51 ein.

Die weiß umrandeten Farbfelder in dieser Tabelle stehen für Graustufen.

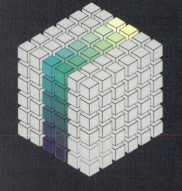

00 FF 66	33 FF 66	66 FF 66	99 FF 66	CC FF 66	FF FF 66
00 CC 66	33 CC 66	66 CC 66	99 CC 66	CC CC 66	FF CC 66
00 99 66	33 99 66	66 99 66	99 99 66	CC 99 66	FF 99 66
00 66 66	33 66 66	66 66 66	99 66 66	CC 66 66	FF 66 66
00 33 66	33 33 66	66 33 66	99 33 66	CC 33 66	FF 33 66
00 00 66	33 00 66	66 00 66	99 00 66	CC 00 66	FF 00 66
00 FF 99	33 FF 99	66 FF 99	99 FF 99	CC FF 99	FF FF 99
00 CC 99	33 CC 99	66 CC 99	99 CC 99	CC CC 99	FF CC 99
00 99 99	33 99 99	66 99 99	99 99 99	CC 99 99	FF 99 99
00 66 99	33 66 99	66 66 99	99 66 99	CC 66 99	FF 66 99
00 33 99	33 33 99	66 33 99	99 33 99	CC 33 99	FF 33 99
00 00 99	33 00 99	66 00 99	99 00 99	CC 00 99	FF 00 99

Web-Farbpalette

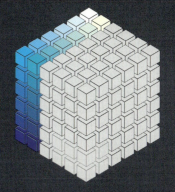

00 FF CC	33 FF CC	66 FF CC	99 FF CC	CC FF CC	FF FF CC
00 CC CC	33 CC CC	66 CC CC	99 CC CC	CC CC CC	FF CC CC
00 99 CC	33 99 CC	66 99 CC	99 99 CC	CC 99 CC	FF 99 CC
00 66 CC	33 66 CC	66 66 CC	99 66 CC	CC 66 CC	FF 66 CC
00 33 CC	33 33 CC	66 33 CC	99 33 CC	CC 33 CC	FF 33 CC
00 00 CC	33 00 CC	66 00 CC	99 00 CC	CC 00 CC	FF 00 CC
00 FF FF	33 FF FF	66 FF FF	99 FF FF	CC FF FF	FF FF FF
00 CC FF	33 CC FF	66 CC FF	99 CC FF	CC CC FF	FF CC FF
00 99 FF	33 99 FF	66 99 FF	99 99 FF	CC 99 FF	FF 99 FF
00 66 FF	33 66 FF	66 66 FF	99 66 FF	CC 66 FF	FF 66 FF
00 33 FF	33 33 FF	66 33 FF	99 33 FF	CC 33 FF	FF 33 FF
00 00 FF	33 00 FF	66 00 FF	99 00 FF	CC 00 FF	FF 00 FF

156 Webdesign-Techniken

Der MIB-Farbwürfel©

Der traditionelle, gleichsam ausgewickelte Farbwürfel. Hier ist der erste Mantel des Würfels, die inneren Mäntel folgen auf den nächsten Seiten.

Umrechnungstabelle

Hex	in %	R/G/B	R=MY	G=CY	B=CM
FF	100	255	100%	100%	100%
CC	80	204	80%	80%	80%
99	60	153	60%	60%	60%
66	40	102	40%	40%	40%
33	20	51	20%	20%	20%
00	00	0	00%	00%	00%

Die Farbübersicht ist vom Autor urheberrechtlich geschützt. Nachdruck nur mit Genehmigung.

Web-Farbpalette **157**

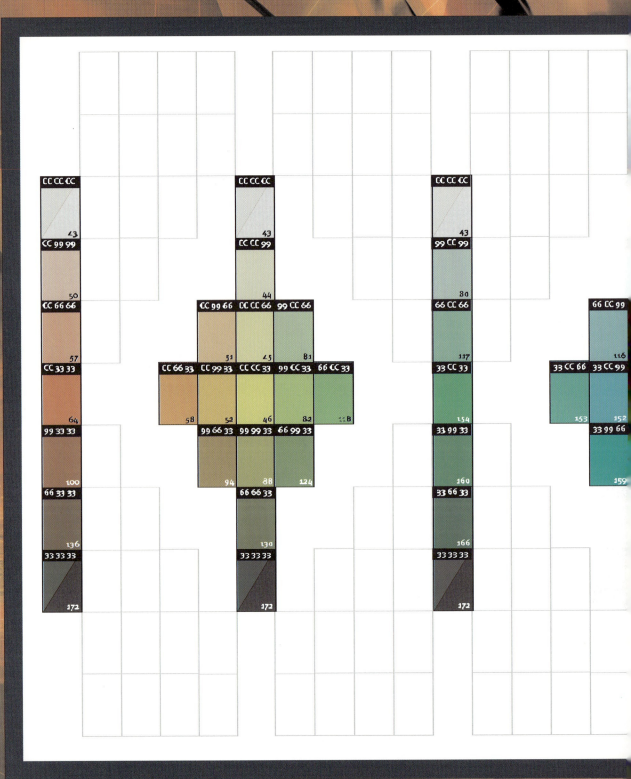

Web-Farbpalette

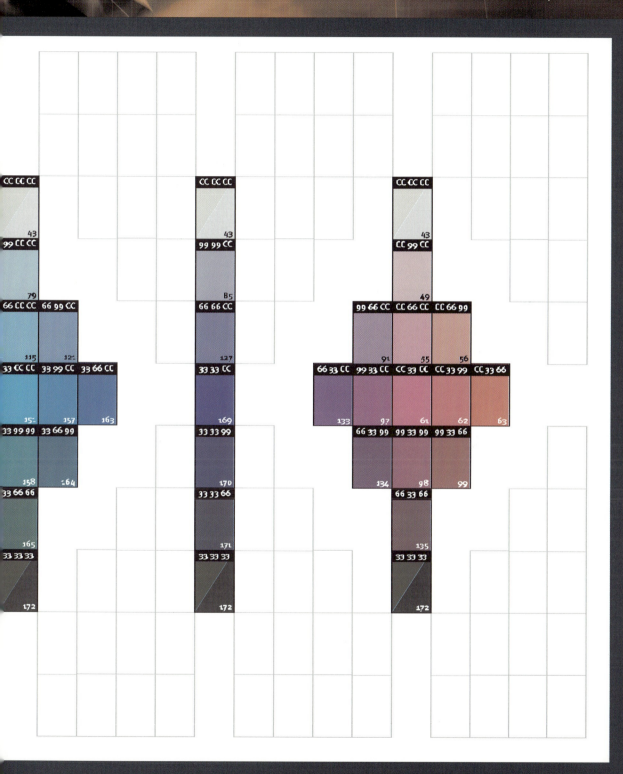

160 Webdesign-Techniken

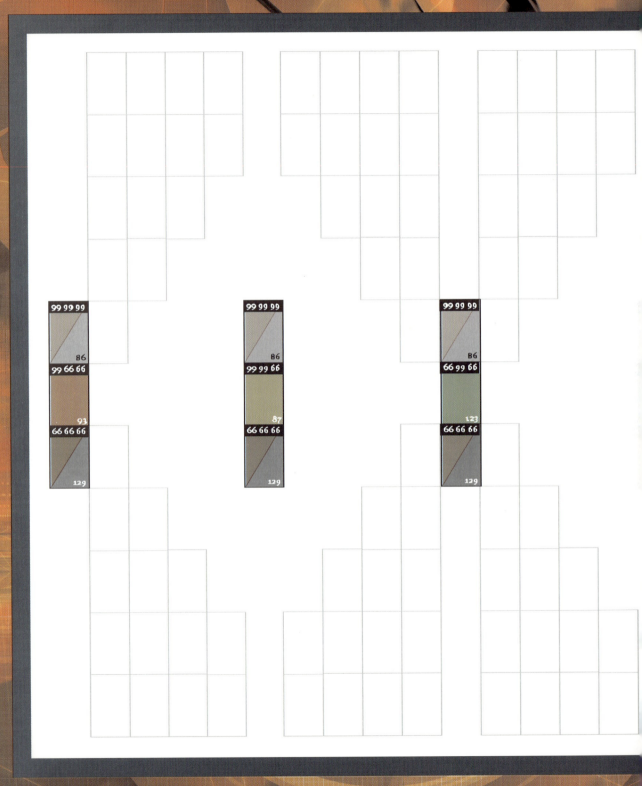

Web-Farbpalette 161

	99 99 99		99 99 99		99 99 99
	86		86		86
	66 99 99		99 66 99		FF0033
	122		128		92
	66 66 66		66 66 66		66 66 66
	129		129		129

MIT WEBFARBEN ARBEITEN

Wenn Sie eine Website gestalten, ist es wichtig, möglichst viele Farben aus der Web-Palette einzusetzen. Damit vermeiden Sie alle späteren Probleme. Das Arbeiten mit Webfarben ist denkbar einfach, da Sie im Photoshop-Farbwähler nur die Option NUR WEBFARBEN ANZEIGEN aktivieren müssen. Und selbst wenn Sie das vergessen haben, besteht später beim Optimieren des Bildes noch immer die Möglichkeit (bei GIFs zumindest), die Farben nachträglich in Webfarben zu konvertieren. Falls Sie mit einer nicht sicheren Webfarbe arbeiten, die Farbe aber auf einem 256-Farben-Monitor gut aussehen soll, hier ein paar Tipps:

Vor dem Export zu Webfarben umwandeln

Wenn Sie eine einfarbige Fläche haben, die Sie in eine websichere Farbe konvertieren wollen, benutzen Sie das FÜLLWERKZEUG. Stellen Sie die TOLERANZ auf 0 ein und nehmen Sie in der Toolbox eine Vordergrundfarbe auf. Klicken Sie dann in dem zu füllenden Bereich. Nun, so einfach ist es nur, wenn es sich bei der Fläche um eine rechteckige Form handelt, bei der es nur gerade Kanten gibt. Dies ist aber eher die Ausnahme, denn meist wollen Sie einen Bereich mit geglätteten Kanten füllen, d.h., es gibt dazwischen liegende Farben, die in den Hintergrund übergehen. Diese Pixel lassen sich einstellen, indem Sie in der Optionsleiste das Kontrollkästen GLÄTTEN aktivieren. Außerdem ist zu beachten, ob es sich bei der Form um ein Element auf einer eigenen Ebene handelt (der umgebende Bereich ist transparent) oder um eine Fläche, die an den Kanten mit anderen Pixeln zusammentrifft. Im ersten Fall muss die TOLERANZ auf 0 gesetzt werden und die Option GLÄTTEN aktiviert sein. Befindet sich das zu füllende Element auf einer eigenen Ebene, muss die Option BENACHBART eingeschaltet sein (nur ein Teil der Ebene wird gefüllt). In der EBENEN-Palette erscheint jetzt die Option TRANSPARENTE PIXEL FIXIEREN, die Sie benötigen, sobald Sie eine Ebene mit angrenzender Transparenz füllen wollen.

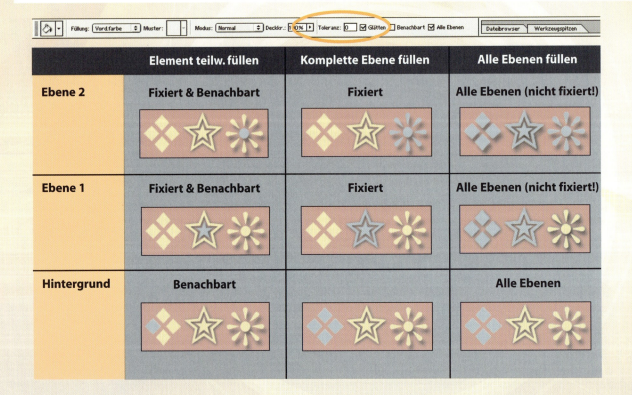

Um diese Vorgänge einfacher zu machen, zeigt die nebenstehende Abbildung die verschiedenen Szenarios. Sie finden hier die möglichen Optionen (wichtig: TOLERANZ muss auf 0 eingestellt und die Option GLÄTTEN aktiviert sein). Falls Sie ein Element auf einer eigenen Ebene nur teilweise füllen wollen, sehen Sie in der ersten Spalte der Übersicht, dass die FIXIEREN-Option in der EBENEN-Palette und die BENACHBART-Option in der Optionsleiste zu aktivieren sind. Und natürlich müssen Sie in der EBENEN-Palette die richtige Ebene wählen, bevor Sie das FÜLLWERKZEUG benutzen.

In der Spalte „Alle Ebenen füllen" erkennen Sie, dass die Option ALLE EBENEN nicht das erwartete Ergebnis bringt. Grund: Wenn Sie mit dem FÜLLWERKZEUG in den einzufärbenden Bereich klicken, füllt Photoshop die komplette Auswahl, doch die Ebenen über der aktuellen Ebene bedecken weiterhin die darunter liegenden Ebenen. Besser wäre es, wenn die jeweilige Farbe automatisch alle Ebenen füllen würde, doch wie geht das?

Nicht immer lässt sich mit dem FÜLLWERKZEUG eine Farbe ändern, da manchmal einfach zu viele Bereiche zu ändern sind. Wird beispielsweise Text gerendert, muss jeder einzelne Buchstabe geändert werden. Wählen Sie in diesem Fall den Befehl BILD > EINSTELLUNGEN > FARBE ERSETZEN, obwohl auch dieser Befehl nur mit der aktuell gewählten Ebene funktioniert.

Als Webfarbe konvertieren beim Export

Nicht immer muss eine Farbe vor ihrer Optimierung als GIF im Dialogfeld FÜR WEB SPEICHERN websicher gemacht werden. Da GIF mit einer Farbtabelle arbeitet, sind alle Farben aufgelistet und lassen sich gezielt in websichere Farbtöne umwandeln. Wählen Sie die Farbe und klicken Sie unten in der Farbtabelle auf das Würfel-Symbol. Diese Methode ist speziell dafür gedacht, normale Farben in websichere Farben zu konvertieren. Wollen Sie eine Farbe in einen außerhalb dieser Tabelle befindlichen Farbton umwandeln, verwenden Sie das FÜLLWERKZEUG oder den FÜLLEN-Befehl.

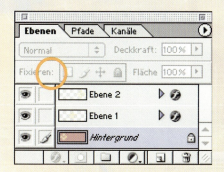

EBENEN-Palette des Beipieldokuments (links). Ebene 1 und Ebene 2 haben leicht versetzte Schlagschatten.

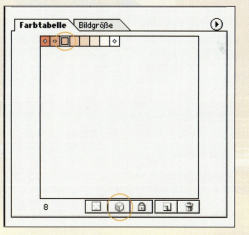

Ein Klicken auf das Würfel-Symbol in der Farbtabelle verschiebt die Farbe zur nächstgelegenen Webfarbe.

Hintergründe

HTML kennt eine Funktion, die sich enormer Beliebtheit erfreut: Das Füllen des Hintergrunds einer Webseite mit einem Muster bzw. einem Bild. Fast alle aufwendigeren Websites verwenden diesen Trick und er gehört zum Standardrepertoire jedes Webdesigners. Allerdings gibt es bei dieser Funktion auch ein Problem: Da sich das Hintergrundbild im Browser standardmäßig wiederholt, ist beim Rollen nach unten oder rechts immer wieder das gleiche Bild zu sehen. Die Übersicht unten zeigt, dass Ihr Hintergrundbild mindesten 1.280 Pixel breit und 1.024 Pixel hoch sein muss, damit Benutzer mit größeren Bildschirmen die Wiederholung nicht sehen. Da sich jedoch so die Download-Zeiten erheblich verlängern, begrenzen viele Designer ihre Hintergrundbilder auf 800 Pixel Breite oder benutzen (noch besser) Cascading Style Sheets. Da sich mit Cascading Style Sheets die Anzahl der Wiederholungen für ein Hintergrundbild limitieren lässt, braucht dieses nicht so groß zu sein. Soll sich ein kleines Bild in der oberen linken Ecke des Browserfensters in die Hintergrundfarbe einblenden, könnten Sie mit Cascading Style Sheets das Body-Tag so formatieren, dass sich das Hintergrundbild nur einmal wiederholt. So benötigen Sie nicht mehr ein 800 x 800 Pixel großes Bild, sondern nur noch eines, das 200 x 200 Pixel groß ist – eine Einsparung von mehr als 600.000 Pixel! (Mehr über Cascading Style Sheets finden Sie im GoLive-Kapitel.)

Bei der Jazz-Central-Station-Website (www.jazzcentralstation.com) wurde ein Hintergrund mit Randstreifen als Haupt-Gestaltungselement eingesetzt. Dieser Hintergrund verwendet noch ein abgedimmtes Motiv, wodurch die Komposition zusammen mit dem Inhalt noch interessanter wirkt.

RÖHRENMONITORGRÖßEN UND TYPISCHE AUFLÖSUNGEN (BREITE X HÖHE)				
14"	**15"**	**16"/17"**	**19"**	**21"**
640 x 480	800 x 600	832 x 624	1.024 x 768	1.152 x 870 (Mac)
	(SuperVGA)	800 x 600	1.152 x 864	1.152 x 864
	832 x 624 (Mac)	1.024 x 768	1.280 x 1.024	1.280 x 1.024

GROSSE HINTERGRUNDBILDER

Andreas Lindström, Artdirector der bekannten Carnegie-Website, benutzt ganz spezielle Hintergründe in seinen Websites. Er bevorzugt abgeschwächte Fotos, die hinter Text und anderen Elementen platziert sind. Gern kombiniert er eine Nahaufnahme im Hintergrund und platziert die Gesamtansicht (oder ein anderes Motiv) darüber. Dadurch verleiht er der Website Tiefe und Spannung. So schwächen Sie ein Bild ab und lassen es in den Hintergrund übergehen:

1. Platzieren Sie das Bild auf einer eigenen Ebene. Falls sich Ihr Hintergrund bereits auf einer eigenen Ebene befindet, überspringen Sie diesen Schritt. Ansonsten erstellen Sie eine neue Ebene, indem Sie unten in der EBENEN-Palette auf das Symbol NEUE EBENE ERSTELLEN klicken. Füllen Sie die Ebene mit der gewünschten Hintergrundfarbe und wählen Sie dann den Befehl EBENE > NEU > EBENE AUS HINTERGRUND, um diese Ebene zur neuen Hintergrundebene zu machen.

2. Schwächen Sie mit dem Deckkraft-Regler das Bild ab. Das Dimmen allein garantiert jedoch noch nicht, dass Hintergrundfarbe und Bild so überblendet werden, dass ein Text über dieser Ebene noch lesbar ist. Versuchen Sie, der Ebene eine Füllmethode zuzuweisen: MULTIPLIZIEREN, WEICHES LICHT, HARTES LICHT oder LUMINANZ sind gut geeignet. Oder Sie wenden den Filter GAUSSSCHER WEICHZEICHNER an, mit dem sich als Extrem sogar eine großartige Hintergrundstruktur erzeugen lässt. Doch auch eine geringe Weichzeichnung verbessert die Lesbarkeit von Text. Soll das Bild einfarbig sein, wählen Sie BILD > EINSTELLUNGEN > FARBTON/SÄTTIGUNG und dann die Option FÄRBEN.

3. Lassen Sie die Kanten einer Bildebene in die Hintergrundfarbe verlaufen. Versehen Sie die Ebene mit einer Ebenenmaske (EBENE > EBENENMASKE HINZUFÜGEN > NICHTS MASKIERT) und malen Sie mit dem Airbrush mit einer schwarzen Vordergrundfarbe in der Ebenenmaske. Alle dunklen Bereiche der Ebenenmaske sind danach transparent. Achten Sie darauf, dass die Ebenenmaske während des Malens aktiviert ist.

Bei der Carnegie-Hall-Website verwendete Andreas Lindstrom einen Motivhintergrund (oben). Alle anderen Elemente wie Text und Bilder werden darüber platziert.

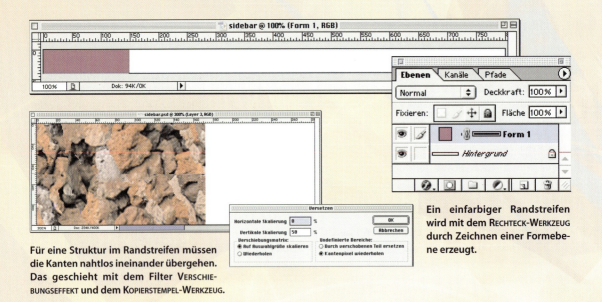

Ein einfarbiger Randstreifen wird mit dem RECHTECK-WERKZEUG durch Zeichnen einer Formebene erzeugt.

Für eine Struktur im Randstreifen müssen die Kanten nahtlos ineinander übergehen. Das geschieht mit dem Filter VERSCHIEBUNGSEFFEKT und dem KOPIERSTEMPEL-WERKZEUG.

Randstreifen als Hintergrund

Randstreifen bzw. Sidebars sind ein noch immer verbreitetes Gestaltungskonzept, bei der eine Seite des Hintergrunds eingefärbt ist. Da sich das Hintergrundbild wiederholt, braucht es nur ein Pixel hoch zu sein, was zu kleinsten Dateigrößen führt.

Die Verwendung eines 1-Pixel-Bilds ist natürlich extrem und hat auch einen Nachteil: Die Computer müssen leistungsstark sein, da der Browser bei jedem Ändern der Fenstergröße oder beim Scrollen das Bild neu aufbauen muss. Mit einem Hintergrundbild, das z.B. nur 1 Pixel hoch und 800 Pixel breit ist, muss das Hintergrundbild häufiger wiederholt werden – kein Problem bei modernen Computern, jedoch problematisch bei alten Systemen. Ein 40 Pixel hohes Muster ist da schon besser. Wenn Sie als JPEG gespeicherte Strukturen benutzen, sollten die Maße durch 8 teilbar sein, da die JPEG-Komprimierung mit 8 x 8 Pixel großen Blöcken arbeitet.

So gestalten Sie einen einfachen Randstreifen:
Legen Sie mit DATEI > NEU eine neue Datei an und geben Sie z.B. 40 Pixel für die Höhe und 800 Pixel für die Breite ein. Klicken Sie in der Toolbox im Feld für die Vordergrundfarbe, um im Farbwähler eine Farbe festzulegen. Ziehen Sie mit dem RECHTECK-WERKZEUG im linken Bildteil einen senkrechten, rechteckigen Streifen. Anschließend exportieren Sie die Datei über DATEI > FÜR WEB SPEICHERN als GIF mit einer Farbtiefe von 3 Bit. Falls Sie die Farbe ändern wollen, doppelklicken Sie in der EBENEN-Palette auf die Vektormaskenminiatur (Form), und wählen Sie im Dialogfeld EBENENSTIL z.B. die Option FARBÜBERLAGERUNG.

Der oben beschriebene, einfache Randstreifen lässt sich zwar leicht erzeugen, wirkt jedoch starr und technisch. Ein kreativerer Randstreifen würde die Gestaltung wesentlich auflockern. Dabei müssen die Kanten im Muster nahtlos aneinander gefügt werden, damit kein Bruch zu sehen ist.

Randleisten müssen nicht gleichförmig sein. In diesem Beispiel erweitern Logo und Buttons den weißen Streifen aus dem Hintergrund und unterbrechen die sich wiederholende Hintergrundstruktur.

Randstreifen mit Struktur gestalten:
1. Legen Sie eine neue Datei an und platzieren Sie an der linken Seite einen Hintergrund oder eine Struktur. Wählen Sie FILTER > SONSTIGE FILTER > VERSCHIEBUNGSEFFEKT.

2. Geben Sie für vertikalen Verschiebungswert die Hälfte der Höhe des Randstreifens ein und aktivieren Sie die Option DURCH VERSCHOBENEN TEIL ERSETZEN. Dadurch erscheinen die Teile des Bildes wieder am oberen Rand, die nach unten verschoben wurden. Der Effekt ist zu sehen, wenn Sie die Option VORSCHAU aktiviert haben.

3. Die Bruchkante muss entfernt werden – je nach Motiv mit dem WISCHFINGER oder dem KOPIERSTEMPEL-WERKZEUG. Das KOPIERSTEMPEL-WERKZEUG eignet sich meist besser zum Retouchieren. Klicken Sie mit gedrückter Wahl- (Mac) bzw. Alt-Taste (Windows) in dem Bildbereich, den Sie als Ursprung definieren wollen. Lassen Sie dann die Tasten los und klicken und ziehen Sie in dem zu korrigierenden Bildbereich. Korrigieren Sie so lange, bis keine Kante mehr zu sehen ist.

4. Nachdem die Bruchkante entfernt wurde, versetzen Sie mit dem Filter VERSCHIEBUNGSEFFEKT das Bild wieder auf die Originalposition zurück (geben Sie einen negativen Wert ein und aktivieren Sie die Option DURCH VERSCHOBENEN TEIL ERSETZEN). Das exportierte Bild erscheint nun im Navigator oder Explorer als ein großes Hintergrundbild.

MUSTERHINTERGRÜNDE

Musterhintergründe lassen manchmal die Lesbarkeit von Text leiden. Es gibt aber auch gute Beispiele für Websites, wo der Designer durch Einsatz dezenter Farben dieses Problem umgeht – die Fläche der Hintergrundstruktur muss nur groß genug angelegt sein, damit die Wiederholung nicht zu offensichtlich wird. Es gibt zwei Möglichkeiten für einen nahtlos gekachelten Hintergrund: Das „alte" Prinzip, bei dem die Kanten mit dem KOPIERSTEMPEL-WERKZEUG angeglichen werden, und das „neue" mit dem Mustergenerator. Beginnen wir zuerst mit dem alten Prinzip, das Ihnen mehr Einflussmöglichkeiten bietet.

1. Laden Sie eine Strukturdatei und wählen Sie den Bereich für das Muster. Mit dem FREISTELLUNGSWERKZEUG lassen sich die überflüssigen Bereiche entfernen. Öffnen Sie den Filter VERSCHIEBUNGSEFFEKT und geben Sie für die Verschiebungswerte die halbe Größe der Datei ein. Aktivieren Sie die Option DURCH VERSCHOBENEN TEIL ERSETZEN.

2. In der Mitte des Bildes ist nun die Bruchkante wie ein Kreuz zu sehen. Sie muss mit dem KOPIERSTEMPEL-WERKZEUG entfernt werden (oder in seltenen Fällen mit dem WISCHFINGER). Klicken Sie mit gedrückter Wahl-(Mac) bzw. Alt-Taste (Windows) auf den Bereich des Bildes, den Sie als Ursprung definieren wollen. Nach dem Loslassen klicken Sie mit dem KOPIERSTEMPEL-WERKZEUG im Bild und kopieren so den Ursprung. Eventuell müssen Sie den Ursprung permanent ändern, um das gewünschte Ergebnis zu erzielen. Der Filter VERSCHIEBUNGSEFFEKT lässt sich so lange anwenden, bis wirklich keine Kanten mehr zu sehen sind. Das Muster kann auch zurück an die Originalposition versetzt werden, indem Sie einen negativen Verschiebungswert mit den zuvor benutzten Werten eingeben.

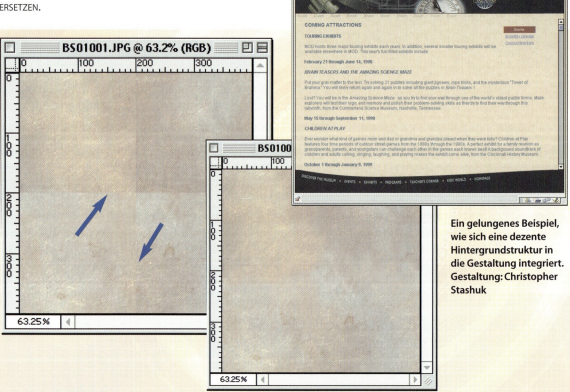

Ein gelungenes Beispiel, wie sich eine dezente Hintergrundstruktur in die Gestaltung integriert. Gestaltung: Christopher Stashuk

Strukturen mit dem Mustergenerator

In Photoshop lassen sich Muster auf Basis von Auswahlbereichen auch automatisch generieren. Der MUSTERGENERATOR soll aber nicht die zuvor beschriebene Technik ersetzen. Anstatt die Kanten einer Auswahl so anzupassen, dass sie nahtlos ineinander übergehen, arrangiert der MUSTERGENERATOR die Pixel einer Auswahl zu einem völlig neuen Muster, das sehr organisch wirkt. Gestalten Sie z.B. eine Website mit einer steinigen Hintergrundstruktur, benötigen Sie bestimmt noch Buttons, die sich harmonisch in die Gestaltung einfügen.

Um mit dem MUSTERGENERATOR zu arbeiten, öffnen Sie ein Bild und wählen FILTER > MUSTERGENERATOR. Wählen Sie mit dem AUSWAHLRECHTECK einen Bildbereich als Basis für das Muster. Achten Sie auf einen Bereich mit dezenten Farbunterschieden, da sich das Ergebnis sonst nicht als Hintergrund verwenden lässt (Ausnahmen bestätigen die Regel). Es gibt einige Schlüsselwerte, die das Ergebnis beeinflussen: BILDGRÖSSE, GLÄTTUNG und DETAIL. Die vorgegebene Bildgröße beträgt 128 x 128 Pixel. Es scheint logisch zu sein, dass die Bildgröße in etwa der Größe der Auswahl entspricht, aber letzthin macht es keinen Unterschied, die Bildgröße zu verringern. Die GLÄTTUNG braucht ebenfalls nicht verändert zu werden, es sei denn, im Muster sind Kanten zu sehen. Stellen Sie in diesem Fall die GLÄTTUNG auf den Wert 3 ein. Falls das Muster keine Details zeigt, verschieben Sie den DETAIL-REGLER auf die geschätzte Detailgröße.

Klicken Sie abschließend auf die Schaltfläche GENERIEREN – der MUSTERGENERATOR füllt den Bereich mit dem Muster. Klicken Sie weiter auf die Schaltfläche (diesmal ERNEUT GENERIEREN), bis Ihnen das Muster zusagt. Wenn Sie dann unter MUSTERELEMENTSPEICHER auf das Diskettensymbol klicken, wird das Muster dauerhaft gespeichert. Photoshop kann bis zu 20 Muster automatisch speichern, die Sie sich mit Hilfe der Pfeiltasten ansehen können.

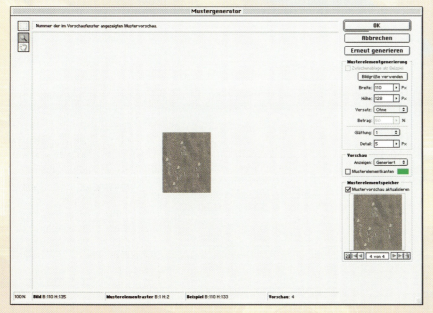

Nachdem Sie eine Struktur mit dem MUSTERGENERATOR erzeugt haben, lässt sich mit diesem Muster ein Auswahlbereich füllen – genau so, wie mit anderen Mustern.

Transparenz

Um bei Linien und Kanten, die nicht vertikal oder horizontal verlaufen, keine groben Zacken und Kanten entstehen zu lassen, benutzt Photoshop die so genannte Glätten-Technik: Die Pixel an den Kanten eines Objekts werden so verändert, dass über Zwischentöne ein weicher Übergang in den Untergrund erzeugt wird.

Die geglätteten Kanten sind jedoch problematisch, wenn sie in einem GIF an die Transparenzfarbe grenzen. In den Browser geladen, treten die Zwischentöne plötzlich überdeutlich hervor, denn sie wirken nun wie ein Schimmer, der das Objekt umgibt. Um dieses Problem zu lösen, sollten Sie mit einer Hintergrundfarbe in der Photoshop-Datei arbeiten, die möglichst der Hintergrundfarbe in Ihrer Webseite entspricht. Folgen Sie dazu dieser Vorgehensweise:

TRANSPARENZ MIT EINFARBIGEN HINTERGRÜNDEN

Lassen Sie uns die Transparenz an einem Beispiel demonstrieren: eine Headline als Bild rendern. Um sicherzustellen, dass das Textbild richtig im Browser angezeigt wird und perfekt in den Hintergrund übergeht, muss die Farbe des Texthintergrunds möglichst genau mit dem Hintergrund der Webseite übereinstimmen. Und so wird es gemacht:

1. Legen Sie eine neue Datei an, wählen Sie eine Vordergrundfarbe für die Schrift und klicken Sie mit dem TEXT-WERKZEUG auf die Arbeitsfläche. Photoshop erzeugt automatisch eine neue Ebene. Wählen Sie in der Optionsleiste SCHRIFT/SCHRIFTGRÖSSE und stellen Sie die GLÄTTUNG auf SCHARF ein.

2. Da der Hintergrund transparent sein soll, klicken Sie in der EBENEN-Palette auf das Augensymbol, um die Hintergrundebene auszublenden. Das Schachbrettmuster weist darauf hin, dass der Hintergrund jetzt transparent ist. Wählen Sie DATEI > FÜR WEB SPEICHERN und klicken Sie im Dialogfeld auf das OPTIMIERT-Register. Stellen Sie das GIF-Format ein und achten Sie darauf, dass die TRANSPARENZ-Option aktiviert ist (normalerweise automatisch bei ausgeblendeter Hinter-

Blenden Sie bei Verwendung einfarbiger Hintergründe erst die Ebene aus und rufen Sie danach den Befehl FÜR WEB SPEICHERN auf.

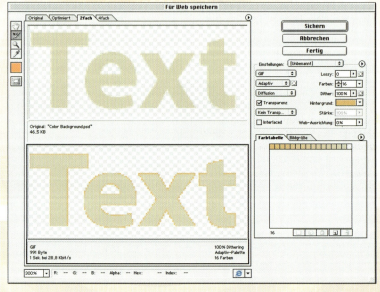

grundebene). Wählen Sie aus dem Popup-Menü HINTERGRUND zwischen PIPETTENFARBE (dies entspricht der Farbe oben links im Dialogfeld), WEISS, SCHWARZ und ANDERE. (Letztere ruft den FARBWÄHLER auf und erlaubt das Definieren einer anderen Farbe. Danach werden die Kanten des GIFs mit dieser Farbe geglättet.

3. Klicken Sie auf Sichern. Das Dialogfeld OPTIMIERTE VERSION SICHERN UNTER erscheint und erlaubt Ihnen, das Bild zusammen mit einer HTML-Datei zu sichern. Öffnen Sie diese Datei im Browser, um zu sehen, wie die Kanten des GIFs mit dem Hintergrund verschmelzen.

TRANSPARENZ MIT MEHRFARBIGEN HINTERGRÜNDEN

Transparenz für einen einfarbigen Hintergrund zu erzeugen ist einfach, doch diese Technik funktioniert nicht, sobald ein Element später auf einem mehrfarbigen oder mit einer Struktur versehenen Hintergrund platziert wird. In den bisherigen Photoshop-Versionen war dies ein komplizierter Vorgang. Jetzt besteht die einzige Einschränkung nur noch darin, dass die Farbe im Element selber nicht auftreten darf. Auch wichtig:

Wenn Sie ein Element aus der Gestaltungsvorlage exportieren wollen, müssen Sie dieses zuerst mit dem SLICE-AUSWAHLWERKZEUG isolieren.

1. Wählen Sie den Befehl DATEI > FÜR WEB SPEICHERN. Für diese Technik müssen Sie die Hintergrundebene nicht transparent machen – die Transparenz wird im Dialogfeld FÜR WEB SPEICHERN zugewiesen.

2. Wählen Sie die Pipette und klicken Sie mit gedrückter Umschalttaste auf die Farben des Hintergrunds, die transparent sein sollen. In der FARBTABELLE-Palette sind dann die gewählten Farben eingerahmt; sobald Sie unten in der Palette auf die TRANSPARENZ-Schaltfläche (ordnet die gewählten Farben transparenten Farben zu) klicken, werden die zuvor gewählten Farben transparent.

Wählen Sie bei einem mehrfarbigen Hintergrund den Befehl DATEI > FÜR WEB SPEICHERN und dann die Farben, die transparent sein sollen. Klicken Sie anschließend unten in der FARBTABELLE-Palette auf die TRANSPARENZ-Schaltfläche.

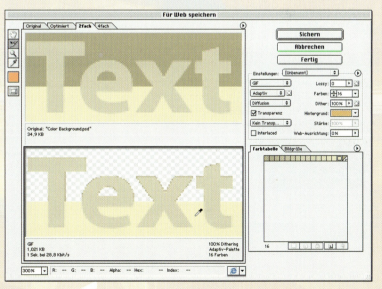

Tutorial: Eine Website in Photoshop gestalten

Ich habe eine simple Website gestaltet und dabei die Elemente verwendet, die auf vielen Websites zu finden sind. Die Gestaltung demonstriert auch die Arbeit mit Form-Ebenen, die relativ neu sind (seit Photoshop Version 6.0). In dem Tutorial finden Sie jeden Arbeitsschritt – von der Gestaltungskonzeption über die Bildoptimierung bis hin zur fertigen HTML-Seite in GoLive.

1 Einen Randstreifen gestalten: Nachdem Sie ein neues Dokument mit den Abmessungen 640 x 600 Pixel (Breite x Höhe) über Datei > Neu angelegt haben, erstellen Sie ein weiteres Dokument, diesmal nur vier Pixel breit und einen Pixel hoch. Diese Datei wird das Füllmuster für den Randstreifen. Das erste Pixel färben Sie mit einem hellen Grau (RGB: 202, 204, 204). Das zweite Pixel ist ein dunkles Grau (RGB: 102, 102, 102) und die restlichen Pixel sind ein mittleres Grau (RGB: 153, 153, 153). Zum Einfärben verwenden Sie das Buntstift-Werkzeug, nachdem Sie mit dem Zoom-Werkzeug das Dokument auf die maximale Darstellungsgröße gebracht haben. Definieren Sie die Farbe über das Vordergrund-Farbfeld und wählen Sie im Farbwähler die Option Nur Webfarben anzeigen.

Bearbeiten > Muster festlegen speichert das Dokument als Muster. Schließen Sie das Dokument. Jetzt sollte das erste Dokument wieder zu sehen sein; blenden Sie die Lineale ein (Ansicht > Lineale).

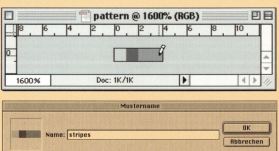

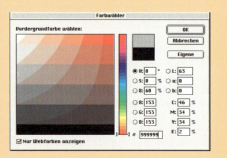

Verwenden Sie websichere Farben für die Musterfüllung.

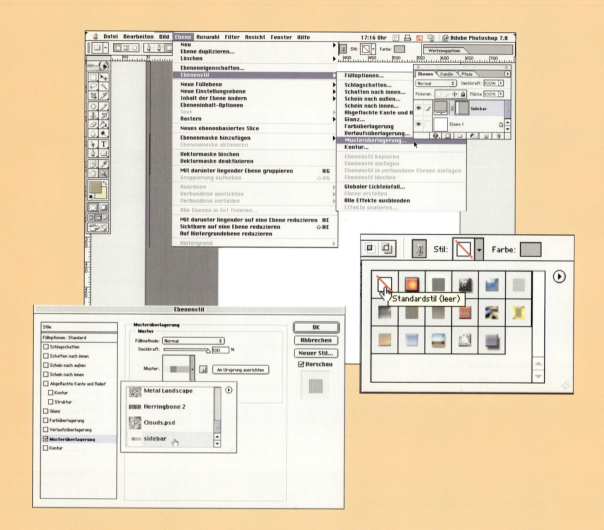

2 Bevor Sie den Randstreifen (Sidebar) zeichnen, stellen Sie sicher, dass in der Optionsleiste die Schaltfläche NEUE FORMEBENE ERSTELLEN aktiviert und kein Ebenenstil gewählt ist (öffnen Sie in der Optionsleiste das STIL-Popup-Menü und wählen Sie aus dem Paletten-Menü die Option STANDARDSTIL (LEER). Ziehen Sie mit dem RECHTECK-WERKZEUG die Randleiste mit einer Breite von 150 Pixel. Die Randleiste ist mit der Vordergrundfarbe gefüllt. Um die Leiste mit dem Muster zu füllen, erstellen Sie im Dialogfeld EBENENSTIL eine Musterüberlagerung (EBENE > EBENENSTIL > MUSTERÜBERLAGERUNG). Wählen Sie aus dem Popup-Menü das zuvor gespeicherte Muster, und die Randleiste ist fertig.

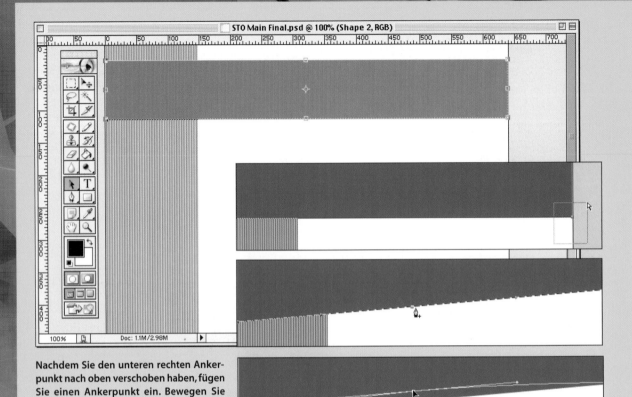

Nachdem Sie den unteren rechten Ankerpunkt nach oben verschoben haben, fügen Sie einen Ankerpunkt ein. Bewegen Sie diesen Punkt für einen Bogen.

3 Den Bogen erstellen: Wenn Sie eine Website in Photoshop gestalten, sollten Sie sich bereits sehr früh entscheiden, ob Sie mit Frames oder mit HTML-Tabellen arbeiten möchten. Diese Entscheidung hat Auswirkungen auf das Design – bei der vorliegenden Gestaltung gibt es allerdings keine Einschränkungen.

Zeichnen Sie mit dem RECHTECK-WERKZEUG eine Form über die gesamte Breite, die 95 Pixel hoch ist und einen Abstand von 20 Pixel zur oberen Kante hat. Wenn Sie die Form noch nachträglich anpassen müssen, wählen Sie den Befehl BEARBEITEN > PFAD TRANSFORMIEREN. Doppelklicken Sie im Rechteck, nachdem Sie die Größe geändert haben.

Um die Form in einen Bogen umzuwandeln, wechseln Sie auf das DIREKT-AUSWAHL-WERKZEUG (der weiße Mauspfeil) und verschieben Sie dann den unteren Eckpunkt mit gedrückter Umschalttaste nach oben (die Umschalttaste stellt sicher, dass sich der Punkt nur auf der vertikalen Achse bewegen lässt). Fügen Sie mit dem ANKERPUNKT-HINZUFÜGEN-WERKZEUG in der Mitte des Pfads einen Punkt hinzu. Verschieben Sie dann diesen Punkt mit dem DIREKT-AUSWAHL-WERKZEUG nach oben, um die Krümmung des Bogens zu erzielen.

Füllen Sie diesen Pfad auf die gleiche Art und Weise, wie Sie zuvor den Randstreifen angelegt haben. Wählen Sie außerdem noch einen SCHLAGSCHATTEN als EBENENSTIL.

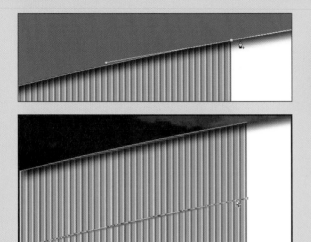
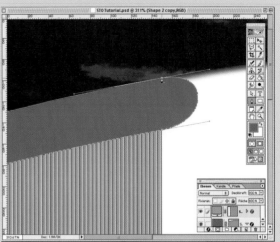

4 **Gestalten der Navigation im Seitenstreifen:**
Wenn Sie mit Adobe Illustrator vertraut sind und mit dem ZEICHENSTIFT umgehen können, dann sollte dies kein Problem sein. Duplizieren Sie zuerst die Ebene mit dem Bogen mit dem Befehl EBENE > EBENE DUPLIZIEREN. Wählen Sie dann EBENE > EBENENSTIL > EBENENSTIL LÖSCHEN, um die Musterfüllung zu entfernen. Nun schneiden Sie den Teil des Bogens heraus, der über dem Randstreifen liegt. Dieses Pfadelement ist für uns die Grundform für die Buttons (diese Vorgehensweise stellt sicher, dass die Bögen wirklich deckungsgleich sind). Wählen Sie mit dem DIREKT-AUSWAHL-WERKZEUG alle Punkte des Bogens (ohne allerdings die zwei Ankerpunkte, die wir für die Buttons benötigen) und löschen Sie den Pfad über die Rücktaste. Jetzt kopieren Sie das übrig gebliebene Pfadsegment, indem Sie es parallel mit gedrückter Umschalttaste verschieben und dann die Wahltaste drücken, bevor Sie die Maustaste wieder loslassen. Verbinden Sie die beiden Endpunkte der Pfade mit dem ZEICHENSTIFT, korrigieren Sie diese Verbindung mit dem PUNKT-UMWANDELN-WERKZEUG, indem Sie die Anfasser entsprechend verschieben. Ändern Sie die Farbe der Form in Schwarz mit dem Befehl EBENE > INHALT DER EBENE ÄNDERN > VOLLTONFARBE. Bestimmen Sie schließlich in der EBENEN-Palette noch die DECKKRAFT. Die anderen zwei Buttons werden einfach über Duplizieren dieser Ebene sowie durch Verschieben der Pfade und Einstellen der Transparenz erzeugt.

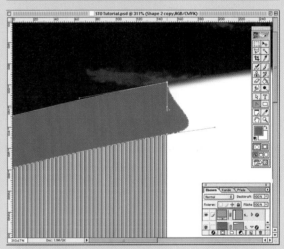
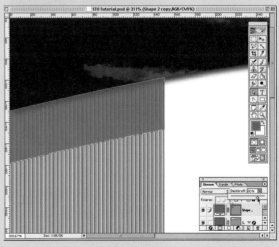

176 Webdesign-Techniken

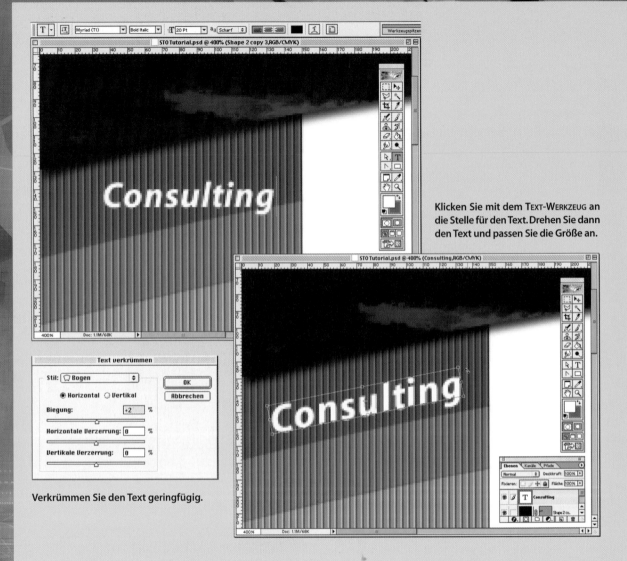

Klicken Sie mit dem TEXT-WERKZEUG an die Stelle für den Text. Drehen Sie dann den Text und passen Sie die Größe an.

Verkrümmen Sie den Text geringfügig.

5 Klicken Sie mit dem TEXT-WERKZEUG an der Position für die Beschriftung der Buttons. Geben Sie den Text ein. Wählen Sie erst die Vordergrundfarbe (Weiß), da diese als Textfarbe übernommen wird. Drehen Sie dann den Text über den Befehl BEARBEITEN > FREI TRANSFORMIEREN (wenn dieser Befehl grau dargestellt ist, aktivieren Sie zuerst das VERSCHIEBEN-WERKZEUG). Es sollte nun ein Rahmen mit Anfassern zu sehen sein, mit denen sich der Text drehen lässt. Ist der Text in der richtigen Position, kopieren Sie ihn zweimal und ändern Sie ihn entsprechend ab. Verkrümmen Sie abschließend den Text ein wenig (über die VERKRÜMMEN-Funktion in der Optionsleiste).

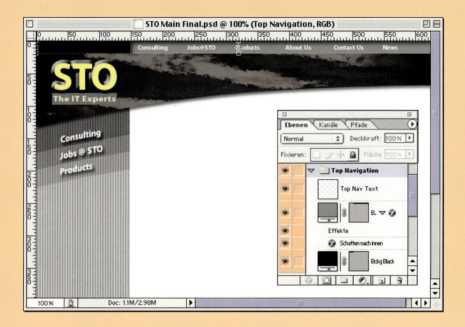

6 **Obere und untere Navigationsleiste:** Der Hintergrund für die horizontale Navigationsleiste (oben und unten) ist wieder eine einfache Rechteckfläche. Die Buttons sollen wie versenkt wirken, weshalb wir diesmal mit dem Ebenstil SCHATTEN NACH INNEN arbeiten. Den Effekt deaktivieren wir in ImageReady beim onMouseOver-Status, d.h., das Ganze sieht dann so aus, als würde sich der graue Hintergrund nach oben bewegen, sobald sich die Maus über dem Button befindet. Nachdem Sie den Text für die Buttons platziert haben (und links das schwarze Rechteck), legen Sie einen neuen Ebenensatz an. Klicken Sie auf das Ordnersymbol in der EBENEN-Palette und ziehen Sie alle Elemente der horizontalen Navigationsleiste hier hinein. So behalten Sie nicht nur einen guten Überblick, sondern können auch mehrere Ebenen in einem Durchgang kopieren. Wählen Sie das Set mit den Navigationselementen und dann aus dem Menü der EBENEN-Palette die Option EBENENSET DUPLIZIEREN. Ziehen Sie anschließend mit dem VERSCHIEBEN-WERKZEUG den neuen Ebenensatz im Dokument nach unten.

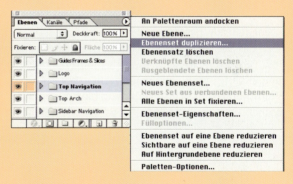

ImageReady

ImageReady ist ein eigenständiges Programm im Paket von Photoshop. ImageReady ist für Web-Grafiken optimiert, arbeitet aber nahezu so wie Photoshop. Ich bevorzuge die Arbeit in Photoshop und optimiere erst am Schluss in ImageReady. Deshalb sind die meisten Techniken in diesem Buch auch nur für Photoshop beschrieben. Wenn Sie jedoch lieber in ImageReady arbeiten wollen, ist das kein Problem. Ich konzentriere mich in diesem Kapitel voll auf ImageReady und mache Sie mit einigen Web-Funktionen dieses Programms vertraut, die Photoshop fehlen. Dazu gehört das Erstellen von Rollovers, Animationen und Imagemaps.

PHOTOSHOP VERSUS IMAGEREADY

Photoshop bietet in dem Dialogfeld FÜR WEB SPEICHERN dieselben Optimierungsfunktionen wie ImageReady und darüber hinaus sind die Farbkorrektur- und Bildmanipulationsmöglichkeiten von Photoshop sogar umfangreicher als die von ImageReady. Vergleichen Sie die Photoshop-Optionen unter BILD > EINSTELLEN mit denen von ImageReady: Photoshop bietet GRADATIONSKURVEN, FARBBALANCE, FARBE ERSETZEN, SELEKTIVE FARBKORREKTUR, KANALMIXER, TONWERTKORREKTUR und viele andere wichtige Befehle für die Arbeit mit Bildern und das Erstellen von Fotokompositionen, die ImageReady vermissen lässt.

ImageReady hat dagegen weder den ZEICHENSTIFT noch das EIGENE-FORM-WERKZEUG und erlaubt nur einen Pfad pro Ebene. Zwar ist es auch möglich, Pfade in ImageReady grob zu verändern, aber nur in Photoshop lassen sich Ankerpunkte hinzufügen oder löschen.

Photoshop verfügt über mehr Pfad- und Form-Werkzeuge als ImageReady. Noch wichtiger: Pfade in Photoshop lassen sich auch bearbeiten.

Nachdem Sie die Bilder für eine Website vorbereitet haben und der Kunde sein OK gegeben hat, können Sie zu ImageReady wechseln und der Inhalt der Website weiter gestalten. Sie erzeugen in ImageReady Rollover-Buttons und Imagemaps, Slices und animierte GIFs. Die fertigen Elemente exportieren Sie dann in ein HTML-Authoring-Programm wie GoLive. Es gibt Aufgaben, die Sie in Photoshop nicht durchführen können, die aber für die zweite Phase Ihrer Website-Gestaltung enorm wichtig sind. Wenn Sie die ImageReady-Features nicht nutzen wollen, genügt es, die Web-Bilder in Photoshop mit dem Befehl FÜR WEB SPEICHERN zu sichern. Ansonsten ist es sehr einfach, von Photoshop zu ImageReady und umgekehrt umzuschalten. Klicken Sie dazu einfach ganz unten in der Toolbox auf die entsprechenden Schaltflächen.

Eines der gängigsten Missverständnisse bezüglich ImageReady ist die Auffassung, dass es als HTML-Authoring-Programm eingesetzt werden kann. Erwarten Sie nicht, dass Sie Slices erzeugen, auf ein paar Schaltflächen in ImageReady klicken und so eine fast fertige Webseite produzieren, die Sie dann in GoLive weiterverwenden. Auch wenn ImageReady HTML-Code generieren kann, sollten Sie ihn nur selten verwenden. Meist ist es besser, die Bilder zu exportieren und die Seite dann in GoLive zu gestalten. So haben Sie eine bessere Kontrolle über den HTML-Code.

Stellen Sie sich vor, Sie gestalten eine Website mit einem Hintergrundbild, einer Navigationsleiste mit Rollover-Buttons und einem animierten Banner. Beim Versuch, die Rollovers und die Animation gleichzeitig in ImageReady zu gestalten, werden sich die Rollovers merkwürdig verhalten oder die Animation enthält überflüssige Frames, da beide Gestaltungselemente

Photoshop versus ImageReady

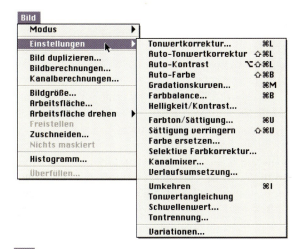

Wechseln zwischen Photoshop und ImageReady: Klicken Sie unten in der Toolbox auf die SPRINGEN zu-Schaltfläche, um das aktuelle Dokument zu sichern und im anderen Programm zu öffnen.

das Banner frei und speichern es als einzelne Datei – erst danach beginnen Sie, das Banner zu animieren. Außerdem können Sie die EBENEN-Palette übersichtlicher halten, indem Sie nicht benötigte Elemente löschen.

Noch ein abschließender Tipp: Beginnen Sie mit der Gestaltung der Rollover-Buttons erst, wenn das Design fertig ist. Zu leicht kann es vorkommen, dass Sie eine Änderung versehentlich in einen Rollover-Status in der EBENEN-Palette aufzeichnen. Das Design der Rollover-Buttons sollte der allerletzte Schritt im Gestaltungsprozess sein.

Photoshop (oben) hat mehr Farbmanipulationsbefehle als ImageReady (unten) und ist deshalb für Fotokompositionen und Bildmanipulationen besser geeignet.

auf Bildebenen basieren. So kann es leicht passieren, dass Sie ungewollt Änderungen für einen Rollover in einer Animation (oder umgekehrt) aufzeichnen.

Was ist also die beste Vorgehensweise? Idealerweise sollten Sie Ihr Photoshop-Design in ImageReady öffnen, die einzelnen Elemente freistellen und als separate Elemente sichern. Sie stellen beispielsweise

Wählen Sie mit dem SLICE-AUSWAHLWERKZEUG das Slice und definieren Sie den Rollover-Effekt in der ROLLOVER-Palette.

ROLLOVER-BUTTONS ERSTELLEN

Wenn Sie Ihre Gestaltung in ImageReady geöffnet haben, müssen Sie das SLICE-WERKZEUG verwenden, um Rollover-Buttons zu erzeugen. Jedes Mal wenn Sie eine neue Auswahl mit dem SLICE-WERKZEUG definieren, optimiert ImageReady die Slices und erzeugt wenn nötig angrenzende Slices (z.B. wenn Sie Ihr erstes Slice in der Mitte des Dokuments platzieren, wird ImageReady insgesamt fünf Slices generieren: den von Ihnen erzeugten in der Mitte und einen für jede Seite des Rechtecks). Wenn Sie Ihre Bilder zusammen mit HTML-Code exportieren, steht jedes Slice für eine Zelle in der HTML-Tabelle. ImageReady und Photoshop können auch gewählte Slices exportieren, was für zusätzliche Flexibilität sorgt.

Wählen Sie das SLICE-WERKZEUG und ziehen Sie eine Auswahl um jeden Button. Benennen Sie die Slices in der SLICE-Palette und verwenden Sie einen intuitiven Namen wie „bttn_" in Kombination mit dem Text des Buttons.

Um einen Rollover-Status zu erzeugen (eine Aktion, sobald der Mauspfeil über das Slice bewegt wird), wählen Sie mit dem SLICE-AUSWAHLWERKZEUG ein Slice und klicken Sie unten in der ROLLOVER-Palette auf die Schaltfläche ROLLOVER-STATUS ERSTELLEN. ImageReady weist standardmäßig den Status „Over" zu. Sobald Sie auf den Eintrag in der ROLLOVER-Palette doppelklicken, können Sie diesen Eintrag ändern.

In diesem Beispiel möchte ich die Farbe des Button-Textes für meinen Rollover-Effekt ändern. Am einfachsten geht dies mit dem Ebenenstil FARBÜBERLAGERUNG. Wählen Sie also die Textebene in der EBENEN-Palette, dann EBENENSTIL > FARBÜBERLAGERUNG und schließlich eine andere Farbe.

Nach der Gestaltung des Rollovers optimieren Sie jedes Slice separat. Benutzen Sie das SLICE-AUSWAHLWERKZEUG, um ein Slice auszuwählen, und öffnen Sie die OPTIMIEREN-Palette (FENSTER > OPTIMIEREN). Im Beispiel sind 16 Farben ausreichend. Wählen Sie deshalb in der OPTIMIEREN-Palette die Option ADAPTIV. Es ist wichtig, kein Dithering zu verwenden, andernfalls wird der Hintergrund des Buttons ebenfalls gedithert. Wenn die Tabelle später über dem Hintergrund liegt, könnten mit Dithering sichtbare Kanten entstehen. Ein weiteres wichtiges Feature ist unten in der OPTIMIEREN-Palette die Option VEREINHEITLICHTE FARBTABELLE VERWENDEN. Diese Option ist nur dann sichtbar, wenn Sie in der Palette auf das OPTIMIEREN-Register klicken (ImageReady erweitert bzw. reduziert so die Palette).

Doppelklicken Sie auf einen Rollover-Status, um diesen zu ändern.

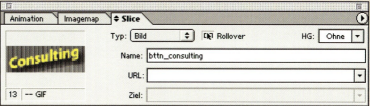

Der Name des Slices wird später als Teil des Bildnamens verwendet.

Diese Option sorgt dafür, dass es bei einer Mausaktion über dem Rollover keine Farbverschiebung gibt, was für Besucher mit einen 256-Farben-Monitor von Wichtigkeit ist. Rollovers lassen sich als Vorschau betrachten, wenn Sie unten in der Toolbox auf die Schaltfläche DOKUMENT-VORSCHAU klicken.

Bevor Sie die Slices speichern, können Sie noch die Einstellungen für die Ausgabe vornehmen (DATEI > AUSGABE-EINSTELLUNGEN). ImageReady bietet eine Vielzahl von Optionen für das automatische Benennen von Slices. Ich bevorzuge die Verwendung von Slice-Namen in Kombination mit dem abgekürzten Rollover-Status (over wird zu „o") und der Format-Erweiterung,

die in jedem Fall benötigt wird. Geben Sie im Dialogfeld für die Ausgabeeinstellungen auch einen Unterordner an, in dem die Dateien gespeichert werden sollen.

Wenn Sie anschließend den Befehl DATEI > OPTIMIERT-VERSION SPEICHERN UNTER aufrufen, benennen Sie das Dokument (z.B. „navigation.html"). Wählen Sie aus dem Popup-Menü die Option HTML UND BILDER, um die Bilder zusammen mit dem HTML-Code zu speichern. Da das Dokument nicht freigestellt ist, wählen Sie aus dem Popup-Menü unten im Dialogfeld die Option AUSGEWÄHLTE SLICES, da sonst eine große HTML-Tabelle mit allen Slices des Bilds gespeichert wird.

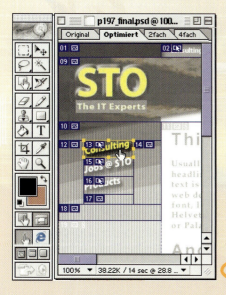

Sobald Sie auf die VORSCHAU-Schaltfläche klicken, verhalten sich Buttons wie im Browser. Unten: VEREINHEITLICHTE FARBTABELLE VERWENDEN für Rollovers.

Die Optionen im PALETTEN-Menü der ROLLOVER-Palette.

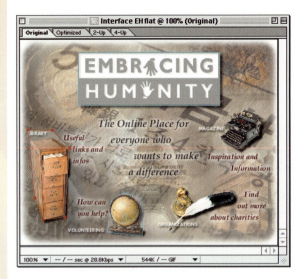

Die IMAGEMAP-Werkzeuge in der TOOLBOX haben verschiedene Formen, mit denen Sie die Hotspots zeichnen und in der IMAGEMAP-Palette den URL bestimmen.

Speichern Sie die Imagemap mit dem Befehl OPTIMIERT-VERSION SPEICHERN UNTER. Wählen Sie in den AUSGABE-EINSTELLUNGEN den Typ der Imagemap (normalerweise CLIENTSEITIG).

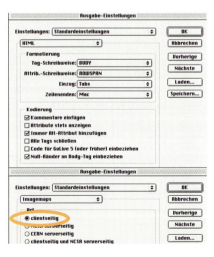

IMAGEMAPS ERSTELLEN

Einfache Imagemaps – oder Imagemaps, die einfache geometrische Formen verwenden – lassen sich direkt in GoLive gestalten. Platzieren Sie ein Bild in einem HTML-Dokument und aktivieren Sie im Inspektor unter WEITERE die Option IMAGEMAP. Erstellen Sie dann mit den Bereichswerkzeugen (RECHTECK, KREIS oder POLYGON) die aktiven Bereiche (Hot Spots) und definieren Sie die Hyperlinks im Imagemap-Bereichsinspektor.

Mit der Definition komplexerer Imagemaps ist GoLive jedoch überfordert. Für Rollover-Buttons wie oben beschrieben kann es mühsam sein, die unterschiedlichen Imagemap-Formen für die einzelnen Rollover-Zustände neu anzulegen. Die Darstellung lässt sich in GoLive nicht vergrößern und es ist nahezu unmöglich, an der Kante einer Imagemap zu arbeiten. GoLive wechselt z.B. fünf Pixel vom Rand den Mauszeiger – das Programm unterstellt einfach, dass Sie das Bild bewegen möchten.

Deshalb ist ImageReady die Lösung: Benutzen Sie eines der IMAGEMAP-Werkzeuge und zeichnen Sie die Formen für die aktiven Bereiche. Geben Sie dann in der IMAGEMAP-Palette den Namen und den URL ein. Wählen Sie unter DATEI > AUSGABE-EINSTELLUNGEN FÜR IMAGEMAPS die Art CLIENTSEITIG. Anschließend wählen Sie DATEI > OPTIMIERT-VERSION SPEICHERN UNTER und unter FORMAT die Option HTML UND BILDER. Speichern Sie die Imagemap in Ihrem GoLive-Site-Ordner. (Alternativ können Sie auch die aktiven Bereiche in ImageReady definieren, das Bild sichern und dann in GoLive öffnen. Hier legen Sie dann die URLs fest).

Öffnen Sie GoLive und wählen Sie WEBSITE > ANSICHT AKTUALISIEREN. Zwei neue Dateien erscheinen: Ihr Bild und das HTML-Dokument, das die Imagemap-Bereiche definiert. Bewegen Sie das Bild in den Bilderordner, öffnen Sie das HTML-Dokument, kopieren Sie die Imagemap und fügen Sie diese in das HTML-Zieldokument ein. Entfernen Sie jetzt das überflüssige Imagemap-HTML-Dokument, indem Sie es aus dem SITE-FENSTER heraus in den Papierkorb bewegen.

Ebenenbasierte Imagemaps

Wenn Sie Imagemaps mit Polygonformen benötigen, bietet ImageReady eine weitere, äußerst hilfreiche Funktion: Es erstellt automatisch einen Imagemap-Bereich auf Basis einer Ebene. Wählen Sie EBENE > NEUER EBENENBASIERTER IMAGEMAP-BEREICH, um eine rechteckige Imagemap zu erzeugen. Um eine Form in ein Polygon zu verwandeln, öffnen Sie die IMAGEMAP-Palette und wählen aus dem Popup-Menü FORM die Option POLYGON. Mit dem Regler QUALITÄT bestimmen Sie, wie genau die Form der Ebene erkannt wird. Bei dem metallischen Vogel werden selbst die Ebenenstile mit einbezogen. Polygone Imagemap-Bereiche lassen sich auch in Adobe Illustrator speichern, was eine große Hilfe bei Imagemaps mit komplexen Formen ist.

BILDER MIT IMAGEREADY OPTIMIEREN

In ImageReady müssen Sie Bilder nur dann optimieren, wenn Sie Rollover-Buttons, Imagemaps oder GIF-Animationen gestalten – ansonsten arbeiten Sie in Photoshop mit dem Befehl FÜR WEB SPEICHERN, der die gleichen Optimierungs- und Exportmöglichkeiten wie ImageReady umfasst. Die Werkzeuge auf der linken Seite des Dialogfelds FÜR WEB SPEICHERN (HAND, SLICE-AUSWAHL, ZOOM und PIPETTE) finden Sie in ImageReady innerhalb der Toolbox wieder. Die Farbwerte unten im Dialogfeld FÜR WEB SPEICHERN finden Sie in ImageReady in der INFO-Palette. Die Optimierungseinstellungen und die Farbtabelle sind in ImageReady eigenständige Paletten, allerdings gibt es hier nicht die BILDGRÖSSE-Palette – Sie müssen den Befehl BILD > BILDGRÖSSE wählen. Das Vorschau-Menü ist in ImageReady aufgeteilt: Die Farbvorschau-Befehle werden über ANSICHT > VORSCHAU aufgerufen, während die geschätzten Download-Zeiten im Popup-Menü BILDINFORMATIONEN ganz unten im Bildfenster dargestellt werden.

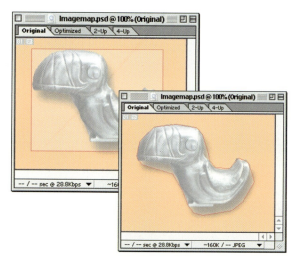

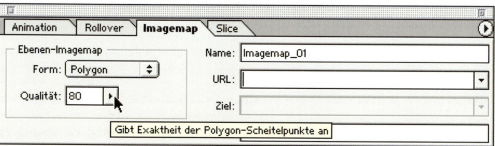

Ein Imagemap-Bereich lässt sich basierend auf einer Ebene festlegen. Sie bestimmen in der IMAGEMAP-Palette die Qualität der Form.

TUTORIAL: SLICES UND ROLLOVERS ERSTELLEN

Dies ist der fiktive, komplett in Photoshop gestaltete (siehe Seite 172) Designentwurf für eine Beratungsfirma. Jetzt werden Sie Slices erzeugen, die Gestaltung exportieren und Rollover-Buttons in ImageReady gestalten.

Die roten Linien im Bildschirmfoto oben umreißen ein Frame-Layout (die blauen Linien zeigen eingebettete Tabellen). Die roten und blauen Linien in der rechten Abbildung zeigen die Umsetzung des Designs mit eingebetteten Tabellen.

1 Das Konzept: Wenn Sie Ihre Website in Photoshop gestalten, sollten Sie frühzeitig darüber nachdenken, wie Sie das Design später in HTML umsetzen, besonders, wenn Sie neue Ideen ausprobieren möchten. Fragen Sie sich, ob die Gestaltung besser für die Umsetzung mit Frames oder Tabellen geeignet ist. Für dieses Beispiel sind beide Varianten möglich – die Slices werden unabhängig davon gestaltet.

Frames verwenden: Es ist sinnvoll, diese Seite in drei horizontale Frames zu unterteilen. Der obere enthält das Logo, die Navigations-Buttons und den dunklen sowie einen Teil des weißen Hintergrunds. Der mittlere Frame enthält die Navigations-Buttons auf der linken Seite und den Fließtext der Seite. Im dritten Frame befinden sich dann noch die unteren Navigations-Buttons. Die mittlere Sektion muss in zwei ver-

tikale Frames aufgeteilt werden, so dass die Navigationsleiste isoliert ist und nichts aus der Ansicht verschwindet, sobald der Fließtext gescrollt wird. Im oberen Frame müssen die Navigations-Buttons und das Hintergrundmuster in Slices zerteilt und mit Hilfe einer Tabelle wieder zusammengesetzt werden. Da die oberen und unteren Buttons identisch sind, müssen sie nur einmal exportiert werden. Die Hintergründe im oberen und unteren Frame werden als Slices definiert und separat exportiert.

Tabellen benutzen: Die Seite in eine einzige große Tabelle zu platzieren, ist nicht empfehlenswert. Zum einen ist es schwer, eine solche Tabelle anzupassen, zum anderen kann Ihr Design auseinander brechen, sobald der Inhalt über die Zelle der Container-Tabelle hinausgeht. Besser ist eine HTML-Tabelle, die die ganze Seite in eine große Tabelle aufteilt (rote Linien im Bildschirmfoto links). In dieser Tabelle sind dann kleinere Tabellen für die Navigations-Buttons und andere Seitenelemente eingebettet (siehe blaue Auszeichnungen). Sie haben wahrscheinlich bemerkt, dass die Haupttabelle auf der rechten Seite eine extra Spalte für die Darstellung der Hintergründe des oberen und unteren Gestaltungsbereichs enthält. Die Tabelle kann so angelegt werden, dass sich diese Spalte automatisch der Fensterbreite des Browsers anpasst (siehe Tutorial im GoLive-Kapitel).

2 Slices und Rollover-Buttons gestalten: Erzeugen Sie Slices und Rollover-Buttons, wie weiter vorn in diesem Kapitel beschrieben. Stellen Sie sicher, dass jedes Slice benannt wurde, bevor Sie die Rollover-Effekte erstellen. Für die Rollover-Effekte für die oberen Navigations-Buttons wurde der Effekt SCHEIN NACH INNEN deaktiviert und stattdessen eine Farbüberlagerung für den Text verwendet.

Dieses Design benötigt 16 Slices. A, B und C repräsentieren die Slices für Hintergrundbilder.

Die geschwungene Kante des Hintergrundbilds muss speziell behandelt werden. Um eine abrupte Kante bei der Verwendung von Frames zu vermeiden, muss der Hintergrund das Grau der oberen Buttons und das Schwarz des Bogens weiterführen. Dazu exportiert man ein Stück vom oberen rechten Ende des Designs als Slice, das dann als Hintergrundbild im HTML-Dokument verwendet wird. Dieses Dokument wird später in den oberen Frame geladen. Das gleiche Verfahren funktioniert auch für die seitliche und untere Navigationsleiste.

3 Optimierung: Nachdem Sie die Seite in Slices aufgeteilt haben, öffnen Sie die OPTIMIEREN-Palette (FENSTER > OPTIMIEREN), klicken auf ein Slice und nehmen die Einstellungen vor. Stellen Sie das Slice als optimierte Version dar, um die Ergebnisse anzuzeigen. Sie können auch mehrere Slices auswählen und die Optimierungseinstellungen gleichzeitig ändern – einige Slices eignen sich besser für JPEG und andere eher für GIF. Hier die verwendeten Einstellungen:

GIF		
Slice-Nummer	Farben	Palette
1	2	Web
2–7	16	Selektiv
10, 17, 18, 20, 22	8	Adaptiv
12–16	16	Adaptiv

JPEG	
Slice-Nummer	Qualität
8	10
9	30

Für die GIFs verwendete ich weder Dithering noch die Lossy, aber ich nutzte eine identische Farbtabelle für die Slices 2 bis 7 und 12 bis 16. Die JPEG-Slices erforderten unterschiedliche Qualitätseinstellungen, jedoch kein Weichzeichnen. Slice 10 war knifflig. Es musste als GIF gesichert werden, damit es mit den Farben der anderen als GIF gespeicherten Slices übereinstimmte. Der Teil des Bogens wurde wiederum als JPEG gesichert. Um sicherzugehen, sollte die Seite in einem Browser geprüft werden.*

*Browser könnten JPEGs und GIFs bei der Darstellung mit 256 Farben unterschiedlich dithern. Ein geringfügiges Problem, da heute die meisten Benutzer über Monitore mit wenigstens Tausenden von Farben verfügen. Und falls nicht – die Farbunterschiede sind kaum zu erkennen.

4 **Export:** Klicken Sie in der Toolbox auf die Schaltfläche DOKUMENT-VORSCHAU. Wählen Sie die Slices 1 bis 7 mit dem SLICE-AUSWAHLWERKZEUG und gedrückter Umschalttaste. Exportieren Sie mit dem Befehl DATEI > OPTIMIERT-VERSION SPEICHERN UNTER. Für diese Komponente (TOP_NAVIGATION.HTML) wählen Sie die Optionen HTML UND BILDER und AUSGEWÄHLTE SLICES. Wählen Sie dann die Slices 10 und 12 bis 17 und speichern Sie diese (SIDEBAR.HTML). Wählen und exportieren Sie die Slices 8, 18 und 22 in den Bilderordner Ihrer Website.

Nachdem die HTML-Seite in GoLive importiert wurde, kann sie in Vorlagen und Komponenten aufgeteilt werden (hier die Navigationskomponente).

Im letzten Schritt exportieren Sie die Bilder für die Hintergründe.

GIF-Animationen

GIF-Animationen sind noch immer beliebt, da die Dateien klein sind, keine speziellen Plug-Ins benötigen und einfach zu erstellen sind. Mit ImageReady verfügen Sie über ein sehr gutes Animationsprogramm, das zudem noch im Lieferumfang von Photoshop enthalten ist.

Eine GIF-Animation funktioniert wie ein Zeichentrickfilm: Einzelbilder werden nacheinander eingeblendet, und durch den schnellen Ablauf entsteht der Eindruck von Bewegung. Dabei kann für jedes Einzelbild eine Position, eine Transparenzfarbe, eine Überblendungsmethode und die Darstellungszeit definiert sein.

Um die ANIMATION-Palette in ImageReady anzuzeigen, wählen Sie FENSTER > ANIMATION. Die Palette ist standardmäßig mit der Imagemap- und Slice-Tabelle gruppiert. Klicken Sie einfach auf das ANIMATION-Register.

Wir erzeugen als Erstes eine einfache Animation, um ein Gefühl für diesen Arbeitsprozess zu bekommen. Erstellen Sie ein neues Bild in ImageReady und geben Sie mit dem TEXTWERKZEUG das Wort „Animation" ein. Wie Sie in der ANIMATION-Palette erkennen können, ist das Bild der erste Frame in der Animation. Klicken Sie unten in der Palette auf die DUPLIZIEREN-Schaltfläche und bewegen Sie den Text mit dem VERSCHIEBEN-Werkzeug auf eine neue Position. Wenn Sie jetzt auf die ABSPIELEN-Schaltfläche klicken, wird die aus zwei Frames bestehende Animation abgespielt.

Die Animation mit zwei Bildern ist nicht gerade State-of-the-Art. Zwar ließen sich jetzt weitere Frames einfügen und von Hand bewegen, aber die resultierende Animation wäre wahrscheinlich wegen der fehlenden Genauigkeit etwas abgehackt. Deshalb bietet ImageReady eine Funktion, die es wesentlich erleichtert, Frames automatisch einzufügen (DAZWISCHEN EINFÜGEN). Um dies auszuprobieren, wählen Sie den ersten Frame in Ihrer Animation und versehen ihn mit einem Ebenenstil wie SCHEIN NACH AUßEN oder ABGEFLACHTE KANTE UND RELIEF. Wählen Sie dann aus dem Menü der ANIMATION-Palette die Option DAZWISCHEN EINFÜGEN. Sie können im Dialogfenster DAZWISCHEN EINFÜGEN entscheiden, wie Sie Ihre Effekte den folgenden Frames zuwei-

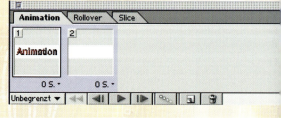

Das Klicken auf die Schaltfläche DUPLIZIERT AKTUELLEN FRAME erzeugt einen neuen Frame in der Animation. Jede Änderung in der EBENEN-Palette wird nun aufgezeichnet.

GIF-Animationen

sen und wie viele Frames die fertige Animation haben soll. Außerdem lassen sich Effekte allen oder nur der gewählten Ebene zuweisen sowie Position, Deckkraft und/oder Effekte variieren. Als Letztes legen Sie die Anzahl der Frames fest und deren Position in Bezug zum aktuellen Frame.

Nach dem Bestätigen über OK sehen Sie, wie der Text langsam ausblendet oder sich über den Bildschirm bewegt, je nachdem, was Sie im Dialogfeld DAZWISCHEN EINFÜGEN festgelegt haben. Klicken Sie für eine Vorschau der Animation auf das OPTIMIERT-Register. Noch besser ist es allerdings, die Animation über DATEI > VORSCHAU IN > INTERNET EXPLORER (NETSCAPE NAVIGATOR) direkt im Browser anzusehen, um ein Gefühl für die wirkliche Geschwindigkeit der Animation zu bekommen. ImageReady sichert die GIF-Animation in einer temporären HTML-Datei. Nur im Browser sehen Sie die wirkliche Geschwindigkeit der Animation, die in ImageReady durch die Echtzeitberechnung langsamer wirkt. Erst wenn alle Ebenen reduziert und die GIFs optimiert wurden, lässt sich die Geschwindigkeit der Animation beurteilen. Eventuell müssen Sie jetzt noch das Timing bestimmter Frames ändern.

Um die Geschwindigkeit eines Frames zu ändern, genügt es, auf die Zeitangabe unterhalb des Frames zu klicken und die Maustaste gedrückt zu halten. Einige gebräuchliche Standardwerte werden sichtbar. Falls Sie einen anderen Wert benötigen (auf 1/100 Sekunde genau), wählen Sie die Option ANDERE.

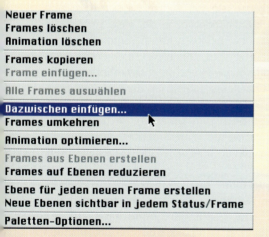

Der Befehl DAZWISCHEN erlaubt es, automatisch Zwischenbilder nach einem oder zwischen zwei gewählten Frames einzufügen.

Schleifenanimation

Soll die Animation mehr als einmal abgespielt werden? Kein Problem. Die Wiederholungsoptionen finden sich unten links in der ANIMATION-Palette. Wählen Sie EINMAL oder UNBEGRENZT. Mit der Option ANDERE können Sie die Anzahl der Wiederholungen individuell einstellen.

Leider gibt es in der GIF-Spezifikation keine Vorwärts/Rückwärts-Schleife. Solche Animationen müssen Sie manuell erstellen, was jedoch einfach ist. Nachdem Sie mit dem Befehl DAZWISCHEN EINFÜGEN Zwischenframes erzeugt haben, wählen Sie mit gedrückter Umschalttaste alle diese Frames (ohne den ersten und letzten Frame) und verschieben diese mit gedrückter Wahl-/Alt-Taste an die rechte Kante des letzten Frames. Wählen Sie dann aus dem Menü der ANIMATION-Palette die Option FRAMES UMKEHREN.

Die Standardeinstellungen EINMAL und UNBEGRENZT für die Wiederholung. Mit ANDERE bestimmen Sie eine eigene Anzahl von Wiederholungen.

Übertragungszeit sparen durch Skalieren

Da eine Animation aus mehreren Bildern besteht, sind GIF-Animationen vergleichsweise große Dateien. Wenn die Farbreduktion und andere Komprimierungsversuche die Datei nicht ausreichend verkleinern, gibt es noch einen kleinen HTML-Trick, der bis zu 75 % Platz sparen kann. Die Größe eines Bildes wird über die WIDTH- und HEIGHT-Attribute im IMG-Tag definiert. Der Browser nutzt diese Attribute, um die Abmessungen des Bildes festzulegen, noch bevor es vom Server geladen wurde. Auch Sie können mit diesen Attributen ein Bild skalieren. Um die Dateigröße zu reduzieren, verkleinern Sie die Animation um 50 Prozent mit dem Befehl BILD > BILDGRÖSSE. Im HTML-Code verdoppeln Sie daraufhin die Abmessungen. Obwohl die Qualität der Skalierung abnimmt, bleibt dies dank der Animation verborgen. (Die Reduktion um die Hälfte bringt 75 % Einsparung, weil sich die Verkleinerung auf 50 % auf die vertikale und horizontale Achse gleichzeitig auswirkt und daher die Größe auf ein Viertel des Originals schrumpft.)

Methoden zum Entfernen von Frames

Sie können auch animierte GIFs mit Transparenz erzeugen. Dabei bestimmen Sie mit der ENTFERNEN-Methode, was in den transparenten Bereichen der Frames sichtbar sein soll. Stellen Sie sich dazu eine Zeichentrick-Animation vor, in der viele Einzelbilder aus übereinander gelegten transparenten Folien zusammengesetzt sind. Die erste Folie enthält das Hintergrundmotiv, während die anderen Folien z.B. die einzelnen Charaktere enthält, um die einzelnen Figuren unabhängig voneinander zu animieren. So auch bei den Methoden zum Entfernen von Frames: Das erste Bild enthält das Hintergrundbild, während alle folgenden Bilder die animierten Elemente beinhalten.

Welche Methode bei welchem Frame verwendet wird, sehen Sie, indem Sie mit der rechten Maustaste (Windows) bzw. gedrückter Control-Taste auf den Frame klicken. Das Menü bietet die drei Einstellungen AUTOMATISCH, NICHT ENTFERNEN und AUF HINTERGRUND WIEDERHERSTELLEN.

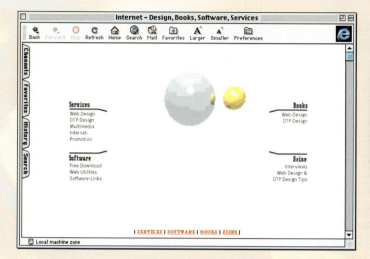

Diese Animation mit zwei rotierenden Bällen wurde in GoLive auf 200 % skaliert, was die Dateigröße unter 10 Kbyte hielt.

AUTOMATISCH entfernt den aktuellen Frame, wenn der nächste Frame eine Ebene mit Transparenz enthält. Laut Adobe ist diese Standardeinstellung für die meisten Animationen die beste Option.

NICHT ENTFERNEN zeigt den aktuellen Frame bei einem nachfolgenden Frame weiterhin an. Enthält der zweite Frame transparente Bereiche, scheint der erste Frame durch diese hindurch. Wenn Sie mit einem vollen Frame beginnen, definieren Sie ihn als NICHT ENTFERNEN und lassen Sie teiltransparente Frames folgen. Alle Frames mit teilweiser Transparenz werden jetzt mit dem NICHT ENTFERNEN-Frame kombiniert.

AUF HINTERGRUND WIEDERHERSTELLEN ist wie AUTOMATISCH, d.h., der aktuelle Frame wird beim Wechsel zum nächsten Frame unterdrückt. Allerdings erlaubt die Funktion, beim Wechsel von einem Frame zum nächsten auf aktuelle Hintergrundfarben oder -bilder umzuschalten, die durch die transparenten Bereiche scheinen. Benutzen Sie diese Methode, wenn Sie per Transparenz ein bewegtes Objekt in den Hintergrund des Browsers einblenden wollen.

Wichtig: Da ImageReady die Methoden zum Wechseln von Frames nicht in der Voransicht (OPTIMIERT-Register) simuliert, müssen Sie das Ergebnis immer über DATEI > VORSCHAU IN > INTERNET EXPLORER (oder NETSCAPE NAVIGATOR) im Browser testen.

Per Mausklick importieren Sie eine Animation aus ImageReady und testen sie in einem Browser. Dies ist wichtig, wenn Sie mit Transparenz und den Methoden zum Entfernen von Frames arbeiten, da diese in ImageReady nicht angezeigt werden. Wie Sie sehen, wurde im unteren Beispiel mit den springenden Bällen die Methode versehentlich auf „Nicht entfernen" gesetzt.

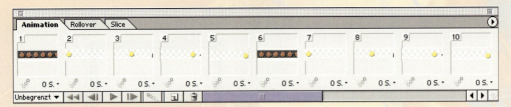

Die Lauflichter-Animation hat die Verzögerung NULL und die Entfernen-Methode NICHT ENTFERNEN. Der Hintergrund mit den ausgeschalteten Lichtern ist sichtbar, während die einzelnen gelben Lichter blinken.

DER NULL-SEKUNDEN-TRICK

Für jedes Bild der Animation wird eine Verweildauer definiert, wobei hier Werte bis in den Hundertstelsekunden-Bereich möglich sind. Selbst der Wert 0/100 Sekunden lässt sich eingeben (in ImageReady wird diese Geschwindigkeit KEINE VERZÖGERUNG genannt), was natürlich in der Praxis nicht erreicht wird. Trotzdem ist die Überblendgeschwindigkeit schnell genug, um fast zeitgleich mit dem Folgebild zu sein. Dies lässt sich nutzen, um GIF-Animationen zu optimieren, da ein Einzelbild aus zwei schnell aufeinander folgenden Bildern zusammengesetzt sein kann.

In dieser speziellen Animation musste der Schein der Lichter in den Hintergrund übergehen, weswegen die HINTERGRUND-Option verwendet wurde.

Beispielsweise ließe sich so eine Lauflichterkette mit mehreren blinkenden Lichtern aus einem Hintergrundbild (alle Lichter aus = rot) und einem kleineren Bild (ein Licht an = gelb) komponieren. Das Einzelbild mit dem gelben Licht wird mehrfach auf dem Hintergrundbild positioniert und die Überblendzeit wird auf KEINE VERZÖGERUNG gesetzt. Zusammen mit der Entfernen-Methode NICHT ENTFERNEN (über Kontextmenü) bleibt der Hintergrund mit den ausgeschalteten Lichtern sichtbar, wenn nacheinander die gelben Lichter angezeigt werden – und das erzeugt den Blinkeffekt. Der Aufwand für eine solche Animation ist höher, als einfach nur zwei Vollbilder in eine Animation einzubinden. Gleichzeitig spart diese Technik aber überflüssige Bilddaten (Bereiche), in denen keine Veränderung stattfindet.

Wie Sie hier in der Ebenen-Palette sehen, besteht die gesamte Animation aus zwei Ebenen. Eine Ebene enthält ein Hintergrundbild mit allen Lichtern (ausgeschaltet), die andere Ebene ein einzelnes Licht, das immer verschoben wird. Da für alle Frames eine Verzögerung von 0 Sekunden eingestellt ist, erscheinen die Lichter praktisch gleichzeitig.

Ideal ist dieses Verfahren auch, wenn zwei Animationen asynchron ablaufen sollen. Am Beispiel einer Uhr und ihrer Zeigerbewegungen lässt sich dies gut verdeutlichen: Während der Stundenzeiger immer nur stundenweise weiterrückt, wiederholt sich die Animation für den Minutenzeiger mehrfach. Für den Minutenzeiger könnten acht Einzelbilder angelegt sein und für den Stundenzeiger entsprechend zwölf, insgesamt nicht mehr als 20 Bilder für die Zeiger und ein Bild für den Hintergrund. Ohne den Null-Sekunden-Trick bestünde die gesamte Animation aus 8 x 12 Bildern, sprich 96 Einzelbildern. Allerdings sind diesem Trick auch Grenzen gesetzt, denn ein derartig animiertes GIF benötigt Anweisungen, die natürlich auch zu Lasten der Dateigröße gehen.

ANIMATIONEN OPTIMIEREN

Eine Animation muss nicht immer aus Vollbildern bestehen, was bedeutet, dass sich die Datenmenge einer Animation deutlich verringern lässt: Sie beschneiden die Frames nur auf die wichtigen Teile. ImageReady besitzt eine Funktion, die genau dies macht. Die Funktion untersucht dabei aufeinander folgende Bilder nach überlappenden Bereichen und reduziert das Folgebild entsprechend, d.h., statische Bereiche werden entfernt, um Speicher zu sparen. Wählen Sie aus dem Menü der ANIMATION-Palette die Option ANIMATION OPTIMIEREN und aktivieren Sie die Option BEGRENZUNGSRAHMEN. Da diese Technik enorm effektiv ist und die Dateigröße deutlich verringert, sollten Sie versuchen, alle Ihre Animationen so anzulegen, dass Frames aufeinander aufbauen.

Diese Optimierungsfunktion ist nützlich, wenn Sie mit konvertierten QuickTime-Movies arbeiten. ImageReady kann komplette QuickTime-Movies in GIF-Animationen umwandeln: Wählen Sie DATEI > ÖFFNEN und importieren Sie die QuickTime-Datei. Bestimmen Sie im angezeigten Dialogfeld die Zahl der Frames etc. Das Optimieren der umgewandelten Datei mit der Option BEGRENZUNGSRAHMEN verringert deutlich die Dateigröße – wichtig ist nur, dass Sie AUTOMATISCH als ENTFERNEN-Methode gewählt haben.

Die zweite Optimierungsoption ist ENTFERNEN REDUNDANTER PIXEL, die Sie ebenfalls im Dialogfeld ANIMATION OPTIMIEREN aktivieren. Hierbei wird jedes statische Pixel durch Transparenz ersetzt, was wiederum die Kompression verbessert (GIF verwendet eine Mustererkennung, wodurch sich einfarbige Flächen besonders gut komprimieren lassen). Die Einsparung dieser Option ist wirklich erstaunlich, insbesondere in Situationen, in denen die Option BEGRENZUNGSRAHMEN keine guten Ergebnisse produziert. Das ist z.B. der Fall, wenn die sich verändernden Bereiche in einem Frame in den gegenüberliegenden Ecken liegen, d.h., es kann kaum etwas beschnitten werden, obwohl alle Pixel im Zwischenbereich statisch sind. Die Option ENTFERNEN REDUNDANTER PIXEL löst dieses Problem.

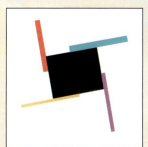 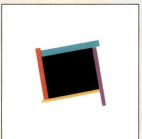  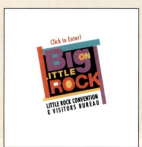

  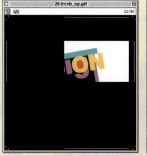 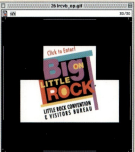

Oben sehen Sie Bildschirmaufnahmen einer Animation aus der Little-Rock-Website und unten die einzelnen Frames. Sie sehen, wie jeder Frame mit der OPTIMIEREN-Option nur auf die sich ändernden Teile beschnitten wurde.

Ein Logo rotieren

Eine der häufigsten GIF-Animationen ist ein sich drehendes Logo. Für eine derartige Animation in ImageReady müssen Sie das Logo erst in einem 3D-Programm erstellen und als Bildsequenz oder als QuickTime-Movie in ImageReady importieren.

1 Frames importieren: Um einen QuickTime-Film zu importieren, benutzen Sie den Befehl DATEI > ÖFFNEN. Um Einzelbilder zu importieren, wählen Sie DATEI > IMPORTIEREN > ORDNER ALS FRAMES, wobei alle Bilder im ausgewählten Ordner geladen werden. Achten Sie darauf, dass die Bilder zuvor in der richtigen Reihenfolge benannt wurden.

Wählen Sie DATEI > IMPORTIEREN > ORDNER ALS FRAMES und suchen Sie den Ordner mit den Animationsframes. Benutzen Sie für dieses Tutorial eigene Bilder oder laden Sie das Beispiel von www.mitomediabooks.com.

2 Verzögerung einstellen: Da jeder Frame die gleiche Verzögerung haben soll, wählen Sie aus dem Menü der ANIMATION-Palette die Option ALLE FRAMES AUSWÄHLEN. Alternativ können Sie auch auf das erste Bild klicken, dann die Umschalttaste drücken und das letzte Bild wählen. Klicken Sie auf die Zeitangabe unter einem der Bilder und ändern Sie die Verzögerungszeit (gilt dann für alle Bilder).

Diese beiden Funktionen müssen aktiviert sein, um die Dateigröße klein zu halten.

3 Optimieren und Testen: Wählen Sie aus dem Menü der ANIMATION-Palette die Option ANIMATION OPTIMIEREN und aktivieren Sie die Optionen BEGRENZUNGSRAHMEN und ENTFERNEN REDUNDANTER PIXEL. Und noch ein Tipp: Die Animation besteht nur aus einer 180°-Drehung, was noch einmal 50 % Dateieinsparung bringt. Klicken Sie in der Toolbox auf die Schaltfläche VORSCHAU IN STANDARDBROWSER, um einen Eindruck von der Abspielgeschwindigkeit zu erhalten (die Vorschau direkt in ImageReady ist langsamer).

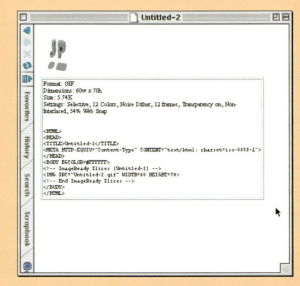

4 Animation skalieren: Wenn Sie die Animation in Ihr HTML-Authoring-Programm importieren, sollten Sie diese auf die doppelte Größe skalieren (siehe auch www.plenk-josef.de).

Testen Sie die Animation im Browser, da die Vorschau für die Verzögerung in ImageReady ungenau ist.

ROLLEFFEKTE

Um einen Text in einem Banner interessanter zu machen, lassen Sie ihn einfach schrittweise erscheinen. Das geschieht mit einer animierten Ebenenmaske. Der nachfolgend beschriebene Rolleffekt lässt sich unterschiedlich einsetzen.

1 Platzieren Sie den Text auf einer Textebene. Klicken Sie dann in der EBENEN-Palette auf die Schaltfläche MASKE HINZUFÜGEN. Neben der Textebene erscheint die Ebenenmaske-Miniatur. (Die Ebenenmaske sollte automatisch aktiviert sein – ansonsten klicken Sie auf die Miniatur.)

2 Wählen Sie mit dem Auswahlrechteck die Textbereiche, die verdeckt sein sollen. Füllen Sie mit dem FÜLLWERKZEUG die Auswahl mit schwarzer Vordergrundfarbe. Heben Sie die Auswahl auf, öffnen Sie das ANIMATION-Fenster und klicken Sie auf die Schaltfläche DUPLIZIERT AKTUELLEN FRAME.

3 Bevor Sie die Ebenenmaske verschieben, muss deren Verknüpfung mit der Ebene aufgehoben sein. Bewegen Sie die Maske mit dem VERSCHIEBEN-WERKZEUG nach rechts, um den Text wieder anzuzeigen.

4 Damit verfügen Sie über den Anfangs- und Endzustand Ihrer Animation. Wählen Sie beide Frames und dann aus dem Menü der ANIMATION-Palette die Option DAZWISCHEN EINFÜGEN. Bestimmen Sie die Anzahl der einzufügenden Frames.

Bilder optimieren

Illustration: **Jens Karlson/Vinh Kha** von der CD **Outjection**

198 GIF – Graphics Interchange-Format
198 Wie GIF komprimiert
198 CLUT – Color Look Up Table
200 Balance zwischen Komprimierung und Qualität
202 LZW-Mustererkennung
206 GIF-Vergleichstabelle
210 Dithering-Vergleichstabelle
212 Die Lossy-Option
214 GIF in Photoshop erstellen
223 Farbtabelle optimieren
224 Schritt für Schritt: Ein GIF optimieren
228 Eigene Paletten erstellen
231 Optimierung über Alphakanäle
231 Partielles Lossy
233 Teile eines Bildes dithern

235 Alphakanäle optimieren
236 Mehrere Transparenzstufen simulieren
238 JPEG – Joint Photographic Experts Group
239 Wie gut komprimiert JPEG ein Bild?
240 Abhängigkeit der Kompression von den 8x8-Blöcken
241 Qualitätsunterschiede bei JPEG-Decodern
241 JPEG oder GIF?
242 Wie ein JPEG kodiert wird
244 Wie viel bringt die Weichzeichnung?
246 Dateioptimierung mittels Alphakanälen
248 JPEG-Vergleichstabellen
250 PNG – Portable Network Graphics
251 PNG, GIF und JPEG im Vergleich
252 PNG-Bilder speichern

OPTIMIEREN

Optimieren ist ein wichtiger Bestandteil des Webdesigns. Selbst wenn Sie in einer großen Agentur mit Spezialisten an dieser Optimierung arbeiten, sollten Sie um die Möglichkeiten und Probleme wissen. Nur so lassen sich Ihre Gestaltungsideen optimal umsetzen. Obwohl immer mehr Leute mit DSL- und Kabelmodems im Internet surfen, gibt es noch immer viele Benutzer von 56-Kbps-Modems. Die Bildoptimierung wird in den kommenden Jahren noch wichtiger, weil immer mehr Handys und PDAs auf das Web zugreifen. Diese Geräte haben noch geringere Geschwindigkeiten, was weitere Einschränkungen für das Webdesign bedeutet. Man kann durchaus davon ausgehen, dass eines Tages die meisten Anwender über mobile Geräte auf das Internet zugreifen. Selbst wenn diese Prognose nicht eintreffen sollte, wird in Zukunft immer mehr die Bildoptimierung im Vordergrund stehen. Adobe unterstützt diesen Bereich bereits mit dem WBMP-Bildformat im Dialogfeld FÜR WEB SPEICHERN. Selbst GoLive verfügt über einen Vorschau-Modus, der die Anzeige eines Handys simuliert. Jeder Webdesigner, der weiterhin ganz vorne mitmischen will, sollte sich um diese Entwicklungen kümmern. Und was schon fast in Vergessenheit geraten war, wie die Bildoptimierung für 256-Farben-Monitore, kommt wieder zurück – willkommen in der Zukunft.

GIF – Graphics Interchange-Format

GIF ist das vielseitigste Bildformat für das Web, denn es kann Fotos in guter Qualität abbilden, Grafiken herausragend komprimieren und es bietet die Möglichkeit der Animation. Kein Wunder also, dass dieses Kapitel das ausführlichste über Bildformate ist.

Wie GIF komprimiert

Das GIF-Format arbeitet mit mehreren Methoden zur Datenreduzierung. Neben der LZW-Komprimierung verwendet GIF auch eine CLUT. Dieses Kürzel steht für Color Look Up Table (dt. Farbverwaltungstabelle oder kurz Farbtabelle).

CLUT – Color Look Up Table

Um zu verstehen, warum eine CLUT ein nützliches Werkzeug zur Datenreduktion ist, muss man sich die Arbeitsweise eines Bildformats ohne CLUT vor Augen halten: Für jeden Bildpunkt (Pixel) werden 24 Bit an Farbinformationen abgelegt, was bei einem Bild mit den Abmessungen 100 x 100 Pixel bereits 240.000 Bit bedeutet. Da nur wenige Bilder die vollen 16,8 Millionen Farben (24-Bit-Farbtiefe) enthalten, entstand die Idee, sich auf die häufigsten 256 Farben zu beschränken. Diese Farben werden entsprechend indiziert, sprich in bestimmten Speicherstellen abgelegt, und schon reduzieren sich die 240.000 Bit bei einem ebenfalls 100 x 100 Pixel großen Bild auf 86.144.

Die Reduktion beträgt nahezu zwei Drittel. Grund: Die CLUT benötigt ebenfalls einige Daten. Tatsächlich benötigt eine CLUT 256 x 64 Bit, also 6.144 Bit. Unser 100 x 100 Pixel großes Bild wird demnach auf 10.768 Byte reduziert. Der Photoshop-Befehl Für Web speichern reduziert die CLUT auf das absolute Minimum. Hat ein Bild z.B. nur zwei Farben und speichern Sie es mit 256 Farben, erkennt dieser Befehl, dass die CLUT zu groß ist,

Das Funktionsprinzip einer CLUT

Ein Bild ist in Pixel aufgeteilt, von denen jedes Pixel eine CLUT adressiert.

Jede Speicherzelle ist aus einer 24-Bit-Information aufgebaut (3 x 8 Bit).

24 Bits können über 16,8 Millionen Farbnuancen wiedergeben.

In einem GIF enthält jedes Pixel einen CLUT-Wert. Dieser hängt von der Anzahl der verwendeten Bits ab: Bei einem Bit lassen sich nur zwei Positionen (0 und 1) adressieren, bei zwei Bits sind dies schon vier und bei acht Bits bis zu 256 Farben. Jede CLUT kann eine 24-Bit-Farbe speichern, und dies bedeutet, dass ein GIF einen Farbumfang von über 16,8 Millionen Farben besitzt.

und reduziert sie entsprechend. Und je kleiner die CLUT ist, desto weniger Speicherplatz benötigt die Datei.

Wie groß würde ein 100 x 100 Pixel großes Bild sein, wenn die CLUT nur Schwarz und Weiß enthalten würde? Da das Bild mit nur zwei Farbwerten indiziert werden muss, wird dazu nur ein Bit pro Pixel benötigt. Die CLUT selber hat zwei Farben, jede mit 24 Bit Farbinformationen – und das ergibt 10.024 Bit bzw. 1.253 Byte. Wenn Sie dieses Bild dagegen mit einer 256-Farben-CLUT speichern, kommen Sie auf 16.114 Bit – ein Zuwachs um fast 60 %. Speichern Sie das Bild mit dem Photoshop-Befehl FÜR WEB SPEICHERN, wird die Datei noch kleiner: 266 Byte statt 1.253 Byte. Diese weitere 80 % Einsparung wird mit dem LZW-Algorithmus, der zweiten GIF-Komprimierungstechnik, erzielt.

Der LZW-Algorithmus

Die CLUT ist nicht der einzige Grund, warum sich GIF so gut für Grafiken eignet. Die Herren Lempel-Ziv und Welch haben ebenfalls einen großen Anteil daran.

Nach ihnen ist der LZW-Komprimierungsalgorithmus benannt. Dieser Algorithmus funktioniert nach dem Prinzip der Mustererkennung: Er arbeitet sich zeilenweise von oben nach unten und von links nach rechts durch ein Bild, um nach gleichen Pixelfolgen zu suchen, und indiziert diese ähnlich einer CLUT. Folgen mehrere Pixel mit identischer Farbe, beispielsweise Rot, dann notiert der LZW-Algorithmus nur „5 x Rot" statt „Rot, Rot, Rot, Rot, Rot". Deshalb eignen sich Grafiken mit großen Bereichen identischer Farben besonders gut für das GIF-Format.

DIE SPEICHERMENGE EINER CLUT

	Farben	Bits	Bytes	Kbytes
1 bit	2	48	6	0,006
2 bits	4	96	12	0,012
3 bits	8	192	24	0,024
4 bits	16	384	48	0,048
5 bits	32	768	96	0,096
6 bits	64	1.536	192	0,192
7 bits	128	3.072	384	0,384
8 bits	256	6.144	768	0,768

Diese 100 x 100 Pixel große Beispieldatei wurde mit 256 Farben indiziert und als GIF gespeichert. Die angezeigte Dateigröße beträgt 6.664 Byte, obwohl 10.768 benötigt werden. Der Unterschied zu den ermittelten 10.786 Byte entsteht durch den LZW-Komprimierungsalgorithmus.

Balance zwischen Komprimierung und Qualität

Wenn Sie ein Bild oder eine Grafik als GIF speichern, geht es darum, die kleinstmögliche Datei bei bester Qualität zu erzeugen. Es kommt also darauf an, die Farbtiefe der CLUT und die LZW-Komprimierung gegeneinander abzuwägen: Je weniger Farben die CLUT benutzt, desto besser ist die LZW-Komprimierung. Wenn jedoch zu viel an Qualität und Details verloren geht, müssen Sie per Dithering ein besseres Bild erzielen – selbst wenn das kontraproduktiv zur LZW-Komprimierung ist.

Zum Glück lässt sich dieser komplexe Vorgang einfach mit Photoshop und ImageReady bewerkstelligen. Beide Programme ermöglichen Ihnen die gleichzeitige Ansicht von vier Versionen eines Bildes, so dass Sie die Qualität von vier unterschiedlichen Einstellungen vergleichen und das Bild besser optimieren können. Um eine Vorstellung der verschiedenen Farbtiefen, Paletten und Dithering-Einstellungen und deren Einfluss auf unterschiedliche Bildtypen zu erhalten, schauen Sie sich die GIF-Vergleichstabelle auf Seite 206 an. Diese Übersicht zeigt die Ergebnisse eines Fotos (Bild A), einer Grafik (Bild B), einer Fotoillustration (Bild C) und eines Farbspektrums (Bild D). Letzteres dient als Referenz und nicht als Anwendungsbeispiel. Ein Spektrum ergibt ein schlechtes GIF, da der LZW-Algorithmus zu viele Muster findet. Dennoch zeigt Ihnen dieses Beispiel, wie die CLUT ein Bild beeinflusst.

Jede Datei wurde mit unterschiedlichen Farbstufen gespeichert, d.h. mit 8, 16, 24 und 32 Farben. Für das

Balance zwischen Komprimierung und Qualität 201

Die unter Photoshop im Dialogfeld FÜR WEB SPEICHERN verfügbaren Befehle und Optionen gibt es auch in den Paletten und Menüs in ImageReady. Wenn also etwas für das Dialogfeld FÜR WEB SPEICHERN erklärt wird, gilt das auch für ImageReady. Mit anderen Worten: Sämtliche Befehle und Optionen für FÜR WEB SPEICHERN stehen in beiden Programmen zur Verfügung.

Foto (Bild A) benutzte ich die Adaptiv-Palette, die ein viel besseres Bild bei Grafikkarten mit Tauenden oder Millionen von Farben anzeigt. Sie sollten Bilder mit Adaptiv-Palette auch in einem Browser auf einem 256-Farben-Monitor testen. Für die Bilder B, C und D verwendete ich die Webfarben-Palette.

Außerdem experimentierte ich bei den einzelnen Farbtiefen mit Dithering. Viele Leute vermeiden das GIF-Dithering, da es die Effektivität der LZW-Komprimierung einschränkt. Dennoch ist es ein wichtiges Tool, um die Zwischenfarben zu simulieren. Und auch die Dateigröße nimmt nicht in dem Maße zu, wie viele meinen. Der Vorteil ist einfach eine bessere Bildqualität, besonders mit der Option STÖRUNGSFILTER im Dialogfeld FÜR WEB SPEICHERN. Am besten dithern Sie ein Bild unter Verwendung eines Alphakanals, was ich noch später erklären werden.

In einem gedruckten Buch lassen sich die feinen Farbunterschiede der unterschiedlichen GIF-Einstellungen nur schwer erkennen, da der indizierte RGB-Farbraum in CMYK konvertiert wird. Einige in RGB darstellbare Farben sind im Druck nicht verfügbar. Außerdem unterdrücken der Punktzuwachs und das Raster viele der kleinen Artefakte. Um Ihnen eine bessere Vorstellung von den Qualitätsunterschieden zu vermitteln, habe ich die Bilder in der Übersicht mit 1 bis 10 bewertet, wobei der Wert 10 für die beste Qualität steht.

LZW-Mustererkennung

Der LZW-Algorithmus funktioniert fast so wie die Farbtabelle, nur nachdem der Algorithmus die Tabelle aufgebaut hat, löscht er sie wieder und speichert sie nicht zusammen mit dem Bild. Aber da die Tabelle auf einer mathematischen Logik aufbaut, kann diese jederzeit vom Decoder wieder neu erstellt werden.

Am besten lässt sich die Arbeitsweise an einem Beispiel demonstrieren: Angenommen, wir wollten die Kombination ABACABA (die einzelnen Buchstaben stehen für Farben) sichern. Wir wissen, dass es vier verschiedene Werte gibt (A, B, C und D in einer 2-Bit-Farbtabelle) gibt. Wir könnten die vier Werte in einer Farbtabelle ablegen und sie mit 1, 2, 3 und 4 bezeichnen. Beim Durchgehen der Pixelreihe wird laufend untersucht, ob die zwei aufeinander folgenden als Kombination in der Tabelle gesichert sind. Wenn dies der Fall ist, wird nach der nächstgrößeren Kombination gesucht, bis der Algorithmus nicht mehr fündig wird. Jetzt wird die neue Kombination in der Tabelle gesichert und indiziert. Dieser Prozess wiederholt sich fortlaufend, bis keine Pixel mehr vorhanden sind.

Die ersten beiden Buchstaben sind in unserem Beispiel AB. Da dieses Muster nicht in unserer Tabelle ist, wird 0 für das gefundene A notiert. Der zweite Buchstabe ist ein B, und der Algorithmus prüft, ob die Kombination aus diesem und dem vorherigen Buchstaben (also AB) schon in der Tabelle ist. Da dies nicht der Fall ist, wird das Muster als neuer Index (4) abgelegt und der Wert 1 für das gefundene B vermerkt. Der nächste Buchstabe ist wieder das A, und es wird in der Tabelle nach der Kombination BA gesucht. Sie ist nicht vorhanden und wird als 5 gesichert (der Wert 0 wird für das A vermerkt). Weder der Buchstabe C noch das Muster AC befinden sich in der Tabelle, weswegen wir diese als 6 in die Tabelle eintragen. Der Algorithmus notiert den Wert 2 für das C. Der folgende Buchstabe ist ein A, und da die Kombination CA nicht in der Tabelle ist, wird sie ebenfalls indiziert. Aber das A und der folgende Buchstabe existieren als Muster, weswegen der Wert 4 notiert wird. Für den letzten Buchstaben A können wir nur noch den Wert 0 notieren, da nichts mehr folgt (zuvor wird aber noch die Kombination ABA als 8 gesichert).

Dieses Beispiel brachte keine große Einsparung: Statt sieben Buchstaben haben wir nur sechs Zahlen. Aber je größer das Bild, desto mehr Muster wird der Algorithmus indizieren und finden. Beim Speichern des Bildes wird die Indizierungstabelle gelöscht. Um das GIF-Bild wieder zu dekomprimieren, muss der Browser oder das Programm diese Tabelle neu generieren.

Beispiel für Indizierung

ABACABA	010240
A	= 0
B	= 1
C	= 2
D	= 3
AB	= 4
BA	= 5
AC	= 6
CA	= 7
ABA	= 8

Dies ist ein Beispiel, wie der LZW-Algorithmus eine Sequenz von sieben Pixeln indiziert (jeder Buchstabe in ABACABA repräsentiert ein Pixel; gleicher Buchstabe entspricht gleicher Farbe). Die Zeilen in der Tabelle entsprechen einer Position in der Index-Tabelle. In den ersten vier Positionen befinden sich die Grundfarben (ABCD), gefolgt von verschiedenen Mustern. Am Ende ist das Ergebnis 010240, was nur eine geringe Einsparung ist (statt sieben Buchstaben haben Sie sechs Zahlen). In einem größeren Bild würden sich die Einsparungen stärker bemerkbar machen.

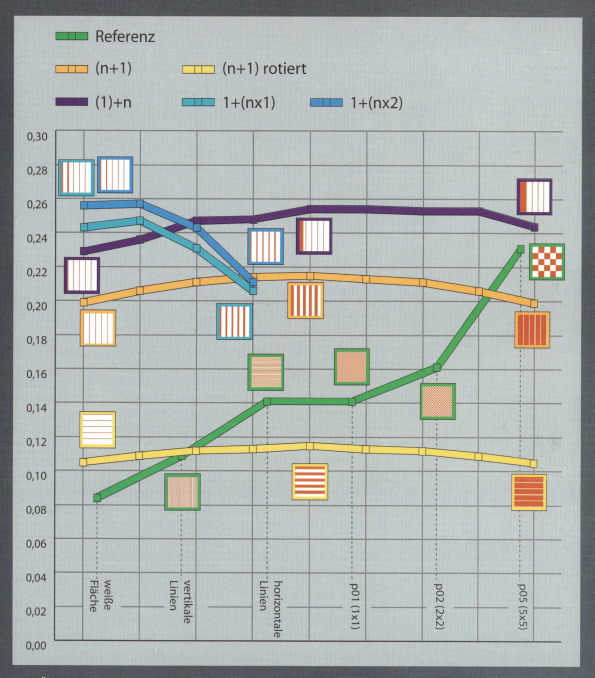

Diese Übersicht zeigt 1-Bit-GIFs mit unterschiedlichen Mustern und den jeweiligen Dateigrößen. Die folgenden beiden Seiten vergleichen die einzelnen Grafiken.

1+(nx1)	Kbyte
01+2x1	0,243
01+3x1	0,247
01+4x1	0,231
01+5x1	0,206

1+(nx2)	Kbyte
01+2x2	0,256
01+3x2	0,257
01+4x2	0,243
01+5x2	0,211

Die Breite der fünf vertikalen Linien vergrößert sich um jeweils ein Pixel.

(1)+n	Kbyte
01+1	0,229
01+2	0,236
01+3	0,247
01+4	0,248
01+5	0,254
01+6	0,254
01+7	0,253
01+8	0,253
01+9	0,244

Als Referenz wird nur die erste rote Linie um jeweils ein Pixel verstärkt, bis diese zehn Pixel erreicht.

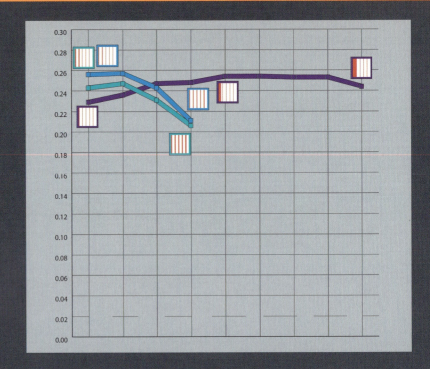

Nach diesen Erläuterungen der LZW-Komprimierung sollte es Ihnen klar sein, warum ein Bild mit horizontalen Linien besser komprimiert als eines mit vertikalen Linien (siehe Grafik auf Seite 203): Das Bild mit vertikalen Linien benötigt mehr Speicherplatz als die gedrehte Version. Dies macht Sinn, da bei Pixelfolgen derselben Farbe wesentlich weniger Muster anfallen, als wenn diese alternierend sind.

Es gibt aber auch hier Ausnahmen: Das Muster mit der einzeiligen vertikalen roten Linie benötigt weniger Speicher als die gedrehte Version mit der horizontalen Linie. Das ist etwas verwirrend, hängt aber damit zusammen, dass nach dem Indizieren der Muster noch eine Datenkompression stattfindet. Statt wie früher nach horizontalen Mustern wird jetzt nach vertikalen Mustern gesucht. Das Bild mit den horizontalen Linien ist viel komplexer und enthält daher auch mehr Daten.

Alle diese Informationen sind nicht wirklich entscheidend für die Arbeit mit GIFs, aber das Verständnis der technischen Hintergründe kann dennoch nützlich sein, die optimalen Komprimierungseinstellungen zu finden.

LZW-Mustererkennung

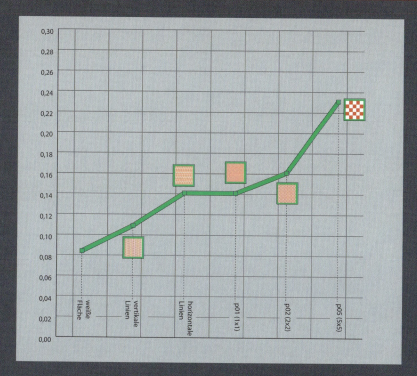

Referenz	Kbyte
weiße Fläche	0,084
vertikale Linien	0,109
p01 (1x1)	0,141
horizont. Linien	0,141
p02 (2x2)	0,161
p05 (5x5)	0,231
Störungen**	2,900*

*(-0,76 Kbyte für die CLUT)
** ist unten nicht abgebildet

Verschiedene Referenzdateien wurden angelegt. Die weiße Fläche hat die geringste Dateigröße, und die Datei, die mit dem Filter STÖRUNGEN HINZUFÜGEN erzeugt wurde, ist am größten (nicht im Diagramm). Bemerkenswert ist, dass hier die vertikalen Linien besser komprimieren als die horizontalen (Einzelheiten auf Seite 204).

	vert.	horiz.
01	0,199	0,105
02	0,206	0,109
03	0,211	0,112
04	0.214	0,113
05	0,215	0,115
06	0,213	0,113
07	0,211	0,112
08	0,206	0,109
09	0,199	0,105

Eine vertikale rote 1-Pixel-Linie wird alle 10 Pixel wiederholt. Die Linie wird jedes Mal um einen Pixel verbreitert. Die Datei wird kleiner, sobald die Linienbreite fünf Pixel überschreitet. Horizontale Linien machen die Datei wieder größer.

GIF-Vergleichstabelle

Diese Tabelle untersucht nur die Farbtiefe von 3 Bit (8 Farben) bis 5 Bit (32 Farben), da dies der übliche Bereich ist, in dem ein GIF für fotografische Motive verwendet wird. Motive mit weniger als 8 Farben sollten immer als GIF und solche mit mehr als 32 Farben als JPEG gespeichert werden. Bild A hat die adaptive Farbpalette, während den Bildern B, C und D die Webfarben-Palette zugewiesen wurde. Beim Qualitätsvergleich steht Q=10 für die beste Qualität.

GIF-Vergleichstabelle 207

16 Farben

Dither	Kein Dither

13.311 Byte Q=7,0	9.736 Byte Q=5,0

13.488 Byte Q=6,0	8.189 Byte Q=2,0

13.450 Byte Q=9,0	9.769 Byte Q=6,0

11.524 Byte Q=6,5	2.412 Byte Q=1,5

In der JPEG-Vergleichstabelle auf Seite 252 findet sich dieses Bild als Motiv C wieder. Hier produziert das GIF-Format die kleinste Datei mit der besten Qualität.

Hier die GIF-Ergebnisse für das obige Bild:

Ohne Dithern	
Farben	Größe
8	4.465
16	5.277
24	5.733
32	6.092

Mit Dithern	
Farben	Größe
8	6.127
16	6.463
24	6.875
32	6.875

Alle Bilder haben die Maße 264 Pixel (Breite) x 180 Pixel (Höhe). Die unkomprimierte Dateigröße beträgt 140 kbyte.

208 Bilder optimieren

32 FARBEN

Dither	Kein Dither

17.182 Byte Q=9,0	13.752 Byte Q=6,0

16.609 Byte Q=8,0	9.754 Byte Q=3,0

16.975 Byte Q=9,0	10.005 Byte Q=6,0
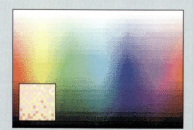	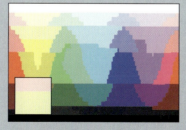
13.679 Byte Q=7,0	3.311 Byte Q=2,0

DITHERING-VERGLEICHSTABELLE

Das Diagramm auf der rechten Seite zeigt die Speichergröße der vier Motive A, B, C und D, die mit der Dither-Option gesichert wurden (Liniendiagramm). Als Referenz sind zusätzlich noch die Qualitätswerte angegeben (Säulendiagramm).

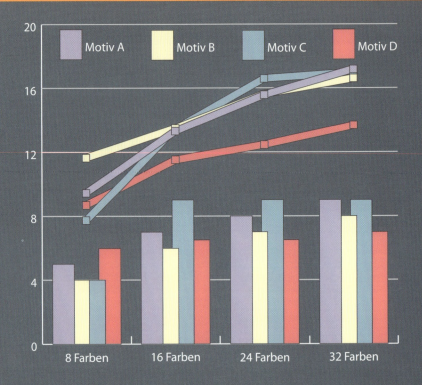

Diese Grafiken zeigen, wie das Dithering die Dateigröße beeinflusst.

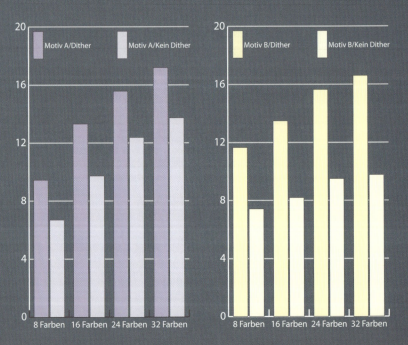

Dithering-Vergleichstabelle 211

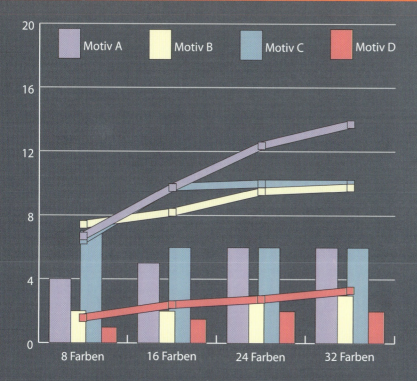

Das Diagramm zeigt die Dateigrößen der vier Motive aus der GIF-Vergleichstabelle (beginnend mit Seite 206). Die Motive wurden ohne Dithering gespeichert und sind im Vergleich deutlich kleiner als die geditherten Dateien auf der vorherigen Seite. Als Referenz sind zusätzlich noch die Qualitätswerte eingeblendet (Säulendiagramm).

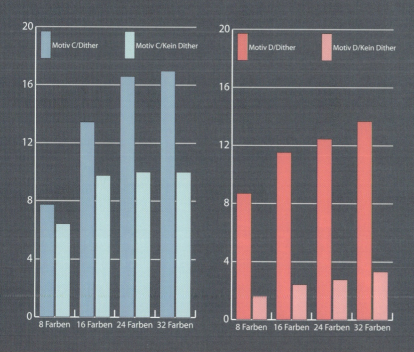

DIE LOSSY-OPTION

Das Dialogfeld FÜR WEB SPEICHERN in Photoshop und die OPTIMIEREN-Palette in ImageReady bieten beide die Lossy-Option (Verlust, von englisch „loss"). Diese Funktion reduziert die Dateigröße durch den Austausch von Pixeln mit bereits indizierten Mustern (siehe Seite 202). Das Ergebnis sieht im schlimmsten Fall aus wie ein Pixelsturm, im besten Falle wie ein gedithertes Bild.

Um diesen Effekt besser einschätzen zu können, habe ich drei Motive mit der Lossy-Option bearbeitet: Ein Fotomotiv (A), ein Fotomotiv mit Grafik (B) und ein Spektrum (D). Hierbei habe ich einen Lossy-Wert von 30 % genommen, denn alle Werte, die darüber hinausgehen, verschlechtern die Bildqualität unvertretbar. Ich benutze ein normales GIF mit einer adaptiven Farbpalette als Referenzbild. Jedes Bild wird mit verschiedenen CLUT-Größen zwischen 2 und 256 Farben komprimiert. Danach arbeitete ich mit einem Dithering von 100 % und der Lossy-Einstellung 0. Jedes Bild erhielt einen (subjektiven) Qualitätswert zwischen 1 und 10, wobei 10 für die beste Bildqualität steht.

Das Grafikbild (C) ließ ich in diesem Qualitätsvergleich aus, da die meisten Bildbereiche in diesem Motiv aus flächigen Farben bestehen. Die Lossy-Option hat keinerlei Qualitätseinflüsse und die Dateigröße bleibt unabhängig von der Lossy-Einstellung konstant.

Um die Grafiken zu interpretieren, suchen Sie alle Punkte, die in jeder der drei Dateien eine bestimmte Farbtiefe repräsentieren (diese sind mit einer gelben Linie verbunden). Die vertikale Achse zeigt die Dateigröße und die horizontale Achse die Qualität. Je weiter sich der Punkt nach unten und nach rechts verschiebt, desto besser ist das Bild.

Bei dem Fotomotiv A ist deutlich erkennbar, dass die Lossy-Option die besten Ergebnisse zwischen 16 und 64 Farben erzielt. Bei 64 Farben ist das mit Lossy bearbeitete GIF fast 45 % kleiner, obwohl die Bildqualität erhalten bleibt. Die Version mit 16 Farben zeigt mit Lossy 30 % weniger Qualität und ist um 1 Kbyte kleiner als das normale GIF. Die Ergebnisse zeigen ganz deutlich, dass ein fotografisches Motiv ideal für die GIF-Lossy-Option ist.

Die Lossy-Option

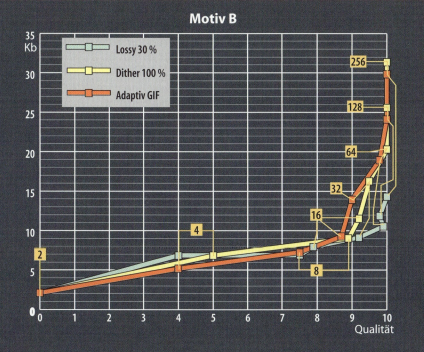

Motiv B ist eine Fotoillustration, die für LZW einfacher zu komprimieren ist. Die Ergebnisse ähneln denen des Motivs A, nur sind die drei GIFs viel enger zusammen hinsichtlich Dateigröße und Qualität. Der Bereich, in dem die Lossy-Option am effektivsten ist, liegt hier zwischen 32 und 64 Farben.

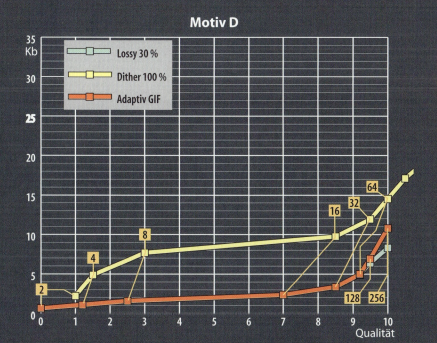

Motiv D ist ein Farbspektrum, d.h. die schwierigste Bildart für GIF. Obwohl die Qualität relativ gut ist, lässt sie sich mit den beiden anderen Motiven nicht vergleichen. Sie benötigen für dieses Motiv mindestens 64 Farben. Bei diesem speziellen Motiv verbessert Dithering die Qualität so sehr, dass einige Qualitätswerte sogar über 10 liegen.

GIF in Photoshop erstellen

Der Befehl FÜR WEB SPEICHERN ist die effektivste Art, GIFs in Photoshop zu erstellen. In bestimmten Fällen könnten Sie ein GIF aber auch erzeugen, indem Sie eine RGB-Datei in indizierte Farben umwandeln (BILD > MODUS). Die im Dialogfeld INDIZIERTE FARBE verfügbaren Optionen ähneln den Optionen im Dialogfeld FÜR WEB SPEICHERN, wobei letzteres mehr Möglichkeiten für Qualitätsverbesserung und Minimieren der Dateigröße bietet. Es folgt ein Überblick der Optionen beim Speichern von GIF-Bildern in Photoshop.

Farbreduktionsmethoden (Paletten)

Wenn ein Bild indiziert werden soll, müssen Sie zuerst entscheiden, welche Farben in der CLUT enthalten sein sollen. Dies ist nicht immer einfach, denn jedes Bild hat spezifische Anforderungen. Es folgt eine Übersicht der verfügbaren Farbreduktionsalgorithmen (Paletten) und CLUT-Vorlagen, auf die Sie über die beiden Dialogfelder INDIZIERTE FARBE und FÜR WEB SPEICHERN zugreifen:

Perzeptiv und Selektiv: Adobe hält die selektive Palette für die beste Wahl und verwendet diese als Standardeinstellung. Die selektive Palette ist der perzeptiven Palette sehr ähnlich mit dem Unterschied, dass sie dominierende Farben und Webfarben bevorzugt. Perzeptiv nutzt dagegen verstärkt die Farben, für die das menschliche Auge besonders sensibel ist. Sie können dies testen, wenn Sie im Dialogfeld FÜR WEB SPEICHERN den Regler WEB-AUSRICHTUNG auf 25 % setzen und dann zwischen den Paletten SELEKTIV, PERZEPTIV und ADAPTIV umschalten. Die selektive Farbreduktion nutzt wesentlich mehr Webfarben als ADAPTIV oder PERZEPTIV.

Die beste Möglichkeit, die Wirkung der unterschiedlichen Farbreduktionsmethoden zu überprüfen, ist, ein verlaufendes Farbspektrum zu erstellen und als PERZEPTIV, SELEKTIV oder ADAPTIV zu speichern. In der Abbildung unten hat jede Datei 16 Farben. Obwohl die Unterschiede subtil sind, kann man trotzdem sehen, welche Farbbereiche von den Paletten betont werden. Deshalb sollten Sie nicht mit der SELEKTIV-Palette arbeiten, nur weil dies die Standardeinstellung ist. Prüfen Sie erst die Farben im Bild und wählen Sie dann die passende Methode: SELEKTIV für mehr Details in den dunklen Bereichen, PERZEPTIV für Details in den hellen Bereichen und ADAPTIV für mehr Details im roten Spektrum.

Adaptiv: Die Adaptiv-Farbpalette ist die wichtigste für GIF-Bilder. Sie erlaubt es, die CLUT auf 32 Farben oder

Die Tiefe der CLUT ist nicht der einzige wichtige Faktor beim Komprimieren eines Bildes: Die Web-Palette verringert speziell in diesem Fall die Dateigröße erheblich.

GIFs in Photoshop erstellen **215**

Das Referenzbild in unserem Vergleichsbeispiel wurde mit der Adaptiv-Palette, 8 Bit und ohne Dithering gespeichert.

Foto: Paul Ehrenreich

Das Bild wurde mit der Web-Palette und Diffusion-Dithering gespeichert.

Das Bild wurde mit der Web-Palette und Muster-Dithering gespeichert.

Das Bild wurde mit der Adaptiv-Palette, 8 Bit und Diffusion-Dithering gespeichert.

Das Bild wurde mit der Adaptiv-Palette, 5 Bit und ohne Dithering gespeichert.

216 Bilder optimieren

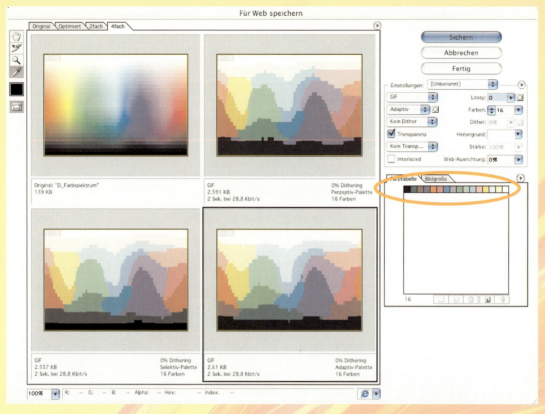

Um ein Gespür für die drei unterschiedlichen Farbreduktionsmethoden zu bekommen, optimieren Sie die Bilder in der 4fach-Ansicht. Beim Wechsel zwischen den Ansichten sind die Unterschiede in den Farbpaletten deutlich zu sehen.

PERZEPTIV
Die perzeptive Palette ist in den helleren Bereichen detaillierter, obwohl hellere Farben in der adaptiven Farbpalette differenzierter sind. Die perzeptive und selektive Palette betonen stärker den gelben Farbbereich.

SELEKTIV
Die selektive Palette zeigt mehr Details in den dunklen Bereichen als die perzeptive Palette und unterstützt websichere Farben.

ADAPTIV
Die adaptive Palette ist weniger detailliert in den hellen und dunklen Bereichen, zeigt dafür aber wesentlich mehr Details im mittleren Bereich des Spektrums.

weniger zu reduzieren und dennoch exzellente Ergebnisse zu erreichen. Wie der Name schon andeutet, adaptiert die Palette die Farben im Bild, d.h., die häufigsten Farben im Bild werden ermittelt und für die CLUT aufgenommen. Da diese Farben nicht notwendigerweise mit den Farben der Web-Palette identisch sind, werden auf einem 256-Farben-Monitor einige der Farben gedithert und auch quantisiert. Zum Glück bietet Ihnen die Option WEB-AUSRICHTUNG im Dialogfeld FÜR WEB SICHERN die Möglichkeit, einzelne Farben an die nächste websichere Farbe anzupassen. (Websichere Farben sind in der Farbtabelle mit einer kleinen Raute gekennzeichnet.)

Web: Diese Farbtabelle besteht aus 216 Farben und hat den Vorteil, dass ihre Farben unter allen Betriebssystemen nahezu identisch sind. Zwar erzeugt das unterschiedliche Gamma noch leichte Abweichungen, aber zumindest stellen Sie mit dieser Tabelle sicher, dass die Farben systemübergreifend getreu dargestellt werden. Trotzdem kommt diese Farbtabelle eher selten zum Einsatz, da Sie das Bild im schlechtesten Farbmodus speichern, nur um sicherzustellen, dass es auf einem 256-Farben-Monitor gut aussieht.

Eigene: Mit dieser Tabelle erstellen oder importieren Sie eine eigene CLUT, die dann nützlich ist, wenn Sie mehrere Bilder mit einer speziellen Farbtabelle indizieren wollen. Es gibt zwei Gründe dafür: Erstens führt

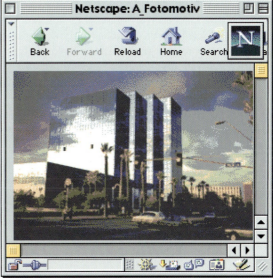

Das Dialogfeld FÜR WEB SPEICHERN erlaubt die Bildanzeige im Browser. Dies ist wichtig, wenn Sie nicht mit der Web-Palette arbeiten, da Netscape und Explorer die CLUT auf 256-Farben-Monitoren unterschiedlich anpassen.

Der Effekt von Dithering ist in diesen Bildern deutlich zu erkennen: Ohne Dithering wird das Spektrum zu einfarbigen Flächen reduziert. In der Version mit Dithering blenden die Farben ineinander.

die Verwendung vieler Bilder, die mit einer adaptiven Palette gesichert wurden, leicht dazu, dass auf Monitoren mit 256 Farben die Darstellungsgrenze erreicht wird. Wenn Sie z.B. zehn Bilder mit einer adaptiven Palette von 32 Farben anlegen, ergibt sich eine Gesamtzahl von 320 Bildern – 64 Farben müssen dann zum nächstmöglichen Wert verschoben werden. Um diese unvorhersehbaren Verschiebungen oder ein Dithern zu vermeiden, sollten Sie eine eigene Farbpalette entwickeln und damit alle Bilder indizieren.

Der zweite Grund für eine eigene Farbtabelle ist die Situation, wenn die Bilder auf der Seite alle in Schattierungen eines bestimmten Farbtons wie z.B. Gelb angelegt sind. Wenn Sie jedes Bild einzeln mit einer adaptiven Palette optimieren, enden Sie mit vielen unterschiedlichen CLUTs, da die Häufigkeit bestimmter Gelbtöne in jedem Bild anders ist. Mit anderen Worten: Die gleiche Farbe würde sich in den einzelnen Bildern unterschiedlich verschieben. Das könnte ein Problem sein, wenn die Bilder direkt aneinander grenzen (wie z.B. in einer Bildtabelle).

Schwarzweiß: Die Farben werden ausschließlich auf Schwarz und Weiß reduziert.

Graustufen: Konvertiert alle Farben in Graustufen.

Mac OS/Windows: Beide Rechnerplattformen haben eine eigene Farbtabelle. Diese beiden Modi sind nur für Multimedia-Designer interessant, die Bilder für die jeweilige Plattform optimieren wollen. Für das Webdesign spielen sie keine Rolle, es sei denn, Sie wollen Bilder ausschließlich für eine Plattform optimieren.

Die Verwendung der adaptiven Farbpalette und einer reduzierten CLUT (maximal 5 Bits) ist besser, obwohl Sie mehr Arbeit investieren müssen, um vorhersehbare Farben und gute Ergebnisse auf High-End-Monitoren zu erhalten. Da die Farbtabelle adaptiv ist, übernimmt sie die am häufigsten im Bild vorhandenen Farben für eine bestmögliche Wiedergabe. Der einzige Nachteil ist allerdings, dass Sie das Bild in den unterschiedlichen Browsern und auf jeder Plattform mit einem auf 256 Farben eingestellten Monitor prüfen und den „goldenen Mittelweg" herausfinden müssen. In ImageReady prüfen Sie die Darstellung, indem Sie den Befehl ANSICHT > VORSCHAU > BROWSER DITHERING wählen – allerdings ist auch das nur eine Schätzung.

Dithering

Zusätzlich zur Auswahl der CLUT bestimmen Sie das Dithering in den Dialogfeldern INDIZIERTE FARBE und FÜR WEB SPEICHERN. Dithering verbessert die visuelle Qualität durch Simulieren einer nicht in der Palette vorhandenen Farbe, d.h., mit zwei Farben aus der Farbtabelle wird die dazwischen liegende fehlende Farbe berechnet. Grundsätzlich verschlechtert Dithering die Komprimierbarkeit von Bildern (die Dateien werden größer), was sich aber durch Reduzieren der Farben kompensieren lässt. In den meisten Fällen ist die Farbreduktion die beste Möglichkeit, die Dateigröße zu reduzieren. Deshalb sollten Sie die Farben schritt-

Für die Transparenz-Option im Dialogfeld Für Web speichern muss die Hintergrundebene transparent sein. Eine transparente Ebene wird als Schachbrettmuster angezeigt.

weise reduzieren, bis ein deutlicher Qualitätssprung zu erkennen ist. Versuchen Sie dann, mit dem Dither-Regler die Darstellung zu verbessern, achten Sie dabei aber auf die Dateigröße. In der Grafik auf Seite 215 sehen Sie, dass keine qualitativen Unterschiede zwischen einem 8-Bit-Bild mit adaptiver Palette und der 5-Bit-Version vorhanden sind. Dagegen zeigt die Grafik auf Seite 214, dass das 5-Bit-Bild nur halb so groß wie die 8-Bit-Version ist. Grund: Die 8-Bit-Version enthält so viele Farben, dass der LZW-Algorithmus kaum ein Muster findet – dieses Bild sollte besser als JPEG gespeichert werden. Das Indizieren dieses Bildes mit einer websicheren Farbpalette (siehe Seite 214) führte zu einem ausgezeichneten Ergebnis, da die Palette alle subtilen Farbänderungen entfernt. Gleichzeitig wurde vielen angrenzenden Pixeln die gleiche Farbe zugewiesen, was die Mustererkennung verbesserte.

Photoshop und ImageReady haben drei Dithering-Optionen: Diffusion, Muster und Störungsfilter. Wenn Sie Muster verwenden, werden die Farben in einem regelmäßigen, leicht zu erkennenden Muster angeordnet, weswegen Sie diese Variante vermeiden sollten. Sie erhalten ein wesentlich besseres Ergebnis mit Diffusion oder Störungsfilter, die beide ähnlich wirken. In den meisten Fällen scheint der Störungsfilter das beste visuelle Resultat zu liefern, aber Diffusion hat den entscheidenden Vorteil, dass sich ihr Wert regeln lässt. Dithering hat zwar einen negativen Effekt auf die Dateigröße, aber dies hält sich oftmals in Grenzen und lässt sich mit dem Lossy-Regler kompensieren.

Lossy

Der Befehl kann bei GIFs Wunder wirken. Lossy nutzt die vom LZW-Algorithmus gefundenen Muster und speichert diese in einer Komprimierungstabelle. Sie bestimmen mit dem Lossy-Regler, wie viele dieser Muster im Bild verwendet werden sollen – und das führt oft zu einer weiteren Größenreduzierung.

Transparenz und Hintergrund

Der Photoshop-Befehl Für Web speichern und die Optimieren-Palette in ImageReady bieten beide eine Transparenz-Option. Mit dieser Option machen Sie Bildteile transparent, so dass die Hintergrundfarbe der Webseite durchscheint – das GIF-Bild geht weich in den Browser-Hintergrund über. Dabei gibt es jedoch ein Problem: Wenn die Kanten des Objekts geglättet sind (was meist der Fall ist), kann das GIF schnell einen Schein bzw. eine Aura zeigen. Hier ist die Hintergrundfunktion im Spiel, über die sich eine Farbe (die Hintergrundfarbe der Webseite) wählen lässt, die Photoshop dann mit den geglätteten Bildpixeln mischt.

Um die Hintergrundfunktion zu testen, erzeugen Sie mit dem Text-Werkzeug etwas Text. Blenden Sie dann in der Ebenen-Palette die Hintergrundebene aus und rufen Sie dann den Befehl Für Web speichern auf. Aktivieren Sie die Transparenz und wählen Sie eine Hintergrundfarbe, die mit dem Hintergrund der HTML-Seite übereinstimmt. Jetzt zeigt der Text eine Aura in der entsprechenden Farbe, die jedoch nahtlos in den Hintergrund des Browsers übergeht.

220 Bilder optimieren

Bevor Sie mit FÜR WEB SPEICHERN arbeiten, stellen Sie den Hintergrund auf „Transparenz" ein oder blenden Sie die Hintergrundebene aus. Aktivieren Sie dann die TRANSPARENT-Option und wählen Sie eine Hintergrundfarbe.

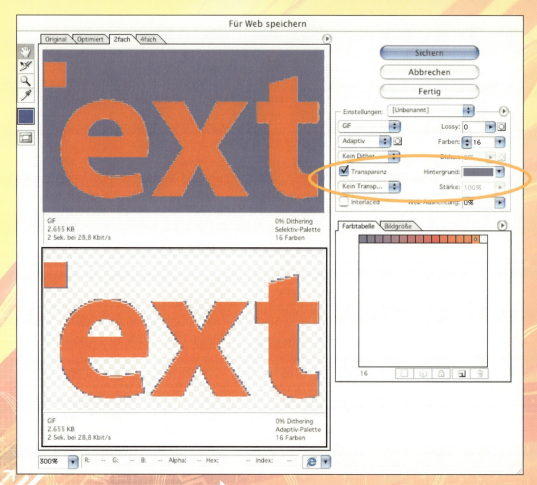

Damit GIFs mit Transparenz keinen Halo-Effekt im Browser zeigen, müssen die Kanten an die Hintergrundfarbe im Browser angepasst werden. Hierzu dient die Hintergrundfunktion, um die Farbe über das Pipettenfarbfeld festzulegen.

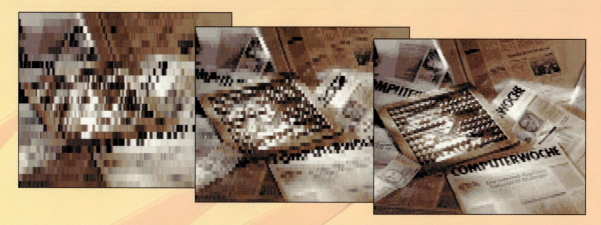

Die Interlace-Option sorgt dafür, dass das Bild in mehreren Durchgängen immer genauer erscheint. GIF benutzt vier Durchgänge (die Abbildung zeigt die ersten drei Durchgänge im Browser). Der Internet Explorer zeigt stattdessen zeilenweise an.

Seit Photoshop 7.0 gibt es eine weitere Möglichkeit zum Erzeugen von Transparenz. Statt das Element auf eine separate Ebene zu bringen und die Hintergrundebene auszublenden, wählen Sie nur den Befehl FÜR WEB SPEICHERN. Hier wählen Sie dann eine Farbe aus der Farbtabelle und klicken dann auf die TRANSPARENZ-Schaltfläche unten links in der Farbtabelle (das ordnet die gewählten Farben transparenten Farben zu). Mit dieser Methode lassen sich gleichzeitig mehrere Farben wählen, die transparent werden sollen. Dies ist ein wichtiges Feature, wenn Sie z.B. ein Element haben, das auf einem zweifarbigen Hintergrund platziert werden soll. Mit der Hintergrund-Funktion lässt sich nur auf eine Hintergrundfarbe glätten, d.h., Teile des Objekts zeigen noch Halo-Effekte. Außerdem brauchen Sie nicht mehr die Hintergrundebene auszublenden, wenn Sie mehreren Farben eine Transparenz zuweisen.

Interlace

Die Interlace-Option ist wichtig, sobald viele Bilder in einer Website vorhanden sind. Browser können eine niedrig auflösende „Vorschau" des Bildes bereits während des Downloads der restlichen Daten anzeigen. (Der Internet Explorer zeigt Interlace-GIF-Bilder zeilenweise an.) Das Bild wird während des Downloads immer schärfer und deutlicher. Das Bild wird quasi in Etappen dargestellt mit dem Vorteil, dass der Betrachter schon während der Übertragung einen Eindruck des Bildes erhält. Die Übertragung eines Interlace-Bildes dauert allerdings etwas länger.

Interlaced-GIF überträgt im ersten Durchgang jede achte Bildzeile (1, 9, 17 usw.). Im zweiten Durchgang folgt die jeweils vierte Pixelzeile zwischen den Zeilen aus dem ersten Durchgang (5, 13, 21 usw.). Der dritte Durchgang überträgt die ungerade nummerierten Zeilen, also 3, 7, 11, 15 usw. und der vierte Durchgang die geraden Pixelzeilen (2, 4, 6, 8 usw.).

Das GIF-Interlace arbeitet immer mit vier Durchgängen, während Sie beim JPEG-Interlaced zwischen drei bis fünf Durchgängen wählen können. Eine GIF-Interlaced-Datei ist größer als ein normales GIF, was mit dem LZW-Algorithmus zusammenhängt. Ein JPEG-Interlaced ist ebenfalls größer als ein Standard-JPEG.

Wichtig: Bei Interlace und Transparenz in einem Bild können Halo-Pixel entstehen. Grund: Einige Browser benutzen den ersten Datendurchgang zur niedrig auflösenden Darstellung, wodurch die Zeilen auf die volle Bildbreite auseinander gezogen und so Daten in den Bereichen angezeigt werden, die später transparent werden. Dies wird in der Regel vom Browser nicht mehr korrigiert.

Web-Ausrichtung

Die Web-Palette garantiert zwar, dass die Bilder überall gleich aussehen, aber gleichzeitig zum Preis der schlechtmöglichsten Qualität. Web-Designer bevorzugen deshalb die adaptive oder perzeptive Palette, die bessere Ergebnisse auf Monitoren mit Millionen und mehr Farben bringen. Die Farbverschiebungen auf 256-Farben-Monitoren werden ignoriert, einfach weil kaum jemand noch mit derartigen Monitoren bzw. Grafikkarten arbeitet. Wenn Sie eine nicht farbsichere Web-Palette verwenden, schalten Sie den Monitor auf 256 Farben um und prüfen die Bilder im Browser.

Die Option WEB-AUSRICHTUNG im Photoshop-Dialogfeld FÜR WEB SPEICHERN und in der OPTIMIEREN-Palette in ImageReady ist nützlich, sobald Sie eine nicht websichere Farbreduktion vornehmen und zu viele Farbverschiebungen im Bild vorhanden sind. Mit der Option WEB-AUSRICHTUNG erhöhen Sie die Anzahl websicherer Farben, d.h., die Anzeige auf verschiedenen Monitoren ist besser vorhersehbar. Der Regler gibt Ihnen die Möglichkeit, zwischen bester Qualität und Sicherheit einen Mittelweg zu finden.

Wollen Sie nur wenige Farben anpassen, wenden Sie stattdessen eine andere Technik an: Wählen Sie im Bild die entsprechende Farbe mit der PIPETTE (mit gedrückter Umschalttaste wählen Sie weitere Farben), wodurch diese Farbtöne in der Palette aktiviert werden. Oder wählen Sie die Farben direkt in der Palette. Klicken Sie dann unten in der Palette auf das Würfel-Symbol, um die gewähle(n) Farbe(n) zum nächstgelegenen Farbwert in der Web-Palette zu verschieben. Eine kleine Raute an der unteren rechten Ecke des Farbfelds zeigt an, dass dies nun eine Farbe aus der Web-Palette (websichere Farbe) ist.

Anschließend sollten Sie sich das Bild im Browser auf einem 256-Farben-Monitor ansehen. Wählen Sie dazu im Dialogfeld FÜR WEB SPEICHERN aus dem Popup-Menü (Pfeil oben rechts im Bildfenster) die Option BROWSER-DITHERING. In ImageReady klicken Sie auf das OPTIMIERT-Register und wählen ANSICHT > VORSCHAU > BROWSER-DITHERING.

Web-Ausrichtung hier in der OPTIMIEREN-Palette in ImageReady.

FARBTABELLE OPTIMIEREN

Bei GIFs geht es darum, die Anzahl der Farben zu reduzieren und gleichzeitig eine bestmögliche Bildqualität zu erzielen. Die Farbtabelle spielt dabei eine entscheidende Rolle. Hier einige Techniken für das Optimieren mit Hilfe der CLUT (Color-Look-Up-Tabelle):

Wählen Sie zuerst aus dem Popup-Menü der Palette die Option SORTIEREN NACH HÄUFIGKEIT, um der Reihenfolge nach die meistverwendeten Farben oben links und die am wenigsten vorhandenen unten rechts zu platzieren. Suchen Sie in der Farbtabelle nach ähnlichen Farben, denn sehr wahrscheinlich werden diese nicht benötigt. Am sichersten ist es, die Farben auf der rechten Seite der Tabelle zu löschen. Klicken Sie einfach in der Farbtabelle auf die zu löschende Farbe und dann auf das Papierkorbsymbol. Denken Sie daran, dass sich dieser Befehl nicht rückgängig machen lässt. Falls Ihnen ein Fehler unterläuft, müssen Sie von vorne anfangen, indem Sie mit gedrückter Wahl-/Alt-Taste oben rechts im Dialogfeld auf die Schaltfläche ZURÜCK (vorher ABBRECHEN) klicken.

Falls Sie die Farben über die Option WEB-AUSRICHTUNG reduziert haben, bestimmte Farben jedoch hiervon ausschließen wollen, sollten diese vorher fixiert werden. Wählen Sie also die Farbe in der Farbtabelle und klicken Sie dann unten in der Tabelle auf das Schloss-Symbol. Danach wird diese Farbe weder reduziert noch im Browser gedithert. Ein kleines Rechteck unten rechts im Farbfeld zeigt an, dass die Farbe fixiert ist.

Manchmal besteht das Problem allerdings darin, dass eine wichtige Farbe nicht in die Palette aufgenommen wurde. Da sich die Farbreduktionsmethode auf die Häufigkeit der verwendeten Farben konzentriert, gehen oftmals wichtige Details verloren. Beispielsweise gingen im Bild auf Seite 228 beim Zuweisen der selektiven Palette das gelbe Licht der Ampel und die roten Bremslichter verloren.

Für das Optimieren stehen Ihnen zwei Möglichkeiten zur Verfügung: Entscheiden Sie, welche Farben im Bild wichtig sind, und fixieren Sie diese, bevor Sie die Farben reduzieren. Dazu stellen Sie im Dialogfeld FÜR WEB SPEICHERN 256 Farben ein und wählen die Farbreduktionsmethode. Nehmen Sie dann mit der Pipette die Farben im Bild auf. Halten Sie dabei die Umschalttaste gedrückt, bis Sie etwas mehr als 32 Farben aktiviert haben (die Farben sind in der Tabelle umrandet). Damit diese Farben nicht reduziert bzw. verschoben werden, klicken Sie unten in der Farbtabelle auf das FIXIEREN-Symbol. Verringern Sie nun die Farben so weit, bis ein optimales Ergebnis angezeigt wird. Einige der aufgenommenen Farben sind jetzt nicht mehr vorhanden – dennoch bietet diese Technik die beste Kontrolle über die Farben, die als Basis für die Farbreduktion verwendet werden. Welche der fixierten Farben zuerst verschwinden, hängt von der Farbreduktionsmethode ab, d.h., eventuell müssen Sie unterschiedliche Methoden ausprobieren. Photoshop merkt sich die fixierten Farben, so dass Sie zwischen den Methoden hin- und herschalten können.

Falls Sie bereits eine Optimierung vorgenommen haben und dabei eine Farbe verloren gegangen ist, gibt es eine zweite Möglichkeit, eine Farbe in die Farbtabelle aufzunehmen: Klicken Sie im Dialogfeld FÜR WEB SPEICHERN, um das Originalbild zu wählen. Wählen Sie dann mit der PIPETTE die Farbe, die in die CLUT aufgenommen werden soll. Klicken Sie in der OPTIMIERT-Version des Bildes und dann unten in der Palette auf das Symbol NIMMT PIPETTENFARBE IN PALETTE AUF. Da Sie bereits den Umfang der Farbpalette eingestellt haben, wird möglicherweise eine vorhandene Farbe durch die neu aufgenommene ersetzt. Um das zu vermeiden, sollten Sie vorher die Anzahl der Farben in Ihrer CLUT um die neu aufzunehmenden Farben erhöhen – ansonsten müssten Sie höchstwahrscheinlich das Bild zurücksetzen und von vorn beginnen.

Schritt für Schritt: Ein GIF optimieren

Willkommen beim Optimieren von GIFs. Und es klingt vielleicht komplizierter, als es in Wirklichkeit ist – allerdings ist das Ganze komplexer als mit JPEGs. Es gibt weitaus mehr Optionen und Möglichkeiten und für ein gutes Ergebnis ist schon etwas Übung und Erfahrung erforderlich. Bevor Sie mit dem Optimieren beginnen, sollten Sie die wichtigsten Bildbereiche festlegen. In Photoshop können Sie mit der Farbreduktionsmethode, dem Diffusionsdithering und der Lossy-Option bestimmte Auswahlbereiche bearbeiten und dann in Alphakanälen speichern. Auf diese Weise erzielen Sie beim Optimieren von GIFs immer die besten Resultate.

1 Wenn Sie einen Kanal für die Farbreduktionsmethode erstellen wollen, wählen Sie mit dem Lasso die für die Farbe wichtigen Bildbereiche, die nicht unbedingt die dominierenden Bildfarben sind. Sehen Sie sich in der Abbildung unten das rote T-Shirt an. Es nimmt nur einen kleinen Bereich im Foto ein, kann jedoch entscheidend dafür sein, dass das Bild natürlich aussieht. Wählen Sie mit dem Lasso bei gedrückter Umschalttaste alle wichtigen Bereiche und speichern Sie diese als Kanal (Auswahl > Auswahl speichern).

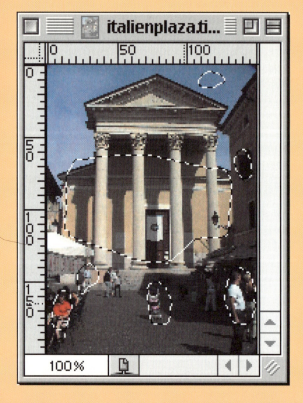

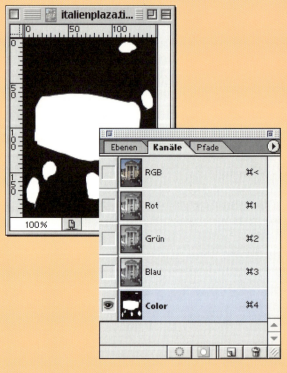

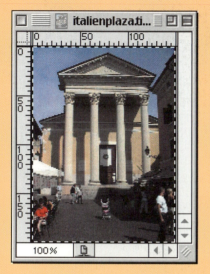 

2 Wenn Sie das Dithering in Ihrem Bild kontrollieren möchten, wählen Sie alle Bereich für ein maximales Dithering. Später, wenn Sie das Dithering mit Hilfe eines Kanals verfeinern, repräsentieren die gewählten Pixel im Dialogfeld DITHER-EINSTELLUNG VERÄNDERN die Bereiche für den MAXIMUM- und den MINIMUM-Regler.

Wenn Sie einen Kanal für den LOSSY-Befehl erstellen möchten, wählen Sie den Teil des Bildes für das geringste Lossy. Sie müssen also die wichtigsten Bildteile wählen und dann die Auswahl speichern.

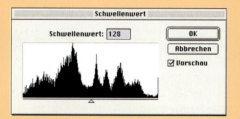

Sie sollten immer einen Kanal erstellen, der sich sowohl für das Dithering als auch für den LOSSY-Befehl benutzen lässt. Das ist möglich, da sich die schwarzen Bereiche eines Alphakanals auf den MAXIMUM-Regler im Dialogfeld LOSSY-EINSTELLUNG VERÄNDERN und auf den MINIMUM-Regler im Dialogfeld DITHER-EINSTELLUNG VERÄNDERN auswirken.

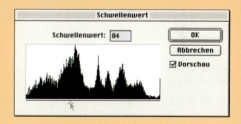

Wählen Sie das komplette Bild und dann den Befehl EBENE > NEU > EBENE DURCH KOPIEREN. Wählen Sie anschließend BILD > EINSTELLUNGEN > SCHWELLENWERT und verschieben Sie den Regler, bis nur die dunklen Bildbereiche zu sehen sind. Wählen Sie alle aus und kopieren Sie sie in die Zwischenablage. Gehen Sie in die KANÄLE-Palette, erstellen Sie einen neuen Kanal und fügen Sie in diesen Kanal den Inhalt der Zwischenablage ein.

3 Sie können im Dialogfeld FÜR WEB SPEICHERN gleichzeitig das Originalbild und bis zu drei optimierte Bilder anzeigen. Kurz nachdem Sie auf das OPTIMIERT-Register oben links im Dialogfeld geklickt haben, zeigt Photoshop bereits das Ergebnis an. Wählen Sie für die gleichzeitige Anzeige des Originalbildes und des optimierten Bildes zwischen der 2FACH- oder 4FACH-Anzeige. Mit der HAND verschieben Sie ein Bild im Anzeigerahmen und mit dem ZOOM-WERKZEUG lässt sich die Anzeige vergrößern bzw. verkleinern. Unten rechts im Fenster lässt sich außerdem ein genauer Prozentwert für die Anzeige eingeben.

4 Stellen Sie die Anzahl der Farben auf 32 und die Farbreduktionsmethode auf ADAPTIV ein. Wählen Sie im Dialogfeld FARBREDUKTION VERÄNDERN (neben ADAPTIV) den Alphakanal. Die Bildqualität verbessert sich deutlich. Wählen Sie mit gedrückter Befehlstaste (Mac) bzw. Strg-Taste (Windows) alle wichtigen Farben in der Tabelle. Fixieren Sie diese Farben, indem Sie in der Palette auf das FIXIEREN-Symbol klicken. Reduzieren Sie die Farben weiter, bis die Qualität wieder schlechter wird (im Beispiel bei etwa 20 Farben).

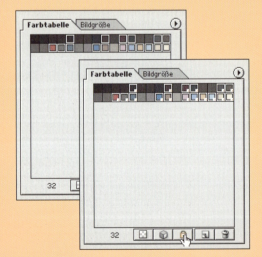

5 Das Dithering ist auf KEIN DITHER eingestellt. Setzen Sie LOSSY auf 0 und klicken Sie rechts neben dem LOSSY-Eingabefeld. Wählen Sie im Dialogfeld LOSSY-EINSTELLUNG VERÄNDERN den Alphakanal, den Sie mit dem SCHWELLENWERT-Befehl erstellt hatten. Das MAXIMUM für LOSSY sollte zwischen 20 und 40 betragen. Schließen Sie das Dialogfeld und stellen Sie DITHERING auf DIFFUSION ein. Klicken Sie rechts neben dem DITHER-Eingabefeld. Wählen Sie im Dialogfeld den gleichen Alphakanal wie für LOSSY. Die weißen Bereiche repräsentieren den MAXIMUM-Regler, weil Dithering besonders für die hellen Bildbereiche wichtig ist. Ideal ist der Wert 40, mit dem die Größe der Datei kaum zunimmt. Schließen Sie das Dialogfeld, um das Bild zu speichern. Oder erstellen Sie in der 4FACH-Ansicht weitere Variationen, um das Ergebnis eventuell zu verbessern. Dabei sollten Sie die Einstellungen beibehalten und nur die Farbreduktionsmethode ändern.

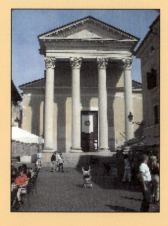 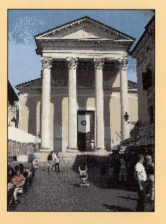

Das Bild vorher und nachher. Trotz der Komprimierung von 10:1 sieht das Bild noch ganz gut aus.

Wenn Sie die Farbreduktionsmethode wählen, gehen viele Farben im Bild verloren, wie hier das Gelb bei der Ampel.

Eigene Paletten erstellen

Eigene Paletten bzw. Standardpaletten sind nützlich für die Aufbereitung mehrerer Banner, besonders wenn sie ein Logo enthalten, dessen Farben beibehalten werden müssen. Wenn Sie z.B. jedes Banner mit einer perzeptiven oder adaptiven 16-Farben-Tabelle konvertieren würden, bekommen Sie Probleme, sobald das Logo im Farbschema des Banners nicht dominiert – das Logo könnte in den einzelnen Bannern verschieden aussehen.

Die einzige Möglichkeit, dieses Problem zu vermeiden, ist eine eigene Palette mit der Logofarbe. In Photoshop ist dieser Prozess recht arbeitsintensiv: Sie müssen die wichtigsten Banner indizieren und deren Farbtabellen einzeln speichern. Danach kombinieren Sie die einzelnen Tabellen in einer Gesamttabelle, löschen unerwünschte oder doppelte Farben und speichern dann diese Tabelle. Anschließend weisen Sie die eigene Tabelle per Stapelverarbeitung allen Bildern zu. Hier der Prozess im Detail:

Öffnen Sie Ihre Banner und optimieren Sie deren CLUT im Dialogfeld Für Web speichern. Dabei können Sie unter zwei Möglichkeiten wählen: Entweder benutzen Sie die CLUT eines Banners als Standardpalette und fügen dieser einige Farben aus den anderen Bannern hinzu. Oder Sie indizieren jedes Banner und kombinieren die Farben in einer Tabelle. Achten Sie darauf, dass die Tabelle nicht zu groß wird. Wenn Sie mit 16 Farben arbeiten, sollten Sie mit 8 Farben beginnen. Leider gibt es kein Patentrezept, d.h., Sie müssen experimentieren. Eine Farbtabelle speichern Sie über das Paletten-Menü.

Nachdem Sie mehrere CLUTs gespeichert haben, werden diese mit Hilfe der Farbfelder-Palette kombiniert. Wählen Sie Fenster > Farbfelder und dann aus dem Menü der Farbfelder-Palette die Option Farbfelder laden. Laden Sie alle gespeicherten CLUTs. Hinweis: Der Befehl Farbtabelle laden in der Farbtabelle-Palette ersetzt die aktuelle Tabelle, während Farbfelder laden in der Farbfelder-Palette nur neue Farben der aktuellen Palette hinzufügt. Sie verfügen nun bestimmt über mehr Farben als benötigt. Um diese Farben zu löschen, drücken Sie die Befehls- (Mac) bzw. Strg-Taste (Windows). Ein Scheren-Symbol erscheint, mit dem Sie auf die nicht gewünschten Farben klicken. Um eine Farbe einzufügen, wählen Sie diese im Bild mit der Pipette. Setzen Sie die Maus über eine leere Zelle in der Farbfelder-Palette. Klicken Sie, um die Farbe in der Palette hinzuzufügen.

Eigene Tabellen erstellen 229

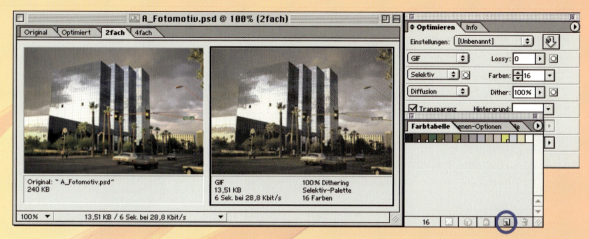

Um die gelbe Farbe der Ampel wieder in die Palette aufzunehmen, wählen Sie mit der PIPETTE die Farbe in der ORIGINAL-Ansicht. Wählen Sie dann die OPTIMIERT-Ansicht und klicken Sie unten in der Palette auf das Symbol für VORDERGRUNDFARBE HINZUFÜGEN. Die aktuelle Farbe wird in die Palette eingefügt und gleichzeitig fixiert (Punkt in der unteren rechten Ecke des Farbfelds).

Sobald Sie über alle Farben für Ihre Standardpalette verfügen, wählen Sie aus dem Menü der FARBFELDER-Palette die Option FARBFELDER SPEICHERN. Fügen Sie dem Namen die Erweiterung .ACT hinzu. Laden Sie dann im Dialogfeld FÜR WEB SPEICHERN diese Tabelle über das Menü der FARBTABELLE-Palette. Die Farbreduktionsmethode schaltet automatisch auf EIGENE um.

Sämtliche Banner lassen sich jetzt mit konsistenten Logofarben optimieren. Zeichnen Sie einfach eine Aktion auf, mit der Sie eines der Banner mit der EIGENE-Methode optimieren. Wählen Sie DATEI > AUTOMATISIEREN > STAPELVERARBEITUNG, um die restlichen Banner automatisch zu verarbeiten.

Eigene Paletten lassen sich viel einfacher in Image-Ready mit dem Befehl STANDARDPALETTE erstellen. Öffnen Sie ein Bild und aktivieren Sie die OPTIMIERT-Ansicht. Wählen Sie BILD > STANDARDPALETTE > STANDARDPALETTE LÖSCHEN. (Der Befehl ist abgeblendet, falls die Palette bereits gelöscht ist. In diesem Fall setzen Sie mit dem nächsten Schritt fort.) Wählen Sie die Farbreduktionsmethode und geben Sie in der OPTIMIEREN-Palette die Größe der Farbtabelle an (z.B. eine selektive Palette mit 16 Farben). Wählen Sie jetzt BILD > STANDARDPALETTE > IN STANDARDPALETTE AUFNEHMEN.

Das Menü der Farbtabelle, das Sie durch Klicken auf das nach rechts weisende Dreieck öffnen.

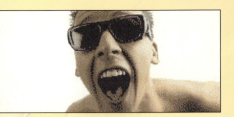

Wenn Sie mehrere Banner per Stapelverarbeitung indizieren wollen und in den Bannern bestimmte Farben immer enthalten sein sollen (wie das Rot im Logo), müssen Sie eine Standardpalette erstellen.

Die Farbtabellen für die Banner oben

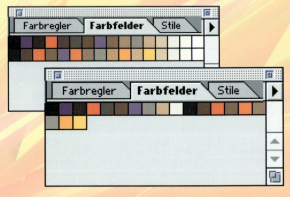

Kombinieren Sie mit Hilfe der FARBFELDER-Tabelle die Paletten der beiden Bilder oben. Klicken Sie mit gedrückter Befehls- (Mac) bzw. Strg-Taste (Windows), um redundante Farben zu löschen.

Wiederholen Sie diesen Prozess für Ihre wichtigsten Bilder. Wählen Sie BILD > STANDARDPALETTE > STANDARDPALETTE ERSTELLEN und anschließend STANDARDPALETTE SPEICHERN. ImageReady verlangt nach einem Namen und speichert die Palette im Verzeichnis ADOBE PHOTOSHOP/VORGABEN/OPTIMIERTE FARBEN. Die Palette lässt sich jetzt in ImageReady und Photoshop laden.

Um die neue Farbtabelle zu bearbeiten, öffnen Sie ein Bild und wählen Sie die Tabelle aus dem Popup-Menü FARBREDUZIERUNGS-ALGORITHMUS. Löschen Sie doppelte bzw. sehr dicht beieinander liegende Farben, indem Sie diese wählen und unten in der Palette auf den PAPIERKORB klicken.

Erstellen Sie abschließend eine Aktion, um ein Bild mit der Standardpalette zu indizieren. Wählen Sie dann aus dem Menü der AKTIONEN-Palette den Befehl STAPELVERARBEITUNGSOPTIONEN, um diesen Prozess für die anderen Dateien zu automatisieren.

Optimierung über Alphakanäle

Bevor Sie den Befehl FÜR WEB SPEICHERN wählen, können Sie mit Hilfe von Alphakanälen bestimmte Farben innerhalb eines Bildes favorisieren. Dieser Prozess wird auch mit „gewichtete Optimierung" bezeichnet.

Ziehen Sie mit dem LASSO eine Auswahl um den Teil des Bildes mit den wichtigen Farben. Die Auswahl muss nicht genau sein; es reicht völlig, wichtige Bereiche nur grob einzukreisen (meist müssen Sie mehrere Bereiche mit gedrückter Umschalttaste wählen). Speichern Sie die Auswahl als Alphakanal mit dem Befehl AUSWAHL > AUSWAHL SPEICHERN.

Wenn Sie in das Dialogfeld FÜR WEB SPEICHERN gehen und GIF festlegen, erscheint rechts neben dem Popup-Menü für die Farbreduktionsmethode eine Schaltfläche mit einem kleinen Kreis. Klicken Sie auf diese Schaltfläche, um den zuvor erstellten Alphakanal zu wählen. In der Ansicht und in der Farbtabelle sollte die Wirkung sofort zu sehen sein. Die Farbzusammenstellung wird neu gewichtet.

Partielles Lossy

Mit Alphakanälen steuern Sie auch die LOSSY-Komprimierung. Das ist besonders nützlich, da sich die LOSSY-Option negativ auf die Bildqualität auswirkt. LOSSY sollten Sie daher nur den Bildbereichen zuweisen, in denen die Bildqualität nicht erkennbar ist, wie z.B. in bereits gedititherten Bereichen (Sandstrände) oder in sehr dunklen Bereichen (Schatten). Dunkle Bereiche unterdrücken den LOSSY-Effekt besonders gut, da das menschliche Auge die Farbunterschiede hier nicht so genau wahrnimmt.

Um die dunklen Bildteile zu wählen, könnten Sie den ZAUBERSTAB oder das LASSO benutzen. Der Befehl SCHWELLENWERT ist jedoch eine noch bessere Methode. Der Befehl zeigt ein Histogramm des Bildes und erlaubt, ein Limit einzugeben. Kopieren Sie zuerst mit BEARBEITEN > KOPIEREN das Bild und öffnen Sie dann die KANÄLE-Palette (FENSTER > KANÄLE). Erstellen Sie einen neuen Alphakanal, indem Sie in der Palette auf das Symbol NEUEN KANAL ERSTELLEN klicken. Das Dokumentfenster ist jetzt mit Schwarz gefüllt, da Photoshop automatisch den neuen Kanal aktiviert. Fügen Sie nun den Inhalt der Zwischenablage in den Kanal ein, um eine Graustufen-Version des Bildes zu erhalten. Sie könnten diese Version als Alphakanal

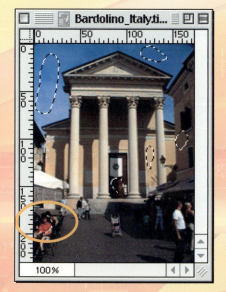

Um im Dialogfeld FÜR WEB SPEICHERN bestimmte Farben in die Farbtabelle zu „zwingen", wählen Sie alle wichtigen Bildbereiche und speichern Sie dann die Auswahlbereiche in einem Alphakanal.

nutzen, doch meist erzielen Sie mit einer Schwarzweiß-Version des Kanals ein besseres Resultat. Wenden Sie jetzt den Befehl SCHWELLENWERT an, wobei der Alphakanal in der KANÄLE-Palette aktiviert ist. Wählen Sie BILD > EINSTELLUNGEN > SCHWELLENWERT. Sie können den Vorgabewert übernehmen oder noch verändern. Ich selbst reduziere im Graustufen-Alphakanal nur die sehr dunklen Teile, die den LOSSY-Effekt besonders gut unterdrücken. Wenn Ihnen die Einstellung zusagt, klicken Sie auf OK. Aktivieren Sie in der KANÄLE-Palette wieder die RGB-Ansicht.

Öffnen Sie nun das Dialogfeld FÜR WEB SPEICHERN und klicken Sie rechts neben dem LOSSY-Eingabefeld auf die kleine Schaltfläche. Wählen Sie im Dialogfeld LOSSY-EINSTELLUNG VERÄNDERN den Alphakanal und nehmen Sie Ihre Einstellungen vor. Normalerweise liegt der Maximalwert um die 30, aber dank des Alphakanals lässt sich der Wert ohne nennenswerte Verschlechterung bis auf 60 anheben. Das ist (wenn Lossy auf das gesamte Bild angewendet wird) undenkbar, da die Störungen zu auffällig sind. Mit der hier beschriebenen Technik lässt sich eine deutliche Einsparung erzielen.

Das Bild links wurde adaptiv mit 16 Farben, das gleiche Bild rechts mit 50 % Lossy optimiert. Lossy zwischen 10 % und 20 % sieht ein wenig wie Dithering aus, doch darüber nimmt die Bildqualität drastisch ab.

Am besten erstellen Sie einen Alphakanal für Lossy, indem Sie eine Kopie des Bildes benutzen und in den Alphakanal kopieren. Der Befehl SCHWELLENWERT ermöglicht das genaue Zuweisen des Lossy-Effekts.

TEILE EINES BILDES DITHERN

Wie ich bereits an anderer Stelle erklärt habe, vergrößert Dithering einerseits die Datei, verbessert andererseits aber auch die Bildqualität. Um die Dateigröße zu minimieren, sollten Sie Dithering nur für bestimmte Bereiche anwenden. Das geschieht wie bei der gewichteten Optimierung und wie beim partiellen Lossy mit Hilfe eines Alphakanals.

Wählen Sie mit dem LASSO oder einem anderen Auswahlwerkzeug die Teile des Bildes, die Sie dithern wollen. Speichern Sie die Auswahl mit AUSWAHL > AUSWAHL SPEICHERN und wählen Sie NEU aus dem Popup-Menü KANAL. Benennen Sie den Kanal (z.B. Dither1) und heben Sie die Auswahl wieder auf. Wenn Sie für Ihr GIF im Dialogfeld FÜR WEB SPEICHERN den Dither-Algorithmus DIFFUSION wählen, begrenzen Sie das Dithering auf die weißen Bereiche innerhalb des Alphakanals. Klicken Sie auf die Schaltfläche rechts neben dem DITHER-Eingabefeld, wählen Sie den gerade gespeicherten Alphakanal und nehmen Sie mit den Reglern die gewünschten Einstellungen vor.

Wenn Sie bereits mit einem Alphakanal für die Farbreduktionsmethode arbeiten, müssen Sie für das partielle Dithering eine andere Auswahlmethode benutzen. Wählen Sie mit dem ZAUBERSTAB oder mit dem Befehl AUSWAHL > FARBBEREICH AUSWÄHLEN die wichtigsten Farben im Bild. Diese Farben benötigen weniger Dithering, da sie bereits in der CLUT favorisiert sind. Speichern Sie dann die Auswahl als neuen Alphakanal und speichern Sie die Auswahl im Dialogfeld FÜR WEB SPEICHERN über die Schaltfläche neben dem Dither-

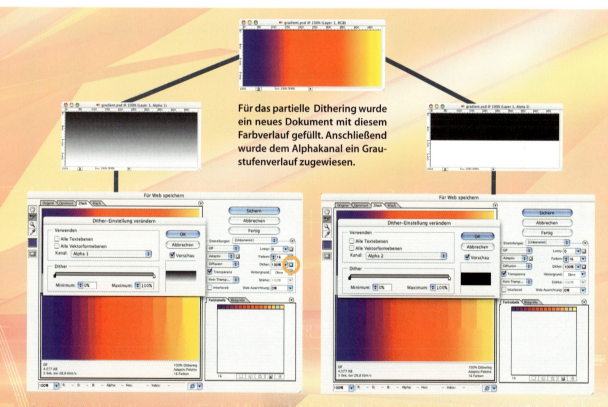

Für das partielle Dithering wurde ein neues Dokument mit diesem Farbverlauf gefüllt. Anschließend wurde dem Alphakanal ein Graustufenverlauf zugewiesen.

Hier lässt sich erkennen, wie der Alphakanal (ein Verlauf) das Dithering graduell verändert und beeinflusst.

Zum Vergleich sehen Sie hier die Wirkung eines Schwarzweiß-Alphakanals.

234 Bilder optimieren

Eingabefeld. Stellen Sie mit dem rechten (weißen) Regler das Dithering für die wichtigen Bereiche ein.

Wenn Sie bereits einen Alphakanal für den Lossy-Befehl verwenden, dann ist es nahe liegend, ihn auch für das Dithering einzusetzen. Lossy und Dithering ergänzen sich gut bzw. kompensieren sich gegenseitig. Deshalb macht es Sinn, beide Parameter immer zusammen anzuwenden.

Eine Empfehlung zum Schluss: Wenn Sie einen Alphakanal sowohl für die Farbreduktion als auch für die Lossy-Komprimierung benutzen, sollte die Auswahl für den Dithering-Kanal eine Kombination der Bereiche für beide Befehle sein. Für die Farbreduktionsmethode haben Sie hinsichtlich der Farbe wichtige Bildbereiche gewählt, während Sie für den Lossy-Farbkanal Bereiche mit einer kräftigen Struktur festgelegt haben. Die Auswahl für den Dithering-Alphakanal sollte eine Kombination aus den weniger wichtigen Farbbereichen und den Bereichen des Lossy-Kanals sein.

Bild mit 0 %, 50 % und 100 % Dithering (von oben nach unten). Die Schatten kommen am besten mit 100 %, während die Rakete selbst nur 50 % Dithering benötigt.

Der Alphakanal vor Aufruf des Befehls Für Web speichern

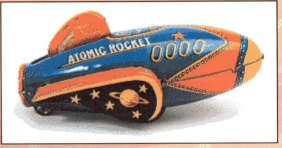

Das Endergebnis: Es sieht am besten aus, obwohl die Datei 20 % kleiner ist.

ALPHAKANÄLE OPTIMIEREN

Die Optimierung eines Bildes (Algorithmus, Dithering und Lossy) mittels eines Alphakanals zu kontrollieren, basiert auf der Graustufenmaske. Dabei ist man nicht nur auf die Minimum-/Maximum-Werte beschränkt, sondern kann auch die Werte dazwischen zuweisen. Diese Graustufenwerte sind nützlich für Dithering und Lossy, besonders bei farbkräftigen Bilder wie der Rakete in unserem Beispiel.

Bevor Sie Alphakanäle anlegen, müssen Sie sich über die Einstellungen im Klaren sein. Da alles von der Farbreduktionsmethode abhängt, optimieren Sie das Bild zuerst hinsichtlich der Farbe. Wählen Sie im Dialogfeld FÜR WEB SPEICHERN die Option KEIN DITHER und stellen Sie LOSSY auf 0 ein. Bestimmen Sie die Farbreduktionsmethode und benutzen Sie eventuell die PIPETTE, um einige wichtige Farben in die Palette aufzunehmen. Anschließend drücken Sie die Wahl- (Mac) bzw. Alt-Taste (Windows) und klicken auf die Schaltfläche MERKEN (erscheint anstelle von OK). Experimentieren Sie nun mit verschiedenen Dithering- und Lossy-Einstellungen. Merken Sie sich, welche Bildbereiche bei bestimmten Einstellungen am besten aussehen. Klicken Sie dann auf ABBRECHEN, um das Dialogfeld FÜR WEB SPEICHERN wieder zu schließen.

In diesem Beispiel wollen wir 100 % Dithering für den Schatten, 50 % für die Rakete und 0 % für den weißen Hintergrund haben. Klicken Sie in der KANÄLE-Palette auf das Symbol NEUEN KANAL ERSTELLEN, aktivieren Sie den RGB-Kanal und wählen Sie die Bildbereiche für 100 % Lossy (den Schatten). Mit aktivierter Auswahl gehen Sie zurück zu ALPHA 1 und klicken in der Toolbox im HINTERGRUND-Farbfeld. Im Farbwähler deaktivieren Sie NUR WEBFARBEN ANZEIGEN. Berechnen Sie den Grauwert mit x mal 2,55. Ist x = 100 (der gewünschte Dithering-Wert), lautet das Ergebnis 0. Geben Sie diesen Wert im Farbwähler in die Felder R, G und B ein und klicken Sie auf OK. Drücken Sie nun die Rückschritt-Taste, um die Auswahl mit der Hintergrundfarbe (Weiß) zu füllen.

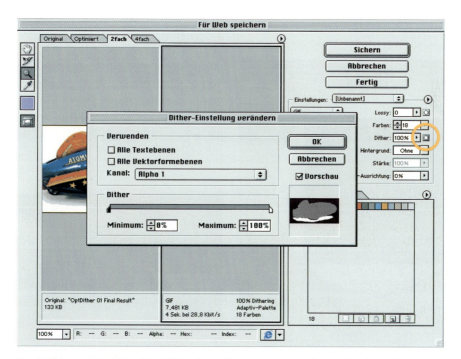

Durch Klicken auf die kleine Schaltfläche DITHER-EINSTELLUNG ÄNDERN wird der Kanal gewählt.

Die Rakete selbst soll mit 50 % gedithert werden. Wählen Sie die Rakete und stellen Sie die Hintergrundfarbe auf 127 (50 x 2,55) ein, wechseln Sie zum Alphakanal und drücken Sie die Rückschritt-Taste. Klicken Sie im Dialogfeld FÜR WEB SPEICHERN auf die Schaltfläche rechts neben dem Dither-Eingabefeld, stellen Sie den MAXIMUM-Regler auf 100 ein und schließen Sie das Dialogfeld wieder. Als Ergebnis erhalten Sie eine optimale Bildqualität und eine um 1,5 Kbyte reduzierte Dateigröße.

Für einen optimierten Lossy-Alphakanal muss das Ergebnis der Formel vom Wert 255 subtrahiert werden.

Ist es nicht etwas übertrieben, so viel Aufwand zu treiben, nur um ein paar Bytes einzusparen? Für eine einfache Homepage ist dies übertrieben, aber bei einer professionellen Website macht dies einen Unterschied aus: Wenn Sie nur 5 Kbyte auf einer Seite einsparen, die von 1.000 Besuchern am Tag gesehen wird, summiert sich das zu 5 Mbyte Datentransfer pro Tag. Dies sind 140 Mbyte pro Monat, also 1,8 Gbyte pro Jahr. Deshalb ist es wichtig, die Bilder für professionelle Websites so penibel zu optimieren.

MEHRERE TRANSPARENZSTUFEN SIMULIEREN

Das GIF-Format besitzt nur eine Transparenzstufe. Im Vergleich zu den 256 Stufen im PNG-Format ist dies ziemlich mager, obwohl sich mehrere Transparenzstufen in GIF simulieren lassen. Der Trick besteht darin, ein Transparenzraster einzusetzen – diese Technik stammt von mir.

Erstellen Sie ein neues Dokument und machen Sie den Hintergrund transparent, indem Sie in der EBENEN-Palette auf das Augen-Symbol klicken. Platzieren Sie dann auf einer neuen Ebene alle Elemente, die Sie mit Schlagschatten versehen wollen (hier eine Textebene). Klicken Sie unten in der EBENEN-Palette auf das Symbol EBENENEFFEKT HINZUFÜGEN und wählen Sie die Option SCHLAGSCHATTEN. Stellen Sie die Deckkraft des Schlagschattens auf 50 % ein, um den Effekt deutlicher zu machen. Soll auch der Text (bzw. die Ebene) transparent sein, benutzen Sie in der EBENEN-Palette den FLÄCHE-Regler.

Rufen Sie jetzt den Befehl FÜR WEB SPEICHERN auf und aktivieren Sie die Option TRANSPARENZ. Sie können auch eine Hintergrundfarbe wählen, die sich auf die Ebene und den Schatten auswirkt. Erstellen Sie aber auch eine Version ohne Hintergrundfarbe (HINTERGRUND > OHNE) und vergleichen Sie die Ergebnisse im Browser. Speichern Sie das GIF und importieren Sie es in GoLive. Falls Sie hier ein Hintergrundbild haben, erkennen Sie, wie der Schlagschatten in den Hintergrund übergeht.

Der Trick mit 50 % Transparenz simuliert das Plastik der CD und erzeugt einen Schlagschatten.

Mehrere Transparenzstufen simulieren **237**

Für das Dithern mit Transparenz benötigen Sie ein transparentes Element im Bild (wie den Schlagschatten). Blenden Sie die Hintergrundebene aus und öffnen Sie dann das Dialogfeld FÜR WEB SPEICHERN.

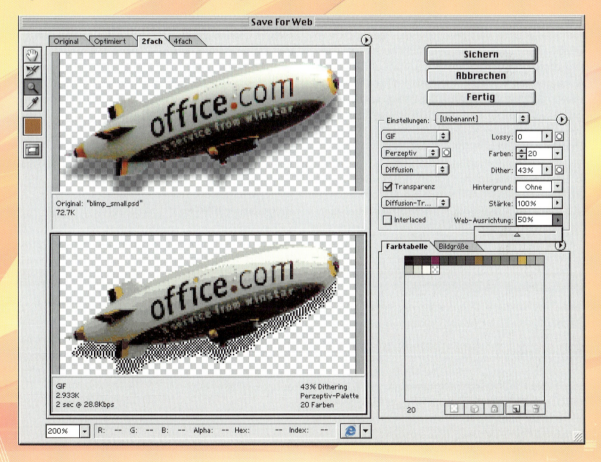

Wählen Sie im Dialogfeld FÜR WEB SPEICHERN aus dem Popup-Menü die Option DIFFUSION-TRANSPARENZ-DITHER und stellen Sie mit dem STÄRKE-Regler das Dithering ein. Falls der Effekt in der Webseite zu offensichtlich ist, sollten Sie einen Schatten nehmen, dessen Farbe dem Hintergrund der Webseite ähnelt.

JPEG – Joint Photographic Experts Group

JPEG ist das zurzeit wichtigste Format für Fotos und alle anderen Elemente, die mehr als 256 Farben benötigen. Zukünftig könnte JPEG jedoch an Bedeutung verlieren, da PNG mehr Vorteile bietet, wie beispielsweise die verlustfreie Komprimierungsmethode und den Alphakanal für die Transparenz. Aber JPEG wird nie völlig verschwinden und noch viele Jahre lang ein extrem populäres und wichtiges Format bleiben.

DCT-Kompression

Die JPEG-Kompression benutzt einen Algorithmus mit der Bezeichnung Discrete Cosine Transform, kurz DCT. Diese Kompression basiert auf der Tatsache, dass das menschliche Auge weniger auf Farb- als auf Helligkeitsveränderungen reagiert. Während die meisten Bildformate einen RGB-Wert für jedes Pixel speichern, werden beim JPEG-Verfahren Helligkeits- und Farbinformationen voneinander getrennt und separat komprimiert. Der JPEG-Kompressionsalgorithmus wird jeweils auf eine Gruppe von 8 x 8 Pixel angewendet. Zuerst wird die DCT berechnet. Dieser Koeffizient wird quantisiert und anschließend wird darauf ein „Variable Length Code Compression Scheme" angewendet.

Sie müssen dies nicht verstehen, um mit JPEGs zu arbeiten, aber es erklärt immerhin, warum JPEG bei extremen Farbänderungen keine optimalen Ergebnisse liefert: DCT versucht, ein Bild als eine Summe von mathematischen Kurven (Frequenzen) zu interpretieren. Während das bei weichen Farbübergängen recht gut funktioniert, ist dies beispielsweise bei Text im Bild nicht der Fall, da hier sehr harte Übergänge vorhanden sind. (DCT ist der Grund, warum das Weichzeichnen eines Fotos auch die Komprimierung verbessert.)

Transparenz

Es gibt bei JPEGs keine Transparenz wie bei GIFs. Dies würde auch nicht funktionieren, da der Komprimierungsalgorithmus nicht verlustfrei arbeitet. Bei jedem Speichern eines JPEG-Bildes ändern sich Bild und Farben, was es unmöglich macht, wie bei GIF einer bestimmten Farbe Transparenz zuzuweisen.

JPEG, nicht verlustfrei

Wichtig zu wissen ist, dass jedes Komprimieren mit JPEG ein Bild verschlechtert. Selbst wenn Sie ein geöffnetes JPEG ohne jede Änderung wieder speichern, verliert es an Qualität. Grund: Bei jedem Speichern wird die DCT zugewiesen. Verwendet man allerdings die gleiche Qualitätseinstellung, die beim ersten Sichern des Bildes vorhanden war, ist der Qualitätsverlust geringer. Das Ganze klingt vielleicht dramatischer als es in Wirklichkeit ist, aber das wiederholte Speichern eines JPEG-Bildes wirkt sich auf die Qualität negativ aus.

Inzwischen gibt es die Option, JPEG (JPEG 2000) verlustfrei zu speichern. Die Folge ist: Die Datei wird sehr groß.

Progressive JPEGs

Eine Verbesserung hat der JPEG-Standard allerdings im Zuge des Verbreitung des Webs erfahren: JPEGs lassen sich progressiv anlegen. Progressiv heißt „zunehmend" und entspricht der Interlace-Option beim GIF. Hierbei wird bereits ein Bild aufgebaut, während es übertragen wird. Zu Anfang sieht man verschwommene Farbflächen und Konturen, die immer detaillierter werden. Bei GIF ist diese Option auf vier Durchgänge festgelegt, während man bei JPEG zwischen drei bis fünf Durchgängen wählen kann.

Um die sich kumulierenden negatives Auswirkungen des JPEG-Algorithmus beim mehrmaligen Speichern zu demonstrieren, wurde das obige Bild mehrfach mit verschiedenen Qualitätseinstellungen gespeichert. Bild A wurde zehnmal mit einer jeweils niedrigen Qualität (20) gespeichert – die Qualitätseinbußen sind deutlich zu erkennen. Bild B wurde ebenfalls zehnmal, jedoch mit unterschiedlicher Qualität gespeichert (viermal mit 20, dreimal mit 30 und dreimal mit 40). Trotz der höheren Qualitätseinstellungen ist das Ergebnis noch schlechter als bei Bild A.

WIE GUT KOMPRIMIERT EIN JPEG-BILD?

Sicherlich haben Sie sich gewundert, wie viel Platz sich mit der JPEG-Komprimierung einsparen lässt. Die besten verlustfreien Komprimierungsmethoden können die Daten für ein 24-Bit-Bild auf die Hälfte reduzieren. JPEG kann eine Kompression zwischen 10:1 und 20:1 ohne sichtbaren Verlust erreichen, weswegen auch auf vielen Stockfoto-CDs seitenfüllende Fotos (20 Mbyte) in der Regel als JEPGs gesichert sind. Hier reduziert sich die Dateigröße selbst im Modus BESTE QUALITÄT auf 1 bis 2 Mbyte. Übrigens speichern auch digitale Fotokameras im komprimierten JPEG-Format.

Bei einer Kompression von 30:1 bis 50:1 (mittlere Qualität) entstehen sichtbare, aber akzeptable Veränderungen, und erst bei der maximalen Komprimierung von 100:1 (geringe Qualität) ist die Qualitätsverschlechterung unter Umständen nicht mehr vertretbar.

JPEG ist für alle fotografischen Motive das geeignete Format, nur bei Graustufenbildern kann unter Umständen ein GIF oder JPEG 2000 die Alternative sein. Das hängt damit zusammen, dass JPEG hauptsächlich die Farb- und nicht die Helligkeitsinformationen komprimiert.

Interessant im Zusammenhang mit dem Sichern eines JPEGs ist die Frage, ab welchen Einstellungen ein Qualitätssprung zu bemerken ist. Um dies zu untersuchen, wurden drei Motive (ein Foto, ein Foto mit Schrift, eine Grafik) jeweils mit neun verschiedenen Photoshop-Komprimierungseinstellungen gespeichert und anschließend bewertet. Der Bewertungsfaktor ist subjektiv, aber da beim Druck der Bilder viele Details verloren gehen, ist dies die einzige Möglichkeit, an dieser Stelle eine Bewertung zu vermitteln.

JPEG eignet sich hervorragend für das Web, denn es produziert extrem kleine Dateien, während sich die Qualitätseinbußen mit maximal 20 % in Grenzen halten. Sie sehen in den Diagrammen auf Seite 248, dass die Kompressionsrate besonders effektiv mit den Qualitätsstufen 0 bis 4 im Photoshop-Befehl KOPIE SPEICHERN ist. Für den Befehl FÜR WEB SPEICHERN eignet sich eine Einstellung zwischen 0 und 40.

Ich benutze für den Befehl FÜR WEB SPEICHERN die Einstellung zwischen 20 und 30 als besten Kompromiss zwischen Qualität und Dateigröße. Die Bilder sehen dann toll aus und die Dateigröße ist für meine Belange klein genug.

Abhängigkeit der Kompression von den 8x8-Blöcken

Wie bereits erwähnt, teilt der Komprimierungsalgorithmus das Bild in 8 x 8 Pixel große Blöcke. Was ist jedoch, wenn Höhe und Breite des Bildes nicht aus einem Vielfachen von 8 bestehen? Hat das dann Einfluss auf die Dateigröße? Um das zu untersuchen, wurde ein 240 x 240 Pixel großes Bild schrittweise um ein Pixel verkleinert und als JPEG und TIFF (ohne LZW-Komprimierung) gespeichert. Das TIFF dient dabei als Referenz, um sicherzustellen, dass eventuelle Änderungen der Dateigröße nicht auf das Motiv zurückzuführen sind.

Die Übersicht unten zeigt, dass es in der Tat einen Zusammenhang zwischen den 8x8-Blöcken und der Komprimierung gibt. In Abständen von je 8 Pixeln ist in der JPEG-Linie (gelb) eine kleine Einbuchtung zu verzeichnen, während beim TIFF (rote Linie) diese linear nach oben geht (die Dateigrößen für das TIFF wurden für das Diagramm durch 10 geteilt, damit beide Kurven nahe beieinander liegen).

Die Einbuchtungen sind beim Koeffizienten aus den beiden Werten zu sehen. Auch wird deutlich, dass die maximale Einsparung nur 2 bis 4 Prozent ausmacht. Speziell wenn Sie ein Hintergrundmuster anlegen, sollte dieses also ein Vielfaches von 8 sein, um die Dateigröße zu optimieren.

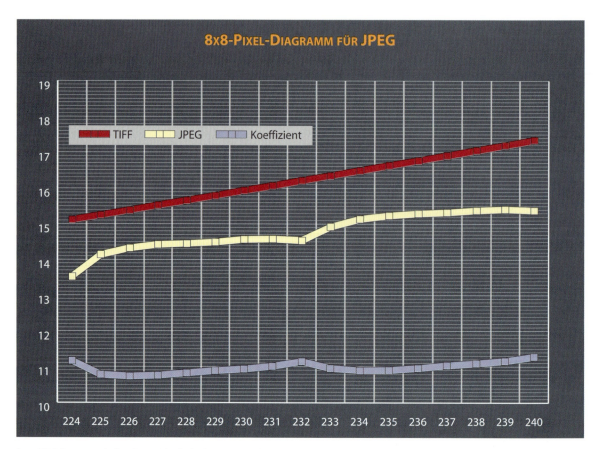

Das JPEG-Format arbeitet mit 8x8-Pixel-Blöcken. Wie in diesem Diagramm zu erkennen ist, lassen sich Daten einsparen, wenn die Bildmaße ein Vielfaches von 8 sind. Auf der x-Achse sind die Maße in Pixel angegeben, auf der y-Achse die Dateigröße. Die TIFF-Werte wurden vorher noch durch 10 geteilt, um beide Formate besser vergleichen zu können.

Qualitätsunterschiede bei JPEG-Decodern

Auch bei den Programmen, die ein JPEG interpretieren können, gibt es Qualitätsunterschiede. Gute Decoder gleichen Sprünge zwischen den einzelnen 8x8-Blöcken aus, damit diese weniger sichtbar sind. Dies ist aber abhängig vom Programm und keine Vorgabe des JPEG-Standards.

Einige JPEG-Decoder arbeiten mit einer schnelleren Dekomprimierung, was allerdings die Werte abrundet. Ähnliche Tricks gibt es für die Farbraumkonversion, was jedoch weniger für das Web-Design zutrifft. Wenn Sie z.B. ein JPEG im CMYK-Modus speichern, muss dieses für die Browser-Anzeige wieder in RGB umgewandelt werden. Die Genauigkeit dieser Konvertierung hängt vom jeweils benutzten Decoder ab.

Das Ganze bedeutet, dass Sie die JPEGs in den verschiedenen Browsern prüfen sollten. Verlassen Sie sich also nicht auf Photoshop oder ImageReady, da deren Decoder anders arbeiten als die im Internet Explorer oder im Netscape Navigator.

JPEG oder GIF?

Bei größeren fotografischen Bildern ist die JPEG-Komprimierung definitiv besser. Dennoch bleibt die Frage, wann man besser auf GIF umschalten sollte. Diese Entscheidung ist besonders dann wichtig, wenn Sie ein Bild slicen oder mit kleinen Navigationselementen arbeiten. Um dieser Frage nachzugehen, wurde ein Bild beschnitten und mit verschiedenen Qualitätseinstellungen als GIF und JPEG gespeichert.

Danach lautet meine Empfehlung, große Fotos immer als JPEG zu speichern. Selbst mit einer hohen Qualitätseinstellung sind die Dateigrößen kleiner als bei GIF. Außerdem ist auch die visuelle Qualität bei JPEGs besser. Das gilt allerdings nicht für Bilder mit Dateigrößen von 10 bis 15 Kbyte (ca. 900 Pixel insgesamt, wie z.B. bei einem 15x40-Pixel-Bild), die eine Farbtiefe von 8 bis 32 Farben benötigen. In derartigen Fällen ist die Qualität des GIF-Formates besser, was auch in der nebenstehenden Grafik zu erkennen ist.

Da dieser Test nur mit einem Bild durchgeführt wurde und deshalb nicht verbindlich sein kann, könnten Ihre Ergebnisse anders sein. Deshalb sollten Sie nur wissen, dass mit einer kleiner werdenden Bildgröße die Vorteile des (besseren) JPEG-Formats schwinden. Das ist dann von Bedeutung, sobald Sie ein Bild für eine Bildtabelle slicen (was viele kleine Bilder nach sich zieht). Wichtig für den Export und die Optimierung: Benutzen Sie beim Optimieren kleiner Bilder immer die 4fach-Ansicht im Dialogfeld Für Web speichern und vergleichen Sie die Ergebnisse zwischen JPEG und GIF.

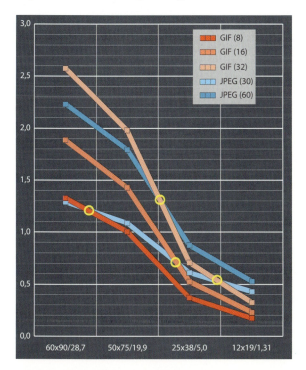

Wenn die GIF-Kurven die JPEG-Kurven kreuzen, sind die GIFs kleiner als die JPEGs.

WIE EIN JPEG KODIERT WIRD

Für diejenigen, die an der Funktionsweise eines JPEG-Encoders interessiert sind, hier eine Übersicht, die Ihnen etwas mehr Einblicke in den komplexen Vorgang bietet.

1. Separation von Helligkeit und Farbe

Der JPEG-Baseline-Kompressionsalgorithmus arbeitet in mehreren Schritten. Für den ersten Schritt ist der Farbmodus (RGB oder CMYK) egal. Allerdings ist ein CMYK-Bild größer als das RGB-Pendant (ohnehin im Web üblich). Graustufenbilder sind auch möglich, aber der Kompressionsfaktor ist bei Graustufen geringer.

2. Herunterrechnen des Farbraums

Optional kann beim Speichern der Farbfläche mit einem horizontalen und einem vertikalen Faktor von 2:1 heruntergerechnet werden. Dabei gibt es noch die Möglichkeit, nur die horizontale Achse zu skalieren und die vertikale unverändert zu lassen (1:1). Beiden Varianten ist gemein, dass die Helligkeitsinformation die Auflösung und die Abmessung beibehält. Dieser Komprimierungsschritt wird nur von wenigen Programmen eingesetzt.

3. In 8x8-Blöcken zusammenfassen

Die Pixel des Bildes werden in 8 x 8 Pixel große Blöcke aufgeteilt und über die DCT (Discrete Cosine Transform), eine nahe Verwandte der Fourier-Analyse/Synthese analysiert. Die höheren Farbfrequenzen mit nur geringen Farbunterschieden werden gelöscht, während die tieferen Frequenzen mit den starken Farbwechseln erhalten bleiben.

4. Quantisieren der Farbfrequenzen

In jedem Block wird jede Frequenzkomponente durch einen eigenen Quantisierungskoeffizienten geteilt und das Ergebnis zur nächsten Ganzzahl gerundet.

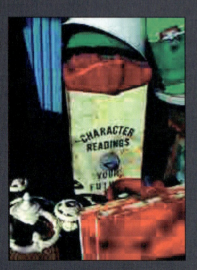

Ein im Browser oder in Photoshop angezeigtes JPEG. Die direkt im JPEG gespeicherten Informationen sehen wie im Bild rechts aus: ein Bild mit der Farbinformation und eines mit der Graustufeninformation. Diese Trennung ist sinnvoll, da für unser Auge die Luminanz wichtiger als die subtilen Farbänderungen sind.

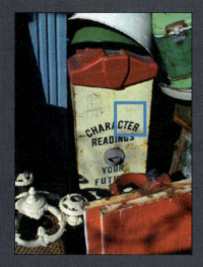

Das Bild ist in 8 x 8 Pixel große Blöcke aufgeteilt. Die Farbfrequenzen sind gerundet, was einen erkennbaren Qualitätsverlust bedeutet. Links sehen Sie das Originalbild, in der Mitte eine Vergrößerung davon und rechts eine Vergrößerung, nachdem das Bild komprimiert wurde.

Dieser Schritt erbringt die größten Einsparungen, und je höher der Quantisierungskoeffizient ist, desto mehr Daten gehen verloren. Selbst beim kleinsten Koeffizienten 1 (entspricht der Qualität 100 im Photoshop-Befehl FÜR WEB SPEICHERN), werden die Farbinformationen geändert, da DCT keine Ganzzahlen erzeugt.

Zudem werden höhere Frequenzen weniger genau quantisiert (wegen des größeren Koeffizienten) als tiefere, da sie weniger sichtbar sind. Dagegen wird die Helligkeitsinformation (Luminanz) durch die Verwendung einer Quantisierungstabelle (64 mögliche Werte) wesentlich genauer quantisiert als die Farbinformation (Chroma). Diese Tabelle kann vom JPEG-Encoder vorgegeben werden. Allerdings benutzen die meisten Encoder nur die einfache lineare Skalierung des JPEG-Standards. Die Qualitätseinstellung des Encoders durch den Anwender bestimmt den Skalierungsfaktor dieser Tabelle.

Die Quantisierungstabelle ist verantwortlich für die unterschiedlichen Qualitäten zwischen den einzelnen JPEG-Encodern, da die JPEG-Standardtabelle nur in der mittleren Qualitätseinstellung gut funktioniert. Sie erhalten deshalb kleinere Dateigrößen mit Encodern, die für niedrige Qualitätseinstellungen (also für das Web) optimiert sind. Das erklärt auch die Unterschiede zwischen den Befehlen SPEICHERN UNTER und FÜR WEB SPEICHERN).

5. Arithmetische oder Huffman-Kodierung von Koeffizienten

Dieser Schritt ist verlustreich. Obwohl die arithmetische Kodierung eine um 10 % bessere Komprimierung bietet, wird wegen dieser patentrechtlich geschützten Q-Kodierung meist die Huffman-Kodierung verwendet.

6. Den richtigen Header einfügen und die Datei speichern

Alle Komprimierungsparameter werden mit dem Bild gespeichert, damit der Decoder den Prozess später wieder umkehren kann. Diese Parameter enthalten z.B. die Quantisierungstabelle und die Huffman-Kodierungstabelle. Die Spezifikation erlaubt allerdings auch, diese Informationen wegzulassen, was mehrere hundert Bytes spart. Allerdings lässt sich dieses Bild nur dann dekodieren, wenn der Decoder selbst über die benötigten Tabellen verfügt.

Wie viel bringt die Weichzeichnung?

Ein bekannter Trick, die Komprimierbarkeit eines JPEGs zu verbessern, ist das Zuweisen des GAUßSCHEN WEICHZEICHNERS vor dem Speichern. Bei der JPEG-Komprimierung führen drastische Farbänderungen zu Artefakten, die mit dem GAUßSCHEN WEICHZEICHNER behoben werden, indem jedes Pixel geprüft und die umgebenden Pixel angeglichen werden. Der Filter sollte allerdings behutsam angewandt werden, da die bessere Komprimierung machmal zu Lasten der Bildqualität geht – das trifft in besonderem Maß auf im Bild vorhandenen Text zu.

Diesen Trick finden Sie in fast jedem Buch über Webdesign, während der folgende Trick weniger bekannt ist: Der Filter STÖRUNGEN ENTFERNEN (SE). Worin unterscheiden sich nun diese beiden Techniken?

Der GAUSSSCHE WEICHZEICHNER (GW) filtert eine Auswahl um einen zuvor festgelegten Betrag, d.h., die unteren Frequenzen erhalten mehr Details und es entsteht ein leichter Dunsteffekt. Die Option WEICHZEICHNEN im Dialogfeld FÜR WEB SPEICHERN weist ebenfalls eine GAUSSSCHE WEICHZEICHNUNG zu.

Der Filter SELEKTIVER WEICHZEICHNER (SW) bietet mehr Einflussnahme: Sie können den RADIUS bestimmen, innerhalb dessen alle Pixel (und nicht nur die angrenzenden) beeinflusst werden. Das erzeugt manchmal einen grafischen Effekt, d.h., der Bereich innerhalb des Radius sieht flach aus. Außerdem verfügt der Filter über einen SCHWELLENWERT-Regler, mit dem sich Kanten einstellen lassen. Setzen Sie den SCHWELLENWERT auf 100 (Maximum), um alle feinen Farbänderungen zu entfernen. Außerdem lassen sich die Weichzeichnungsqualität (NIEDRIG, MITTEL, HOCH) und ein Modus (FLÄCHEN, NUR KANTEN, INEINANDEKOPIEREN) einstellen.

	Original	SE 1	GW 0,3	SE 2	GW 0,6	SE 3	GW 0,9	SE 4	GW 1,2	SW
Q 70	50,8 Kb	41,7 Kb	42,7 Kb	38,3 Kb	37,7 Kb	36,0 Kb	33,0 Kb	34,5 Kb	29,2 Kb	42,1 Kb
Q 30	19,3 Kb	16,3 Kb	16,6 Kb	15,1 Kb	15,0 Kb	14,3 Kb	13,3 Kb	13,7 Kb	11,9 Kb	16,5 Kb
Q 0	8,5 Kb	7,8 Kb	7,8 Kb	7,5 Kb	7,4 Kb	7,2 Kb	6,9 Kb	7,2 Kb	6,4 Kb	8,0 Kb

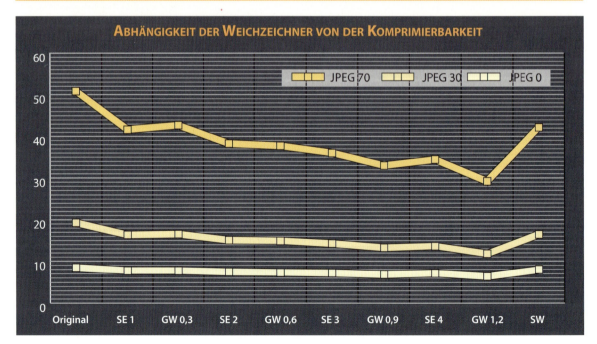

Wieviel bringt die Weichzeichnung? 245

Diesem Originalbild (290 x 470 Pixel) wurden unterschiedliche Filter zugewiesen, um deren Einfluss auf die JPEG-Komprimierung zu untersuchen.

Das erste Bild wurde mit STÖRUNGEN ENTFERNEN behandelt und als JPEG gespeichert. Das mittlere Bild erhielt GAUSSSCHE WEICHZEICHNUNG und das rechte SELEKTIVER WEICHZEICHNER. Die Unterschiede sind selbst im Druck noch zu erkennen.

Sie können mit SELEKTIVER WEICHZEICHNER den Radius für das Angleichen aller Pixel festlegen. SCHWELLENWERT beeinflusst die Details. Der Effekt ist im Bild links deutlich zu erkennen: Der Rost auf der alten Palette ist nahezu verschwunden.

Störungen entfernen (FILTER > STÖRUNGSFILTER > STÖRUNGEN ENTFERNEN) versucht, beim Weichzeichnen die Kanten zu erhalten. Dabei werden harte Kontraste von der Weichzeichnung ausgeschlossen. Da dieser Filter immer mit einem festen Wert arbeitet, müssen Sie ihn manchmal mehrmals zuweisen, um den gewünschten Effekt zu erzielen.

Wie groß sind die Einsparungen der Filter tatsächlich? Um das herauszufinden, wurden die Filter GAUSSSCHER WEICHZEICHNER (mit Werten zwischen 0,3 und 1,2 Pixel), STÖRUNGEN ENTFERNEN (zwischen ein- und viermal) und SELEKTIVE WEICHZEICHNUNG (RADIUS 3,7, SCHWELLENWERT 11,9, QUALITÄT: HOCH) dem gleichen Bild in unterschiedlichen Kombinationen zugewiesen.

Die Ergebnisse auf Seite 245 und die Grafik auf Seite 244 zeigen, dass es zwar Unterschiede gibt, aber durch weiteres Filtern nicht unbedingt Verbesserungen erzielt werden. GAUSSSCHER WEICHZEICHNER mit 0,3 und zwei- bis viermaliges Anwenden von STÖRUNGEN ENTFERNEN erzielten die besten Resultate. Andere Einstellungen beider Filter brachten keine proportionale Größenänderung der Dateien und gleichzeitig verschlechterte sich die Qualität. GAUSSSCHER WEICHZEICHNER mit 1,2 erbringt eine (subjektive) Qualitätssteigerung um 50 % und das viermalige Zuweisen von STÖRUNGEN ENTFERNEN eine Steigerung um 30 %.

Die Filter STÖRUNGEN ENTFERNEN und SELEKTIVER WEICHZEICHNER weisen Sie erst zu und rufen danach den Befehl FÜR WEB SPEICHERN auf. Hier können Sie mit der WEICHZEICHNEN-Option noch den GAUSSSCHEN WEICHZEICHNER anwenden. Die Dateigröße wird so um 20 % bei höheren Qualitätseinstellungen reduziert – bei geringerer Bildqualität betragen die Einsparungen nur 10 %. Fazit: Mit den oben angeführten Filtern speichern Sie kleinere JPEG-Dateien, obwohl Sie dabei nicht übertreiben sollten. Um das Verhältnis zwischen Komprimierung und Qualität zu verbessern, sollten Sie möglichst wenig weichzeichnen. Die Filter STÖRUNGEN ENTFERNEN und SELEKTIVER WEICHZEICHNER sind zusammen mit der WEICHZEICHNEN-Option im Dialogfeld FÜR WEB SPEICHERN ideal, nur sollten Sie die WEICHZEICHNEN-Option behutsam anwenden.

DATENOPTIMIERUNG MITTELS ALPHAKANÄLEN

Der Befehl FÜR WEB SPEICHERN erlaubt es, die Qualität der JPEG-Komprimierung zwischen 0 und 100 zu regeln, wobei der niedrigste Wert zwar die beste Komprimierung, aber die niedrigste Bildqualität erzeugt. Allerdings ist Photoshop in der Lage, die Qualitätsstufe über einen Alphakanal noch zu beeinflussen.

Bevor Sie das Dialogfeld FÜR WEB SPEICHERN öffnen, wählen Sie beispielsweise mit dem LASSO die Bereiche aus, denen Sie später die maximale Qualität zuweisen wollen. Dabei sollten Sie daran denken, dass JPEG eine Kompressionstechnik verwendet, bei der das Bild in 8 x 8 Pixel große Blöcke unterteilt wird. Dies bedeutet, dass Sie keine (!) enge Auswahl festlegen sollten, da sonst aufgrund der verschiedenen Qualitätseinstellungen die Kanten stärker hervortreten. Klarheit über die am besten zu verwendenden Bereiche erhalten Sie, wenn Sie das Dialogfeld FÜR WEB SPEICHERN öffnen und mit dem QUALITÄT-Regler experimentieren. Außerdem ist es hilfreich, die QUALITÄT auf 0 zu setzen, um das Blockraster zu sehen. Schließen Sie dann wieder das Dialogfeld, nehmen Sie die Auswahl vor und speichern Sie diese (AUSWAHL > AUSWAHL SPEICHERN).

Nachdem Sie das Dialogfeld FÜR WEB SPEICHERN wieder aufgerufen haben, klicken Sie auf die Kanal-Schaltfläche rechts neben dem QUALITÄT-Eingabefeld. Wählen Sie im Dialogfeld QUALITÄTSEINSTELLUNG VERÄNDERN den Kanal mit Ihrer Auswahl. Der Kanal wird in einer Miniaturansicht dargestellt, und die weißen Bereiche repräsentieren dabei den Bereich mit der maximalen Qualität. Die schwarzen Bereiche werden dagegen mit der niedrigsten Qualität komprimiert. Beim Einstellen des Maximumwerts sollten Sie jedoch nicht zu großzügig sein und sich möglichst auf einen Wert um 30 (plus/minus 10) beschränken, da sonst die Datei zu groß wird. Das eigentliche Ziel (bestmögliche Qualität bei größtmöglicher Einsparung) sollte niemals aus den Augen verloren werden.

Datenoptimierung mittels Alphakanälen 247

Da diese Möglichkeit in Photoshop besonders bei Text und flächigen Farbbereichen im Bild wichtig ist, stehen Ihnen im Dialogfeld QUALITÄTSEINSTELLUNG VERÄNDERN zwei Optionen zur Verfügung: ALLE TEXTEBENEN und ALLE VEKTORFORMEBENEN. Photoshop fügt diese Ebenen dem gewählten Alphakanal hinzu.

Wie bei GIFs ist es auch bei JPEGs möglich, einen Graustufen-Alphakanal zu verwenden, um zusätzliche Qualitätsabstufungen zu erreichen. Allerdings bringt dies nur wenig Gewinn. Geben Sie besser einen Weichzeichnungswert im Dialogfeld FÜR WEB SPEICHERN ein oder weisen Sie vor Öffnen des Dialogfelds FÜR WEB SPEICHERN die Filter GAUSSSCHER WEICHZEICHNER, SELEKTIVER WEICHZEICHNER oder STÖRUNGEN ENTFERNEN zu.

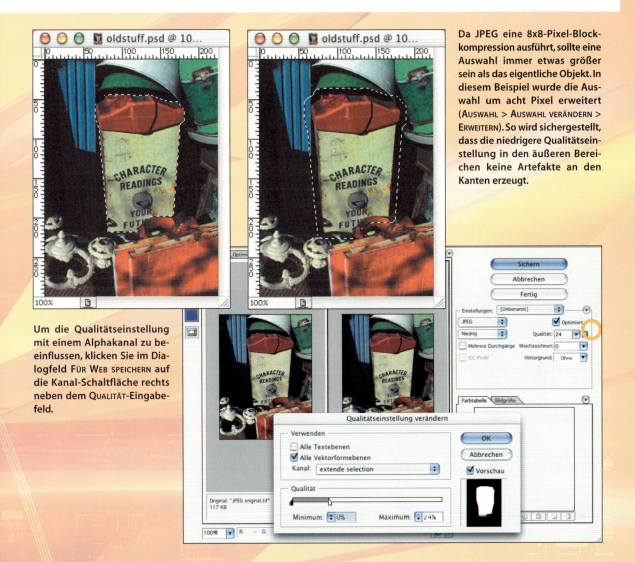

Da JPEG eine 8x8-Pixel-Blockkompression ausführt, sollte eine Auswahl immer etwas größer sein als das eigentliche Objekt. In diesem Beispiel wurde die Auswahl um acht Pixel erweitert (AUSWAHL > AUSWAHL VERÄNDERN > ERWEITERN). So wird sichergestellt, dass die niedrigere Qualitätseinstellung in den äußeren Bereichen keine Artefakte an den Kanten erzeugt.

Um die Qualitätseinstellung mit einem Alphakanal zu beeinflussen, klicken Sie im Dialogfeld FÜR WEB SPEICHERN auf die Kanal-Schaltfläche rechts neben dem QUALITÄT-Eingabefeld.

JPEG-Vergleichstabellen

In diesen Tabellen wird der Speicherbedarf dreier typischer Motive (Foto (A), Foto mit Schrift (B), Grafik (C)) und Farbspektrum (D) verglichen. Beachten Sie, dass Motiv D das beste Szenario für eine JPEG-Komprimierung ist und sich deshalb hervorragend als Referenz eignet. Alle Bilder sind 256 x 180 Pixel und unkomprimiert 140 Kbyte groß. Die Bilder wurden jeweils mit den Befehlen Für Web speichern und Speichern unter gesichert.

Obwohl Speichern unter Qualitätswerte zwischen 0 und 100 bietet und Speichern unter Einstellungen von 0 bis 12 ermöglicht, werden beim Web-Design nie Werte über 80 bzw. 8 verwendet. Deshalb wurden nur Werte bis 40 für den Befehl Für Web speichern und Werte bis 5 für Speichern unter berücksichtigt. Grund: Der JPEG-Algorithmus liefert auch bei diesen niedrigen Werten ausgezeichnete Ergebnisse. Nur die Qualitätsstufen zwischen 0 und 10 bringen eine Qualitätsverschlechterung. (Da diese Unterschiede im Druck nur schwer darstellbar und auch nicht weiter dramatisch sind – speziell im Vergleich zu GIF – brauchen wir sie an dieser Stelle nicht zu zeigen.)

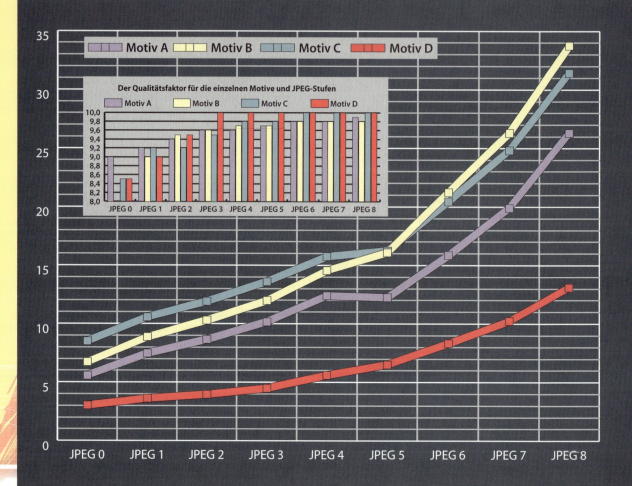

Für WEB SPEICHERN (rechts) erzielt eine bessere Komprimierung als SPEICHERN UNTER (links). Beachten Sie auch den flacheren Kurvenverlauf zwischen Qualität 4 und 5 bei SPEICHERN UNTER. Grund: SPEICHERN UNTER verwendet die standardmäßige JPEG-Quantisierungstabelle, während FÜR WEB SPEICHERN auf eine Tabelle zugreift, die JPEGs mit mittlerer bis hoher Qualität besser für das Web aufbereitet. Deshalb sollten Sie immer mit dem Befehl FÜR WEB SPEICHERN die für das Web vorgesehenen JPEGs erzeugen. Außerdem haben Sie so die Möglichkeit, die Datei weichzuzeichnen und ein ICC-Profil zuzuweisen.

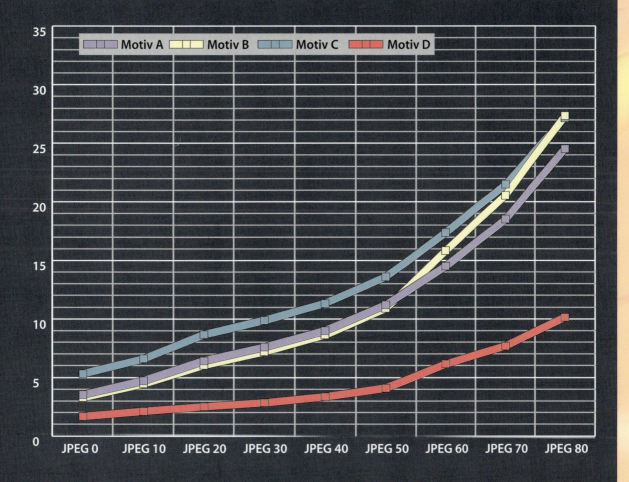

PNG – Portable Network Graphics

Das PNG-Format sollte das ultimative Bildformat für das Web werden. Es wurde entwickelt, um die Vorteile von JPEG und GIF zu vereinen, ohne deren Nachteile zu übernehmen. Das ist in vielerlei Hinsicht auch gelungen, allerdings sind PNGs größer als JPEGs und GIFs.

PNG erlaubt eine verlustlose Kompression von 24-Bit-Bildern mit mehr als 16 Millionen Farben. JPEG kommt übrigens in zwei Varianten: einmal als PNG-24, das sich – vergleichbar mit JPEG – für fotografische Motive eignet, und PNG-8, das sich wie GIF verhält. Wie JPEG unterstützt auch PNG das Interlacing und im Gegensatz zu GIF kein Lossy. Der wesentliche Unterschied von PNG zu JPEG ist, dass es über einen Alphakanal 256 Transparenzstufen besitzt, was beispielsweise erlaubt, einen weichen Schlagschatten zu gestalten, der im Browser problemlos mit einem Hintergrund zu einer Einheit verschmilzt. PNG-8 bietet nur eine Transparenzstufe, während Transparenz in JPEG überhaupt nicht vorhanden ist und in GIF manchmal wegen den Halo-Effekts zu Problemen führt.

Das ist jedoch noch nicht alles. PNG speichert das Gamma zusammen mit dem Bild. So ist sichergestellt, dass Bilder auf allen Plattformen gleich hell sind. Da Windows-Rechner beispielsweise dunkler als Mac-Systeme darstellen, „saufen" auf Macintosh erstellte Bilder auf einem Windows-Rechner „ab". PNG behebt dieses Problem durch eine Gamma-Korrektur. Sie können in ImageReady prüfen, wie Bilder bei unterschiedlichen Gamma-Einstellungen aussehen, indem Sie über ANSICHT > VORSCHAU zwischen Macintosh-Standardfarbe und Windows-Standardfarbe wählen.

PNG hat sich bis jetzt noch nicht in dem Maße durchgesetzt, wie es bei der Einführung geplant war. Grund: PNG-Dateien sind größer als vergleichbare GIFs und JPEGs. Speichert man ein Bild als PNG-24 und JPEG (mit Qualitätsstufe 100), sind beide Bilder in ihrer visuellen Qualität vergleichbar, aber PNG-24 ist zweimal so groß. Für PNG-8 ist der Unterschied nicht ganz so gravierend, dennoch ist auch hier die Dateigröße 20 bis 30 Prozent größer als ein vergleichbares GIF – auch hier geht die verlustlose PNG-Komprimierung voll zu Lasten der Dateigröße.

Hinzu kommt, dass das PNG-Format keine Animation erlaubt und von älteren Browser nicht unterstützt wird. Ich empfehle Ihnen, PNG nur dann auf Ihrer Website einzusetzen, wenn Sie 256 Transparenzstufen benötigen – der einzige wirkliche Vorteil von PNG. Dabei sollten Sie einen JavaScript-Code benutzen, der Browser ohne PNG-Unterstützung entdeckt und dann zu einer alternativen Seite umleitet. GoLive enthält dieses Script (in der Objekte-Palette unter Smart), mit dem Sie festlegen, für welchen Browser eine bestimmte Seite gestaltet ist. Sämtliche Browser, die in diesem Script nicht vorhanden sind, werden auf eine andere Seite umgeleitet.

Unter Windows unterstützen Internet Explorer 4.0 und Netscape Navigator 4.04 (ignoriert den PNG-Alphakanal) nur eingeschränkt das PNG-Format. Noch mehr Einschränkungen gibt es auf dem Macintosh: Explorer 4.5 und Netscape Navigator 4.08 benötigen das QuickTime-Plug-In für eine grundlegende PNG-Unterstützung, die weder den Alphakanal noch das Gamma umfasst. Mit den aktuellen Browsern funktioniert dagegen PNG und da nur wenige Anwender alte Browser einsetzen, sollten die genannten Einschränkungen kein Problem mehr darstellen. Wenn Sie sich für PNG entscheiden, sollten Sie dennoch Ihre Seiten in alten Browsern testen oder den Besucher auf eine alternative Seite umleiten.

PNG, GIF UND JPEG IM VERGLEICH

Die Übersicht auf dieser Seite vergleicht unsere vier Testbilder, von denen jedes in vier Formaten gespeichert wurde: GIF, PNG-8, JPEG und PNG-24. Die vier PNG-8-Bilder sind mindestens 20 % größer als die entsprechenden GIFs (beide mit der Adaptiv-Palette, 100 % Dither und 16 Farben gespeichert). Die Unterschiede zwischen den PNG-24- und JPEG-Bildern sind noch dramatischer: Das PNG-24 ist 400 % größer als das JPEG-Aquivalent (beide Qualität 60). PNG-24 war besonders effizient bei Motiv C, bei dem die PNG-24-Datei nur 11 % größer als die JPEG-Version ist.

	Motiv A	Motiv B	Motiv C	Motiv D
GIF	13,450	11,930	6,104	9,616
PNG-8	16,290	14,850	6,100	10,100
JPEG	14,880	16,680	18,540	6,963
PNG-24	91,830	85,320	20,740	36,450

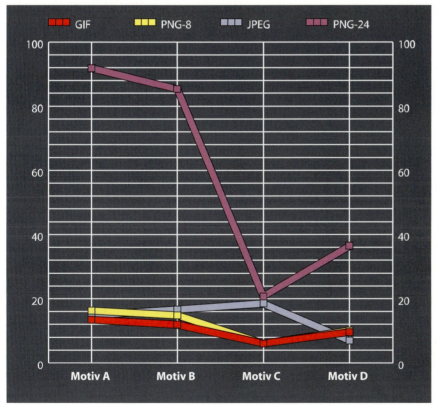

Die Bilder A bis D im Vergleich zwischen PNG mit JPEG und GIF.

Die Ergebnisse in dieser Grafik sind nicht unbedingt repräsentativ, denn vier Testbilder reichen nicht aus, um eine generelle Aussage zu treffen. Es ist also möglich, dass in bestimmten Fällen die PNG-Dateien kleiner sind. Auf der PNG-Homepage ist z.B. zu lesen, dass PNG-8-Bilder normalerweise sogar kleiner als vergleichbare GIFs sein sollen. Außerdem soll der Vergleich zwischen PNG und GIF in der 4FACH-Ansicht nicht ausreichend sein, da beim Speichern die CLUT anders als bei PNG bewertet wird. Zwar ist diese Aussage richtig, allerdings beträgt die Einsparung maximal 768 Byte (maximale Größe der Farbtabelle). Auch mein Vergleich über den Desktop zeigte, dass das GIF immer noch kleiner als das PNG war.

PNG-BILDER SPEICHERN

Um ein PNG-Bild zu speichern, benutzen Sie in Photoshop den Befehl FÜR WEB SPEICHERN. In ImageReady wählen Sie die OPTIMIERT-Ansicht und nehmen die Einstellungen in der OPTIMIEREN-Palette vor.

Bild als PNG-24 speichern

Um mit den 256 Transparenzstufen in PNG-24 zu experimentieren, erstellen Sie in Photoshop ein neues Dokument, geben etwas Text ein (dieser steht dann auf einer eigenen Ebene) und versehen diesen z.B. mit einem SCHLAGSCHATTEN-Effekt (EBENE > EBENENSTIL > SCHLAGSCHATTEN). Achten Sie darauf, dass die Schrift groß genug und der Schlagschatten sehr weich ist. Nur so ist der Effekt deutlich in GoLive zu sehen. Blenden Sie in der EBENEN-Palette die Hintergrundebene aus, indem Sie auf das Augensymbol klicken; ein Schachbrettmuster zeigt an, dass die Ebene jetzt transparent ist. Wählen Sie nun DATEI > FÜR WEB SPEICHERN und dann im Dialogfeld das Dateiformat PNG-24. Das Format bietet nur die Optionen INTERLACED, TRANSPARENZ und HINTERGRUND. Mit INTERLACED zeigt der Browser das Bild bereits während des Herunterladens an, was an dieser Stelle jedoch unwichtig ist – deaktivieren Sie also diese Option. Aktivieren Sie die Option TRANSPARENZ, damit der Hintergrund nicht mit der Hintergrundfarbe gefüllt wird. Klicken Sie auf OK und speichern Sie das Bild mit der Dateierweiterung .png. Da GoLive das PNG-Format unterstützt, sollten Sie sich in diesem Programm die 256 Transparenzstufen ansehen. Platzieren Sie das Bild in GoLive auf einer HTML-Seite und bestimmen Sie ein Hintergrundbild für die Seite – der Schlagschatten geht nahtlos in den Hintergrund über.

Bild als PNG-8 speichern

Aktivieren Sie das Dialogfeld FÜR WEB SPEICHERN (in ImageReady die OPTIMIEREN-Palette) und wählen Sie das Dateiformat PNG-8. Außer Lossy verfügen Sie über die gleichen Optionen wie beim GIF-Format. Wählen Sie einen Algorithmus, die Anzahl der Farben sowie eine Dithering-Methode. Aktivieren Sie wieder die TRANSPARENZ-Option (es gibt wie bei GIF nur eine Transparenzstufe). Wie sehr PNG-8 und GIF identisch sind, wird besonders deutlich, wenn Sie dasselbe Motiv in der 4FACH-Ansicht einmal als GIF und einmal als PNG-8 darstellen (jeweils mit denselben Einstellungen): Optisch gibt es keinen Unterschied zwischen beiden Ansichten, nur ist die PNG-Datei größer.

GoLive unterstützt PNG; Sie sehen, wie der Schatten des PNG-24-Bildes mit dem Hintergrund verschmilzt.

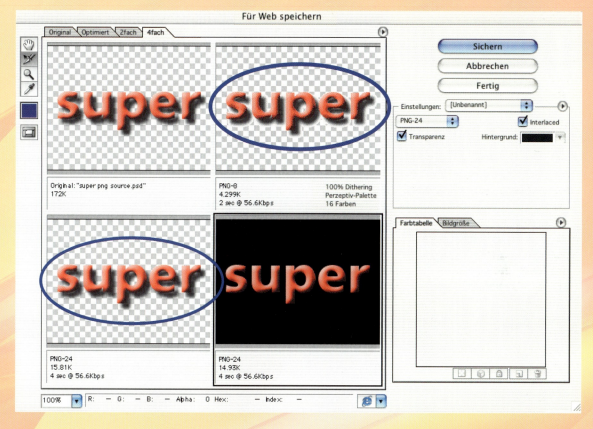

PNG-24 bietet 256 Transparenzstufen, PNG-8 wie GIF nur eine.

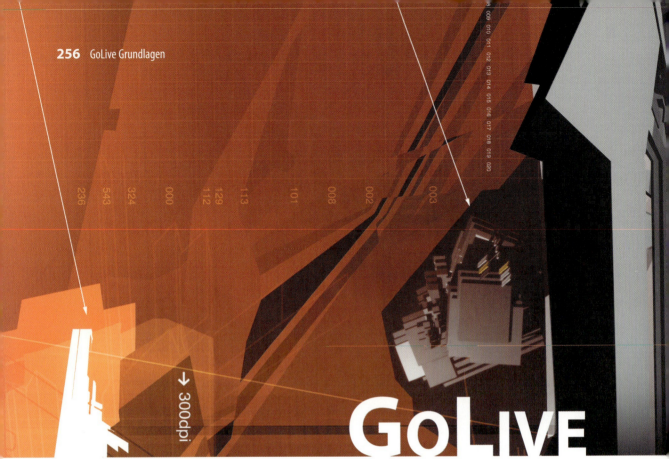

Illustration: **Anthony Kyriazis** von der CD **OnyFrax**

258 **Vorlagen, Komponenten und Musterseiten**
260 **HTML-Tabellen erzeugen**
261 **Tabellenbilder und HTML**
262 Das Layout-Raster
263 **Hintergründe in Tabellen und Rastern**
263 Einschränkungen im Netscape Navigator
265 **Bildexpansion**
266 **Vordergrund mit Hintergrund ausrichten**
267 **Mit Text arbeiten**
267 Einsatz des FONT-Tags
268 Cascading Style Sheets einsetzen

270 **Die CSS-Palette**
270 Externe Style Sheets erzeugen und verknüpfen
272 Fehlersuche in CSS-Designs
273 **Den Arbeitsablauf zwischen GoLive und Photoshop optimieren**
273 Mit SmartObjects arbeiten
274 Strukturbild verwenden
274 Photoshop-Ebenen in Rahmen importieren
274 Ebenen in Layout-Raster konvertieren
276 **Tutorial: HTML-Authoring**

GRUNDLAGEN

Sobald Sie die Hauptseite und das Entwurfskonzept aller Seiten mit Ihrem Kunden in Photoshop und/oder ImageReady festgelegt haben, importieren Sie alle Dateien in GoLive und bauen die Website als HTML-Dokument neu auf.

Anstatt die Website mühsam einzeln Seite für Seite aufzubauen, nutzen Sie dabei GoLives Fähigkeiten, Ihre vorhandenen Daten zu automatisieren und zu verwalten. Dafür erstellen Sie eine Website, die im Wesentlichen aus Ordnern und einer Datenbank besteht, die alle Dateien überwacht. Als nächsten Schritt exportieren Sie alle Bilder und Rollover-Schaltflächen aus Photoshop/ImageReady in den Website-Ordner und beginnen damit, Ihre Vorlagen zu erzeugen. Mit diesen Vorlagen bauen Sie anschließend die Struktur bzw. Architektur Ihrer gesamten Website auf, um die Seiten schließllich mit Inhalt zu füllen.

Das Tutorial in diesem Kapitel führt Sie durch ein solches Szenario und verdeutlicht dabei die typischen Schritte. Allerdings kann das Tutorial nicht auf alles eingehen, daher erläutere ich zusätzlich einige der wichtigsten Arbeitsmethoden und liefere außerdem Lösungen für Probleme, auf die Sie eventuell beim Erstellen Ihrer Website stoßen.

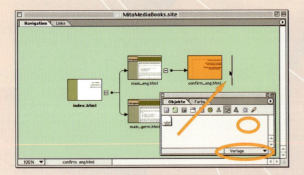 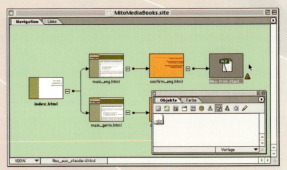

Erzeugen Sie Ihre Website-Struktur einfach mit Vorlagen. Wählen Sie dazu im Register WEBSITE-EXTRAS der OBJEKTE-Palette aus dem Einblendmenü unten rechts den Eintrag VORLAGE und ziehen Sie die Seite in die Website (DESIGN > NAVIGATIONSANSICHT).

VORLAGEN, KOMPONENTEN UND MUSTERSEITEN

GoLive kann ein HTML-Dokument als Vorlage, Komponente oder Musterseite speichern und ermöglicht damit sehr effizientes Arbeiten. Viele Designer, die sich gerade erst mit dem Arbeiten in GoLive vertraut machen, übersehen diese Fähigkeit oft, daher zeige ich Ihnen nun, wie Sie damit Ihre Arbeit erleichtern.

Eine *Vorlage* ist eine vorbereitete Seite, die Sie per Drag&Drop in Ihre Website-Struktur ziehen. Wenn Sie bereits mit Layout-Programmen wie Adobe PageMaker oder InDesign gearbeitet haben, kennen Sie dieses Konzept vermutlich, diese Programme verwenden ähnliche Musterseiten oder Vorlagen. Im Gegensatz zu einem Layout-Dokument, in dem Musterseiten mit den nachfolgenden Seiten verknüpft sind, sind die Seiten, die Sie in GoLives Website-Struktur erzeugen, aber nicht mit der Vorlage verbunden. Daher werden Änderungen an einer Vorlagenseite auch nicht in den Seiten Ihrer Website aktualisiert, die auf dieser Vorlage beruhen. Eine GoLive-Vorlage ist im Prinzip nur eine Kopie einer Seite; um globale Änderungen vorzunehmen, müssen Sie die Elemente überschreiben, die von jeder Webseite benutzt werden. Für dynamisch aktualisierte Elemente sollten Sie deshalb eine Komponente oder eine Musterseite verwenden.

Eine *Komponente* ist ein Seitenelement, das aktualisiert wird, wenn Sie die Komponente ändern. So sollten Sie Navigationsleisten als Komponenten speichern. Falls einer der Links geändert werden soll, brauchen Sie nur die Komponente zu öffnen, den Link zu ändern und die Komponente zu speichern. Anschließend ersetzt GoLive alle Komponenten in der Website durch die neue Version.

Komponenten lassen sich auf Vorlagen platzieren; so erzeugen Sie beispielsweise eine Navigations-Komponente (oder ein Firmenlogo, eine Banneranzeige oder den Textnavigation-Link am Ende einer Seite) und platzieren sie auf Ihrer Vorlagenseite. Für diese Elemente sind Komponenten bestens geeignet. Viel mehr erreichen Sie mit Vorlagen aber auch nicht: Eine Hintergrundfarbe oder eine Link-Farbe lässt sich mit ihnen nicht global ändern.

Auch Komponenten haben ihre Grenzen. Wie realisieren Sie beispielsweise eine Navigationsleiste, die immer den aktuellen Abschnitt anzeigen soll (z. B. eine invertierte Home-Schaltfläche auf der Startseite und eine invertierte Produktschaltfläche auf der Produktseite)? Dann müssten Sie mehrere Kopien der Komponente erzeugen, und wenn sich die Links ändern, umständlich alle Kopien der Komponente suchen.

GoLive 6.0 enthält ein neues Element namens *Musterseite*. Es entspricht der Musterseite in einem Satzprogramm. Sie enthält Bereiche, die von anderen Designern geändert werden können, während be-

Vorlage, Komponenten und Musterseiten 259

Nutzen Sie beim Speichern einer Komponente das Menü WEBSITE-ORDNER unten rechts im Dialogfenster SPEICHERN UNTER zum Auffinden des Komponentenordners.

Im Website-Fenster verwalten Sie alle Aspekte Ihrer Website. Im Register EXTRAS befinden sich die Ordner für Vorlagen, Musterseiten und Komponenten.

Beim Speichern einer geänderten Komponente zeigt GoLive die Dokumente, die diese Komponente verwenden.

stimmte Bereiche gesperrt sind. Nur der ursprüngliche Designer der Musterseite kann alle Änderungen vornehmen. Anschließend ändert GoLive automatisch alle Seiten, die auf der Musterseite basieren.

Um Vorlagen, Musterseiten oder Komponenten zu erstellen, erzeugen Sie zunächst mit dem Befehl DATEI > NEUE SEITE eine neue Webseite. Platzieren Sie Ihre Elemente und speichern Sie die Seite in die Ordner KOMPONENTEN, MUSTERSEITEN oder VORLAGE der Website. GoLive bietet unten links im Dialogfenster SPEICHERN ALS eine Schaltfläche, mit der Sie diese Ordner bequem erreichen. Behalten Sie unbedingt die Dateinamenerweiterung .HTML bei, anderenfalls sehen Sie die Datei nicht im Register WEBSITE EXTRAS der OBJEKTE-Palette (FENSTER > OBJEKTE). Mit dem Popup-Menü unten rechts im Register WEBSITE EXTRAS schalten Sie zwischen Vorlage, Komponenten und Musterseiten um.

Eine Komponente wird aus der Objekte-Palette in das Dokument gezogen. Hier enthält die Navigationskomponente nur zwei Schaltflächen. Um sie zu erweitern, doppelklicken Sie auf die platzierte Komponente.

Eine dritte Schaltfläche wird hinzugefügt und die Komponente gespeichert.

Anschließend enthält jede Seite mit der Komponente drei Schaltflächen (links).

HTML-Tabellen erzeugen

Obwohl die meisten Browser heute HTML-Ebenen unterstützen, sind Tabellen immer noch die erste Wahl beim Layout von Webseiten. Ziehen Sie dazu ein Tabellen-Symbol aus dem Register ALLGEMEIN der OBJEKTE-Palette in ein Dokument. GoLive erstellt standardmäßig eine Tabelle mit drei Reihen und drei Spalten und ruft automatisch den TABELLE-INSPEKTOR auf, der neben den Maßen der Tabelle weitere Attribute zeigt. Sie müssen unbedingt darauf achten, dass Ihre Tabellen mit verschiedenen Browsern funktionieren. Deshalb folgen hier einige Tipps für effektive HTML-Tabellen:

- **Machen Sie die Tabelle unsichtbar.** Dafür stellen Sie den Wert für Rand, Innenabstand und Zellabstand jeweils auf 0. Falls der TABELLE-Inspektor nicht eingeblendet ist, rufen Sie ihn durch Klicken auf den Tabellenrand im GoLive-Dokument auf.

- **Vertikale Ausrichtung auf OBEN.** Standardmäßig ist der Inhalt jeder Tabellenzelle zentriert, er sollte jedoch oben in der Zelle ausgerichtet werden; anderenfalls treten eventuell Lücken zwischen Inhalt und Zellrand auf (z.B. bei Bildtabellen). Diese Einstellung lässt sich zwar nicht global, aber zeilenweise vornehmen. Klicken Sie mit dem Mauszeiger in eine Zelle und wählen Sie das Register ZELLE im TABELLE-INSPEKTOR. Stellen Sie VERTIKALE AUSRICHTUNG auf OBEN und springen Sie mit den Pfeiltasten in die nächste Zeile, um den Vorgang zu wiederholen.

- **Stellen Sie die korrekte Höhe und Breite ein.** Achten Sie beim Platzieren eines Bildes in eine Tabellenzelle darauf, dass Höhe und Breite der Zelle den Bildmaßen entsprechen. Dazu stellen Sie am besten zuerst Breite und Höhe der gesamten Tabelle ein, um anschließend jede Zelle, die ein Bild enthält, einzeln anzupassen.

- **Verwenden Sie für leere Zellen das Spacer-Tag.** Es reicht nicht aus, einfach nur die Maße leerer Zellen einzustellen. Der Internet Explorer beachtet zwar die Breite-Attribute und behält die Zellbreite bei, aber im Navigator kann die Zelle „kollabieren". Ziehen Sie deshalb ein HORIZONTALER ABSTAND-Tag, ein spezielles Netscape-Tag, aus dem Register ALLGEMEIN der OBJEKTE-Palette in die Zelle. Danach geben Sie für Breite die Zellbreite ein.

- **Verwenden Sie Innenabstand statt Zellabstand.** Falls Sie eine Hintergrundfarbe oder ein Hintergrundbild für Ihre Tabelle festgelegt haben und die Tabellenzellen fortlaufend ohne Lücken dargestellt werden sollen, verwenden Sie keinesfalls Zellabstand (damit erzeugen Sie Abstände zwischen den Zellen).

- **Prüfen Sie die Hintergründe.** Sie können ein Bild als Hintergrund in eine Tabelle laden, allerdings unterstützt der Navigator Hintergründe nur unzureichend (siehe auch das Beispiel später in diesem Kapitel). Falls Sie dennoch einen Hintergrund einsetzen möchten, stellen Sie Ihren Monitor auf 256 Farben und prüfen Sie sorgfältig mit älteren Navigator-Versionen. Versionen vor Navigator 6.0 behandeln Hintergrundbilder anders als normale Bilder.

Netscape Navigator (links) und Internet Explorer (rechts) stellen eine Tabelle unterschiedlich dar, wenn die Tabellenfarbe im Inspektor eingestellt wird. Verwenden Sie für einen gleichfarbigen Hintergrund die Innenabstand- statt der Zellabstand-Attribute.

HTML-Tabellen erzeugen

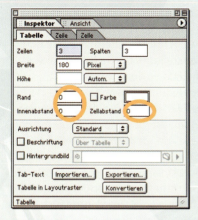  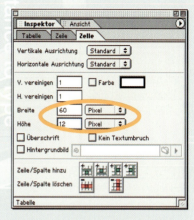

Um eine Tabellenstruktur unsichtbar zu machen, stellen Sie den Wert für Rand, Innenabstand und Zellabstand auf 0 (links). Die vertikale Ausrichtung der Tabellenzellen ist zunächst auf ZENTRIERT eingestellt, Sie können sie aber Zeile für Zeile ändern (Mitte). Falls die Zellen Bilder enthalten, müssen Sie Zellbreite und -höhe auf entsprechende Werte einstellen, um Lücken zu vermeiden.

TABELLENBILDER UND HTML

Das Zusammenfügen gesliceter Bilder in einer Tabelle scheint nicht besonders problematisch, insbesondere wenn Sie ImageReady den HTML-Code erzeugen lassen. Falls Sie diese Aufgabe allerdings manuell in GoLive durchführen, können unerwünschte Lücken zwischen den Zellen entstehen. Oder die Bildtabelle sieht nur in einem bestimmten Browser perfekt aus. In jedem Fall müssen Sie das verantwortliche HTML-Tag durch Fehlersuche ermitteln. Es folgt eine Liste der möglichen Gründe:

1. Suchen Sie nach Leerzeichen in den Zellen. Viele Autorenprogramme (GoLive nicht!) platzieren automatisch ein Leerzeichen in eine Zelle, weil sie sonst keinen Zellrand darstellen kann. Löschen Sie diese Leerzeichen. Falls Sie sich nicht sicher sind, ob Ihr Bild der einzige Zellinhalt ist, schauen Sie sich den HTML-Code an. Er sollte so aussehen: <td><img= ...></td>.

2. Überprüfen Sie die Ausrichtung. Sie können die Zellinhalte mit Hilfe der VALIGN- und ALIGN-Attribute des TD-Tags vertikal und horizontal ausrichten. Achten Sie darauf, dass alle Zellen gleich ausgerichtet sind und keine widersprüchlichen Attribute vorkommen (z. B. VALIGN="Top" im TR-Tag und VALIGN="Bottom" im TD-Tag).

3. Passen Sie Breite und Höhe der Zellen an das Bild an. Die genauen Bildmaße finden Sie im IMG-Tag. Nach der Eingabe dieser Werte für die Tabellenzelle sollte das Bild exakt in die Tabelle passen.

4. Das TABLE-Tag kann CELL SPACE- oder BORDER-Attribute enthalten. Entfernen Sie alle unnötigen Attribute oder setzen Sie ihre Werte auf null.

5. Falls ein Bild als LINK definiert ist, vermeiden Sie einen Rand, indem Sie im IMG-Tag das Attribut BORDER=0 eingeben. In GoLive klicken Sie dazu auf das Bild und wählen im BILD-Inspektor das Register ALLGEMEIN. Geben Sie in das Feld RAND den Wert 0 ein (in GoLive 6.0 beträgt der Wert standardmäßig 0).

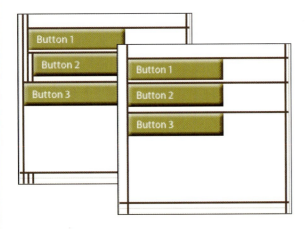

Das Layout-Raster

Eine Alternative zu HTML-Tabellen ist das Layout-Raster, eine unsichtbare Tabelle, die mit einer »Steuer«-Zeile und -Spalte ihre Darstellung (mit Spacer-Tags) im Navigator optimiert. Jedes Mal, wenn Sie ein Objekt auf dem Layout-Raster platzieren (oder darauf bewegen), erzeugt GoLive automatisch eine neue Tabelle mit den Objekten. Diese Tabelle enthält so wenige Zellen wie möglich; sind die Objekte aber nicht exakt vertikal und horizontal ausgerichtet, kann die Tabelle expandieren. Solche komplexen Tabellen führen nicht nur zu aufgeblähten HTML-Dateien, sie werden oft auch nicht wie erwartet in Webbrowsern dargestellt. Der Internet Explorer beispielsweise zeigt GoLive-Layout-Raster dann häufig nicht korrekt an (er kann die Tabellenbreite überschätzen und blendet dann unnötigerweise einen horizontalen Rollbalken ein).

Hier sehen Sie die der Tabelle zugrunde liegende Struktur des Layout-Rasters. Die linke Tabelle ist umfangreicher, weil die Elemente nicht ausgerichtet wurden. Sie sollten daher beim Arbeiten mit einem Layout-Raster für beste Ergebnisse immer die AUSRICHTEN-Befehle in der Optionen-Palette benutzen.

Für manche Objekte ist eine einfache Tabelle besser geeignet als ein Layout-Raster, zum Beispiel solche, die nicht von allen Browsern bzw. Betriebssystemen gleich groß angezeigt werden. Das gilt besonders für HTML-Formulare – Internet Explorer und Netscape Navigator stellen Formularelemente wie z.B. Textfelder und Popup-Menüs verschieden groß dar. Falls Sie Textabsätze mit Bildern ausrichten müssen, sollten Sie eine Tabelle einsetzen.

Wenn Sie mit großen Textmengen arbeiten, sollten Sie lieber eine Tabelle statt eines Layout-Rasters verwenden. Tabellen sind dort besser geeignet als Textfelder und Layout-Raster (siehe nebenstehendes Beispiel), da sie ihre Höhe dem Textfluss anpassen, während Layout-Raster statisch sind.

Oben sehen Sie ein Layout-Raster mit zwei Textrahmen; darunter finden Sie die Ergebnisse im Explorer (links) und im Navigator (rechts). Wie Sie sehen, unterscheiden sie sich aufgrund der verwendeten Zeichensätze. Setzen Sie in solchen Fällen lieber eine Tabelle ein.

Ziehen Sie ein Layout-Raster aus dem Register ALLGEMEIN der Objekte-Palette und passen Sie seine Größe im Layout-Raster-Inspektor an.

HINTERGRÜNDE IN TABELLEN UND RASTERN

Seit Internet Explorer 3.0 und Netscape Navigator 4.0 können Sie Bilder als Hintergründe in Tabellen einsetzen. Damit lassen sich nette Effekte erzeugen wie beispielsweise rechts das simulierte Endlospapier. Aber am besten daran ist, dass Sie Ihre Inhalte auf diese Weise in Tabellenzellen platzieren können und sich der Hintergund unabhängig von der Textdarstellung in den unterschiedlichen Browsern immer an die Länge der Tabelle anpasst. Da Layout-Raster ebenfalls Tabellen sind, können Sie auch in ihnen eine Hintergrundfarbe oder ein Bild einsetzen.

Einschränkungen im Netscape Navigator

Ältere Navigator-Versionen, und damit meine ich alle vor Version 6.0, versagen bei der Darstellung von Hintergrundbildern in Tabellen kläglich. Falls Ihre Website mit diesen Browsern kompatibel sein muss, sind Ihre Möglichkeiten daher schon eingeschränkt. Mit Netscape Communicator/Navigator können Sie zum Beispiel keine verschachtelten Tabellen (Tabellen in Tabellen) verwenden, weil die verschachtelte Tabelle den Hintergund von ihrer übergeordneten Tabelle erbt (selbst wenn kein Hintergrund für die verschachtelte Tabelle eingestellt ist). Da die eingebettete Tabelle versucht, den Hintergrund mit ihrem eigenen Nullpunkt zu synchronisieren, führt dies meistens zu einem sichtbaren Versatz.

Als weitere tabellenbedingte Einschränkung lassen sich keine Muster mit Transparenz verwenden. Obwohl der Explorer (und der Navigator 6.x) sie korrekt rendert, stellen ältere Navigator-Versionen Transparenzen in Hintergrundbildern weiß dar.

Am letzten Problem ist weniger Netscape Schuld, es ist vielmehr eine Widersprüchlichkeit zwischen Navigator und Explorer: Haben Sie in Ihrer Tabelle einen Innenabstand festgelegt, zeigt Navigator zwischen den Lücken (!) die Hintergrundfarbe und fängt in der nächs-ten Zelle am Nullpunkt wieder mit der Hintergrundfarbe an. Der Explorer zeigt ein Hintergrundbild einfach über die Gesamtlänge und -

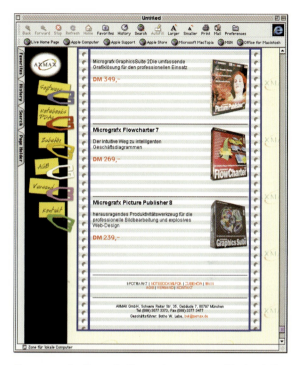

Elemente wie dieses Endlospapier erzeugen Sie durch Zuweisen eines Hintergrundbilds zu Tabellen. Diese Tabelle enthält drei Spalten (blau markiert), von denen jede ihr eigenes Hintergrundbild besitzt; das ist nötig, weil der Navigator Hintergrundbilder anders als der Explorer interpretiert.

breite einer Tabelle; selbst ein Innenabstand unterbricht das Muster dort nicht. Aufgrund dieser Widersprüchlichkeit können Sie nicht einfach ein großes Hintergrundmuster für Tabellen definieren. Stattdessen müssen Sie das Muster in einzelne Stücke teilen und für jede Zelle ein eigenes Musterstück festlegen. Zur Verdeutlichung habe ich eine Beispiel-Website bestehend aus einer dreispaltigen Tabelle erzeugt, in der jede Spalte einen anderen Hintergrund besitzt. In die linke Spalte habe ich die Löcher für den linken Rand platziert, die mittlere Spalte ist für die Linien und die rechte Spalte zeigt die Löcher für den rechten Rand.

264 GoLive Grundlagen

Eine unsichtbare Tabelle (mit den Computer-Bildern) wurde in eine andere Tabelle mit einem Hintergrundbild verschachtelt. Während der Explorer sie korrekt anzeigt (oben), wiederholt der Navigator 4.x das Hintergrundmuster in der unsichtbaren Tabelle und macht sie auf diese Weise sichtbar (siehe Pfeile rechts).

Wie gehen Browser mit Hintergrundbildern um, die Transparenzen enthalten? Navigator 4.x stellt die transparente Farbe nicht dar (links), während der Explorer 4.x dies problemlos kann (unten).

BILDEXPANSION

Obwohl ein Hintergrundbild als JPEG oder GIF nur zehn Kbyte groß ist, wird es im Browser entkomprimiert und kann dann bis zu 1Mbyte, 2Mbyte oder größer sein. Dies war problematisch, als zu Beginn des Webdesign einige Designer große (und abgeblendete) Hintergrundbilder einsetzen wollten. Da ein Hintergrundbild auf der horizontalen und vertikalen Achse wiederholt wird, musste man es nach links und nach unten erweitern und mit einer Hintergrundfarbe füllen, damit auf großen Monitoren keine Musterwiederholungen vorkamen. Zum Glück lässt sich heute mit Hilfe von Cascading Style Sheets eine bessere Lösung erzielen.

- **Erzeugen Sie in Photoshop einen Hintergrund** mit maximal 600 Pixel Breite und füllen Sie den Rest des Bildes am rechten Rand mit einer Farbe aus der Palette WEBSICHERE FARBEN (um Dithering zu vermeiden). Passen Sie das Bild notfalls mit dem AIRBRUSH-Werkzeug an die Hintergrundfarbe an (ich habe in diesem Beispiel nur einen Verlauf gewählt, um das Prinzip zu verdeutlichen). Speichern Sie den fertigen Hintergrund als GIF oder JPEG.

- **Um ein Cascading Style Sheet zu erzeugen,** klicken Sie zunächst oben rechts im LAYOUT-EDITOR auf die Schaltfläche CSS EDITOR ÖFFNEN (das Treppenstufen-Symbol).

- **Klicken Sie in der CSS-Leiste** auf die Schaltfläche NEUER ELEMENTSTIL (<>) und geben Sie im INSPEKTOR in der Registerkarte ALLGEMEIN in das NAME-Feld BODY ein. (Im Grunde überschreiben Sie nur das HTML-BODY-Tag.)

- **Wechseln Sie zur Registerkarte HINTERGRUND,** schalten Sie das Kontrollkästchen vor BILD ein und suchen Sie nach dem Hintergrundbild. Wählen Sie im Popup-Menü WIEDERHOLEN den Eintrag HORIZONTAL oder VERTIKAL, um das Hintergrundbild entsprechend zu wiederholen. Der Hintergrund kann auch nur einmal oder an einer bestimmten Position angezeigt werden, indem Sie im Popup-Menü ANHÄNGEN den Eintrag FEST wählen (allerdings zeigen ältere Navigator-Versionen den Hintergrund dann schwarz an). Schauen Sie sich den Effekt nach dem Speichern des Dokuments im Navigator oder Explorer an.

In der ersten Registerkarte im CSS-Inspektor erhält das Element den Namen BODY (wie das HTML-Tag). Den Hintergrund ändern Sie mit der Registerkarte HINTERGRUND und deshalb suchen Sie dort nach dem Bild. Um den Hintergrund nur vertikal zu wiederholen, müssen Sie unbedingt den Eintrag VERTIKAL wählen.

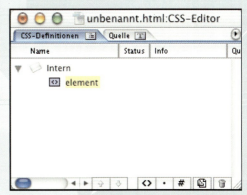

Durch Klicken auf die Schaltfläche NEUER ELEMENTSTIL im CSS-Editor fügen Sie dem Cascading Style Sheet ein neues Element hinzu. Dieser Stil muss im Inspektor denselben Namen erhalten wie das HTML-Tag, das Sie damit überschreiben wollen.

VORDERGRUND MIT HINTERGRUND AUSRICHTEN

Vielleicht haben Sie auch schon festgestellt, wie schwierig es ist, Objekte in einer HTML-Seite mit dem Hintergrund auszurichten. Dieses Problem entsteht durch den Browser-Versatz (Offset), der leider nicht nur zwischen Navigator und Explorer, sondern auch auf den unterschiedlichen Computer-Plattformen verschieden ausfällt. Der Versatz ist der Abstand, mit dem Inhalt von der oberen linken Ecke des Browserfensters dargestellt wird. In den frühen Tagen von HTML und Web war das noch sinnvoll, damit Inhalte nicht mit dem oberen linken Rand kollidierten. Mit Einführung der Hintergrundbildfunktion in HTML wurde dieser Browser-Offset problematisch: Der Hintergrund wird ohne Versatz positioniert, so dass nicht genau vorhersehbar ist, wie ein Grafikelement im Vordergrund mit dem Hintergrund ausgerichtet wird. Zu Zeiten der 3.0-Browser mussten Web-Designer mit Hilfe von Java-Script ermitteln, welchen Browser ein Besucher verwendet, und den Versatz dann durch Laden unterschiedlicher Hintergrundbilder ausgleichen. Das ist heute zum Glück nicht mehr nötig; Netscape und Microsoft haben das Problem behoben, so dass Sie den Versatz durch zusätzliche Attribute im BODY-Tag in allen Browsern seit Version 4.x einstellen können. Da es sich um eine Erweiterung der HTML-Bestimmungen handelte, die jede Firma unterschiedlich verwendete, müssen Sie eine Kombination der Attribute im BODY-Tag einsetzen, um den Versatz in beiden Browsern auf null zu reduzieren: <BODY leftmargin="0" marginwidth="0" topmargin="0" marginheight="0">.

In GoLive brauchen Sie diese Attribute nicht von Hand einzugeben. Sie müssen nur oben links in Ihrem Dokument auf das SEITE-Symbol klicken und im SEITE-Inspektor die Werte für RANDBREITE und HÖHE auf 0 setzen.

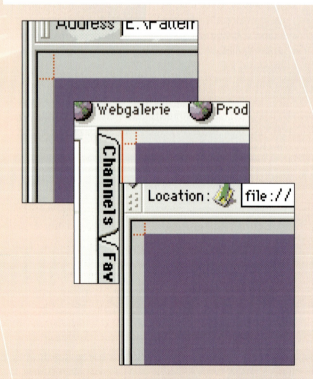

Von oben nach unten: Browser-Offset im Internet Explorer 3.0 für Windows, Internet Explorer 4.0 für Macintosh und Netscape Navigator 4.0 für Macintosh.

Browser-Offset im SEITE-Inspektor einstellen

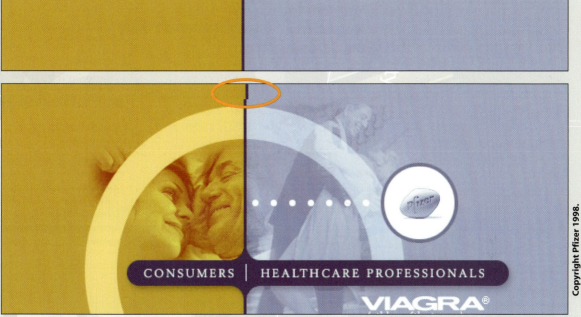

Die alte Viagra-Website (Design von Andreas Lindström, Nicholson NY) nutzt ein Hintergrundbild (oben), das mit einem Bild im Vordergrund ausgerichtet werden muss; dazu wird der Browser-Offset auf „0" eingestellt.

Mit Text arbeiten

Im Web-Design sind die Formatierungsmöglichkeiten von Text eingeschränkt. Entweder verwenden Sie das FONT-Tag oder Cascading Style Sheets, allerdings müssen dann in beiden Fällen die Schriften auf den Computern der Anwender installiert sein. Damit sind Sie auf die Serifen-Kombinationen Palatino/Times bzw. Sans Serif Helvetica/Arial beschränkt, da diese mit den Betriebssystemen Macintosh und Windows geliefert werden. Eine Lösung war eine Technik namens Dynamic Fonts, mit der Sie Schriften in einem besonderen Format speichern konnten, das anschließend an ein HTML-Dokument angehängt wurde. Leider wird diese Technik nicht von Microsofts jüngstem Browser unterstützt (welche Überraschung!). Und Bitstream, die einzige Firma mit einem Font-Konvertierungswerkzeug für Dynamic Fonts (namens WebFont Wizard), hat den Verkauf und die Pflege des Produkts eingestellt. Der einzige (mir bekannte) Weg, eine Schrift in eine HTML-Seite einzubetten, ist SVG (Standard Vector Graphics), für das Besucher ein Plug-In installieren müssen. Viel können Sie im Moment also nicht tun; es folgen Ihre Möglichkeiten:

Einsatz des FONT-Tags

Das FONT-Tag ging Cascading Style Sheets zeitlich voraus und wird daher von jedem Browser verstanden. Um einen Text mit dem FONT-Tag zu formatieren, müssen Sie zunächst eine Schriftsammlung erzeugen (TYP > SCHRIFT > SCHRIFTSAMMLUNGEN BEARBEITEN). Klicken Sie im SCHRIFTSAMMLUNGEN-EDITOR unterhalb der Liste auf die Schaltfläche NEUE SCHRIFTSAMMLUNG ERSTELLEN und legen Sie mit dem Popup-Menü darunter die gewünschten Schriften fest. Legen Sie zur Sicherheit mehr als eine Schrift fest. Ich empfehle, zwei Schriftsammlungen zu erzeugen, eine für Serifen (einschließlich Times und Palatino, in dieser Reihenfolge), und eine für Sans Serif (Arial und Helvetica, auch in dieser Reihenfolge).

Sie können in GoLive neue Schriftsammlungen – sogar für einzelne Seiten – durch Klicken auf den Seitentitel und anschließendes Klicken auf die Schaltfläche NEUE SCHRIFTSAMMLUNG ERSTELLEN bestimmen.

Anschließend sind die Schriftsammlungen im Untermenü TYP: SCHRIFT verfügbar und lassen sich markiertem Text in HTML-Dokumenten zuweisen.

GoLive verfügt bereits über (ähnliche) Schriftsammlungen, die aber zu viele Alternativen enthalten; jedes Mal, wenn Sie Text ein FONT-Tag zuweisen, platziert GoLive das gesamte Tag in den HTML-Code:

<font face="Arial,Helvetica,Geneva,Swiss,Sun­Sans-Regular">This is an example</font>.

Sie sehen, dass dieses FONT-Tag mehr Zeichen umfasst als der eigentliche Text im Beispiel und der HTML-Code dadurch aufgebläht wird. Auch wenn das für Browser unproblematisch ist, müssen diese zusätzlichen Daten übertragen werden und die Bearbeitung von HTML-Quellcode wird dadurch langwieriger.

Am besten setzen Sie Cascading Style Sheets als externes Dokument ein; so können Sie von allen Dokumenten darauf zugreifen.

Cascading Style Sheets einsetzen

Heute können die meisten Browser Cascading Style Sheets interpretieren; sie sind FONT-Tags vorzuziehen. Die CSS-Erweiterung wurde in die HTML-Spezifikation integriert, um Designern mehr Formatierungsmöglichkeiten zu bieten, z. B. Einstellen von Schrift, Farbe oder Weißraum, Hintergrundbilder oder Textrahmen. Mit Cascading Style Sheets erfüllen sich scheinbar alle Designer-Wünsche – zumindest theoretisch. Leider sind die Unverträglichkeiten zwischen den Browsern katastrophal, und wenn Sie mehr als Grundsätzliches (Schrift, Größe und Farbe) verwenden wollen, müssen Sie Ihre Seiten in allen Browsern prüfen. Besonders problematisch ist CSS-formatierter Text in Tabellen. Manche älteren Navigator-Versionen erweitern eine Tabellenzelle nicht, wenn eine Zeilenhöhe festgelegt ist, so dass der Text über den Zellenrand ragt.

Andererseits haben Cascading Style Sheets viele Vorteile. So können Sie beispielsweise ein externes CSS-Dokument für alle HTML-Seiten verwenden, um das Erscheinungsbild einer ganzen Website nur durch die Bearbeitung eines Dokuments zu ändern. Außerdem können Sie mit Cascading Style Sheets die

Browserformatierung von Standard-HTML-Tags überschreiben. Wenn Sie Ihre Überschriften beispielsweise alle mit der Schrift Arial darstellen möchten, nennen Sie einfach einen Stil <H1>. Selbst wenn der Browser keine Cascading Style Sheets kennt, interpretiert er die Struktur-Tags wie gewohnt. (Die Entwickler von Cascading Style Sheets wollten nicht nur zusätzliche HTML-Text-Formatierungs-Tags bereitstellen, sondern HTML als strukturelle Sprache erhalten.)

Style Sheets lassen sich auf drei Arten einfügen: Neben der Verknüpfung von Seiten mit einem externen CSS-Dokument können Sie noch eingebettete Stile und Inline-Stile verwenden. Eingebettete Stile definieren eine Dokumentstruktur genau wie ein verknüpftes externes Dokument, werden aber an den Anfang eines Dokuments platziert und gelten nur für dieses eine Dokument. Inline-Stile sind nur zur Formatierung einzelner Wörter oder Textzeilen in einem Dokument gedacht. Es gilt folgende Hierarchie: Eingebettete Stile überschreiben jede Definition eines verknüpften Stils und Inline-Stile überschreiben eingebettete Stile. Wenn Sie also zum Beispiel in einem externen Style Sheet das Absatz-Tag als Helvetica definieren, der eingebettete Absatz-Stil in einem verknüpften Dokument aber Palatino ist, erscheinen die Absätze in Palatino. Ein zusätzlich bestimmtes Inline-Tag für einen Satz in Arial überschreibt diesen Satz dann in Arial.

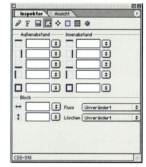

Die Cascading-Style-Sheet-Spezifikation ist sehr kompliziert. Im CSS-SELEKTOR-Inspektor finden Sie viele Register zum Einstellen aller Attribute. Nach der Eingabe des HTML-Tags können Sie in den ersten beiden Registern Schriftgröße und -stil bestimmen. Im dritten Register stellen Sie Absatzformatierungen wie Ausrichtung oder Einzüge ein. Das vierte und fünfte Register ermöglicht die Definition von Aussehen und Position der Elementrahmen. Im sechsten stellen Sie Rahmenattribute ein. Im siebten Register bestimmen Sie den Hintergrund. Da sich der Hintergrund für jedes Tag getrennt einstellen lässt, können Sie einer Überschrift sogar einen gemusterten Hintergrund geben. Im letzten Register finden Sie die Listen- und alle nicht unterstützten Eigenschaften.

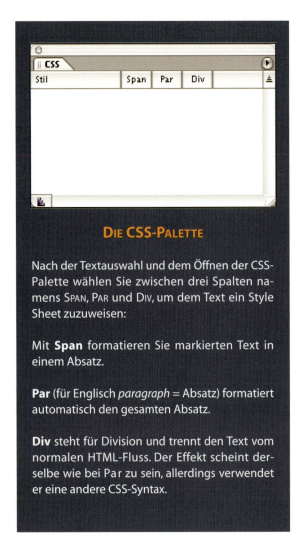

Die CSS-Palette

Nach der Textauswahl und dem Öffnen der CSS-Palette wählen Sie zwischen drei Spalten namens Span, Par und Div, um dem Text ein Style Sheet zuzuweisen:

Mit **Span** formatieren Sie markierten Text in einem Absatz.

Par (für Englisch *paragraph* = Absatz) formatiert automatisch den gesamten Absatz.

Div steht für Division und trennt den Text vom normalen HTML-Fluss. Der Effekt scheint derselbe wie bei Par zu sein, allerdings verwendet er eine andere CSS-Syntax.

Die drei Style-Sheet-Arten werden oft zusammen eingesetzt, so dass untergeordnete (Child-)Stile die Darstellung des übergeordneten (Parent-)Stils wie oben beschrieben ändern. Das ist vergleichbar mit der Formatierung von Text in Layout-Software, in der Sie einen Absatz formatieren, aber durchaus einzelnen Wörtern ein anderes Aussehen geben können. Ist das Absatz-Tag in einem verknüpften Style Sheet zum Beispiel als „Arial" und die Schriftfarbe im eingebetteten Style Sheet als Rot definiert, wird der Dokumenttext in roter Arial angezeigt. Trotzdem können Sie nun einen Inline-Stil einsetzen, um den Text fett auszu-zeichnen oder ihm eine Hintergrundfarbe zuzuweisen. Die Definition <P STYLE="background: #660033">Top Ten</P> würde die Wörter „Top Ten" hervorheben, ohne die übrige Formatierung zu beeinträchtigen. Mehr über Cascading Style Sheets finden Sie im GoLive-Handbuch oder im Web unter *www.w3c.org*.

Cascading Style Sheets und Browser-Unverträglichkeiten könnten ein ganzes Buch füllen; ich zeige Ihnen lieber, wie Sie sie statt des FONT-Tags für die Textformatierung einsetzen. Am besten verwenden Sie dafür ein verknüpftes externes Style Sheet, in dem Sie alle in Ihrem Dokument vorkommenden Standardtext-Tags festlegen, z.B. <P>, <A> und <H1> bis <H7>. Leider kommt es immer wieder vor, dass ein Style Sheet keine Auswirkung hat. Ist zum Beispiel der erste Absatz einer Tabellenzelle nicht mit einem Absatz-Tag versehen, wird dieser Text nicht formatiert. Wenn beinahe der gesamte Text auf Ihrer Seite in eine Tabellenzelle platziert wird, ist das ein Problem, wenn auch kein großes. Fügen Sie einfach das Absatz-Tag oder eine CSS-Definition für das Tabellendatenzellen-Tag (<TD>) von Hand in den HTML-Quellcode ein. Noch einfacher ist es, eine Klassen-Definition zu erzeugen und sie dem Text oder der ganzen Seite zuzuweisen, indem Sie im Register Stil im Inspektor das Kontrollkästchen in der Spalte Area einschalten. Klassen funktionieren zuverlässig in allen CSS-fähigen Browsern, und Sie können sie im Inspektor zuweisen, ohne den HTML-Code bearbeiten zu müssen.

Externe Style Sheets erzeugen und verknüpfen

1. Wählen Sie Datei > Neu Spezial > Cascading Style Sheet CSS. Speichern Sie diese Datei im Website-Ordner.

2. Klicken Sie unten im neuen Style Sheet-Fenster auf die Schaltfläche Neuer Elementstil (die spitzen Klammern) oder nutzen Sie eines der drei vorhandenen Stil-Elemente, um die Browser-Formatierung der HTML-Tags zu ändern. Um zum Beispiel die Absatzfor-matierung zu ändern, klicken Sie im Style Sheet-Fenster auf das Element **p** und bearbeiten seine Attribute im Inspektor. Klicken Sie im Inspektor auf das Register Schrift und ändern Sie die gewünschten Merkmale. Auch Stil, Stärke und Auszeichnungsattribute werden von den meisten Browsern richtig interpretiert; alle übrigen Attribute in den

Mit Text arbeiten **271**

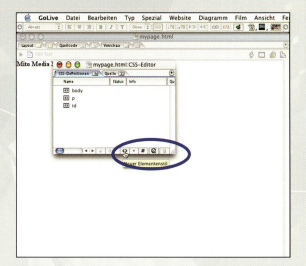

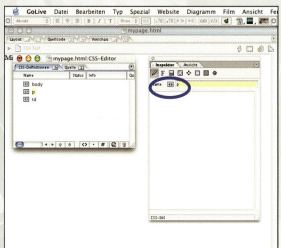

Nach dem Klicken auf die Schaltfläche Neuer Elementenstil können Sie den neuen Eintrag benennen und seine Einstellungen ändern.

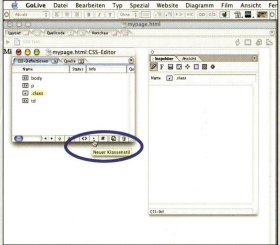

Das Gleiche gilt für die Schaltfläche Neuer Klassenstil und seinen neuen Eintrag.

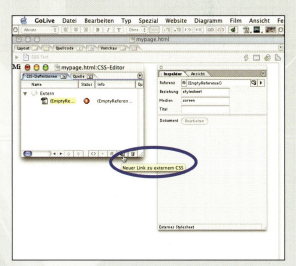

Klicken auf die Schaltfläche Neuer Link zu externem CSS fügt eine neue externe Style-Sheet-Referenz ein.

verbleibenden Registern im Inspektor müssen in allen Browsern und auf allen Plattformen geprüft werden. Um zu sehen, was Sie für das Absatz-Tag eingestellt haben, klicken Sie wieder auf das Register ALLGEMEIN im INSPEKTOR. Legen Sie dann Attribute für Überschriften- (<H>), unnummerierte Listen- (<UL>) und nummerierte Listen- (<OL>) Tags fest.

3. Klicken Sie auf die Schaltfläche NEUER KLASSENSTIL im Style-Sheet-Fenster (der Punkt). Damit formatieren Sie alle ersten Absätze in Tabellenzellen. Wichtig ist, dass der Klassenname mit einem Punkt beginnt – GoLive 6 sorgt automatisch dafür. Nennen Sie die Klasse z.B. „paragraph" und weisen Sie ihr ein paar Attribute zu. Speichern Sie dann Ihr CSS-Dokument.

4. Öffnen Sie nun ein fertiges HTML-Dokument und klicken Sie oben rechts im Dokumentfenster auf die Schaltfläche CSS-EDITOR ÖFFNEN; ein neues Dokument erscheint. Klicken Sie unten im CSS-Editor auf die Schaltfläche NEUER LINK ZU EXTERNEM CSS; ein Ordner EXTERN erscheint mit einer leeren Referenz. Verknüpfen Sie das externe Style Sheet im INSPEKTOR mit diesem Dokument, indem Sie es im Feld REFERENZ suchen und auswählen. Jetzt sollte sich der Text in Ihrem Dokument entsprechend Ihrem externen Style Sheet ausrichten – mit Ausnahme der ersten Absätze in Tabellen. Um diese zu formatieren, markieren Sie den Text und öffnen die CSS-PALETTE über das Menü FENSTER. Schalten Sie dort in der aufgeführten Absatz-CSS-Klasse die Kontrollkästchen für SPAN, PAR bzw. DIV ein, um sie dem Text zuzuweisen.

Fehlersuche in CSS-Designs

Es ist sehr wichtig, dem gesamten Text auf Ihrer Seite Cascading Style Sheets zuzuweisen; anderenfalls könnten die Browser-Voreinstellungen Ihrer Besucher Text abweichend darstellen. Sie sollten Ihre Seite, nachdem Sie die Standardschriftgröße auf z. B. 26 Punkt gesetzt haben, in einem Browser prüfen. So sehen Sie, ob Sie Ihrem gesamten Text CSS zugewiesen haben.

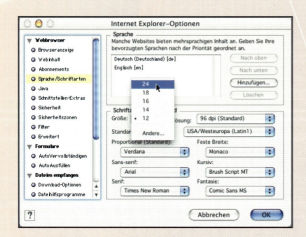

Probieren Sie extreme Schrifteinstellungen (z.B. eine Größe von 24 Punkt) in Ihren Browser-Voreinstellungen, um Ihre Website zu prüfen (im Beispiel der Internet Explorer). Wenn sich nichts ändert, haben Sie alles korrekt formatiert.

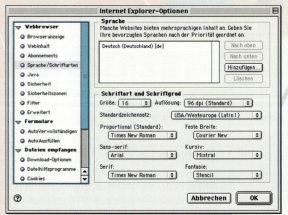

Besucher können im Netscape Navigator und Internet Explorer (links) Schrift-Voreinstellungen vornehmen. Falls Sie eine exotische Schrift oder eine große Schriftgröße wählen, kann Ihr Design optisch auseinander brechen. Beugen Sie dem durch Einsatz des FONT-Tags oder von Cascading Style Sheets vor.

Den Arbeitsablauf zwischen GoLive und Photoshop optimieren

Adobe hat (in GoLive 5.0) eine Reihe neuer Funktionen und Befehle eingeführt, die den Arbeitsablauf zwischen GoLive und Photoshop, Illustrator und LiveMotion verbessern. Zu diesen Funktionen gehören:

SmartObjects, mit deren Hilfe Sie eine Photoshop-, Illustrator- oder LiveMotion-Datei direkt in ein GoLive-HTML-Dokument platzieren, die im Website-Ordner als GIF, JPEG, SVG oder sogar Flash gespeichert wird. Alle an der Original-Datei oder den Abmessungen des Smart-Objects vorgenommenen Änderungen führen automatisch zu einer aktualisierten Version des HTML-Dokuments und vereinfachen somit das Arbeiten in GoLive.

Strukturbilder, wobei Sie eine Photoshop-Datei in den Hintergrund laden, um das „Nachbauen" des Entwurfs in GoLive zu vereinfachen. Oder Sie slicen das Bild und importieren die Slices automatisch in GoLive.

Photoshop-Ebenen zu Rahmen, womit Sie jede Ebene eines Photoshop-Dokuments importieren und in einer CSS-Ebene platzieren.

Mit diesen Funktionen arbeiten Sie bequemer mit Photoshop-Dateien und anderen Seitenelementen in GoLive und finden sicher noch weitere neue effizientere Arbeitsmethoden. Schauen Sie sich einmal an, wie Sie diese Methoden am sinnvollsten einsetzen können.

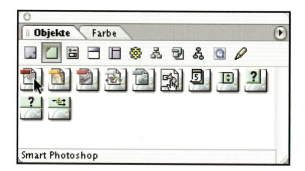

SmartObjects finden Sie in der Objekte Palette im Register Smart. Sie werden dort nur aufgeführt, wenn das zugehörige Programm auch auf dem Computer installiert ist.

Mit SmartObjects arbeiten

Durch Klicken auf das Register Smart in der Objekte-Palette gelangen Sie zu den SmartObjects. Die ersten drei Symbole sind Smart Photoshop, Smart Illustrator und Smart LiveMotion, mit denen Sie Dateien aus diesen Anwendungen in Ihrer GoLive-HTML-Seite platzieren können. (In der Palette finden Sie nur Symbole von installierten Anwendungen.) Ziehen Sie beispielsweise einen Smart-Photoshop-Platzhalter auf

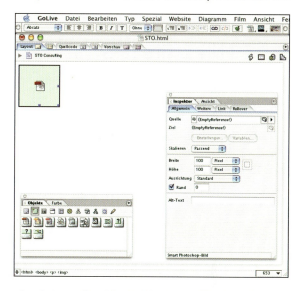

eine Seite und wählen Sie Ihr Quellbild im Inspektor im Register Allgemein. GoLive ruft das Speichern unter-Dialogfenster auf, in dem Sie die GIF- bzw. JPEG-Einstellungen des Bildes optimieren können; klicken Sie anschließend auf OK. GoLive fragt Sie nach einem Namen und dem Speicherort für die Ziel-Datei; legen Sie dafür den Bild-Ordner Ihrer Spiegel-Site fest. Wenn Sie jetzt die Original-Datei bearbeiten (doppelklicken Sie darauf, um Photoshop zu starten), aktualisiert GoLive automatisch das SmartObject. Wenn Sie das SmartObject in GoLive skalieren, erzeugt Photoshop eine neue Datei mit dem Ziel-Dateinamen mit diesen neuen Maßen, ohne die Original-Datei zu verändern.

Mit SmartObjects arbeiten Sie in GoLive ähnlich wie in einem Layout-Programm wie zum Beispiel InDesign. Theoretisch könnten Sie auf diese Weise Ihre gesamte

Mit der STRUKTURBILD-Palette passen Sie die Deckkraft des Bildes im Hintergrund an. Mit dem BILDVERSCHIEBEWERKZEUG ist das Positionieren ganz einfach und mit dem AUSSCHNEIDEWERKZEUG importieren Sie Teile des Bildes in eine Ebene.

Bedieneroberfläche gestalten; allerdings ist das nicht wirklich zu empfehlen. Es ist in jedem Fall effizienter, diese Designs in Photoshop zu entwickeln und Smart-Objects für die Gestaltung der Seiteninhalte einzusetzen.

Strukturbild verwenden

Mit dem Befehl STRUKTURBILD laden Sie eine Photoshop-Datei als Hintergrund in GoLive und können sie dann nachzeichnen, um auf diese Weise einen Entwurf einfacher zu übernehmen. Wie SmartObjects ist dieser Befehl sehr gut zum „Konvertieren" von Entwürfen von Inhaltsseiten geeignet; weil dabei keine Rollover-Effekte unterstützt werden, ist es allerdings nicht unbedingt das beste Werkzeug zum Importieren Ihrer Oberflächenentwürfe.

Um diese Funktion zu nutzen, rufen Sie mit dem Eintrag STRUKTURBILD im Menü FENSTER die Strukturbild-Palette auf. Schalten Sie das Kontrollkästchen vor „Quelle" ein und suchen Sie nach der gewünschten Photoshop-Datei. Das Bild wird abgeblendet geladen; passen Sie das Aussehen mit Hilfe des Deckkraft-Reglers an. Geben Sie außerdem in die Positionsfelder Werte für den Abstand vom oberen linken Rand der Seite ein oder ziehen Sie es mit dem BILDVERSCHIEBE-WERKZEUG an die gewünschte Position. Mit dem Ausschneidewerkzeug entfernen Sie unerwünschte

Bereiche. Zum Schluss zeigt GoLive das Dialogfenster FÜR WEB SPEICHERN; wählen Sie dort ein Bildformat und die Optimierungseinstellungen und speichern Sie die Datei in Ihrem Website-Ordner.

Photoshop-Ebenen in Rahmen importieren

Wenn Sie ebenenbasierte Animationen einsetzen möchten, ist GoLives Fähigkeit, Photoshop-Dateien als HTML zu importieren, besonders nützlich (DATEI > IMPORTIEREN > PHOTOSHOP-EBENEN IN RAHMEN). Dieser Befehl erledigt genau das: Nachdem Sie eine Photoshop-Datei und einen Zielordner gewählt haben, ruft GoLive für jede Ebene im Bild das Dialogfenster FÜR WEB SPEICHERN auf, damit Sie sie einzeln optimieren können. Leider werden bei dieser Funktion keine Ebeneneffekte gerendert und verborgene Ebenen werden mit übernommen. Falls Sie also aus einer Photoshop-Datei mit 20 Ebenen nur einige übernehmen möchten, reicht es nicht aus, ihre Sichtbarkeit in der EBENEN-Palette auszublenden. Noch ein Tipp: Die Ebenen-Namen in Photoshop werden für die entsprechenden Rahmen in GoLive übernommen. Manche Browser können Rahmen nicht richtig interpretieren, wenn deren Name mit einer Zahl beginnt, Sie sollten die Ebenen also bereits in Photoshop korrekt bezeichnen.

Ebenen in Layout-Raster importieren

Mit den Befehlen PHOTOSHOP-EBENEN IN RAHMEN und STRUKTURBILD platzieren Sie Bildebenen in GoLive-Dokumenten als Rahmen. Wenn Sie nicht unbedingt HTML-Ebenen nutzen müssen (z.B. für Animationen), sind HTML-Tabellen besser geeignet. Zum Glück ist die Konvertierung von HTML-Ebenen in HTML-Tabellen ganz einfach: Wählen Sie im RAHMEN-Palettenmenü (FENSTER > RAHMEN) den Eintrag IN LAYOUT-RASTER KONVERTIEREN. Falls der Befehl abgeblendet ist, überlappen sich die gewählten Rahmen. Korrigieren Sie dann die Position der einzeln markierten Rahmen, so dass sie sich nicht mehr überlappen. Nach dem Befehl IN LAYOUT-RASTER KONVERTIEREN erzeugt GoLive das Layout in einem neuem HTML-Dokument neu. Überschreiben Sie das Original-Dokument (nachdem Sie es geschlos-sen haben) oder kopieren Sie das Layout-Raster in die Original-Datei.

Arbeitsablauf optimieren 275

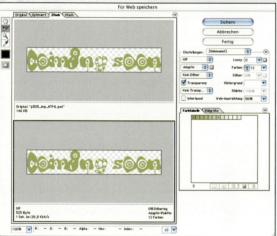

Nach der Auswahl einer Datei und eines Zielordners ruft der Befehl PHOTOSHOP-EBENEN IN RAHMEN für jede einzelne Ebene das Dialogfenster FÜR WEB SPEICHERN auf.

Der Befehl IN LAYOUT-RASTER KONVERTIEREN funktioniert nur, wenn sich die Ebenen in GoLive nicht überlappen.

Tutorial: HTML-Authoring

Auf den ersten Blick scheint die Kreation einer Website schwierig und kompliziert zu sein. Zwar verfügen Sie mit Photoshop und Golive über zwei der mächtigsten Werkzeuge für Designer, aber sich in den zugehörigen Handbüchern zurecht zu finden, ist beinahe unmöglich. Aber wenn Sie wissen, was zu tun ist und welche „Knöpfe" Sie drücken müssen, können Sie in wenigen Stunden eine Website fertig stellen – von der Entwurfsphase bis zum HTML-Authoring in GoLive. Wichtig ist Effizienz: Ein einfacher Fehler, beispielsweise das Erstellen von Musterseiten vor dem Einstellen von Cascading Style Sheets, lässt sich nur zeitraubend beheben. Beim Durcharbeiten dieses Tutorials erlernen Sie einen effizienten Arbeitsablauf – eine gute Vorarbeit für Ihre zukünftigen Projekte.

1 Erstellen einer neuen Website: Wählen Sie in GoLive Datei > Neue Website. Der Website-Assistent führt Sie durch den Aufbau und gibt Ihnen dabei verschiedene Möglichkeiten: Leere Website, Aus Ordner importieren, Vom Server importieren und Aus Musterseite importieren. In diesem Tutorial wählen Sie Leere Website. Das nächste Dialogfenster fragt Sie nach einem Namen für Ihre Website; verwenden Sie am besten Ihren Domainnamen. Im nächsten Dialogfenster geben Sie dann noch den Ort für Ihren Projektordner an.

Anschließend öffnet GoLive das Website-Fenster, und im Projekt-Ordner auf Ihrer Festplatte finden Sie drei Unterordner. Der Ordner mit der Erweiterung .data enthält die Ordner Bibliothek, Diagramme, Komponenten, Musterseiten, SmartObjects, Vorlage und Website-Papierkorb. Der Ordner mit der Erweiterung .settings enthält alle Einstellungen für Schriften und Farbe. Der Ordner ohne Erweiterung steht für Ihre Website; es ist die lokale Kopie Ihrer Website (auch Spiegel-Site genannt), die Sie später auf den Webserver laden. Sie können darin Ordner anlegen, um Ihre Dateien übersichtlicher zu halten. Dafür sollten Sie das GoLive-Website-Fenster verwenden, denn GoLive nutzt eine interne Datenbank, um alle Dateien und Ordner im Website-Ordner zu verwalten; wenn Sie Dokumente oder Ordner über den Desktop in Ihre Spiegel-Website platzieren, erkennt GoLive sie nicht. Das kann für neue GoLive-Anwender verwirrend sein, da diese Dokumente bzw. Ordner dann nicht in GoLives Website-Fenster erscheinen. Falls Ihnen das passiert, führen Sie zur Korrektur einfach Website > Ansicht aktualisieren aus.

Wählen Sie einen Speicherordner für Ihre Website und sorgen Sie mit der Option Neuer Ordner dafür, dass GoLive alle Dateien in einen Unterordner speichert. GoLive öffnet dann das Website-Fenster mit der ersten Seite (index.html); klicken Sie unten rechts auf das Doppelpfeil-Symbol, um das Fenster zu erweitern und das Register Extras einzublenden.

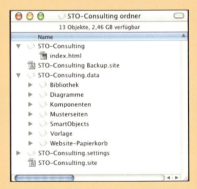

Das ist der Website-Ordner mit allen Unterordnern: einer für die Spiegel-Site und einer für Website-Daten, der die Komponenten enthält.

Tutorial: HTML-Authoring 277

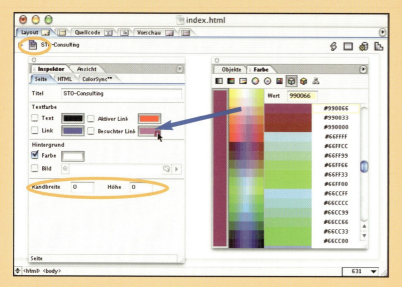

Klicken Sie auf das SEITE-Symbol, um den Seite-Inspektor aufzurufen, in dem Sie die Farben und den Browser-Offset einstellen können.

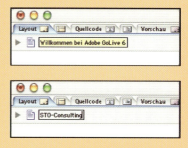

Ändern Sie unbedingt den Standard-Titel „Willkommen bei Adobe GoLive".

2 Die erste Vorlage/Musterseite erzeugen: Doppelklicken Sie im WEBSITE-Fenster auf die Seite INDEX.HTML, um diese leere Seite zu öffnen. Ändern Sie den Seite-Titel „Willkommen bei Adobe GoLive" in einen passenden Namen. Da die meisten Suchmaschinen bei der Indexierung eines Dokuments sehr auf den Titel achten, sollten Sie markante Schlüsselwörter benutzen. Eine Website über Musik könnte z.B. Schlüsselwörter wie „Musik", „CDs", „MP3" oder „Songs" im Titel führen.

Als Nächstes legen Sie die Farben und den Hintergrund für Ihre Seite fest. Klicken Sie auf das Symbol für die Seiteneigenschaften neben dem Dokument-Titel, um den SEITE-Inspektor aufzurufen. Öffnen Sie die Farbe-Palette mit FENSTER > FARBE; wählen Sie Farben für TEXT, LINK, AKTIVER LINK und BESUCHTER LINK. GoLive aktiviert sie automatisch (schaltet die Kontrollkästchen ein). Außerdem wichtig: Geben Sie für Randbreite und Höhe jeweils 0 ein.

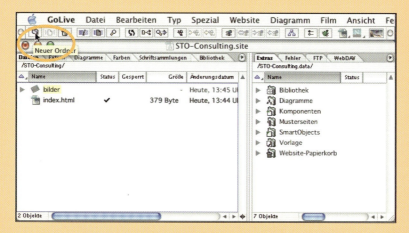

Erzeugen Sie zuallererst einen Bilder-Ordner für Ihre Website.

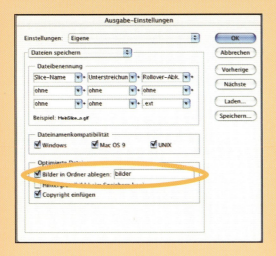

3 Bilder und Rollover-Schaltflächen exportieren:
Nun müssen Sie alle Bilder und Rollover-Schaltflächen für das Design exportieren (Slices und Rollover-Schaltflächen habe ich im Tutorial zu ImageReady vorgestellt). Klicken Sie in GoLives OPTIONEN-Palette zuerst auf die Schaltfläche NEUER ORDNER, um einen Bild-Ordner im Website-Fenster zu erzeugen, und nennen Sie ihn BILDER.

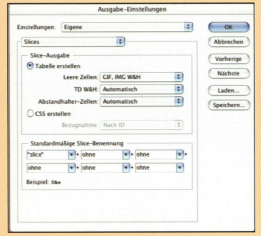

Wechseln Sie zu ImageReady und öffnen Sie den Tutorial-Entwurf. Markieren Sie mit Hilfe des SLICEAUSWAHL-WERKZEUGS und durch Drücken der Umschalttaste alle Slices für die Navigationsleiste (Slices 12 und 13–17). Für die Ausgabeeinstellungen wählen Sie DATEI > AUSGABE-EINSTELLUNGEN > DATEIEN SPEICHERN. Hier legen Sie den Namen für die Rollover-Bilder fest. Ich schlage „Slice-Name + Bindestrich + Rollover-Abk." vor, um die Dateinamen so kurz wie möglich zu halten. Im Dialogfenster AUSGABE-EINSTELLUNGEN können Sie noch den Bild-Ordner benennen und ImageReady das Bild automatisch dort speichern lassen (Standardeinstellung). Schließen Sie das Dialogfenster durch Klicken auf OK; die Bilder werden nun in den Ordner BILDER und die HTML-Dateien in den Stammordner gespeichert.

Wählen Sie den Menübefehl OPTIMIERT-VERSION SPEICHERN UNTER und suchen Sie nach dem Stammordner der Spiegel-Site (der Ordner mit der Datei INDEX.HTML). Geben Sie der Datei einen Namen (etwa „sidebar.html") und wählen Sie in den Popup-Menüs FORMAT den Eintrag HTML UND BILDER und SLICES > AUSGEWÄHLTE SLICES.

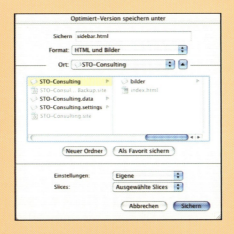

Stellen Sie zuerst die Ausgabeeinstellungen ein und wählen Sie im Menübefehl OPTIMIERT-VERSION SPEICHERN UNTER die Option HTML UND BILDER.

Tutorial: HTML-Authoring **279**

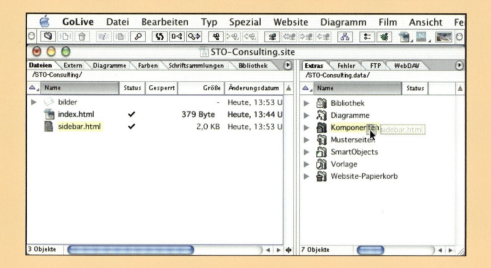

Die Bilder werden erst im Website-Fenster von GoLive angezeigt, wenn Sie den Website-Ordner erneut einlesen (WEBSITE > ANSICHT AKTUALISIEREN). Ziehen Sie die HTML-Datei (SIDEBAR.HTML) in den KOMPONENTEN-Ordner und bestätigen Sie das Dialogfenster DATEIEN VERSCHIEBEN. Normalerweise erzeugen Sie eine Komponente unmittelbar durch Speichern der HTML-Datei in den Komponenten-Ordner, aber da wir viele Bilder exportieren, ist es einfacher, zunächst in den Stammordner zu sichern und die HTML-Datei dann in den Komponenten-Ordner zu ziehen.

Es wäre logisch, die horizontalen Rollover-Schaltflächen auf die gleiche Weise zu bearbeiten, aber da sie als Hintergrund alle dieselbe Formebene verwenden, würde dies zu Problemen führen. Sobald ein Rollover-Status für eine der Schaltflächen geändert wird, ändern sich auch die Bereiche in den übrigen Schaltflächen-Slices und ImageReady merkt sich dies. Sobald sie exportiert und im Internet Explorer bzw. Netscape Navigator betrachtet werden, ändern sich alle Schaltflächen gleichzeitig. Das ist kein Fehler: ImageReady kann mehrere Bildwechsel mit einem Rollover auslösen, und genau das passiert hier. Da wir den inneren Schatteneffekt nutzen, können wir die Formebene nicht in kleinere Bereiche aufteilen. Zum Glück gibt es für dieses scheinbar so große Problem eine einfache

Lösung: Exportieren Sie die Slices ohne den HTML-Code und erstellen Sie die Komponente mit den Rollover-Schaltflächen in GoLive. Im nächsten Schritt markieren Sie also alle verbliebenen Slices – 1–9, 18, 20 und 22 – und exportieren sie. Da die Bilder ohne HTML-Datei gespeichert werden sollen, wählen Sie FORMAT: NUR BILDER und speichern sie im Ordner BILDER. Anschließend wenden Sie erneut den Befehl ANSICHT AKTUALISIEREN an und erzeugen die Komponente für die vertikale Navigationsleiste in GoLive.

Nach dem Verschieben der HTML-Datei in den Komponenten-Ordner zeigt GoLive das Dialogfenster DATEIEN VERSCHIEBEN.

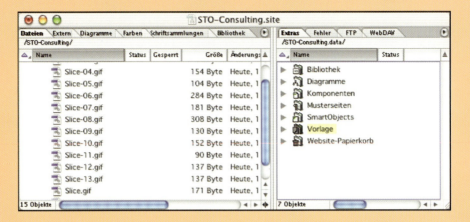

4 **Eine Komponente in GoLive erstellen:** Für die vertikale Navigationsleiste erzeugen Sie ein neues Dokument mit einer einzeiligen Tabelle mit sechs Zellen. Markieren Sie im Register DATEIEN im Website-Fenster alle Schaltflächen und ziehen Sie sie in Ihr Dokument (statt jedes Mal ein Bild-Objekt mit dem jeweiligen Bild zu verlinken). Platzieren Sie jede Schaltfläche in eine eigene Zelle und passen Sie Breite und Höhe der Tabelle entsprechend an. (Das ist wichtig; es sollen keine Lücken entstehen. Sie könnten die Tabelle ganz auslassen, aber dann kämen später Probleme mit der Darstellung in GoLive auf. Der HTML-Code würde allerdings in den Browsern funktionieren.) Ziehen Sie ein ROLLOVER-Symbol aus dem Register SMART der OBJEKTE-Palette auf jedes Schaltflächenbild, um es in ein Rollover-Objekt zu konvertieren. Wählen Sie nacheinander alle Rollover-Schaltflächen, klicken Sie im Inspektor auf den ÜBER-Status und verlinken Sie mit Hilfe der URL VERKNÜPFEN-Funktion mit den entsprechenden Dateien im Website-Fenster. Speichern Sie die Datei anschließend mit dem Befehl SPEICHERN UNTER. Achten Sie darauf, dass unten rechts im Dialogfenster im Popup-Menü der KOMPONENTEN-Ordner gewählt ist. Die Komponente erscheint dann nach dem Speichern im Register EXTRAS der OBJEKTE-Palette.

Ziehen Sie die Schaltflächenbilder aus dem Dateifenster in das Dokument. Anschließend platzieren Sie sie in eine Tabelle, um danach das Rollover-Symbol auf jede einzelne Schaltfläche zu ziehen. Dann klicken Sie auf den ÜBER-Status und verknüpfen Sie jeweils mit Hilfe der URL VERKNÜPFEN-Funktion mit der entsprechenden Bilddatei für den ÜBER-Status.

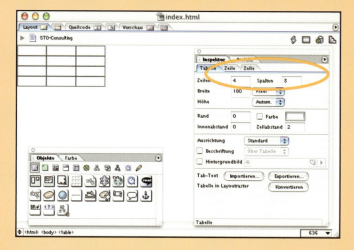

Nach dem Platzieren eines Tabellenobjekts müssen Sie die Anzahl der Zeilen um eine erhöhen und zwei Zellen vereinen, damit die Tabelle als Container für alle weiteren Elemente fungieren kann.

Stellen Sie die vertikale Ausrichtung aller Tabellenzellen im Register Zeile des Tabelle-Inspektors zeilenweise auf Oben ein.

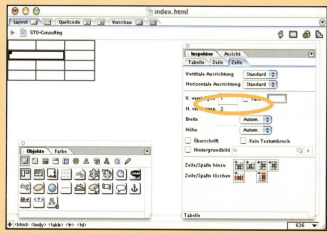

5 Die Haupttabelle erstellen: Sie könnten dieses Design in GoLive sowohl mit Frames als auch mit Tabellen nachbauen. Da Frames aufgrund ihrer Probleme mit Suchmaschinen eher unbeliebt sind, erzeugen Sie das gesamte Layout nun mit Tabellen.

Platzieren Sie eine Tabelle mit vier Zeilen und drei Spalten in das Dokument und stellen Sie für den Rand den Wert 0 ein, um ihn unsichtbar zu machen (setzen Sie außerdem Innenabstand und Zellabstand auf 0). Wir verwenden hier eine Tabelle statt eines Layout-Rasters, weil wir Bereiche benötigen, die sich dynamisch an die Größe des Browserfensters anpassen. Das erreichen Sie nur mit einer Tabelle, da ein Layout-Raster im Grunde statisch ist.

Vereinen Sie die ersten beiden Zellen in Zeile 2, indem Sie im Tabelle-Inspektor im Feld H. vereinigen den Wert 2 eingeben. Vereinen Sie die dritten Zellen der ersten beiden Zeilen durch Eingabe von 2 im Feld V. vereinigen. (Sollte ich Sie damit verwirren, schauen Sie sich die Screenshots an oder lesen Sie noch einmal das ImageReady-Tutorial.) Wählen Sie danach zeilenweise Vertikale Ausrichtung > Oben.

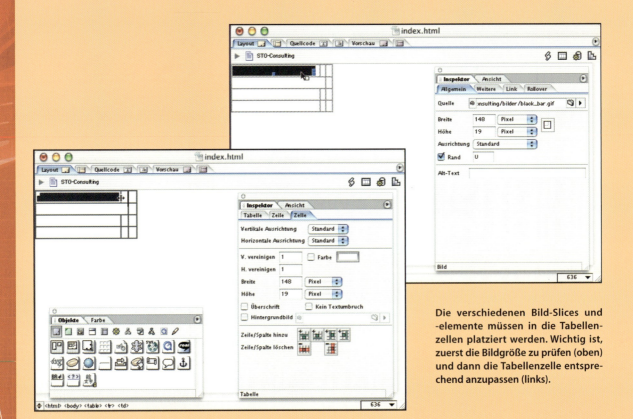

Die verschiedenen Bild-Slices und -elemente müssen in die Tabellenzellen platziert werden. Wichtig ist, zuerst die Bildgröße zu prüfen (oben) und dann die Tabellenzelle entsprechend anzupassen (links).

6 Bilder und andere Elemente platzieren: Es folgt der lustige Teil. Ziehen Sie das schwarze Bild aus der oberen linken Ecke des DATEI-Fensters in das Dokument und platzieren Sie es in die Tabellenzelle oben links. Klicken Sie erst auf das Bild (und merken Sie sich seine Maße) und dann auf den Zellenrand. Wechseln Sie die Maße von AUTOM. in PIXEL und geben Sie die Bildmaße ein. Da sich der Zellenrand nah am Bildrand befindet, kann das Auswählen etwas schwierig sein – achten Sie auf den INSPEKTOR: wenn er sich in den TABELLE-Inspektor ändert, waren Sie erfolgreich. Platzieren Sie die vertikale Navigationsleiste (VER_NAVIGATION.HTML) in die zweite Zelle und passen Sie sie entsprechend an (ihre Breite beträgt 461 Pixel). In die erste Zelle der zweiten Zeile platzieren Sie das Logo (mit dem Bogen), ohne die Maße der Tabellenzelle zu ändern. Sie brauchen keine Änderungen vorzunehmen, weil wir die Maße bereits vorher bestimmt haben und weil der Wert in dieser vereinten Zelle nicht der Summe der vereinten Zellen, sondern dem Wert der ersten Zelle entspricht. Platzieren Sie jetzt die Sidebar-Komponente in die erste Zelle der dritten Zeile.

Langsam wächst die Seite zusammen, aber der schwierigste Teil liegt noch vor uns. Auf der rechten Seite soll das Design bis an den Browserfensterrand reichen. Da dessen Größe variiert, können wir das Bild nicht einfach platzieren und eine feste Größe vorgeben. Stattdessen wenden wir einen zwar wenig bekannten, aber bewährten Trick an: Wir setzen eine Tabelle ein, deren Zellen sich an die Browser-Breite anpassen, und bestimmen einen Bildhintergrund für diese Zellen. Wie funktioniert das? Im ersten Schritt setzen wir die Tabellenbreite auf 100 Prozent. Da zwei

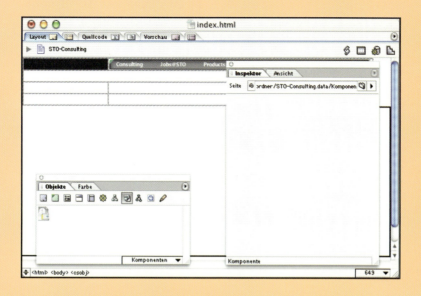

der Tabellenzellen in einer Zeile eine feste Größe in Pixel haben, wird die dritte Zelle auf 99 Prozent Breite gesetzt. Überrascht? Haben Sie gedacht, dass die richtige Einstellung AUTOM. wäre? Das ist falsch, da AUTOM. immer an den Zellinhalt anpasst und das hier nicht funktionieren würde; deshalb ist 99 Prozent korrekt (willkommen in der Welt von HTML). Im Prinzip ist das logisch: Da die Zelle fast auf das Maximum eingestellt ist, versucht sie immer, den gesamten Platz einzuneh-men; anderenfalls passt sie sich an. Trotzdem sind wir noch nicht fertig. Wenn Sie sich die Seite in einem Browser ansehen, nachdem Sie die Zellen markiert und mit Hilfe der Option „BgImage" einen Bildhintergrund geladen haben, können Sie im Navigator keinen Hintergrund sehen (im Explorer schon). Navigator stellt in leeren Zellen einfach keinen Zellhintergrund dar. Platzieren Sie ein transparentes GIF in den Zellen, und das Problem ist gelöst.

Nun müssen Sie nur noch die Sidebar-Zelle markieren und auch für sie einen Bildhintergrund laden. Noch etwas: Wählen Sie für ein Hintergrundbild eine Hintergrundfarbe, die in etwa der Bildfarbe nahe kommt. Falls das Hintergrundbild einmal nicht geladen werden kann, sieht die Seite dann wenigstens trotzdem ungefähr wie vorgesehen aus.

Nachdem der Hintergrund für die Tabellenzellen gewählt wurde, sieht das Layout so aus.

7 Das Layout-Raster platzieren: Im nächsten Schritt platzieren Sie ein Layout-Raster (das erste Element in der Objekte-Palette) in die Haupttabellenzelle, die später für den Inhalt benutzt wird (FENSTER > OBJEKTE). Beim Platzieren ändert sich der INSPEKTOR in den LAYOUT-RASTER-INSPEKTOR, in dem Sie die Rastermaße einstellen können. Ändern Sie die Standardeinstellung für horizontalen und vertikalen Abstand von 16 Pixel auf den praxisnäheren Wert 5 Pixel. Um Text in einem Layout-Raster zu platzieren, müssen Sie zunächst einen Layout-Textrahmen platzieren (das zweite Symbol in der OBJEKTE-PALETTE). Geben Sie für die nächsten Schritte etwas Text ein.

8 Einstellen der Schriftsammlungen: Wie Sie inzwischen wissen, gibt es beim Webdesign Probleme mit Schriften. In frühen HTML-Versionen konnten Sie keine Schriften bestimmen. Später konnten Sie mit Hilfe des FONT-Tags zumindest eine Schrift festlegen, die allerdings auf den Besucher-Rechnern installiert sein musste. Damit ließ sich kaum eine außergewöhnliche Schrift nutzen; man beschränkte sich im Prinzip auf Kombinationen aus Arial, Helvetica (Sans Serif) oder Palatino, Times (Serif), da nur diese Schriften sowohl auf Windows- als auch auf Mac-Systemen vorhanden sind.

Auch wenn wir später Cascading Style Sheets nutzen, sollten Sie Schriftsammlungen erstellen. Später können Sie bequem im CSS-Inspektor auf diese Sammlungen zugreifen. Das FONT-Tag legen Sie mit TYP > SCHRIFT > SCHRIFTSAMMLUNGEN BEARBEITEN im Schriftsammlungen-Editor fest. Achten Sie darauf, dass STANDARDSCHRIFT-SAMMLUNGEN gewählt ist, und erzeugen Sie durch Klicken auf die Schaltfläche NEUE SCHRIFTSAMMLUNG ERSTELLEN eine leere Schriftsammlung. Wählen Sie die Schrift im Popup-Menü oder geben Sie den Schriftnamen in das Textfeld ein. SansSerif-Schriften sind üblich, wählen Sie also Arial, klicken Sie auf die Schaltfläche und wählen Sie Helvetica. Sie sollten es bei zwei bis drei Schriften belassen, weil diese Informationen jedes Mal eingebettet werden, wenn Sie das FONT-Tag einem Text zuweisen. Die Reihenfolge ist egal: Wenn Arial z.B. die erste Schrift ist, nutzt der Browser nur die Helvetica, falls Arial nicht installiert ist. Um die neue Schriftsammlung zuzuweisen, markieren Sie den Text und wählen sie unter TYP > SCHRIFT.

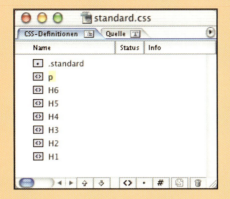

Diese Liste mit Elementen und Klassen sollten Sie erstellen und als externe CSS-Datei speichern.

Mit Hilfe des Einstellungsmenüs SCHRIFT weisen Sie einer Formatierung schnell eine Schriftfamilie zu.

Ein externes CSS-Dokument ist mit dieser HTML-Seite verknüpft (unten). Das Ergebnis können Sie sich direkt in GoLive ansehen, da GoLive Cascading Style Sheets darstellen kann.

9 **Das Cascading Style Sheet einstellen:** Um ein externes CSS-Dokument zu erstellen, wählen Sie DATEI > NEU SPEZIAL > CASCADING STYLE SHEET (CSS). Das aufgerufene Fenster OHNE TITEL.CSS enthält Klassen, Tags, IDs, Imports und Schriften. Erzeugen Sie nun über die Schaltfläche NEUER STIL eine Klasse und die Haupt-HTML-Text-Markierung (P und H1–H6).

Durch Klicken auf die Schaltfläche NEUER KLASSENSTIL in der Werkzeugleiste fügen Sie eine Klasse in das CSS-Dokument ein. Geben Sie einen Namen ein, aber behalten Sie den Punkt als erstes Zeichen. Wechseln Sie im CSS-Stil-Inspektor in das zweite Register und wählen Sie im Menü SCHRIFTFAMILIE den Eintrag ARIAL-SCHRIFTEINSTELLUNG. GoLive führt nun automatisch alle Schriften dieser Einstellung in der Schriftfamilie auf; ändern Sie sonst nichts. Später können Sie diese Schriften markiertem Text mit dieser Klasse zuweisen, ohne andere Formatierungen des Textes zu ändern.

Legen Sie jetzt den HTML-Absatz und die Header-Tags im CSS.STIL-INSPEKTOR fest und stellen Sie mit Hilfe der zahlreichen Register die gewünschten Werte für jedes HTML-Tag ein. Ihre Möglichkeiten reichen von Textfarbe über Rahmen bis hin zu Hintergundfarben für Text; da nicht jeder Browser alle Funktionen unterstützt, bleiben wir bescheiden. Sie stellen nur eine Schriftfamilie und eine Schriftgröße ein und speichern das Dokument im Stammordner der Website.

Als externes Dokument muss das Style Sheet mit der HTML-Seite verknüpft werden. Holen Sie die Seite INDEX.HTML in den Vordergrund und klicken Sie oben rechts im Dokumentfenster auf das treppenstufenartige Symbol. Damit öffnen Sie das CSS-Fenster für diese Seite. Klicken Sie in dessen Werkzeugleiste auf die Schaltfläche NEUER LINK ZU EXTERNEM CSS, um eine leere Referenz zu erzeugen. Diese Referenz müssen Sie nun mit Hilfe der Schaltfläche URL VERKNÜPFEN mit dem gespeichertem CSS-Dokument verlinken. GoLive zeigt die CSS-Einstellungen zwar im Layout-Modus an, trotzdem sollten Sie Ihr Dokument anschließend mit allen Browsern prüfen, die Ihr Publikum einsetzt.

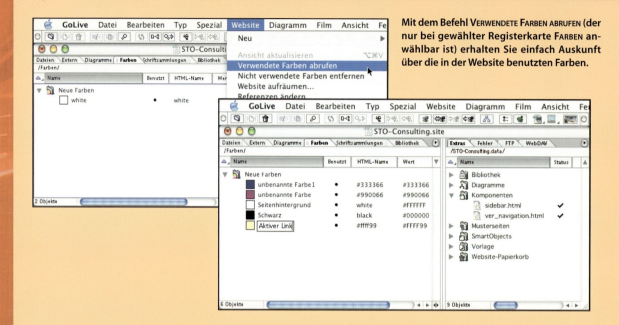

Mit dem Befehl VERWENDETE FARBEN ABRUFEN (der nur bei gewählter Registerkarte FARBEN anwählbar ist) erhalten Sie einfach Auskunft über die in der Website benutzten Farben.

10 Farben einstellen: Bevor Sie die Website-Struktur mit einer Vorlage/Musterseite erstellen, sollten Sie die Farben festlegen, die Sie in Ihrer Website einsetzen möchten. Wählen Sie im Website-Fenster das Register FARBE und wählen Sie WEBSITE > VERWENDETE FARBEN ABRUFEN, um alle bisher benutzten Farben zu importieren. Wahrscheinlich haben Sie bisher nur Farben für Text, Links und Hintergründe verwendet. Vergeben Sie für die Farben entsprechende Namen, um Verwechslungen zu vermeiden. Normalen Text sollten Sie beispielsweise nicht mit einer Link-Farbe färben, um Ihre Besucher nicht zu verwirren.

Farben, die Sie in das Register FARBE ziehen, erscheinen in der FARBE-Palette im Register ganz rechts und erleichtern Ihnen den Einsatz einheitlicher Farben. Speichern Sie nun Ihr Dokument und speichern Sie zusätzlich eine Kopie der Seite INDEX.HTML in Ihrem VORLAGE- oder MUSTERSEITEN-Ordner (nutzen Sie dafür den Tastaturbefehl im Dialogfenster SPEICHERN UNTER). Wenn Sie das Dokument als Vorlage speichern, werden Seiten-Kopien, die Sie später in die Website-Struktur einfügen, nicht mit dem Original verknüpft. Anders verhält es sich mit Musterseiten; hier werden bestimmte Bereiche in jeder Seite, die aus der Musterseite erstellt wurde und

die Sie nachträglich in der Musterseite ändern, automatisch aktualisiert. Das ist natürlich der schlauere Weg: Bevor Sie die Seite als Musterseite speichern, müssen Sie die Bereiche in Ihrer Seite kennzeichnen, die später in den erzeugten Seiten bearbeitet werden dürfen. Markieren Sie die Tabellenzelle, die später den Inhalt aufnehmen soll, wählen Sie SPEZIAL > MUSTERSEITE > NEUER BEARBEITBARER BEREICH und speichern Sie die Seite als Musterseite im MUSTERSEITEN-Ordner.

Im Register FARBE im Website-Fenster erzeugte Farben erscheinen in der FARBE-Palette als Website-Farben.

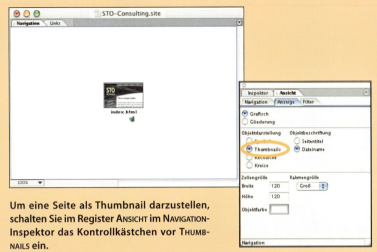

Vor dem Erstellen der Website-Struktur speichern Sie eine Kopie der Homepage im MUSTERSEITEN-Ordner. Mit diesem Popup-Menü erreichen Sie den Ordner leichter.

Um eine Seite als Thumbnail darzustellen, schalten Sie im Register ANSICHT im NAVIGATION-Inspektor das Kontrollkästchen vor THUMB-NAILS ein.

11 Die Website-Struktur erstellen: Bevor Sie Ihre Website mit Inhalt füllen, müssen Sie die Website-Struktur erstellen. Öffnen Sie das Website-Fenster und wählen Sie DIAGRAMM > NAVIGATION oder klicken Sie in der Menüleiste auf die Schaltfläche NAVIGATIONSANSICHT. Gegenwärtig zeigt das nun aufgerufene Fenster nur die Homepage (INDEX.HTML). Aktivieren Sie in der OBJEKTE-Palette das Register WEBSITE-EXTRAS und ziehen Sie das MUSTERSEITEN-Symbol aus der Palette. Sobald Sie das SEITEN-Symbol unter das INDEX.HTML-Symbol bewegen, zeigt GoLive Ihnen mit einer Linie an, dass die Musterseite unterhalb der Homepage eingefügt werden kann. Um Seiten in derselben Hierarchieebene einzufügen, bewegen Sie das MUSTERSEITEN-Symbol neben eine bereits platzierte Seite und lassen es dort fallen.

Sie können Seiten sogar bewegen oder mit Hilfe der Löschen-Taste löschen. Das Arbeiten in der NAVIGATIONS-ANSICHT kann noch einfacher sein, weil GoLive kleine Thumbnails der Seiten einblenden kann: Aktivieren Sie im Register ANSICHT das Register ANZEIGE und schalten Sie THUMBNAILS ein. Da alle neuen Seiten den gleichen Namen tragen, sollten Sie die Dokumente neu benennen. Klicken Sie sie dazu in der NAVIGATIONSANSICHT und ändern Sie ihre Namen im Inspektor (im Register DATEI) oder benennen Sie sie im Register DATEIEN im Website-Fenster neu. Alle neu erstellten Seiten befinden sich im Ordner NEUE_DATEIEN; wenn Sie einen anderen Ordner bevorzugen, erstellen Sie mit WEBSITE > NEU > ORDNER einen leeren Ordner. Geben Sie diesem Ordner einen neuen Namen und ziehen Sie die HTML-Dateien aus dem NEUE_DATEIEN- Ordner hinein. Im Dialogfenster DATEIEN VERSCHIEBEN werden Sie anschließend zur Aktualisierung aufgefordert.

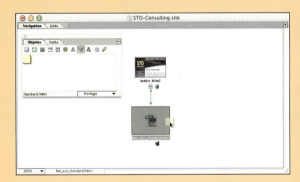
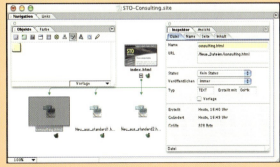

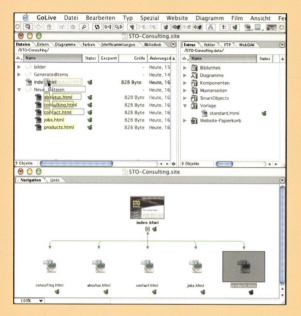

12 Komponenten aktualisieren: Nun müssen Sie die Navigationselemente aktualisieren, damit Sie sich in der Website bewegen können. Suchen Sie die Komponenten im Website-Fenster. Wählen Sie dazu in der geteilten Ansicht das Register Extras oder doppelklicken Sie auf eine platzierte Komponente in der Webseite. Markieren Sie jede Rollover-Schaltfläche und erzeugen Sie von dort einen Link zur entsprechenden Seite: Verknüpfen Sie über die URL verlinken-Schaltfläche mit den Seiten in der Dateien-Ansicht, nehmen Sie alle Änderungen vor und speichern Sie das Dokument erneut. Anschließend bestätigen Sie das Dialogfenster Komponente aktualisieren.

Wenn Sie die Navigationsstruktur und die Hyperlinks eingerichtet haben, werden die Seiten im Register Website durch Linien verbunden; nun füllen Sie die Website z.B. mit SmartObjects. Um Ihre Website im Browser zu betrachten, klicken Sie in der Werkzeugleiste auf die Schaltfläche Im Browser anzeigen.

Sind alle Dateien neu benannt, verschieben Sie sie aus dem Ordner Neue_Dateien in einen anderen Ordner in der Website. Öffnen Sie dann alle Komponenten und verknüpfen Sie die Schaltflächen mit den entsprechenden Dateien. Beim Speichern fragt GoLive, ob die platzierten Komponenten aktualisiert werden sollen.

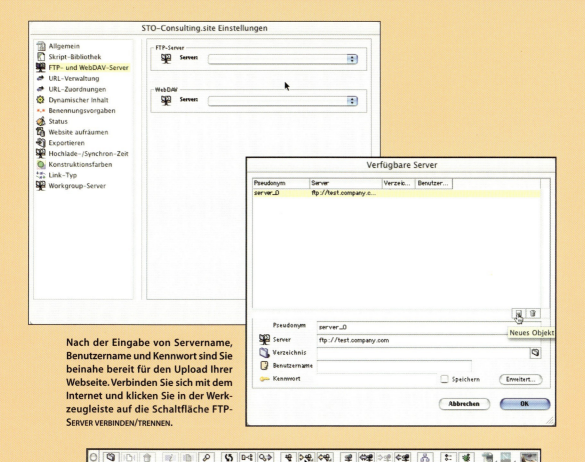

Nach der Eingabe von Servername, Benutzername und Kennwort sind Sie beinahe bereit für den Upload Ihrer Webseite. Verbinden Sie sich mit dem Internet und klicken Sie in der Werkzeugleiste auf die Schaltfläche FTP-SERVER VERBINDEN/TRENNEN.

13 Die Website auf den Server laden: Der letzte Schritt im Webdesign ist der Upload der Website. Dafür müssen Sie zunächst eine FTP-Verbindung herstellen. Wählen Sie WEBSITE > EINSTELLUNGEN und im Dialogfenster dann FTP- & WEBDAV-SERVER und geben Sie Server, Benutzername und das Kennwort für den FTP-Server ein. Schließen Sie das EINSTELLUNGEN-Fenster, öffnen Sie eine Internet-Verbindung und wählen Sie WEBSITE > FTP-SERVER > VERBINDUNG HERSTELLEN.

Das Server-Verzeichnis ist im geteilten Website-Fenster nur zu sehen, wenn Sie dort das Register FTP wählen. Sie können die Ordner und Dateien dann von Hand vom linken ins rechte Fenster ziehen, allerdings synchronisiert GoLive das Server-Verzeichnis automatisch mit Ihrer Spiegel-Site, wenn Sie in der Werkzeugleiste auf die Schaltfläche INKREMENTELLES HOCHLADEN klicken.

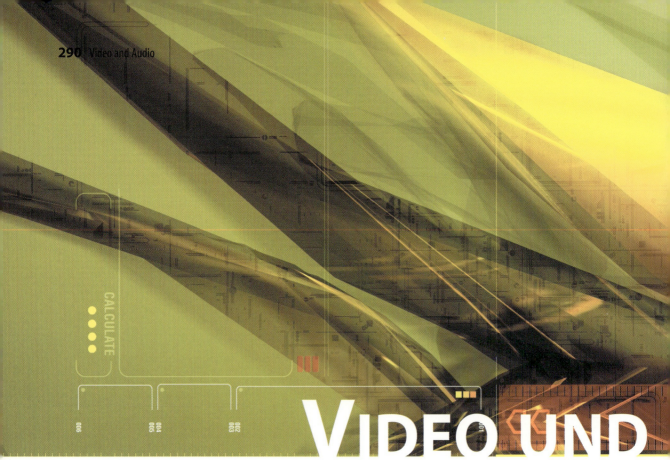

Illustration: **Jens Karlsson/Vinh Kha** von der CD **Outjection**

292 **Aufnahmeformate**
292 **Ein Zwei-Bild-Poster-Movie in QuickTime Player Pro erzeugen**
295 **Filme komprimieren und einbetten**
297 Welchen Video-Codec sollte ich einsetzen?
298 Video in HTML einbetten
298 QuickTime-Attribute
300 RealMedia einbetten
302 **Musik und Audio einbetten**
302 Eine Sound-Datei einfügen
302 MP3-Audio-Format
302 RealAudio

Audio

Einer Umfrage zufolge hat der Hochgeschwindigkeits-Internetzugang mittlerweile den Einwahlzugang per Modem überholt. Wenn es stimmt, sind das gute Neuigkeiten für Webdesigner. Je mehr Anwender über Kabelmodem- oder DSL-Verbindungen in das Internet gelangen, desto mehr Websites mit anspruchsvollen Inhalten einschließlich Video und Audio können Webdesigner entwickeln. Zum Glück erleichtern GoLives umfangreiche QuickTime-Funktionen das Erstellen von multimedialen Websites. Wenn Sie mehr über den Einsatz von Video und Audio in Ihren Webseiten wissen möchten, erhalten Sie in diesem Kapitel viele nützliche Informationen.

AUFNAHMEFORMATE

Obwohl das Web noch kein Breitband-Echtzeitvideo zulässt, sollten Sie trotzdem hoch qualitatives Video aufnehmen. Dafür sprechen einige gewichtige Gründe:

- Hoch komprimiertes Video lässt sich nicht weiter komprimieren – zumindest nicht ohne erhebliche Qualitätsverluste. Mit Kompressionsalgorithmen wie beispielsweise Sorenson erhalten Sie eine selbst für den Web-Einsatz erstaunliche Qualität. Allerdings funktionieren diese Algorithmen nicht besonders gut mit bereits komprimierten Bildern, so dass sich die Bildqualität dann deutlich verschlechtert.

- Neben der Veröffentlichung im Web möchten Sie Ihre Videos vielleicht auch für CD-ROMs, hoch auflösende Bildschirmfotos oder sogar für Ihren eigenen Videoschnitt verwenden.

- Sie können eine Filmdatei immer in ein kleineres Format skalieren, aber nicht ohne Qualitätsverluste in ein größeres Format. Besonders wichtig ist dies in Fällen, in denen Sie mehrere kleine Video-Clips für unterschiedliche Verbindungsgeschwindigkeiten erzeugen möchten (eine Funktion, die mit QuickTime und RealMedia möglich ist). Skalieren heißt, dass ein Besucher Ihrer Website mit einer 28-Kbyte/Sek.-Verbindung einen Film mit einer Auflösung von 160 mal 120 Pixel angeboten bekommt, während ein Besucher mit einem 56-Kbyte/Sek.-Modem einen Film mit einer Auflösung von 240 mal 180 Pixel sieht.

- Nicht alle Kompressionsalgorithmen eignen sich für alle Zwecke. Wahrscheinlich müssen Sie selbst mit ein wenig Erfahrung die verschiedenen Ausgabeoptionen (Algorithmen) für Ihr spezielles Projekt erst einmal ausprobieren.

EIN ZWEI-BILD-POSTER-MOVIE IN QUICKTIME PLAYER PRO ERZEUGEN

Eines der Probleme beim Einbetten von QuickTime-Filmen in HTML-Seiten ist, dass sie sofort mit dem Herunterladen beginnen, auch wenn der Besucher sie gar nicht sehen will. Zur Vermeidung müssen Sie Ihren Internet-Provider entweder dazu bringen, eine QuickTime-Streaming-Server-Software zu installieren, oder Sie verwenden ein **Poster-Movie**. Technisch gesehen kann ein Poster-Movie von einem Einzelbild bis hin zu einem Movie-Trailer alles sein, was als Platzhalter dient. Natürlich sollte das Poster-Movie so klein wie möglich sein. Lernen Sie jetzt das Erstellen eines Poster-Movies mit zwei Frames (zwei Frames sorgen dafür, dass in dem Movie wenigstens eine kleine Animation abläuft).

Erzeugen Sie zuerst zwei Bilder in derselben Auflösung wie die Filmdatei, in die das Poster-Movie eingesetzt werden soll (hier 160 mal 120 Pixel). Möchten Sie die Filmsteuerung ausblenden, die QuickTime am unteren Fensterrand zeigt, fügen Sie der Höhe zum Ausgleich weitere 16 Pixel hinzu. Das ist wichtig – entsprechen die Maße des Poster-Movies nicht genau denen des eigentlichen Films, wird es beim Platzieren in GoLive verzerrt. Besucher müssen in das Poster-Movie klicken, um den echten Film zu laden. Sie sollten eine markante Aufforderung in Ihr Poster-Movie platzieren, etwa „Hier klicken, um den Film zu starten". Im Beispiel rechts habe ich einen blinkenden Texteffekt gewählt. Dafür erzeugte ich den ersten Text-Frame in Photoshop und speicherte ihn als POSTER1.TIF, anschließend wies ich einen Ebeneneffekt „Schein nach außen" zu und speicherte das Bild als POSTER2.TIF. Wichtig ist dabei, beide Dateien in einem Ordner zu speichern und sie aufeinander folgend zu benennen; beim Wählen von ABLAGE > BILDSEQUENZ ÖFFNEN lädt QuickTime Player Pro nämlich alle Bilder eines Ordners in der Reihenfolge ihrer Auflistung. Wählen Sie als BILDRATE den Eintrag 1 BILD PRO SEKUNDE und schauen Sie sich den Film in QuickTime mit Hilfe von FILM > ENDLOSSCHLEIFE und Klicken auf PLAY in der Vorschau an.

Um diese Sequenz als Poster-Movie einzusetzen, wählen Sie DATEI > EXPORT und klicken im aufgerufenen

Creating a Two-Frame Poster Movie 293

In HTML-Seiten lassen sich QuickTime- und RealAudio-Filme einbetten. Den unmittelbaren Download von Filmen direkt nach dem Laden von HTML-Seiten verhindern Sie mit Hilfe von Poster-Movies.

Dies sind die beiden Bilder für die Endlosschleife im Poster-Movie.

In QuickTime Player Pro lassen sich die Bilder als PICT-Sequenzen importieren und als Film speichern.

294 Video und Audio

Dialogfenster auf OPTIONEN, um eine Kompressionsmethode zu wählen. CINEPAK sorgt zwar für kleine Dateien, zeigt aber bereits sichtbare Qualitätsverluste. Der ANIMATION-Codec führt zu guten Ergebnissen, erzeugt allerdings größere Dateien. Da die Dateigröße beim Webdesign entscheidend ist, sollten Sie sich für CINEPAK entscheiden. Die Sequenz aus diesem Beispiel benötigt 20 Kbyte, das ist zwar eine ganze Menge, aber immer noch besser als einen kompletten Film einzubetten.

Mit Hilfe von GoLives Fähigkeit, „Sprite"-Spuren in QuickTime-Filmen zu erzeugen, können Sie Poster-Movies in verschiedene Abschnitte teilen (ähnlich Imagemaps), um Links bereitzustellen oder andere Aktionen auszulösen. Klicken Sie zum Beispiel in einen Abschnitt des Poster-Movies, um den Film in einem neuen Fenster zu öffnen, oder in einen anderen Bereich, um ihn im Original-Fenster abzuspielen. Ein dritter Bereich könnte den Film im QuickTime-Player öffnen und ein vierter eine Filmversion für alle Systeme.

Speichern Sie den Film und klicken Sie auf OPTIONEN, um den Codec einzustellen. Klicken Sie im Dialogfenster FILMEINSTELLUNGEN auf EINSTELLUNGEN, um die Kompression zu wählen. Für ein Poster-Movie stellen Sie CINEPAK ein und wählen noch eine Bildrate. Im Beispiel blinken die beiden Frames in Intervallen von 0,66 Sekunden, da die Bildrate 3 FRAMES PRO SEKUNDE gewählt wurde.

FILME KOMPRIMIEREN UND EINBETTEN

Die Komprimierung Ihres Films zur Veröffentlichung im Web ist der letzte wichtige Schritt der Media-Aufbereitung. Unter den unzähligen Formaten für Web-Video sind die drei Kompressions-Codecs Apple QuickTime, Windows Media und RealNetworks RealVideo am verbreitetsten. Obwohl RealVideo die Streaming-Technik lange vor QuickTime angeboten hat, konnte Apple im Streaming-Bereich an breiter Front aufholen.

Falls Sie häufiger Video auf Ihrer Website einsetzen möchten, sollten Sie sich Cleaner Pro von Discreet zulegen. Wenn es um das Kodieren von Video und Audio geht, ist Cleaner ein traumhaftes Werkzeug. Es unterstützt die qualitativ hochwertigsten Kompressions-Codecs wie SORENSON PRO, QDESIGN MUSIC CODEC 2 PROFESSIONAL EDITION, REAL G2, WINDOWS MEDIA und ORIGINAL-SOURCE-MP3. Diese Formate sind wichtig für das Web und sehr verbreitet; wenn Sie einmal die fantastischen Ergebnisse mit Sorenson 3 gesehen haben,

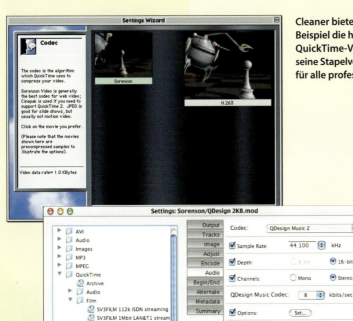

Cleaner bietet eine unglaubliche Anzahl von Optionen, wie zum Beispiel die hier gezeigten Audio-Einstellungen eines Sorenson-QuickTime-Videos. Cleaners robuste Funktionssammlung und seine Stapelverarbeitungsfähigkeiten machen es zur besten Wahl für alle professionellen Web-Videoproduzenten.

In der linken Spalte führt Cleaner alle verfügbaren Codecs und Einstellungen auf.

Für Einsteiger bietet Cleaner einen Assistenten („Wizard"), der durch die Einstellungen führt und visuelle Beispiele zeigt. Hier zeigt er beispielsweise Sorenson-Video im Vergleich zu Normal-Video (oben links).

Das ist der RealPlayer, der automatisch startet, wenn eine RealAudio- oder RealVideo-Datei mit einer Webseite verknüpft ist. Er lässt sich unter www.real.com herunterladen.

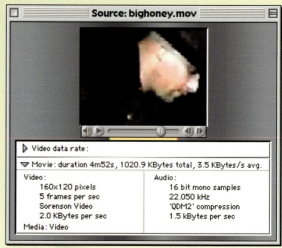

Cleaner zeigt bei der Konvertierung eines Films gleich eine Vorschau an. Sie können sogar den Bildschirm teilen und das Original und die Konvertierung gleichzeitig betrachten.

Sorenson 3 bietet eine sehr gute Video- und Audio-Qualität für QuickTime. Es ist beeindruckend, wie stark Sorenson eine Video-/Audio-Datei komprimieren kann. Dieser Codec ist für jeden ein Muss, der hoch qualitatives Video im Web anbieten möchte.

wissen Sie auch, warum. Und da der Cleaner auch Stapelverarbeitungen ausführt, können Sie den Rechner die zeitraubenden Kodierungen nachts erledigen lassen. Dieser Umstand allein würde den Kauf bereits rechtfertigen, aber es kommt noch viel besser.

Die visuelle Steuerung und Unterstützung im Programm ist erstklassig. Viele der Einstellungen im Cleaner ermöglichen das Bearbeiten von Quellmaterial, ohne das Programm verlassen zu müssen: Audio- und Videoüberblendungen, viele Audio- und Video-Filter wie z.B. Helligkeit, Farbton und Sättigung, adaptives Rauschen und Entfernen. Manche Spezial-Codec-Funktionen erreichen Sie nur im Cleaner; die Option DISABLE SAVING FROM WWW hindert Besucher beispielsweise daran, veröffentlichte QuickTime-Filme auf ihre Festplatte zu speichern, und sorgt so für die Urheberrechtswahrung Ihrer Media-Daten. Diese Methode ist wirksamer als die HTML-QuickTime-Attribute, die im Prinzip das Gleiche erreichen sollen.

Das Arbeiten mit Cleaner ist sehr einfach. Mit Hilfe eines Einstellungsassistenten gelangen Sie zur richtigen Kompressionseinstellung für die jeweilige Situa-

Filme komprimieren und einbetten **297**

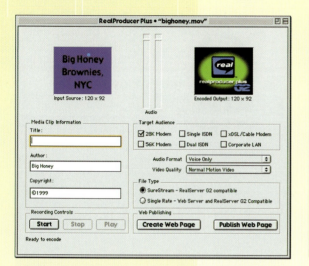 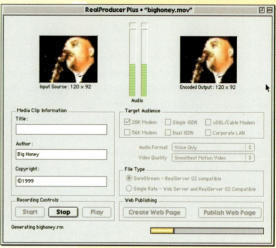

RealProducer Plus und Pro allow erzeugen Videos im RealVideo-Format. RealProducer finden Sie unter realnetworks.com.

RealProducer zeigt während der Konvertierung den Vorher- und Nachher-Status eines Movies an.

tion; die Wahrscheinlichkeit, dass eine bestimmte von Ihnen benötigte Funktion im Cleaner enthalten ist, ist hoch.

Welchen Video-Codec sollte ich einsetzen?

Wenn Sie Video auf Ihrer Website einsetzen möchten, müssen Sie sich für einen Kompressionsstandard entscheiden. Da RealVideo lange vor Apple im Streaming-Media-Markt auftrat, haben vermutlich mehr Anwender den RealPlayer installiert. Das Nachstehende soll Ihnen helfen, sich zwischen *RealVideo*, *Windows Media* und *QuickTime* zu entscheiden :

- Im Allgemeinen ist *QuickTime* weniger anspruchsvoll in Bezug auf die CPU, ist schnell und arbeitet daher auch auf langsamen Systemen ohne Aussetzer. Mit dem *QDesign Music 2*-Codec bietet es außerdem eine hervorragende Audioqualität auch bei geringer Bandbreite (16-bit, 44.1 kHz Stereo bei 3 Kbyte/Sek.) und ermöglicht eine feinere Abstufung der Datenrate. Auch auf langsamen Systemen ist gleichmäßiges Video-Playback möglich.

- *RealVideo* erzeugt eine eindrucksvolle scharfe knackige Bildqualität, ist aber auf langsamen Systemen aufgrund der hohen Anforderungen an die CPU beim Entkomprimieren der Daten recht träge. Das kann zu einer geringen Bildrate (ein Bild pro Sekunde oder weniger) und Überlastungsfehlern selbst beim Abspielen von der Festplatte führen.

- *Windows Media* erzeugt hoch qualitatives Video und Audio und erfreut sich bisher einer großen Beliebtheit. Leider bietet Microsoft keinen Encoder für Mac OS. Auf einem Mac lassen sich *Windows Media*-Dateien nur mit Discreet Cleaner erzeugen.

Wenn Sie über Cleaner und den *Sorenson Pro*-Codec verfügen (der allein etwa die Hälfte von Cleaner kostet), stehen Ihnen alle Möglichkeiten offen. QuickTimes *Sorenson Pro*-Codec bietet eine variable Bitrate (VBR) beim Kodieren, und die Video-Bildqualität entspicht der von *RealVideo* (oder ist sogar noch besser). Falls Sie sich nicht entscheiden können, nutzen Sie doch beide.

Video in HTML einbetten

Nun ist es an der Zeit, Ihre vorbereiteten Media-Daten in Ihre Webseiten einzubetten. GoLive ist dafür bestens geeignet, da es QuickTime- und RealMedia-Attribute unterstützt. Achten Sie darauf, dass die entsprechenden Plug-Ins von der GoLive-Installations-CD mit installiert wurden; anderenfalls bekommen Sie Probleme bei der Vorschau von Media-Daten (außerdem verfügt GoLive dann nicht über alle benötigten HTML-Funktionen für die Media-Arten).

Am einfachsten integrieren Sie Video in Ihre Webseite mit einem Link auf die Datei. Klickt ein Besucher auf den Link, öffnet sich die Datei extern entweder in QuickTime oder RealPlayer. Auch wenn diese Technik gut funktioniert, bette ich den Film lieber in die Seite ein. Um Filme allerdings direkt in Webbrowsern abzuspielen, müssen Sie wenigstens einige Attribute der unterschiedlichen Plug-In-Standards kennen. Bedenken Sie, dass wegen der fortlaufenden Aktualisierungen von Plug-Ins möglicherweise nicht alle Merkmale unterstützt werden. Nachfolgend finden Sie einige QuickTime- und RealMedia-Attribute und Beschreibungen zu ihrem Einsatz.

Doppelklicken Sie in GoLive auf einen eingebetteten Film, um ihn in einem eigenen Fenster zu öffnen. Um Spuren zu bearbeiten, klicken Sie auf ZEITACHSENFENSTER ANZEIGEN (Markierung).

QuickTime-Attribute

Achten Sie vor dem Einbetten von QuickTime-Filmen in Ihre Webseite darauf, dass ihre Dateinamen mit „.mov" enden. Außerdem müssen Sie vorher noch ihre Header entfernen. QuickTime Player Pro und Discreet Cleaner sorgen automatisch dafür.

Um einen QuickTime-Film zu platzieren, ziehen Sie ihn einfach ins Dokumentfenster oder wählen das entsprechende QUICKTIME-Objekt aus der OBJEKTE-PALETTE und klicken im ZUSATZMODUL-Inspektor auf die Schaltfläche DURCHSUCHEN. Geben Sie anschließend im Register ATTRIBUT folgende Parameter ein:

AUTOPLAY=true, damit der Film automatisch startet, sobald die Seite geladen wurde.

LOOP=true, um den Film in einer Endlosschleife abzuspielen.

CACHE=true, um den Film vorübergehend im Cache oder auf der Festplatte der Besucher zu speichern.

HREF=true.mov können Sie benutzen, um einen weiteren Film zu laden, wenn Besucher auf den Film klicken. HREF bestimmt einen absoluten oder relativen URL. Mit Hilfe des Target-Attributs legen Sie fest, wo der HREF-Film abgespielt wird. Mit „self" oder „myself" öffnen Sie ihn am Original-Platz des SRC-Films.

CONTROLLER=false, um die Steuerung für den SRC-Film auszublenden. Dieses Attribut lässt sich nicht auf den HREF-Film anwenden. Um Platzierungsanomalien zu vermeiden, sollte der SRC-Film im Beispiel eine Höhe von 136 Pixel ohne Steuerung aufweisen und der HREF-Film eine Höhe von 136 Pixel mit Steuerung (bzw. 120 Pixel ohne Steuerung).

Alle diese Attribute können Sie bequem im Register QUICKTIME im ZUSATZMODUL-Inspektor einstellen, indem

Filme komprimieren und einbetten **299**

Die QuickTime-Palette in GoLive enthält Symbole für alle Objekte und Module, die Sie im Zeitachsen-Editor verwenden können. Um eine Video-Spur einzufügen, ziehen Sie das Symbol (siehe Markierung) in den Zeitachsen-Editor.

Die Bedieneroberfläche für die QuickTime-Zeitachse in GoLive wurde grundlegend überarbeitet. Hier habe ich beispielsweise eine Text-Spur hinzugefügt, die als Überschrift im Film erscheint.

 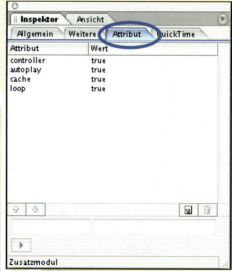

Viele QuickTime-Attribute, beispielsweise SCHLEIFE (Loop) und AUTOMATISCH ABSPIELEN (Autoplay), lassen sich bequem im Register QUICKTIME im Zusatzmodul Inspektor einstellen. Eine vollständige Liste können Sie im Register ATTRIBUT einsehen. Hier lassen sich noch mehr Attribute von Hand eingeben.

Sie dort die entsprechenden Optionen einschalten. Dazu muss das QuickTime-Plug-In in GoLives Plug-In-Ordner platziert werden. Neben den gegenwärtig in GoLive verfügbaren QuickTime-Attributen gibt es noch viele mehr; um sie einzugeben, klicken Sie im Zusatzmodul-Inspektor im Register Attribut auf die Schaltfläche Neu. Geben Sie in die linke Spalte den Attribut-Namen und in die rechte Spalte den Attribut-Wert (ohne Anführungszeichen) ein. Drücken Sie am Ende jedes Mal die Eingabetaste.

Das folgende Beispiel zeigt das blinkende Poster-Movie in einer Endlosschleife und ohne Steuerung, bis der Besucher darauf klickt, um den Ziel-Film zu laden. Das Poster-Movie ist ohne Steuerung 136 Pixel und der Ziel-Film 120 Pixel hoch. Die Reihenfolge der Attribute ist dabei unwichtig:

```
<EMBED SRC="poster.mov" WIDTH="160"
HEIGHT="136" AUTOPLAY="true" LOOP="true"
CONTROLLER="false" HREF="target.mov" TAR-
GET="myself" TARGETCACHE="false">
```

Dies sind nur ein paar Beispiele für die in QuickTime verfügbaren Attribute. Mehr dazu finden Sie unter *http://www.apple.com/quicktime/*.

RealMedia einbetten

Das Einbetten von RealMedia-Inhalten in Webseiten ist zwar etwas komplizierter, aber trotzdem nicht sehr schwierig. Um Web-basiertes Streaming ohne einen Server einzusetzen, müssen Sie zuerst ein *Metafile* erzeugen. Ein Metafile ist eine einfache Textdatei, die den URL der Media-Datei enthält, die Sie streamen wollen. Wählen Sie dafür einen einfachen Texteditor oder in GoLive Datei > Neu Spezial > Textdokument.

Die Information im Metafile besteht im Grunde aus einer Textzeile mit dem absoluten URL der Audio- bzw. Video-Datei und könnte etwa so aussehen: *http://www.mysite.com/media/movie.rm*.

Auch hier muss der URL absolut angegeben werden, um zu funktionieren, wodurch die lokale Vorschau etwas schwieriger wird. Um sich das Ergebnis vorab lokal im Browser anzusehen, muss der Pfad mit „file://" beginnen und den vollständigen Zielpfad enthalten, also beispielsweise: *file://harddisk/documents/Web sites/mysite/media/movie.rm*.

Falls Sie einen lokalen Pfad verwenden, dürfen Sie nicht vergessen, ihn vor dem Upload wieder in einen

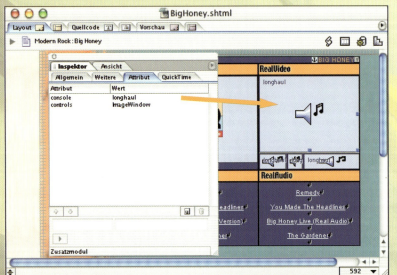

Um ein RealVideo zusammen mit seiner Steuerung in eine Webseite einzubetten, müssen Sie mehrere Instanzen des Videos erzeugen und die Funktion mit Hilfe des Controls-Attributs festlegen.
Controls=ImageWindow zeigt z.B. den Film an.

Filme für das Web komprimieren und einbetten 301

URL zu ändern, sonst funktioniert Ihr Link auf den Computern Ihrer Besucher nicht, ohne dass Sie es merken.

Außerdem muss der Dateiname des Metafile mit der Erweiterung „.ram" oder „.rpm" enden. Eine „.rpm"-Datei wird gewöhnlich zum Abspielen von Filmen oder Audio in einer Webseite verwendet, während eine „.ram"-Datei Film oder Audio im RealPlayer abspielt. Um die „.ram"-Datei abzuspielen, müssen Sie in der Webseite nur einen Hyperlink darauf setzen. Ist im Browser des Besuchers das RealPlayer-Plug-In installiert, leitet der entsprechende MIME-Typ die Datei direkt an den RealPlayer.

Um den Film (oder das Audio) in der Webseite abzuspielen, brauchen Sie ein paar Attribute; wie QuickTime-Media wird auch RealMedia mit einem Plug-In aus der OBJEKTE-Palette eingebettet. Im Gegensatz zu QuickTime zeigt RealMedia seine Steuerung nicht als Teil des Video-Fensters. Bei RealMedia platzieren Sie Instanzen des Films in der Webseite und verwenden die CONTROLS-Attribute zum Festlegen der Inhalte des SRC-Fensters. Damit können Sie beispielsweise flexibel nur die Start- und Stop-Schaltflächen anzeigen oder auch einen Fortschrittsbalken. Unter den verfügbaren Werten für diese Attribute findet sich auch ImageWin-dow, das den Filminhalt zeigt, PlayButton, StopButton, PositionSlider und VolumeSlider.

Mit Hilfe des CONSOLE-Attributs können Sie den PositionSlider zur Steuerung des Films verwenden. Hier ein Beispiel für einen Film mit 160 mal 120 Pixel mit Play-, Stop- und Position-Steuerung. Dafür sollte der HTML-Code auf Ihrer Seite wie folgt aussehen:

```
<EMBED SRC="movie.rpm" WIDTH="160" HEIGHT="120" _CONTROLS="ImageWindow" CONSOLE="movie">
<EMBED SRC="movie.rpm" WIDTH="44" HEIGHT="26" CONTROLS="PlayButton" CONSOLE="movie">
<EMBED SRC="movie.rpm" WIDTH="26" HEIGHT="26" CONTROLS="StopButton" CONSOLE="movie">
<EMBED SRC="movie.rpm" WIDTH="90" HEIGHT="26" CONTROLS="PositionSlider" CONSOLE="movie">
```

Die Werte für Breite und Höhe der Play- und Stop-Schaltflächen dürfen kaum von den Werten in diesem Beispiel abweichen und beschränken Sie damit bei der Wahl der Platzierung und des Designs.

Um RealVideo zu streamen, müssen Sie sicherstellen, dass der HTML-Link im Browser auf eine Text(Meta)-Datei mit dem URL des Videos verweist.

Um eine Play-Schaltfläche einzufügen, platzierte ich eine Instanz des Films in GoLive und nutzte das Attribut Controller=PlayButton. Console=Name sorgt dafür, dass diese Play-Schaltfläche nur den Film mit diesem Namen startet.

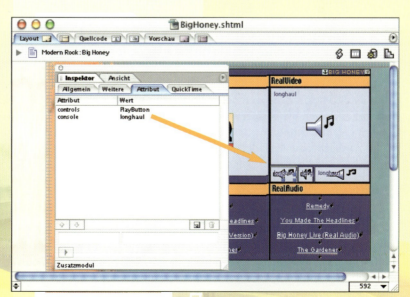

Musik und Audio einbetten

Mit dem immer beliebteren MP3 und der wachsenden Bandbreite werden vermutlich immer mehr Websites Sound einsetzen, um das Online-Erlebnis zu verbessern. Es gibt im Wesentlichen zwei Methoden zur Audio-Übertragung im Web: Dateien, die vor dem Abspielen heruntergeladen werden, und Streaming-Audio, das während des Ladens abgespielt wird.

Sound lässt sich heute in exzellenter Qualität streamen und benötigt kein Plug-In. Sowohl Internet Explorer als auch Netscape Navigator spielen diese Dateien unmittelbar ab. Allerdings dauert das Herunterladen einer großen Datei eine Weile. Bei Streaming-Audio beginnt der Sound bereits mit dem Abspielen, bevor die Datei vollständig geladen ist.

Eine Sound-Datei einfügen

Sound lässt sich auf vielen Wegen in Ihre Webseite einbauen, am häufigsten wird das <EMBED>-Tag benutzt, das von beiden Browsern verstanden wird und WAV-, AIFF-, AU- und MIDI-Dateien abspielt. Das EMBED-Tag wird automatisch platziert, wenn Sie ein Zusatzmodul-Objekt aus der Objekte-Palette in GoLive ziehen und mit einer Sound-Datei verknüpfen. Hier ein Beispiel für eine mit einem EMBED-Tag platzierte Sound-Datei:

```
<EMBED SRC="music_file.mid"
AUTOSTART="true" WIDTH="144"
HEIGHT="60" LOOP="1">
```

Abhängig von der Dateiart müssen Sie die richtigen Attribute einsetzen. Im Beispiel wurde eine MIDI-Datei geladen und das Attribut Autostart="true" spielt den Sound, nachdem er vollständig geladen wurde. Ist das Attribut auf „false" gesetzt, spielt der Sound nur, wenn in der Steuerung auf die Play-Schaltfläche geklickt wird.

Das Loop-Attribut teilt dem Browser mit, wie oft der Sound gespielt werden soll; möglich sind ganze Zahlen oder „true" bzw. „false" („true" bedeutet: Spielen bis Stop und „false": einmal von Anfang bis Ende spielen).

MP3-Audio-Format

MP3, oder MPEG Audio Layer-3, ist ein hoch entwickeltes Audio-Format, das mit akzeptablen Dateigrößen beinahe CD-Qualität erreicht. Die Kompressionsrate liegt bei bis zu 12:1. Die erzielten Dateien sind größer als RealAudio-Dateien bester Qualität (17:1), klingen aber auch deutlich besser. MP3 komprimiert durch Weglassen unhörbarer Elemente unter Beibehaltung des vollen Frequenz- und Dynamik-Spektrums. Streaming von MP3-Dateien ist möglich, erfordert allerdings schnelle Breitband-Verbindungen wie z B. ISDN.

Falls Sie nach einer sehr guten MP3-Player-Software suchen, empfehle ich Ihnen das kostenlose *iTunes* von Apple.

RealAudio

Dank der Streaming-Technik erlaubt dieses beliebte Dateiformat beinahe sofortigen Zugriff auch auf lange Sound-Dateien, wie z.B. Songs, Interviews oder sogar Live-Übertragungen. Der RealAudio-Algorithmus nutzt basierend auf CD-Qualität hohe Kompressionsraten von 17:1 bis 170:1. Ein Drei-Minuten-Song lässt sich, verglichen mit 30 Mbyte in CD-Qualität, auf weniger als 180 Kbyte reduzieren. Bei diesen hohen Kompressionsraten geht mit langsamen Modems natürlich eine deutlich hörbare Verschlechterung einher. Allerdings können Sie mit dieser niedrigen Datenrate auch noch mit 14,4-Kbps-Modems Echtzeit-Audio erreichen.

Musik und Audio

iTunes ist Apples gefeierter MP3-Player/-Encoder, der unter Mac OS 9 und OS X vorinstalliert ist oder sich von Apples Homepage kostenlos herunterladen lässt. Er verfügt über eine einfach zu bedienende Playlist mit Suchfunktion, kodiert MP3s direkt aus Audio-CDs und bietet erweiterbare visuelle Plug-Ins für eine allumfassende Multimedia-Erfahrung.

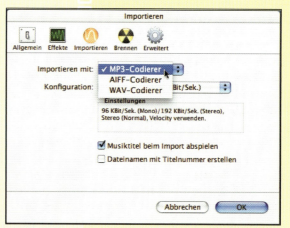

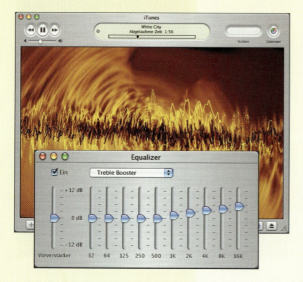

WAV (.wav): Das Standard-Audio-Format auf IBM-kompatiblen Computern mit Microsoft Windows.

AIFF (.aiff): Dies ist das Standard-Audio-Format auf Mac-OS-Computern und eignet sich für Musik und hoch qualitativen Sound.

AU (.au): Entwickelt von Sun Microsystems; es hat zwar eine schlechte Sound-Qualität, aber eine geringe Dateigröße.

MIDI (.mid): Falls Sie Musiker sind, kennen Sie dieses Format vermutlich, weil es zum Aufnehmen von Musik mit einem Sequencer oder zur Verbindung zweier Keyboards benutzt wird. Da MIDI kein Audio-Format ist, muss der Anwender mindestens über eine der folgenden Erweiterungen in seinem Computer verfügen: eine Sound-Karte, die MIDI-Playback unterstützt, ein externes MIDI-Gerät oder QuickTime (das MIDI-Playback per Software bereitstellt).

Die meisten Sound-Attribute können Sie im Register AUDIO im PLUG-IN-Inspektor einstellen. Lediglich für die weniger gebräuchlichen Attribute müssen Sie in das Register ATTRIBUT wechseln.

Anhang

Normalerweise arbeite ich in meinen Büchern mit eigenen Illustrationen, aber nachdem ich auf die Stockfotos von Digital Vision stieß (*www.digitalvisiononline.com*), verwendete ich dieses Material für das vorliegende Buch. Nachfolgend sind einige CDs aufgeführt, die ich Ihnen wirklich empfehlen kann.

Data Funk

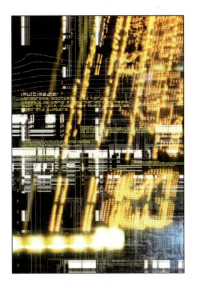

Alternate States

Fuse

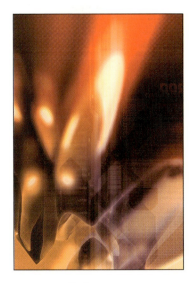

Undercurrent

In the black

OnyFrax

Appendix **305**

Critical Mass

Business Groove

Alternate States

Wired for Business

Idioblastic

Outjection

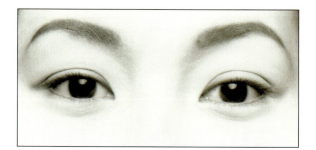

Eye of the Beholder

The Body

Index

A

Aktionen-Palette 146ff
    Dialog aktivieren/deaktivieren 147f.
    Pfade 148
    Stapelverarbeitung 149
    Unterbrechungen einfügen 148
Alien Skin Eye Candy 4000 131
Alphakanäle optimieren 231, 235f.
Apple 12
Arbeitsfläche bzw. Interface 86
    ändern 87
Audio 291ff.

B

Bildformate 20ff.
Bildgröße ändern 88
Bildretusche 89ff.
    Tonwertkorrektur 97f.
Bildoptimierung 104, 198ff.
    ImageReady 183
Browser 16ff., 23

C

Cascading Style Sheets (CSS) 20, 268ff.
    Fehlersuche 272
    Externe 270ff.
CLUT (Color LookUp Table) 198

D

DCT-Kompression 238
Deckkraft 111
Design-Konzepte 27ff.
    Informationsarchitektur 28ff.
    Metaphern 51
    Navigation 30ff.
    Tunnelkonzept 36ff.
    Usability 32ff.
Digitale Fotos optimieren 104
Dithering 23, 210f., 218f.
    Vergleichstabelle 210f.
Dynamische Webseiten 47

E

Ebenen 108ff.
    auswählen 109
    Deckkraft 111
    Formebenen 114f.
    in Layout-Rahmen konvertieren 274f.
    Masken 110f.
    Modi 111f.
    skalieren 110
    Stile 120f.
    Transparenz 110ff., 219ff.
    verschieben 108

F

Farben
    manipulieren/korrigieren 95ff., 106
    ersetzen 107
    websichere Farben 144, 150ff., 162f. (siehe auch Webfarbe)
Farbreduktion 214ff.
Farbtiefe 150f.
Farbwähler optimieren 140
Font-Tag 267f., 284
Foto-Komposition erstellen 135ff.

G

Gamma 145
GIF (Graphical Interchange Format) 22, 198ff.

Komprimierung 199ff.
Vergleichstabelle 206ff.
GIF-Animation 188ff.
Entfernen von Frames 190
Null-Sekunden-Trick 192
Optimieren 193
Rolleffekte 195
Skalieren 190
Schleifenanimation 190
Webausrichtung 222
GoLive 257ff.
Komponenten 268f.
Musterseite 268f.
Smart Objects 273f.
Vorlagen 268f.

H
Hilfslinien 144
Hintergrund 164ff.
In Tabellen und Rastern 263f.
mit Vordergrund ausrichten 266
Mustergenerator 169
Musterhintergründe 168
Randstreifen als Hintergrund 166
Transparenzen mit mehrfarbigen Hintergründen 171
HTML 16
gestalterische Grenzen 16f.
Quellcode 18f.
Tabellen 261ff.
HTML-Authoring 276ff.

I
Imagemaps 50, 182f.
ImageReady 178ff.
Bilder optimieren 183
Info-Palette 142
Informationsarchitektur 28ff.
Navigation 30ff.
Interpolation 141f., 143
Interlace 221

J
JPEG (Joint Photographic Experts Group) 22, 238ff.
8x8 Blöcke 240
Alpha-Kanäle 246f.
DCT-Kompression 238
Decoder 241
Kodierung 242f.
progressive 238
Vergleichstabelle 248f.
Weichzeichnung 244ff.

K
Kodierung, strukturelle 16
Komponenten 258
Komposition 108ff.
Kratzer entfernen 89f.

L
Layout-Raster 262
Hintergründe 263f.
Lineale 144
LiveMotion 10f.
Lossy 212f.
partielles 231
LZW-Komprimierung
Vergleichstabelle 199

M
Metaphern 51

N
Navigation 30ff.

O
Optimierung einer Farbtabelle 223
Optimierung über Alpha-Kanäle 231

P

Paletten
    eigene Paletten erstellen 228f.
Photoshop
    Interpolationsmethoden 143
    optimieren 140ff.
    Techniken 122ff.
PNG (Portable Network Graphic Format) 22, 250ff.

Q

Quantisieren 23
QuickTimeVR 12ff.

R

Randstreifen (Sidebar/Topbar) 37ff., 166f.
Raster 144
Rollover 180f., 184ff.

S

Sidebar siehe Randstreifen
Slices 184ff.
Smart Objects 273f.
Stapelverarbeitung 149
Staub entfernen 89

T

Tabellen, Hintergründe 261f., 263f.
Teile eines Bildes dithern 233f.
Tonwertkorrektur 97f.
Topbar siehe Randstreifen
Text gestalten 118f., 267ff.
    mit Textur füllen
Transparenz 170f., 236f.
Tunnel-Konzept 36

U

Usability 32ff.

V

Vektorgrafiken
    Import 116f.
Video 291ff.
Vorlagen 258f.

W

Webausrichtung bei GIF 222
Websichere Farben 144, 150ff., 162f.
    beim Export zu Webfarbe konvertieren 163
    vor dem Export zu Webfarbe umwandeln 162f.
Web-Farbpalette 144, 151ff.
Web-Farbwürfel 152ff.

THE SIGN OF EXCELLENCE

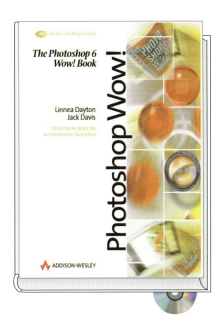

Photoshop 6 Wow!
The Photoshop 6 Wow! Book

Linnea Dayton, Jack Davis

Der Bestseller aus den USA für Photoshop-Profis: Das Buch wurde zur neuen Programm-Version noch einmal grundlegend überarbeitet und erweitert. Die Autoren vermitteln fortgeschrittene Arbeitstechniken und wichtige praktische Hinweise für den Einsatz in Print und Web. Die CD-ROM enthält zahlreiche Wow-Effekte und -Aktionen sowie Filter und Bildarchive.

dpi

472 Seiten, 1 CD-ROM
€ 59,95 [D] / € 61,70 [A]
ISBN 3-8273-1864-5

www.addison-wesley.de

THE SIGN OF EXCELLENCE

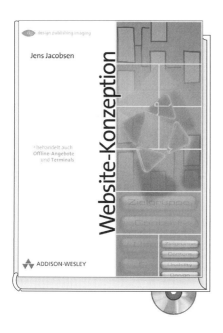

Website-Konzeption
Erfolgreiche Web- und
Multimedia-Anwendungen entwickeln

Jens Jacobsen

Ob Sie eine Website, eine CD-ROM/DVD oder eine Terminalanwendung planen: In diesem Buch erfahren Sie, welche Faktoren eine durchdachte Web- oder Multimediaanwendung ausmachen und wie Sie schon in der Konzeptionsphase Fehler vermeiden, die später nur schwer zu korrigieren sind. Im Mittelpunkt steht dabei stets auch der Grundsatz der Usability.

dpi

**367 Seiten, 1 CD-ROM
€ 39,95 [D] / € 41,10 [A]
ISBN 3-8273-1962-5**

www.addison-wesley.de

THE SIGN OF EXCELLENCE

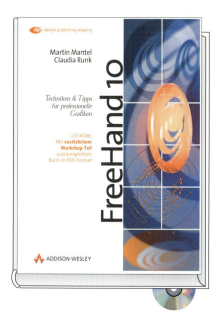

Freehand 10
Techniken und Tipps für professionelle Grafiken

Martin Mantel, Claudia Runk

Das Buch bietet eine grundlegende Einführung in das Programm – vom Umgang mit den Zeichenwerkzeugen über Farbe und Farbmanagement bis hin zu Typographie und Texteffekten. Zudem gehen die Autoren detailliert auf die verschiedenen Datenformate und deren Im- und Export ein. Profis erhalten wertvolle Tipps zur Erweiterung des Funktionsumfangs. Die CD-ROM enthält u.a. einen interaktiven Workshop.

dpi

264 Seiten, 1 CD-ROM
€ 49,95 [D] / € 51,40 [A]
ISBN 3-8273-1925-0

www.addison-wesley.de

THE SIGN OF EXCELLENCE

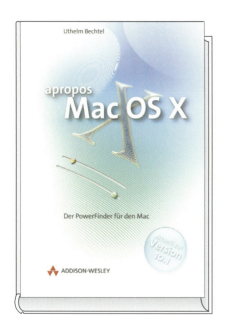

apropos Mac OS X 10.1
Der PowerFinder für den Mac

Uthelm Bechtel, Helmut Kraus

Aktuell zur Version 10.1: Klar strukturiert und in kompakter Form bietet dieses Buch alles Wissenswerte zu Mac OS X. Es behandelt die Grundfunktionen ebenso wie weiterführende Themen. Ein ausführlicher Referenzteil komplettiert den Band. Das Buch berücksichtigt den erweiterten Funktionsumfang der Version 10.1 und alle Neuerungen in der Bedienung.

apropos mac

268 Seiten
€ 34,95 [D] / € 36,00 [A]
ISBN 3-8273-2016-X

www.addison-wesley.de

THE SIGN OF EXCELLENCE

Fireworks, Flash und Dreamweaver

Die Macromedia-Gesamtlösung für Webdesigner

Patricia Bosselaar

Das Praxisbuch zu drei der führenden Webdesign-Tools: Sie erhalten nicht nur eine umfassende Einführung in jedes der drei Programme, sondern erfahren auch, wie Sie Fireworks, Flash und Dreamweaver als eine gemeinsame Arbeitsumgebung nutzen können, deren Komponenten sich optimal ergänzen. Online-Updates zu neuen Programmversionen sorgen dafür, dass Sie stets auf dem aktuellen Stand bleiben.

dpi

696 Seiten, 1 CD-ROM
€ 59,95 [D] / € 61,70 [A]
ISBN 3-8273-1792-4

www.addison-wesley.de